KB210481

쇠를 달구어 연장을 만들듯이
생각을 다듬어 기독교 가치관을
바르게 세우는 곳입니다.

대장간이란 이름에는
사라져가는 복음의 능력을 되살리고,
낡은 것을 새롭게 풀무질하며, 잘못된 것을
바로 세우겠다는 의지가 담겨져 있습니다.

www.daejanggan.org

하나님나라 -기독교란 무엇인가?

지은이   박철수
초판발행 2009년 6월 26일
전면개정판 2015년 3월 12일
2쇄 2015년 8월 25일
3쇄 2017년 10월 23일

펴낸이   배용하
책임편집 배용하
교열   박민서
등록   제364-2008-000013호
펴낸곳   도서출판 대장간
          www.daejanggan.org
          대전광역시 동구 삼성동 285-16
          전화 (042) 673-7424 전송 (042) 623-1424
박은곳   재원프린팅
묶은곳   정문바인텍

분류   기독교변증 | 세계관 | 하나님나라

ISBN   978-89-7071-343-4 03230

이 책은 저작권법에 의해 보호를 받는 출판물입니다.
기록된 형태의 허락 없이는 무단 전재와 복제를 금합니다.

 값 20,000원

※ 이 책에 인용된 성경 구절은 〈개역개정판〉을 사용하였습니다.

기독교란
무엇인가

하나님 나라

박철수 지음

전면개정판

나라가 임하옵시며 뜻이 하늘에서 이루어진 것 같이

땅에서도 이루어지이다

마태복음 6 : 10

차 례

하나님나라를 성경 전체적으로 조망할 줄 안다면 우리의 신앙은 보다 역동적이고 급진적이 될 수밖에 없다. 또한 신앙을 즐기면서 기쁘게 할 수 있을 것이다. 복음서를 정독한 사람이라면 그러한 예수님을 직감적으로 느낄 수 있다. 간디가 "그리스도인들만 예수를 잘 모른다."토니 캠폴로, 『레드레터 크리스천』라고 했듯이 고등학생이라도 성경을 정독한다면 무슨 말을 하고 있는지 알 수 있을 것이다. 성경은 전문가인 신학자들도 읽을 수 있는 깊이가 있고, 필부필부도 쉽게 이해할 수 있는 책이다. 그럼에도 불구하고 너무 많은 견해로 나뉘어져 있는데다 거기에 교회를 다니면서 어렸을때부터 자신도 모르게 세뇌되다 보니 내가 좋아하는 '내가복음' 이 되어 버린다. 누가 처음부터 여러 교리와 교파를 비교하고 고른 다음 교회를 다닌 사람이 있는가? 이러다 보니 교회를 3년 이상 다닌 사람은 설교를 통해 배운 얄팍한 신학적 지식으로 어느새 성경을 자신도 모르게 색안경을 쓰고 보는 사람이 되어 버린다. 그리고는 그 얄팍한 성경 지식으로 평생을 살아 간다고 생각하면 이보다 끔찍한 일이 또 어디 있을까! 성경을 열린 마음으로 정독해서 읽는다면, 누구든 성경을 새롭게 읽을 수 있고 복음이 개인적이고 실존적 해답을 줄뿐 아니라 사회 정치적이며, 세계적이며 우주적인 의미가 있다는 사실을 알 수 있다. 결코 복음을 개인적이고 내면적인 구원만을 말하는 것으로 간주할 수 없다. 초대교회에서 초신자들에게 가장 집중적으로 가르쳤던 내용이 산상수훈이라는 사실만 알아도 충격을 받을 교인이 있을 것이다. 산상수훈은 수준 높은 제자들에게만 가르친 것이 아니다. 그리스도인들은 이 길이 빤히 고난의 길임을 알면서도 기꺼이 이 길을 걷는 자들이다. 이제 우리는 성경의 원음原音을 들어야 한다!

바리새인들처럼 성경을 잘못 아는 사람은 비록 열심이 크다 할지라도 그 열심으로 오히려 예수님을 죽였다롬13:8는 무서운 사실을 늘 기억해야 한다. 바리새인들은 안식일에 병을 고치는 것을 보고 계명을 어긴 예수님을 신성모독자로 보았다. 예수님께서는 그들의 마음이 굳어져 있는 모습을 보시고 탄식하시며, 격정에 쌓인 모습으로 분노하신다.막3:5 그들이 가진 전통의 눈으로 볼 때 예수님은 미친 사람이었고 죽어 마땅한 사람이었다! 결국 종교적, 정치적 이유로 예수님을 처참하게 죽여 버렸다. 도스토예프스키의 『카라마조프가의 형제들』, 니코스 카잔차스키의 『수난』, 칼릴 지브란의 『모래, 물거품』에서도 한결같이 예수님을 죽인 인간들의 군상들을 그리는데 예수님을 살해 하는 자들의 공통점은 모두 '장로들의 전통'과 '사람의 계명'막7장으로 예수님을 보았다는 데 있다. 즉 권위주의적이고 전통에 억매인 사람들이었다. 그야말로 바리새인들은 수구적 자폐집단의 상징이라고 말할 수 있다.

혹, 한국교회도 바리새인들처럼 그런 부류는 아닌가?
날마다 새로워질 수 없는 신앙이라면 무엇인가 잘못되어 있는 것이 분명하다. 라인홀드 니버는 『도덕적 인간과 부도덕한 사회』에서

"보수주의는 무지와 편견 때문에 생긴다."고 일찍이 갈파했다.

신자의 삶에 실패와 좌절과 불행이 없다고 생각한다면 착각도 위대한 착각이 아닐 수 없다. 빅터 클리진Victor Kuligin의 말대로 『누가 예수 믿으면 잘 산다고 했는가』? 성경에 나타난 그 어느 위대한 인물도 신앙의 상승 곡선만 있었던 것은 아니다. 그러나 우리가 회개만 하면 하나님께서는 바보처럼 즐거워하시며 무제한적 포용과 사랑으로 받아 주신다. 얼마나 좋으신 하나님이신가!

성경의 최대 주제인 하나님나라가 2,000년 동안 오해되고 오용되는 시대가 많이 있었지만, 이 시대의 신학자들은 진보주의자건 보수주의자건 하나님나라가 성경의 핵심이라는 사실에 동의한다. 놀랍게도 브라이언 맥클라렌의 말대로 하나님나라가 『예수의 숨겨진 메시지』가 되어 버렸다. 하나님나라를 모르고 올바른 성경도, 믿음도 알수 없다. 비록 우리가 이 땅의 부조리와 모순 속에 살고 있지만 새 하늘과 새 땅의 놀라운 희망 속에 살아간다. 진정한 미래의 희망은 오늘 속으로 침투해 들어와 우리의 삶과 세계를 바꿀 수 있는 역동적인 힘을 갖게 된다. 그러나 잘못된 희망은 오히려 현실을 무시하는 종말론적 마비현상에 빠지게 하여 우리의 삶을 크게 왜곡시킨다. 나는 모든 인간의 진정한 희망인 하나님나라의 놀라운 복음을 한국교회에 전하고 싶은 마음으로 이 책을 썼다.

바쁘신 가운데서도 이 부족한 책에 대한 추천의 글을 기꺼이 즐거운 마음으로 써 주신 분들께 마음으로 감사드린다.

우리나라의 대표적 설교자 중에 한 분이신 지구촌교회 원로 목사이신 이동원 목사님께서는 이 책을 보시고 그 동안 자신의 목회가 기득권자들 때문에 하나님나라를 솔직하게 설교하지 못했다고 말씀하심으로 오히려 감동적인 글을 써주셨다.

서강대학교 강영안 교수님은 철학자로써 신학까지 아우르는 학문적으로 훌륭한 학자이시자 교회의 장로님이시다. 한국교회의 표준적인 지성적 신앙의 모델이시다.

총신신학대학원 신약학 교수이신 신현우 교수님은 실력있는 젊은 학자로서 앞으로 한국교회에 공헌할 분으로 기대가 큰 분이다.

또한 숭실대학교 김회권 교수님은 활발한 글쓰기와 설교를 통해 하나님나라를 전파하고 계신다. 우리나라 교회사에서 김세윤 교수님은 하나님나라 신학을 1980년대부터 선파하셨고 그에 이어 김회권 교수님은 2000년대부터 하나님나라 신학을 대중화하고 있다. 그의 신학은 오로지 하나님나라에 초점이 맞추어 있으며 〈하나님나라 신학연구소〉를 개설하여 많은 청년들에게 지속적으로 연구와 교육을 시키고 계신다. 하나님나라와 교회를 섬기는 저작을 통해 한국교회가 하나님나라로 전향시키는데 부단하게 기여할 수 있기를 바란다.

이 책은 포괄적으로 본회퍼, 한스 요아힘 크라우스, 하워드 요더, 톰 라이트, 게르하르트 로핑크, 자끄 엘룰, 월터 윙크, 김세윤 교수, 그리고 김회권 교수 등의 신학사상에 호응하고 대화하며 이어달리는 방식으로 저술되었다.

다시 한번 이 책을 쓰는 데 영감을 주신 교회사의 선진들과 동시대의 선배 동료 신학자들에게 마음으로 감사드린다.

나는 전신이 아프지 않은 곳이 없는 섬유근육통을 앓으면서 이 책을 전면 개정했다. 육체적으로 거의 감당할 수 없는 통증 속에서 정신력과 신앙으로 『하나님나라』를 한국교회에 알려야겠다는 일념으로 몸을 상하면서까지 이 글을 썼다. 사랑하는 아내가 아니었다면 이 책은 나올 수 없었다. 아내는 필요한 책을 읽어주었고, 읽은 내용을 중심으로 내가 글을 만든 다음 아내는 내가 구술한 것을 받아 써주었다. 거기에 많은 양의 원고를 신학을 공부하면서 바쁜 중에도 마다하지 않고 10여회 이상을 저녁 늦게까지 타이핑을 해준 엄현 형제에게 고마움을 표한다. 사랑하는 나의 친구 공용철 형제는 글의 전반적인 내용과 교정을 살펴주고, 나의 제자 김경열 박사는 신학적 교정과 조언을 해주었다. 이진욱 형제에게도 고마움을 전한다. 나의 건강을 위하여 이 책을 쓰지 않도록 만류해주신 여러분께도 감사드린다.

또한, 도서출판 대장간 배용하 사장님은 나의 고통 때문에 원활한 소통이 되지 않는 상황 가운데서도 끝까지 인내하면서 나와 함께 이 책을 만드신 분이시다. 감사드린다.

이 책은 학술서적이 아니므로 엄밀한 학술서적 수준으로 각주처리를 하지 않았으며 일부에서는 직접 인용이 많으나 일일이 각주처리하지 못하고 포괄적으로 원저자의 이름과 저서만 언급하고 지나친 경우도 있음을 밝힌다. 이 점 독자들의 양해를 바란다. 이러한 아쉬움을 대신해 하나님나라를 위한 추천도서를 넣음으로 읽는 분들이 보다 폭넓게 알 수 있도록 하였다. 또 이 책의 분량이 많기 때문에 읽기 전에 김회권 교수님의 〈요약과 평가〉를 읽으시면 도움이 될 것이다.

2015년 1월 27일 고희를 기념하면서
용인 산 속에서 박철수

함께 그나라의 동역자가 된

이 동 원

지구촌교회 원로 목사

하나님나라는 성경의 일관된 주제입니다.
그 나라는 예수님께서 이 땅에 오셨을 때 이미 시작된 나라입니다.
그러나 그 나라는 예수님 다시 오실 때 비로소 완성될 나라입니다.
그 나라는 영원한 나라 곧 흔히 말하는
천국의 소망을 배제하지 않지만,
'지금 여기' 우리의 역사와 현실에서 먼저
이루어져 가야 하는 나라입니다.

그러나 저를 포함해서 한국의 많은 설교자에게
'지금 여기'에서 이루어져야 할
그 나라를 말하기는 쉽지 않았습니다.
그것은 기득권층에 대한 치열한 반성과 회개를
주문해야 하기 때문입니다.
그런데 박철수 목사님은 이 어려운 과제를 성경적으로
그리고 실천적으로 명료하게 정리하여 전달하셨습니다.

하나님나라를 정리된 신학적 안목으로 이해하고자 하는
모든 설교자
그리고 피상적이 아닌 진지한 성찰로 삶을 살고자 하는

모든 성도가
이 책을 읽고 토론하고 진지한 적용을 고민하기 시작한다면
우리의 신앙의 마당에는 적지 않은 변화가 있을 것입니다.
그래서 이 책은 변화를 원하지 않는 사람들에게는
위험한 책입니다.

저는 하나님나라를 성서 신학적으로 이해하고 있었지만
상처받을 기득권층에 대한 지나친 배려 때문에
설교하지 못했습니다.
더 정확하게 말하면 용기가 부족했고 담대하지 못했습니다.
그런 면에서 박철수 목사님은 용기 있는 신학적 설교자이십니다.
지금은 박 목사님 같은 담대한 예언자의 설교가 필요한 때입니다.

오늘의 한국교회는 어두운 시간을 보내고 있습니다.
그래서 이런 어둠을 뚫고 새벽을 기다려야 하는 이들을 위해
진정한 하나님나라의 새날의 소망을 설교해야 하는 모든 분에게
박철수 목사님의 하나님나라를 강추하고 싶습니다.
그 나라가 이 땅에서도 이루어지는 작은 희망을 보고 싶습니다.

김 회 권

서울대, 미 프린스톤대 신학대학원(Ph.D.)

숭실대 인문대 기독교학과 교수, 하나님나라 신학연구소 소장

하나님나라는 성경의 중심 메시지이자 우리 주 예수그리스도의 중심 메시지다. '하나님나라'라는 말 자체는 세상 나라의 귀족과 왕후장상王侯將相으로 살아가는 데 만족하는 세속적인 그리스도인들에게는 불길한 메시지다. 구약 예언자들은 하나님의 전방위적인 소명 압박을 이기지 못하고 왕들과 제사장들, 고위관리들과 지주들에게 나아가 "야웨 하나님께서 보내서 왔다. 하나님의 말씀을 듣고 마음을 찢고 자복하든지, 아니면 하나님의 말씀 두루마리를 찢든지 양자택일하라"고 소리쳤다.

목회자요 신학저술가인 박철수 목사의 2015년 개정판『하나님나라』는 2009년에 처음 출간된 초판본에 대한 대폭적인 수정과 보완을 가한 책이다. 저자는 복음, 가난한자, 정치(1), 생태계, 새하늘과 새 땅, 에필로그 등 여섯 장에 걸쳐서 전면 개정을 했거나 새롭게 원고를 추가했으며 초판의 10장 교회를 15장으로 재배치하고, 4장의 복음을 2장으로 전진 배치함으로써 하나님나라 복음의 우선성을 잘 부각시켰다. 초판 이후 온축된 저자의 독서와 묵상, 기도와 영적 분투가 이 수정증보판에 잘 반영되어 있으며, 역사에 남은 기독교고전은 초판에서부터 판본을 거듭할수록 그 위엄과 깊이를 더해가는 과정에서 탄생한 것을 알고 있는 독자들은 박철수 목사의『하나님나라』도 기독교고전의 반열에 오를 수 있을 것이라고 예감할 것이다.

이 책은 하나님나라 복음에 대한 입체적이고도 종합적인 사전류의 책이다. 하나님나라에 대한 거시적, 우주적 전망에서부터 하나님나라의 일상적, 영성적 영역까지 자세하게 다룬다. 이 책은 독자들로 하여금 하나님나라에 대한 전폭적인 전향을 요구하는 강경하면서도 하나님나라에 들어가고자 열망하는 사람들을 자애롭게 인도하는 섬세한 책이다. 이 책은 성경의 중심 메시지인 하나님나라를 단지 선포하거나 설명하는 데 그치지 않고, 도래하는 하나님나라에 순복하든지 아니면 반발하든지 청중과 독자의 양자택일적 결단을 하도록 요청하고 있다. 이 책은 성경에 충실한 보수적인 책이면서 동시에 나사렛 예수의 원시복음 안에 담긴 생명력을 발출하는 급진적인 책이다. 그것은 하나님나라의 시민이면서도 세상에 속하며 살아가야 하는 그리스도인들의 처지를 깊이 고려한 실천적인 관심 아래서 저술되었다.

이 책은 하나님나라와 몇 가지 기독교신앙의 중심주제들을 적절히 교직한 조직신학적 저작이면서도 동시에 성경계시의 순차적인 전개를 존중하는 성서신학적인 저술이다. 저자는 공관복음서로부터 시작하여 지중해 일대의 그레코로만Greco-Roman 문명권을 향해 파죽지세로 확장되는 하나님나라의 궤적을 증언하는 바울서신과 사도행전을 거쳐, 완성을 향해 치닫는 하나님나라의 역동적 행로를 그리는 요한계시록으로 나아간다. 이 과정에서 저자는 '하나님나라'라는 주제를 중심으로 신약성경을 통독하도록 독자들을 이끌고 있다. 중요한 명제를 선언하거나 주장할 때마다 저자는 적절한 성경 말씀을 제시할 뿐만 아니라 2천 년 교회사를 통해 검증된 정통신학자들의 신학적 통찰을 적확하게 활용하고 있다.

또한, 이 책은 한국교회라는 특수한 목회상황에 대한 예리한 분석과 자신의 목회실천을 통해 터득된 지혜에 바탕하고 있다. 거의 모든 논란이 될만한 주제에서도 저자는 정통 기독교신앙의 맥을 바로 잡아주며 균형잡힌 관점을 제시한다. 저자의 격렬한 예언자적 파토스는 냉철한 철학자적인 저자의 성실한 논증으로 균형잡는다. 그동안 미시적이고 내면적인 신앙주제들(믿음, 복음, 회개, 안식일, 죽은 자의 부활)로 간주한 주제들뿐만 아니라 한국의 보수적 교회들에서는 거의 다룰 수 없는 딱딱한 쟁점들(사회윤리적 과업이나 환경문제 등)도 능숙하게 다루고 있다. 그런 점에서 이 책은 한국복음주의 교회가 에큐메니칼Ecumenical 교회 진영과의 대화를 열어가는 데 좋은 가교 역할을 할 수 있는 책이다.

저자는 이 책에서 60여 명 이상의 주요 기독교 사상가, 저술가, 그리고 신학자의 글들을 인용하고 있다. 그 인용도 단편적이고 기계적인 인용이 아니라, 적확하고도 절제된 인용이나 인증이다. 이런 광범위한 기독교 저작들의 섭렵에도 불구하고 이 책을 관통하고 흐르는 저자의 신학 전통은 철저하게 개혁주의적이며 좋은 의미로 보수적이다. 저자는 중요한 주제를 천착하고 논증할 때 바울, 칼빈, 아브라함 카이퍼, 디트리히 본회퍼, 헤르만 리델보스, 조지 래드, 헨드리쿠스 베르코프, 한스 요아힘 크라우스, 프란시스 쉐퍼, 오스카 쿨만, 존 스토트, 유르겐 몰트만, 하워드 요더, 리차드 마우, N.T.라이트, 김세윤, 김회권 등 철저하게 개혁주의 진영의 저술과 사상에 기대고 있다. 특히 전체적인 하나님나라 신학의 골격을 구성하는 데 있어서는 한스 요아힘 크라우스, 유르겐 몰트만, 하워드 요더, 그리고 김회권의 저작들이 저자의 사상을 뒷받침하는 데 인용되거나 인증되고 있다.

　우리가 이 『하나님나라』의 저자를 철저한 개혁주의자라고 부르는 이유는 세 가지 이유 때문이다. 첫째, 그는 인간의 죄성을 통렬하게 자각하며 하나님의 일방적인 은총이 없이는 어떤 구원도 가능하지 않음을 강조한다. 그는 하나님나라는 하나님에 의해서만 가능하다는 개혁주의 신학의 중심원리를 꼭 붙들고 있다. 파스칼 같이 인간의 비참성, 죄성, 그리고 자기구원 무능력에 대한 저자의 통렬한 성찰과 자각은 이 책을 떠받치는 근본전제를 이룬다

　둘째, 그는 무엇보다도 예언자적 영성, 사회변혁적 영성, 그리고 온 세계에 대한 하나님의 주권 등을 강조한다는 점에서 화란개혁주의적인 신학과 더 거슬러 올라가서는 칼빈적인 신학사상을 참신하게 되울리고 있다. 책의 여러 곳에서 보이는, 동시대의 그리스도인들이 직면한 여러 도전적 상황들에 대한 저자의 분석은 예리하다(가난한 자, 생태, 교회의 기복주의적 경향). 말씀의 중심적 지위를 희생시키지 않으면서 성도들이 직면한 상황을 말씀 안에서 자리 매김하고 분석하고 그것에 대한 응답을 추구한다는 점에서 개혁주의적이다.

　셋째, 교회의 선교를 통해 확장되는 하나님나라를 말한다. 교회에 관해서 말하는 모든 갈피에서 우리는 저자의 예언자적인 고독, 울분, 탄식을 느낀다. 하지만, 그는 교회를 비난하고 비판하는 사람이 아니라 아시아 일곱 교회 중 다섯 교회를 향하여 주님이 가지셨던 간절한 탄식과 아픔을 공유하는 고립된 예언자와 같은 자리에 서 있다. 한국교회의 현재 모습에 크게 실망한 저자는 그만큼 더 교회갱신을

희구하고 있으며, 교회갱신을 통한 하나님나라 운동을 앞세운다. 미시오 데이mission Dei가 아니라 교회를 통한 선교missio ecclesia에 치중한다. 그래서 교회갱신은 그에게 첨예한 주제가 된다. 이처럼 저자는 폭넓은 사회윤리적 관심을 뒀음에도 교회의 우선적 역할을 강조하는 복음주의적 개혁주의 신앙노선을 포기하지 않는다.

 그의 글은 힘이 있고 간절하고 애절하다. 급진적이지만 섬세하다. 밖과 남을 향해 외치는 그 음성은 실상 자신을 향한 각성의 다짐이기도 하다. 그는 진정한 의미에서 보수적이다. 보수적인 사람들은 참된 가치와 원칙을 지키려고 거룩한 고집을 내세운다. 그들은 개인윤리가 강한 분들이다. 성경 중심가치를 보수하는 과정에서 그들은 때로 완고하게 보이고 고지식하게 보여 경원감敬遠感을 자아내지만, 대부분 신뢰와 존경심을 자아낸다. 박철수 목사는 자신이 믿는 신앙원칙대로 살고자 기회주의적 처신을 경멸하고 성공을 위한 변통보다는 원칙과 가치 중심으로 사는 보수주의적 목회자다. 그는 스스로 교회의 규모를 줄여가면서까지 복음진리를 목회현장에 실천하려고 한다. 그의 고집스럽고 위험해 보이기까지 한 말씀 순종실험이 안온한 위로를 바라고 중산층적인 삶의 향미를 즐기려는 사람들에게는 가시 돋친 말씀이 되고 마치 사랑이 모자란 괴팍한 목회자의 채찍질처럼 들릴지도 모른다. 이 점이 그의 동역자들과 친구들로 하여금 저자의 목회궤적을 부러워하게 하면서도 두려운 시선으로 주목하게 한다.

 예상대로 독자들은 책 전체에 걸쳐서 한국교회를 향한 질타의 목소리를 중심음으로 들을 수 있다. 그러나 잘 들어보면 그것은 무엇보다도 자신을 채찍질하는 내면의 성찰이다. 그가 펼치는 말의 결은 무교병처럼 순박하고 우슬초처럼 청명하다. 사특함이 없다. '예'와 '아니오’가 분명하다. 어떤 주제에서든지 얼버무림이 없다. 사색적이고 관조적인 글을 충분히 쓸 수 있는 저자지만 이 책은 그 성격상 다소 긴박한 호소체와 단언적인 직설어법이 주조음을 이루고 있다. 때로는 우리의 안락하고 평화로운 삶이 뭔가 엄청나게 잘못되었다고 소리치는 듯한 비상 경보음같은 저자의 불호령을 만날지도 모른다. 그럼에도 불구하고 독자들은 어떤 책에서도 만날 수 없는 나사렛 예수의 갈릴리발 하나님나라 복음의 원음에 가까운 외치는 소리를 들을 수 있을 것이다. 저자가 혹독한 육체의 고통을 감수해가면서 이 책을 개정증보해가는 과정을 가까이에서 지켜보았던 친구들과 동역자들은, 독자들이 이 책에서 하나님에 대한 충성과 순종, 한국교회에 대한 애정과 사랑의 실체를 만지고 향유할 수 있기를 바란다.

이 책을 네 부류의 사람들에게 추천한다.

무엇보다도 한국교회의 지도자들에게 추천한다. 목사님과 신부님, 장로님, 권사님들이 읽기를 원한다. 저자의 간절한 탄식과 호소에 마음을 열고 책을 읽어 가면 일단 영적 정화 효과를 느낄 것이다. 비판을 수긍하는 영혼은 영혼의 정화를 경험하는 법이다. 저자의 분노와 탄식에 공명하다 보면, 성경의 예언자들과 사도들, 그리고 궁극적으로는 교회를 향한 주 예수 그리스도의 시선과 조우할 수밖에 없을 것이다.

둘째, 이 책을 한국교회의 주류에 실망하고 냉소적이 되어가는 기독청년들에게 추천한다. 평소에 성경을 읽지 않는 기독청년들은 교회 목회자들이나 교회 모습에 대한 실망을 통해 신앙이 크게 흔들리는 모습을 보인다. 그런 청년들은 신앙을 발생시키는 근본 원천인 성경과 그 성경 안에 계시 된 하나님을 만나야 한다. 『하나님나라』는 성경의 중심 메시지를 단숨에 요약한다. 저자는 책 전체에 걸쳐서 하나님의 사랑과 은혜를 부각시킨다. 그러나 그가 우리에게 보여주는 하나님은 동시에 분노하시는 하나님이시다. 죄에 대하여 분노할 줄 모르고 지상권력을 장악한 자들의 부드러운 기도 소리에 잠들어버린 그런 하나님이 아니시다. 이 책은 이런 균형을 잘 잡아주고 있어서 기독청년들에게 풍성한 영적 자양분이 될 것이다.

셋째, 저자의 다른 책들(『축복의 혁명』, 『돈과 신앙』, 『너희가 이 성전을 헐라』, 『성경의 제사』)이 그렇듯이 이 책은 단지 기독교인들만을 위한 책이 아니다. 이 책은 기독교신앙이 무엇인지를 단숨에 소개받기를 원하는 신앙 추구자에게 신선한 길잡이가 될 것이다.

마지막으로, 한국교회의 반기련이나 안티기독교 사이트에서 활동하는 청년들이나 한 때 교회에 다녔으나 이제 교회반대에 앞장서는 사람들에게 추천한다. 이 책에는 하나님을 아는 백성이 아니라면 터뜨릴 수 없는 가슴 아픈 분노가 있다. 신적 파토스라고 불리는 가장 주도면밀한 의지적 분노가 있다. 그것은 이성을 잃었기 때문에 오는 분노가 아니라, 감정과 이성이 절묘하게 균형을 잡은 신적 분노다. 그것은 사랑과 분노, 기대와 좌절이 한 묶음이 되어 분리될 수 없는 복합감정으로서의 분노다. 안티기독교 사이트들은 2천 년 기독교회의 역사가 이런 하나님의 거룩한 분노에 응답하기 위한 숱한 허물 벗기의 역사였음을 깨닫기를 바란다. 이 세상 어떤 민간기구나 단체도 교회만큼 자기 갱신적이거나 역동적이지 않다. 오로지 하나님의 교회, 우리 주 예수그리스도의 교회만이 이렇게 부단하고 정직한 자기비판과 자발적 갱신노력을 경주할 수 있는 것이다.

특히 저자가 속한 개혁교회는 항상 스스로 개혁됨으로써 세상을 개혁하는 교회다. 그래서 저자는 철저하게 자기를 분석하고 쇄신하려고 하는 기독교영성을 잘 보여주고 있다. 진정한 종교는 자기성찰과 쇄신의 힘을 보유한다. 어떤 민간적 결사체도 교회만큼 치열하게 자기갱신을 추구하지 않는다. 그런 점에서 이 책이 요구하는 수준의 자기비판적 갱신노력을 추구하는 한국개신교회가 있다면 그것은 분명히 한국사회 전체의 희망이 될 것이다. 이 책은 준열한 자기비판을 통해 일신우일신日新又日新하는 한국개신교회가 한국사회의 희망이 될 수 있음을 보여준다.

하나님나라 신학은 자기를 하나님 뜻에 복종시키려는 자들의 신학이다. 성경 말씀이 내뿜는 거룩한 탐조광 앞에 벌거숭이 죄인으로 드러난 우리가 하나님께 자복하고 그동안 외면했던 이웃사랑의 명령에 순복할 때 하나님나라 안에 이미 들어와 있는 자신을 발견할 것이다.

| 추천의 글 3 |

신 현 우
서울대, 암스테르담 자유대학(Ph.D.)
총신대학교 신학대학원 신약학 교수

이 책은 정통 보수 신학의 틀 속에서 성경을 삶과 신앙의 유일무이한 기준으로 삼아 교회와 사회에 철저하게 적용하는 개혁주의의 길을 보여준다. 그리하여 신학적으로는 보수적이고, 사회적으로는 개혁적인 제 3의 길(보수신학적 사회개혁주의)을 잘 보여준다. 이러한 길은 이전 시대에는 제네바의 목회자/신학자 칼빈과 네덜란드의 목회자/정치인 아브라함 카이퍼가 보여주었던 길인데, 우리 시대에는 한국의 목회자인 이 책의 저자가 잘 보여주고 있다.

근본주의와 세대주의의 틀 속에 갇힌 한국 신학의 토양에서 이러한 개혁주의의 길은 찾는 사람이 적은 좁은 길이고 고독한 길일 수밖에 없었고, 오해를 살 수도 있는 길이었다. 그럼에도 불구하고 저자는 그 외로운 길을 선구자로서 꾸준하게 걸어오며 사람들의 인정을 받기보다 오직 예수께 가까이 가는 길을 택하였다.

오랜 세월 동안 이러한 길을 고독하게 걸어온 저자의 외로운 음성은 마치 광야에서 울려 퍼지는 세례 요한의 소리와 같이 독자의 심금을 울린다. 이제 우리는 이 음성을 들으러 광야로 나아가야 한다. 근본주의와 세대주의에 물든 옛 부대를 버리고 진정한 개혁주의의 새 부대에 새 포도주를 부어야 한다.

보수 신학과 개혁 사상은 오직 성경에 토대한 신앙 안에서는 하나가 된다. 이러한 성경적 개혁주의 속에서 가장 보수적인 것은 가장 개혁적인 것으로 귀결한다. 보수해야 하는 최고의 가치인 성경은 만물을 새롭게 하시는 하나님의 말씀으로서 죽어 가는 심령과 교회와 사회를 소생시키는 능력이 있기 때문이다.

저자는 눈이 잘 안 보이게 된 병약한 상황에서도, 몸을 잘 가눌 수 없어 원고를 구술해야 하는 병상에서도, 이 책을 개정하고 증보하였다. 이것은 성경의 생수를 메마른 세상에 공급하기 위한 사명감으로 이루어낸 순교적 헌신의 결과이다. 성경의 가르침에서 벗어나 왜곡된 교회를 치유하기 위하여 자신의 건강도 생명도 아끼지 않은 한 목회자가 한국교회에 건네주는 선물이다. 세상에 참된 기독교의 길을 알리기 위해 오해와 박해를 두려워하지 않은 예수 그리스도의 제자의 영혼 사랑의 열매이다.

이 책은 신학자의 서재와 강의실에서 나온 책이 아니라 한국교회의 목회 현장에서 나온 책이다. 이 책은 서양에서 수입한 신학을 소개하는 책이 아니라 한국의 목회 현장에서 오랫동안 고민하며 잉태하여 낳은 책이다. 그리하여 한국의 성도들과 목회자들이 쉽게 읽고 공감할 수 있는 내용을 알차게 담고 있다. 무너져가는 한국교회를 위해 이 책은 다시 일어설 수 있는 교두보를 마련해 주고 있다. 욕심을 버리고 성경으로 돌아가 다시 시작하는 그 오래된 새 길을 저자는 오랜 세월 동안 비바람을 맞으며 빈들에서 외치고 있다.

강 영 안
서강대 명예교수, 한국기독교철학회 회장, 고려학원 이사장

한국 개신교의 역사는 내세중심 기독교와 현세중심 기독교로 나누어 볼 수 있다. 70년대 이전에는 신앙생활이 대체로 내세중심이었다면 그 뒤에는 현세 중심이었다. 70년대 이전에는 "예수믿고 천당가자"는 구호가 주도했다면 그 뒤에는 "예수믿고 복받자"가 지배했다. 앞의 경우는 몸담고 살고 있는 세상과 무관한 삶의 방식을 만들어 내고 뒤의 경우는 세상과 별다른 구별없는 삶의 방식을 만들어 내었다. 예수믿고 천당가기를 원한 내세 중심 기독교는 일상적 삶과 무관한 방향으로 나가고 '하나님나라'를 죽어서 갈 '천당'으로 오해하게 했다. 예수 믿고 복받기를 원한 현세 중심의 기독교는 세상과 하나 되어 '하나님나라'가 마치 '복받은 세상'인 것처럼 오인하게 만들었다.

박철수 목사님의 『하나님나라』는 둘 다 잘못된 신앙 생활 방식임을 드러낸다. 하나님의 나라는 지금, 여기서 하나님의 백성들이 누려야 할 하나님의 통치이며 미래에 완전히 이루어질 현실이며, 예수믿는다는 것은 삶의 모든 영역에서 지금, 여기서부터 예수님 닮아, 예수님 따르는 삶임을 분명하게 보여준다. 목회자들과 신학도들뿐만 아니라 성도들이 읽고 열심히 공부하여 기독교 신앙을 올바르게 알고, 올바르게 믿고, 올바르게 실천할 수 있기를 바란다. 진심으로 추천한다.

프롤로그

〈노동〉, 오윤, 1984

나는 오직 신음하며 추구하는 자만을 인정한다
I can only approve of those who seek with groans.
블레즈 파스칼, 『팡세』

하나님나라는 성경의 최대 주제이다.

예수님의 가르침의 최대 주제도 하나님나라다.

하나님나라는 사랑의 나라요, 생명의 나라요, 자유의 나라요, 해방의 나라요, 정의의 나라다. 하나님나라를 모른다면 성경도 모르고 구원도 모르는 사람이다. 하나님나라는 죽은 다음 가는 천당이 아니라 지금 여기서now and here 생명과 자유와 해방을 경험하는 나라이며, 나아가 자유의 나라, 정의의 나라를 이 땅에서 이루기위해 분투하는 사람들의 나라이다. 이것을 모른다면 정상적인 그리스도인의 삶을 살 수 없다. 우리는 하나님나라의 미래성과 현재성을 동시에 알아야 한다. 예수님은 이 땅에 하나님나라를 가지고 오셨다. 예수님은 '몸

소 하나님나라'이시다. 하나님나라는 미래의 것이기도 하지만 지금
이 땅에서 이미 시작되었다.

성경의 최대 주제, 하나님나라

그런데도 한국교회는 하나님나라를 잘 모른다. 하나님나라는 창
조의 목적이다. 하나님나라는 교회 존재의 최고 목표다. 한국교회는
성경의 최고 주제인 하나님나라에 대하여 무관심하다 보니 교회는
성경과 점점 더 멀어져 가고 있다. 하나님나라에 대한 언급이 없고
단지 이 세상에서 복을 받고 살다가 죽으면 천당 가는 것이다. 한국
교회는 엉뚱하게도 기복주의와 성장주의, 성공주의에 몰입하고 있
다.

교회는 하나님나라의 모델이요, 전시장이요, 전진기지이다. 그런
데도 불구하고 평신도는 말할 것 없고 목사들도 하나님나라에 무지
하다. 성경공부나 설교에도 하나님나라를 잠깐 말하기는 하지만 하
나님나라에 대한 종합적 이해가 부족하기 짝이 없다. 어찌 하나님나
라에 대해서 모르고 설교를 할 수 있으며 정상적인 신앙을 할 수 있단
말인가. 하나님나라는 몰라도 되는 문제가 아니다. 하나님나라는 유
행의 주제가 아니다!

한국교회는 하나님나라를 찾아야 한다. 우선, '하나님나라'의 낱
말부터 찾아야 한다. 하나님나라를 가르치고 하나님나라를 살아야
한다. 기독교란 무엇인가. 한마디로 하나님나라다. 하나님나라를 알
지 못하고 기독교를 알 수 없다. 기독교의 실체는 하나님나라다. 그
러나 한국교회의 최대의 문제는 하나님나라를 살지 않는 것이다.

2007년 7월 8일 사랑의교회 고 옥한흠 목사는 10만 여명이 운집한 평양 대부흥 백주년 기념집회에서 "살았다 하는 이름은 가졌으나 죽은 자로다"계3:1를 인용하면서 "주여, 살려주소서"라는 제목으로 "한국교회는 요한계시록에 나오는 사데교회와 같이 죽었다"라고 사망선고를 내렸다. 7년 전 이 말은 마치 청천벽력과 같았다. 그가 투병 중에 부르짖은 이 말은 한국교회를 향한 예언자적 음성이었다. 그 많은 목회자와 교인이 모인 공적인 자리에서 한 이 말은 교회에 대한 사망선고였다고 나는 생각한다. 한국교회는 최소한 7년 전에 사망했다. 머리카락이 잘린 삼손처럼 너무나 무기력하다. 영성에 있어서도 그렇고 윤리적인 면에서도 저능아 취급을 받고 있다. 기독교의 신자라 불리는 사람들은 많이 있을지 몰라도 속 빈 강정이다. 기독교신앙이 인간의 내면과 미래 안에 있는 것으로 생각하면서 내면과 미래의 문제에만 급급하다. 그리고 현재와 미래의 공간에는 기복주의와 성장주의만이 무성하다. 당연히 기독교신앙은 개인적이며 인간의 실존적인 문제와 미래의 문제에 해답을 주어야 한다. 예수 그리스도 안에서 구원의 감격과 소망을 가져야 한다. 회개해야 한다. 거듭남의 확신이 있어야 한다.

이것이 신앙의 출발점이다. 이것 없이 윤리를 논하고 사회개혁을 논하는 것은 성경이 말하는 것과는 다르다. 프란시스 쉐퍼Francis Schaeffer의 말 대로 '구원의 감격은 완성점이 아니라 출발점'이다.

하나님나라의 질서는 세상나라의 질서를 뒤집는다

한국교회는 말로는 하나님께서 역사를 주관하시고 통치하신다 하면서도 역사에 대해서는 무관심하다. 역사와 세계가 변화되어야 한다는 사실에는 너무나 관심이 없다. 축복과 교회의 성장에는 관심이 특심하면서도 세계를 갱신하고 변혁시키는 주체가 되지 못하고 있다.

자끄 엘륄Jacques Ellul의 말대로 '교회는 세계를 전복시키는 혁명 집단'이다. 세상나라는 항상 하나님나라에 저항한다. 하나님나라의 질서는 세상나라의 질서를 뒤집는다. 온 우주의 어느 공간과 시간도 하나님이 지배하지 않는 곳이 없다. 하나님의 통치 밖에 있는 것이란 아무것도 없다. 하나님나라는 교회를 통하여 이루어진다.

하나님나라는 전인적이고 총체적이고 세계적이고 우주적이다.

다시 말하거니와 하나님의 세계 창조 목표는 하나님나라 건설이다.

하나님나라는 하나님의 다스리는 곳이다. 내 안에 하나님의 통치가 있다면 내 안에 하나님의 나라가 이루어진 것이다. 그러나 하나님나라는 인간의 개인과 내면에서만 머물지 않는다. 하나님나라는 세계적이요 우주적인 지향이다. 교회는 이 땅에 새로운 세력이요, 세상나라에 침투하여 갱신하고 변혁하는 세력이요 모임이다. 하나님나라는 성도들의 국제적 모임인 교회를 통해서 일하신다. 사람들은 교회를 보고 하나님나라를 본다. 교회는 그 자체가 빛과 소금이다. 교회는 산 위의 등불이다. 그런데 한국교회는 어떠한가. 전혀 변혁적이지 못할 뿐만 아니라 오히려 점점 더 보수화되고 각질화되고 경직화되어가고 있다. 예수님의 말씀은 얼마나 급진적이고 혁명적인가! 예수님은 불을 던지러 오셨다. 예수님은 불덩어리다. 그분을 따르는 자 또한 불덩어리로 살아야 한다.

예수님을 따르려면 무엇보다 먼저 하나님나라와 그 의를 구하는 자가 되어야 한다. 자기 부모와 형제·자매를 버리고 따라야 한다. 하나님나라에 방해가 된다면 눈도 팔도 잘라버려야 한다. 그런데도 불구하고 교회는 전혀 급진적이지 못하고 혁명적이지 못하다. 내 생각이 급진적이지 못하고 혁명적이지 못하다면 아직 예수님이 누구인지 모르는 사람이다. 오히려 기득권자들과 부자들에게 영합하고 그들을 교회의 앞자리에 세운다. 가난한 자, 약한 자, 죄인들이 설 자리가 없다. 교회도 돈이 있어야 다닐 수 있다. 예수님은 자기를 부인하고, 자기 생명을 부인하고, 혈과 육을 죽이고 나를 따르라고 하지 않았던가. 가난한 자가 복이 있다고 하지 않았던가. 예수님의 길은 협소하고 좁은 길인데도 불구하고 한국교회는 뻥 뚫린 고속도로처럼 넓은 문과 넓은 길을 가르치고 있다. 넓은 문은 많은 사람이 찾는다. 그러나 좁은 문은 찾는 사람이 적다. 예수님의 말씀이다.

값싼 복음이 오늘의 교회를 채우고 있다.

진리가 어찌 이리도 가벼운가!

그렇게 값싸고 쉬운 것인가!

한국교회는 소비자중심적인 교회가 되어서 백화점처럼 친절하고 그들이 원하는 것이라면 무엇이든지 말하고 무엇이든지 해 줄 수 있다. 한국교회는 소비자들을 위하여 예수님의 말씀까지도 희생할 수 있다. 이것이 과연 성경적인가. 한국교회는 아론이 황금 송아지를 만들었던 것처럼 아론의 교회로 타락한 지 오래다. 유진 피터슨의 말처럼 "소비자 중심의 교회는 사탄의 교회"다.

진리가 어찌 이리도 가벼운가!

한국교회는 '25시' 교회다. 구제불능의 교회가 되었다. 기복주의,

성공주의라는 이름으로 복음을 값싸게 만들고, 모든 것이 만사형통된다는 이단적 발설에 모두가 아편을 맞는 것처럼 기분은 좋을지 모르지만, 정신이 몽롱하다. 한국교회는 점점 미신화, 심리화, 기복주의화, 탈역사화, 비윤리화의 길을 가고 있다. 왜 이렇게 교회가 즉물적即物的이고 피상적이 되었는가. 어찌하여 복음이 탐욕적이며 야수적인 인간의 이기심을 충족하는 수단이 되어버렸는가. 기복주의는 구약의 바알리즘이요 신약의 맘몬이즘이다. 한국교회는 마치 종교개혁 전야와 같은 어둠과 부패와 타락이 짓누르고 있다. 하나님나라의 교회는 이 땅의 가치를 상대화시키는 세력이 되어야 한다. 물신을 향한 도덕적 집단투항이 일어나는 이때 하나님나라의 전진기지인 교회는 창조적으로 이 세상을 향한 복된 공격을 감행해야 한다. 하나님나라의 전위 조직인 교회는 정치, 경제, 사회, 문화 등 모든 삶의 영역에서 하나님나라 운동을 전개하도록 부름 받고 있다. 하나님나라 운동은 하나님의 자유와 정의의 통치 원리에 맞선 모든 세상 가치관, 체제, 구조를 혁파하고 대안, 대조, 대항 가치관과 체제와 구조를 주창하는 운동으로 나서야 한다.

한국교회는 지금 소위 '종교놀음'을 하고 있다. 그 옛날 중세 가톨릭교회가 면죄부를 판매하듯 오늘날 한국교회는 가짜 천국행 티켓을 발매하고 있으며, 거짓 복권을 남발하고 있다. 한국교회의 죄악상은 일일이 열거할 수 없다. 이 수많은 기독교의 오류와 잘못의 중심에는 바로 거짓 천국관이 자리잡고 있다. 성경신앙은 그 어디에서도 미래의 구원과 영혼구원만을 말하지 않는다.

헬라의 이원론은 영적세계와 물질세계를 날카롭게 나누고 물질세계를 도외시한다. 물질을 악한 것으로 보는 것은 영지주의적, 가현설

假現說적 이단이다. 이원론이 분명한 이단임에도 한국교회는 무엇이 이원론인지도 모른 채 거기에 빠져있다. 독자는 이 말을 가벼이 듣지 말라. 하나님나라는 세계적, 역사적, 우주적이다. 인간의 죄로 타락은 전 우주적이었다. 예수님이 오신 것은 이 모든 창조물들을 다시 새롭게하기 위해서 오셨다. 이것이 성경이 말하는 하나님나라이다. 그런 점에서 한국교회에 심각한 문제를 제기한다.

구원주의

오늘날 한국교회가 말하는 복음은 '이신칭의' 교리 중심의 구원론이 횡행하고 있다.

분명히 '오직 믿음으로 의롭다 함을 얻는다'는 말씀은 바울 신학의 핵심이다. 그러나 바울은 그 어디에서도 행위 없는 구원에 대해서 가르치지 않았다. 그렇다면, 바울이 가르친 이신칭의 교리와 한국교회가 이해하는 이신칭의 교리 사이에는 간격이 있는 셈이다.

이신칭의 교리를 고백하는 것과 함께 한국교회에서 절실하게 필요한 것은 말씀을 듣고 순종하는 것이다. 이것은 선택사항이 아니다. 지금 한국교회에서 말하는 이신칭의는 몇 가지 조악한 교리들 안에 갇혀 있다. 우리를 의롭게 하는 믿음이 무엇인가? 십자가의 대속설에 대한 이해인가? 그것에 대한 지적인 동의인가? 아니다! 초대교회 성도들에게 있어서 믿음은 특정 교리에 대한 이해나 동의가 아니었다. 그들에게 있어서 믿음이란 "예수님은 주"라는 원초적 신앙고백을 의미하는 것이다. 그리고 그것은 단순히 이해나 지적 동의의 문제가 아니었다. 그들에게 믿음이란 '예수님이 주냐, 카이사르가 주냐'를 결단하는 문제였다. 그리고 이러한 결단은 목숨을 건 심각한 결단이었다. 아무런 위협도, 부담도, 책임도 없이 "믿습니다"라고 대답할 수 있는 그런 문제가 아니었다.

거기다 예정론은 그릇된 구원의 확신을 조장하는 주범이 되고 있다. 이에 대해서 김세윤 박사가 『한국교회, 개혁의 길을 묻다』에서 잘 지적하고 있다. "그들은 '한 번 구원은 영원한 구원이다'라는 구호를 외치면서 '그러므로 신자는 어떻게 사는가에 대해서는 괘념치 말고 오직 구원의 확신을 가지고 살면 된다'는 생각을 가르치고 있다." 하지만 대체 이러한 예정론은 어디서 나온 것일까? 이쯤 되면 한국교회가 이단이라고 말하는 '구원파'와 다름이 없다."

오늘날 한국교회가 전하는 복음을 간략하게 요약하면 "예수 천당 불신 지옥"이라고 할 수 있다. 이러한 복음은 예수님이 전한 하나님 나라 복음과 큰 차이가 있다. "예수 천당 불신 지옥"식 복음은 구원을 타계화한다. 구원은 죽은 뒤에 영혼에게 주어지는 복된 상태라고 본다. 칭의와 예정을 통한 구원만을 강조하는 신앙을 구원주의자라 부른다. 이러한 복음은 하나님나라를 장소적인 의미의 유토피아로 생각하게 하며 이러한 복음이 이신칭의와 결합하면 구원을 개인의 마음 속에 일어나는 것으로 생각한다. 즉 구원을 개인화, 내면화, 타계화, 탈역사화한다. 결과적으로 윤리적 방종주의로 흐른다. 이것이 한국 보수주의 교회의 모순이다.

스캇 맥나이트Scot Mcknight는 『예수, 왕의 복음』에서 "소위 구원주의 자들은 하나님나라 복음을 개인의 영혼이 내세에 누리게 될 복음으로 축소해버렸고, 교회는 하나님나라 복음의 역동성 대신 구원을 받고자 하는 중산층적·소시민적 열망에 지배당하게 되었다"고 말한다.

복음은 적어도 성경과 초대교회 성도들에게 절대 가볍지 않았다.

복음은 깨어지고 뒤틀려진 세계를 회복하고 치유하기 위해서 이 땅에 하나님나라를 도래시키는 메시아이며 왕이신 예수님을 어떻게 따를 것인가에 관한 혁명적 도전적 메시지이며, 하나님나라 운동으로의 초청이었다. 그래서 초대교회 성도들은 깊은 은혜와 진정한 회개를 통해 래디컬한 삶과 교회를 세워갈 수 있었다.

한국교회에 변종 바이러스가 침투해 있다

신화화된 그리스도는 신줏단지처럼 되었고 교리로 박제된 예수님은 교회의 쇼윈도에 진열되어 있지만 살아있는 예수님은 없다. 교회 안에 예수님이 없다. 교회 안에 예수님의 말씀이 없다. 교회 안에 예수님의 정신이 없다. 십자가는 부적이 되어버렸다. 예수님은 정통주의자들에 의해 오래전에 죽으셨다. 그 자리에는 영광의 메시아를 향한 기복주의와 승리주의와 소비자중심 교회만이 자리 잡고 있다. 한국교회는 너무 멀리 성경의 길을 떠났다. 사람들의 말이 예수님의 말씀보다 더 큰 소리로 들려온다. 온갖 미신과 마술이 횡행하고 있다. 한국교회는 지금 예수님이 오신다면 도스토예프스키의 『카라마조프가의 형제들』에 나오는 대심문관처럼 예수님을 이단으로 처형하고 그를 버릴 것이다. 바리새인과 대제사장들은 예수님의 말씀과 행적을 보고 위험인물로 낙인찍었다. 한국교회는 예수님이 걸으셨던 고난의 길보다 영광의 길을 추구하고 있다. 예수님을 금관으로 씌우려는 자들이 너무 많다.

한국교회는 지금 독한 변종 바이러스가 침투한 상태다. 이 바이러스는 기독교사의 모든 질병적 요소가 혼합된 무서운 변종 바이러스다. 나는 이 변종 바이러스가 벌써 오래전에 한국교회에 침투하여 마비 중세를 나타내고 있다고 생각한다. 한국교회는 이미 스스로 갱신 능력을 상실한 지 오래다.

한국교회는 지금 사람들에 의해 손가락질을 받고 있다. 한국교회가 신뢰를 회복하고 하나님나라를 전도할 수 있을 때 성경적 교회가 탄생할 수 있다. 교회가 회개하고 하나님나라와 근사치적으로 가까워지지 못한다면 우리에게 희망이 없다. 한국교회가 살려면 하나님나라에 대하여 알고 고난받는 교회가 되어야 한다. 그리고 고난받는 자의 편에 서 있는 교회가 되어야 한다.

하나님나라는 너와 나 그리고 세계의 희망이다.

하나님의 놀라운 손길이 한국교회에 임하사 표준교회인 초대교회로 돌아가도록 간절히 간절히 기도하자. 주여, 어리석은 목사들이 자신을 바라볼 수 있게 하시고 그들이 진실로 변화되게 하옵소서!

이 책은 단지 하나님나라의 이론을 말하는 것이 아니라 성경이 말씀하는 하나님나라의 기본적인 방향을 제시함과 아울러 하나님나라 신학의 관점으로 한국교회가 나아가야 할 방향을 제시하려 했다. 이 책은 번역서나 다른 하나님나라 책과는 달리 하나님나라 신학과 한국교회를 분석하고 대안을 제시한 하나님나라 신학이다.

1 하나님나라와 유토피아

유토피아는 인간 이성으로 이루어지지만, 하나님나라는 하나님의 능력으로 이루어지는 나라다. 기독교인도 어느 면에서 유토피아를 추구하는 이상주의자다. 유토피아나 하나님나라를 추구하는 사람들의 현실인식이 상당히 비슷하기도 하다. 유토피스트들은 혁명성을 강조하지만 하나님나라 또한 혁명성을 강조한다. 그러나 그 방법과 내용에서 전혀 다르다. 유토피아는 철저하게 인간이 만든 나라다. 그러나 하나님나라는 하나님이 주동이 되어 만든 나라다. 하나님나라는 인간이 만든 나라와는 전혀 다른 나라다.

많은 사람은 오랫동안 현실에 대한 모순과 부조리, 부정부패, 빈부격차, 고난, 전쟁을 보면서 불만을 느껴왔다.

왜 이 세상이 이래야 하는가!

왜 이 세상이 이토록 많은 모순으로 가득 차 있는가!

왜 현실이 이토록 불공평한가!

왜 이 땅에 잔혹한 전쟁소리가 끊이지 않는가!

왜 사람이 죽는가!

이런 문제에 대해 대안은 없는가!

생각 있는 사람들이라면 이처럼 희망없는 현실을 보면서 깊은 생각 속에 빠지게 된다.

과연 나는 행복 할 수 없는가!

과연 구원의 방법은 없는가!

과연 정의와 평화가 넘치는 세상이 될 수 없는가!

유토피아utopia란 무엇인가

신앙이나 유토피아니즘은 여기서 생기기 시작한다. 진지한 자만이 유토피아를 지향한다. 신음하는 자만이 신앙을 가질 수 있다. 사람들은 새로운 세계의 희망을 유토피아라고 한다. '유토피아는 인간이 표상하고 계획하고 실현할 수 없는 완전한 이상과 희망, 꿈이며 미래적 인간 사회의 완전한 이상을 말한다'.이신건,『하나님의 나라와 이데올로기』

이러한 유토피아를 바라는 사람들을 유토피스트Utopist라고 부른다. 유토피스트는 현재에 대하여 비관적이지만 미래에 대하여는 완전히 낙관적이다. 그들은 환상과 의지의 힘을 총동원하여 다가올 미래에 대하여 완전한 것을 추구한다.

이러한 유토피아에 대한 갈망은 지금부터 2400여 년 전 그리스 철학자 플라톤Platon으로부터 시작된다. 그는『국가』에서 이상사회를 그렸다. 그는 무엇보다 철학자에 의한 정치가 이루어질 때 이상사회를 이룩할 수 있다고 생각했다. 유토피아라는 말을 처음 쓴 사람은 영국의 토마스 모어Thomas More다. 그는『유토피아』를 썼는데 환상의 세계이지만 이상사회를 구현하려고 했다. 유토피아 문학은 토마스 모어를 비롯하여 토머스 캄파넬라Thomas Campanella의『태양의 도시』, 프란시스 베이컨Francis Bacon의『새로운 아틀란티스』, 에드워드 벨라미

Edward Bellamy의 『뒤를 돌아보며』, 그리고 윌리엄 모리스William Morris의 『유토피아에 온 소식』 등 다양하다. 유토피아의 전 역사를 알기 위하여는 이인식이 쓴 『유토피아의 이야기』를 보라.

현대판 유토피아는 칼 마르크스에 의한 공산주의 사회건설에서 잘 나타난다. 세상이 새로운 세계를 희망하는 세속적 이상사회를 유토피아라고 한다면 기독교적으로 새로운 세계를 희망하는 이상사회를 하나님나라라고 부를 수 있다. G.프리드리히, 『유토피아니즘과 기독교』 우리나라에서 유토피아를 추구했던 사람은 도산 안창호이다. 그는 흥사단興士團 즉 엘리트들이 민족개조를 통한 이상사회를 건설하고자 했고 평생을 이 일에 투신했다. 그의 연설문 '무정無情한 사회와 유정有情한 사회'는 그것을 잘 보여준다.

사실 유토피아니즘은 성경의 하나님나라에 직간접적으로 영향을 받았다. 성경의 모든 내용은 하나님나라라는 하나의 주제로 수렴되고 통합할 수 있다. 그러므로 하나님나라, 천국을 모르고서 성경을 알고 있다고 말할 수 없다. 신약성경은 인간의 모든 희망을 하나님나라 또는 천국이라는 말로 표현하고 있다. 대부분 사람은 하나님나라와 천국이 다른 것으로 알고 있는데 하나님나라와 천국은 같은 의미이다. 많은 사람은 사람이 죽은 다음에 하나님나라 곧 천국에 들어간다고 말한다. 그러나 그것은 크게 잘못된 것이다.

하나님의 '나라' 또는 '통치'란 그분의 의지가 유효한 영역, 그분의 뜻대로 이루어지는 영역이다. 내가 진정으로 하나님의 통치 안에 있다면 지금 내 안에 하나님나라가 있다.

하나님나라, 천국을 장소로 생각하거나, 죽은 다음에 가는 것으로 생각하는 분들은 내 말에 대하여 의아해할지 모른다. 자세한 것은 다음 기회에 살펴보기로 하자.

  유토피아와 하나님나라의 차이점을 비교함으로써 하나님나라를 깊이 이해할 수 있다. 비교를 통하면 더욱 많은 것을 확실히 알 수 있다. 유토피스트들은 이 세계가 잘못된 세계라고 말한다. 그러므로 이 세계는 변혁되어야 한다고 말한다. 유토피스트들은 우리가 사는 세계가 병들어 있으며 현존하는 국가질서와 사회질서가 불완전하고 불만족하다고 말한다. 기독교인이 추구하는 하나님나라와 비슷한 것 같다. 기독교인도 죄와 죽음으로 가득한 세계로부터 구원받기를 원한다. 그동안 많은 철학자와 사회학자, 과학자들이 유토피아를 주장해 왔다. 유토피아는 종종 환상적인 모습을 가지고 있지만, 합리적인 심사숙고로 이루어진 것이며 시인들의 통찰을 통하여 나타나기도 한다. 유토피스트들은 인간의 이성을 통해 완전히 어긋나 있는 현실을 있는 그대로 명확하게 파악하고 비록 그것이 불가능해 보이더라도 변화와 혁명을 추구한다. 그런 면에서 하나님나라도 기존 가치 체계에 대한 도전과 전복적 요소를 가지고 있다.

합리주의와 계시

  유토피아를 부르짖는 사람들은 광신에 빠진 환상가가 아니라 더 나은 세계를 추구하는 이상주의자들이다. 칼 포퍼Karl Popper는 "유토피아란 합리주의의 결과다"라고 말한다. 유토피아의 모험이 현대에서 시도되었던 것이 공산주의 혁명이다. 유토피아의 가장 핵심적인 요소는 이성적-세계관적-정치적 논란을 불러 일으켰다. 유토피아의 세계관은 기독교와는 전혀 다른 것이다. 유토피아는 철학자들과 사회학자들에 의하여 주장되는 반면 하나님나라는 신구약성경에서 보는 것처럼 예수님과 사도들과 복음서 기자들에 의해 선포되었다. 이처럼 유토피아니즘은 철저하게 이성주의와 합리주의에 기초를 두고 있는 반면, 기독교는 하나님의 계시에 그 기반을 두고 있다.

유토피아는 합리적 사색이나 학문적 추구로 이루어진다고 말하지만 하나님나라는 계시에 인한 것으로 혈과 육, 즉 인간으로는 이룰 수 없다고 성경은 말한다. 다른 말로 하면 하나님나라는 인간의 힘으로 이룰 수 없다는 말이다. 유토피아의 뜻은 재미있게도 'no-place', '아무데도 없는'이라는 뜻이다. 유토피스트는 인간의 죄를 부정하고 인간의 이성을 매우 중요시한다. 그러나 하나님나라는 인간 이성이나 의지에 호소하지 않는다. 하나님나라는 인간의 합리적 반성이나 환상적 사변에 좌우되지 않는다. 그것은 일방적인 계시 사건이다. 오히려 하나님나라가 가까이 왔음을 선포하고 이 복음을 믿고 순종하고 따르라는 것이다. 유토피스트들은 유토피아가 먼 공상의 세계가 아니라 이 땅에서 이루어질 수 있다는 엄격한 현실주의자들이다. 모든 유토피아의 가장 중요한 특징은 미래적 인간 사회를 위한 완전한 이상 상태라고 할 때 그런 의미에서 하나님나라도 일종의 유토피아다.

유토피스트들은 강제로 유토피아를 건설하려는 유혹에 빠지기도 한다. 이러한 폭력혁명은 현대에 일어난 공산주의에서 잘 볼 수 있다. 유토피아는 철저히 차안적이며 이 땅과 결속되어 있다. 유토피스트들은 철저하게 인간의 힘으로 만들 수 있다고 생각한다. 그러나 하나님나라는 하나님의 구원행동으로 이루어진다. 김명수, 『그리스도교와 탈현대성』

때가 차고 하나님의 나라가 가까이 왔으니 회개하고 복음을 믿으라. 마가복음 1:15

이 말씀에서 하나님나라가 예수님의 오심과 함께 시작되었음을 보여준다. 하나님나라, 천국은 죽어서 가는 곳만이 아니라 지금 우리는 하나님나라를 이 땅에서부터 사는 것이다. 그러므로 하나님나라는 예수그리스도의 십자가 죽음과 부활사건을 통하여 믿는 자들이 '지금 여기'now and here에서 하나님나라를 사는 것이다. 이것을 잘 모르면 기독교가 미래주의-도피주의로 빠지게 된다. 기독교는 결코 도피주의가 될 수 없다. 예수 그리스도의 십자가와 부활사건을 통하여 죄와 죽음이 극복되었음을 선포한다. 기독교인의 희망은 십자가와 부활에 그 근거를 두고 있다.

> 아버지의 영광으로 말미암아 그리스도를 죽은 자 가운데서 살리심과 같이 우리로 또한 새 생명 가운데서 행하게 하려 함이라.로마서 6:4

하나님나라는 하나님으로부터 시작한다

유토피아는 인간의 공동생활 속에 이상사회를 이룰 수 있다는 가능성을 전개하는 반면 하나님나라는 사회적인 영역을 훨씬 넘어 사회를 개조하거나 변화시키려는 수리작업으로 만족하지 않는다. 하나님나라는 인간뿐만 아니라 모든 피조물까지 구원하시는 우주적이고, 세계적이고, 초월적인 나라다. 예수 그리스도를 믿는 사람은 '이미와 아직' 사이에 살고 있다. 우리는 믿음으로 이미 하나님나라의 삶을 살지만 아직 충분하게, 완전하게 하나님나라를 살지 못하고 있다. 완전한 하나님나라는 예수그리스도께서 재림하실 때 가능한 것이다. 유토피아는 인간으로부터 시작하지만 하나님나라는 하나님으로부터 시작된다. 유토피아는 인간의 행동으로 시작하지만, 하나님나라는 하나님의 행동으로 시작된다.

유토피아는 인간 이성으로 이루어지지만 하나님나라는 하나님의 능력으로 이루어지는 나라다. 기독교인도 어느 면에서 유토피아를 추구하는 이상주의자이다. 유토피아나 하나님나라를 추구하는 사람들의 현실인식이 상당히 비슷하기도 하다. 유토피스트들은 혁명성을 강조하고 하나님나라 또한 혁명성을 강조한다. 그러나 그 방법과 내용에서 전혀 다르다.

유토피아를 추구하는 사람들은 사회적 차별의 지양, 동등한 권리와 평등, 정의사회를 향하고 있다. 모든 악의 구원은 사유재산에 있으며 이 사유재산 때문에 인간이 지배자와 피지배자로 나누어진다고 말한다. 토마스 모어는 유토피아는 사유재산, 돈, 특권이 없는 곳이라고 정의한다. 유토피스트들은 세계의 모든 악의 근원이 소유와 부를 추구하는 데 있다고 말한다. 돈을 사용할 수 없게 될 때 돈에 대한 욕심이 사라지며 범죄의 원인이 사라진다고 말한다. 사유재산제도가 철폐되면 모든 부도덕 행위들이 사라질 것이라고 말한다. 토마스 모어는 계속해서 유토피아에 사는 사람들은 사치스런 물건을 원하지도 않지만, 그것을 생산하지도 않는다고 말한다. 그곳의 사람들은 금과 은을 대수롭지 않게 여긴다고 말한다.

유토피아에는 다이아몬드도 있고 홍옥과 진주도 있다. 그러나 어른들은 이런 것을 조금도 귀중하게 생각하지 아니하며, 어린 아이들이 이런 것을 달고 다니며 논다. 이러한 현상이 일어나는 이유는 부와 이윤, 다시 말해서 개인의 이윤과 부가 철폐되었기 때문이다. 토마스모어, 『유토피아』

유토피아는 평등을 지향한다

유토피아는 모든 사람들이 평등하게 살아갈 수 있으며 그들의 필요에 따라 가질 수 있으므로 그 무엇을 훔칠 필요가 없는 사회이다. 아무도 다른 사람들의 희생 대가로 부유해질 수 없는 사회가 될 것이다. 칼 마르크스는 『독일 이데올로기』에서 공산사회를 이렇게 그렸다.

> 공산주의 사회에서는 누구도 하나의 독점적인 활동 분야를 가지지 않고 각자 자신이 원하는 어느 분야에서나 조예를 쌓을 수 있다. 사회가 전반적인 생산을 규제하여 내가 오늘은 이런 일, 내일은 저런 일을 할 수 있게 하며, 아침에는 사냥하고 오후에는 고기 잡으며 저녁에는 가축을 기르고 저녁 식사 후에는 비평에 종사할 수 있다. 내 마음 내키는 대로 하면서도 사냥꾼이나 어부나 목축업자나 비평가와 같은 전문 직업인이 될 필요가 없게 해준다.

마르크시즘은 비종교화된 유토피아다. 그러나 공산주의 실험은 실패로 끝났다. 사실 공산사회에서 이루고자 했던 원래의 동기는 매우 좋은 것이었다. 칼 마르크스는 비록 비기독교인이었지만, 성경의 중요한 가치인 자유와 정의를 외친 사람이다. 공산주의자들도 인류사에 평등의 문제를 가장 진지하게 생각했던 사람들이다. 그런 면에서 기독교인들도 그들의 꿈에 대하여 이해할 필요가 있다. 칼 마르크스는 세계에서 일어나는 문제에 대하여 기독교인들이 무관심한 것을 보면서 '민중의 아편'이라고 한 것은, 가난한 자나 정의의 편에 서지 못하고 현실에 무관심한 기독교인들을 볼 때 기독교인이야말로 미래에 집착하는 무능한 종교라는 의미에서 쓴 말이다.

유토피스트들은 인간은 본질적으로 선하며 외부의 상황, 사회구조에 의해서 세상이 잘못되었다고 말한다.

그러나 성경은 인간이 선한 존재가 아니라고 선포한다. 모든 사람은 악을 저지를 수 있는 사람sinful man이 아니라 죄인sinner이다. 예수님께서는 노예제도를 폐지하고자 어떤 프로그램도 세우지 않으셨으며 직접적 사회변혁을 주장하지 않으셨다.

그 당시 혁명가인 열심당과도 제휴하지 않았다. 예수님은 민중으로부터 혁명을 일으킴으로 아래로부터 개혁을 시도하지 않았다. 예수님은 모든 사람을 찾았다. 자본주의적인 세리도 찾았고, 가난한 자들도 찾았다. 경건한 바리새인들도 찾았고, 버림받은 자들, 절름발이, 맹인도 찾았다. 누구도 예수님의 부르심에 제외되는 사람은 없다.

모든 사람들에게 예수님은 하나님나라가 가까이 왔으니 회개하라고 외쳤다. 누구나 회개하고 복음을 믿는 자는 하나님나라의 백성이 될 수 있다. 예수님은 부자에게만 회개하라고 하신 것이 아니라 가난한 자에게도 회개하라고 말씀하였다.

> 무엇이든지 밖에서 사람에게로 들어가는 것은 능히 사람을 더럽게 하지 못하되 사람 안에서 나오는 것이 사람을 더럽게 하는 것이니라. 마가복음 7:15~16

그리고 예수님께서는 사람 안에서 나오는 것들에 대하여 자세하게 말씀하셨다.

> 악한 생각 곧 음란과 도둑질과 살인과 간음과 탐욕과 악독과 속임과 음탕과 질투와 비방과 교만과 우매함이니. 마가복음 7:21~22

예수님은 세계의 문제가 사회 구조에도 문제가 있지만 인간 자체에 문제가 있다고 말씀하신다. 그러나 유토피스트들은 정반대로 말한다. 소련의 반체제 작가이자 노벨 문학상을 받은 솔제니친 A.J Solzhenitsyn은 『암 병동』에서 "우리는 공산주의 체제에 너무 성급하게 적응했으며 생산 방법을 변화시키는 것으로 만족하리라 생각했습니다. 그러면 인간이 변화되리라 생각했지만, 인간은 조금도 변화되지 않았습니다"라고 말했다.

유토피아와 하나님나라의 중요한 차이점은 인간관에 있다

결국, 유토피아와 하나님나라의 큰 차이점은 인간관에 있다. 유토피스트들은 인간이 선하다는 전제에서 출발하지만 하나님나라는 인간이 악하다는 것을 전제로 시작한다. 70-80년대 운동권의 대부였던 리영희 교수는 우리나라에서는 맨 처음으로 소련 공산주의의 붕괴를 예고했고, 공산주의의 붕괴 원인이 인간론의 오류에 있다고 지적한 바 있다. 인간의 본래 적은 인간이 만든 상황이 아니라 바로 인간 자신이다. 그러므로 인간은 구원을 필요로 한다. 선한 것은 오직 하나님 뿐이다. 탕자가 그의 아버지께 돌아가듯이 인간은 하나님께로 돌아가야 한다. 예수님은 하나님나라로 들어가려면 '위로부터'from above, 요3:3 '다시 태어남'으로서 새로 지음 받아야 한다고 말한다. '위로부터'는 '하늘로부터' 또는 '성령으로'라는 뜻이다.

반면에 유토피스트들은 인간 스스로 자신을 구원할 수 있다는 엄청난 교만에 빠져있다. 그러나 인간은 절대 스스로 구원 얻을 수 없다. 이것이 성경의 확고한 입장이다.

20세기 초 1,2차 세계대전은 인류 역사상 가장 참혹한 전쟁이었다. 20세기에 들어서면서 모든 사람들은 낙관주의로 가득 차 있었다. 그들은 하나같이 이성주의자로 새로운 세상이 올 것이라고 장담했다. 그럼에도, 몇 년이 얼마 지나지 않아서 1,2차 세계 대전이 일어났다. 어떻게 인간이 인간에게 이렇게 무자비하고 잔인할 수 있을까? 사람들은 인간에 대한 의문을 품기 시작했다. 1,2차 세계 대전은 합리주의에 치명타를 입힌 사건이다. 1,2차 세계 대전은 단순히 거대한 전쟁, 참혹한 전쟁에 이어서 이성과 절대를 부정하는 포스트모더니즘의 시작을 알렸다. 하나님나라는 사람이 자신을 의지하지 않고 그리스도 안에 살아갈 때 이기적이고 자기 중심성에서 벗어나 다른 사람의 어려움을 생각하며 다른 사람을 자신보다 낫게 여기며 이 세계를 중독시키는 이기적 욕망으로부터 인간이 자유로워지는 새사람이 될 것을 말하고 있다. 그리고 자신의 소유에 대한 집착에서 벗어날 수 있다고 말한다. 이것이 하나님나라를 사는 우리의 모습이어야 한다. 그런데도 우리들의 모습은 어떠한가? 이것이야말로 큰 문제다.

하나님나라는 정의와 평화샬롬를 추구한다

성경은 장차 오게 될, 완성될 하나님나라에 대하여 중요한 표상을 우리에게 말한다.

> 무리가 그들의 칼을 쳐서 보습을 만들고 그들의 창을 쳐서 낫을 만들 것이며 이 나라와 저 나라가 다시는 칼을 들고 서로 치지 아니하며 다시는 전쟁을 연습하지 아니하리라 이사야 2:4

그 때에 이리가 어린 양과 함께 살며 표범이 어린 염소와 함께 누우며 송아지와 어린 사자와 살진 짐승이 함께 있어 어린 아이에게 끌리며 암소와 곰이 함께 먹으며 그것들의 새끼가 함께 엎드리며 사자가 소처럼 풀을 먹을 것이며 젖 먹는 아이가 독사의 구멍에서 장난하며 젖 뗀 어린 아이가 독사의 굴에 손을 넣을 것이라 내 거룩한 산 모든 곳에서 해 됨도 없고 상함도 없을 것이니 이는 물이 바다를 덮음 같이 여호와를 아는 지식이 세상에 충만할 것임이니라. 이사야 11:6~9

완성된 하나님나라의 놀라운 표상은 신약성경의 마지막 책인 요한계시록에서도 나타난다.

그가 수정 같이 맑은 생명수의 강을 내게 보이니 하나님과 및 어린 양의 보좌로부터 나와서 길 가운데로 흐르더라 강 좌우에 생명나무가 있어 열두 가지 열매를 맺되 달마다 그 열매를 맺고 그 나무 잎사귀들은 만국을 치료하기 위하여 있더라 다시 저주가 없으며 하나님과 그 어린 양의 보좌가 그 가운데에 있으리니 이는 주 하나님이 그들에게 비치심이라 그들이 세세토록 왕 노릇 하리로다. 요한계시록 22:1~5

모든 눈물을 그 눈에서 닦아 주시니 다시는 사망이 없고 애통하는 것이나 곡하는 것이나 아픈 것이 다시 있지 아니하리니 처음 것들이 다 지나갔음이러라 보좌에 앉으신 이가 이르시되 보라 내가 만물을 새롭게 하노라 하시고 또 이르시되 이 말은 신실하고 참되니 기록하라 하시고. 요한계시록 21:4~5

하나님나라는 성경의 가장 큰 주제다

　신약성경에서만 평행구절을 포함해서 '하나님나라'가 222회 나오고 '천국^{하늘나라}'이 37회 나온다. 모두 259회가 나온다. 하나님나라가 얼마나 중요한지를 보여주고 있다.양용의, 『하나님나라』

　하나님의 진리는 통합적이며 총체적이다. 이처럼 성경의 모든 내용은 하나님나라로 통합될 수 있다. 그러므로 하나님나라에 대하여 충분히 알지 못하고, 믿지 못한다면 올바른 신앙을 가질 수 없다. 하나님나라를 이해하는 것은 마치 퍼즐 맞추기와 비슷하다. 퍼즐 하나하나는 전체를 완성하기 위한 한 조각이지만 그 하나하나는 매우 중요한 의미가 있다. 퍼즐 조각들은 전체 그림을 향하여 맞추어질 때 그 의미를 갖게 된다. 성경말씀과 하나님나라가 이와 같다. 매우 유감스럽게도 예수님으로 시작되는 하나님나라, 천국이 많은 사람에게 잘 이해되지 않는 것은 안타까운 상황이다. 어쩌면 사탄의 궤계詭計인지도 모른다.

　1974년 복음주의자들의 모임인 로잔세계복음대회에서 마이클 그린 Michael Green은 이렇게 반문했다. "여러분 하나님나라에 대해 얼마나 들어오셨습니까?" 그리고 이렇게 대답했다. "별로 들어보지 못했습니다." 하나님나라는 예수님의 첫 번째 관심사였다. 또, 에버딘 대학교의 하워드 마샬. Haward Marshall은 "나는 지난 16년 동안 구체적으로 하나님나라를 주제로 한 설교를 들어본 기억이 두 번밖에 없습니다. 예수님의 가르침의 주제가 하나님나라이고 신약학자들이 너나없이 동의하고 있기 때문에 이런 침묵은 충격적이었습니다."달라스 윌라드, 『하나님의 모략』 예수님께서 하신 첫 말씀은 하나님나라였고, 또한 부활하신 이후 마지막 제자들에게 40일 동안 하나님나라를 가르치셨다. 또 바울은 사도행전 마지막에서 하나님나라에 대하여 가르쳤다.

요한이 잡힌 후 예수께서 갈릴리에 오셔서 하나님의 복음을 전파하여 이르시되 때가 찼고 하나님의 나라가 가까이 왔으니 회개하고 복음을 믿으라 하시더라. 마가복음 1:14~15

이 구절이야말로 기독교를 완벽하게 대표하는 말씀이다. 전반부의 '전파하다'는 말은 원래 성경적 용어가 아니라 당시 로마 제국에서 많이 쓰는 말로써 황제가 아들 곧 후계자가 태어나면 이 사실을 선포하는 데서 빌려온 말이다.

이것은 공포公布를 말한다. 이 낱말이 말하려는 것은 요한이 감옥에 갇혀 있을 때 만왕의 왕이신 예수님께서 왕의 메시지를 공포하셨다는 뜻이다. 선포하는 자는 아주 구체적이고 공명한 메시지를 가지고 있다. "들으시오, 여러분에게 전할 왕의 메시지가 여기 있소" 하는 말이다.

전파는 왕의 선포다. 왕이신 예수님께서 하신 말씀이 무엇인가? '때가 찼고 하나님나라가 가까왔으니 회개하고 복음을 믿으라'는 선포다. '때가 찼고'라는 말이 나온다. 때가 되었다는 것이다. 여기 '때'는 헬라어로 카이로스인데 특정하게 정해진 시각을 말한다.

이스라엘 민족이 그렇게도 원하던 모든 인류가 소망하는 하나님의 원대한 인류 구원의 약속이 드디어 실행될 때가 되었다는 것이다. 예수님이 우연히 아무 때나 오신 것이 아니다. 이미 주어진 시간에 오셨고 예수님이 이러한 예언을 성취하셨다. 하나님나라, 천국이 예수님의 오심과 함께 시작되었다. 이와같이 예수님의 등장은 구약성경에서부터 시작된다.

구약성경의 모든 약속들이 하나의 초점인 예수님 안에서 때가 차서 이루어진 것이다. 그분은 창세기로부터 이미 시작한 하나님나라가 예수님 안에서 시작과 완성된 것을 알린다. 그것은 이미 2,000년 전에 시작되었다. 그런 의미에서 구약성경은 하나님나라이신 예수님을 통해서만 이해된다.

하나님나라는 예수님과 함께 이미 시작되었다

지금, 여기에now and here 하나님나라가 왔다는 말을 들으면 생소하게 들릴지 모르지만, 그것은 매우 잘못 알고 있는 것이다. 어쨌든 예수님과 함께 이미 하나님나라가 왔다. '요한이 잡힌 후'라는 말은 마치 1945년 맥아더 장군이 인천에 상륙한 것처럼, 이스라엘이 로마 아우구스티누스의 통치 아래 있을 때 예수님이 하나님나라를 선포하신 것은 요한이 잡힌 것처럼 역사적인 사실 위에 오셨다는 말이다. "하나님나라가 가까이 왔다"라는 말씀은 예수님이 오심으로 시작되었다는 말이다. 오리게네스Origenes가 말한 것처럼 예수님이 바로 하나님나라다. 예수님이 '몸소 하나님나라'auto basileia다.

세계사는 하나님나라를 건축하는 과정이다. 하나님이 천지를 창조하신 목적은 하나님나라 건설이다! 하나님나라는 성경 최대 주제요, 믿는 사람이라면 하나님나라에 대해서 반듯이 정돈된 하나님나라에 대한 이해와 믿음이 있어야 한다. 유토피아는 철저하게 인간이 만든 나라다. 그러나 하나님나라는 하나님이 주동이 되어 만든 나라다. 하나님나라는 인간이 만든 나라와는 전혀 다른 나라다.

하나님나라의 주어는 하나님이며, 유토피아는 인간이 주어다. 성경이 하나님나라라는 말을 쓸 때는 항상 '들어간다', '가까이 왔다', '찾는다'는 표현을 쓰고 있다.

그러면 사람이 할 것은 아무것도 없다는 말인가?

하나님나라는 전적으로 수동적이기만 하다는 말인가?

그러면 우리가 할 것은 없다는 말인가?

현재의 삶에서 하나님나라를 이루기 위해 일해야 한다고 말하면 많은 사람들은 단번에 항의할 것이다. "그런 말은 마치 우리 자신의 노력으로 하나님나라를 세우려는 것처럼 들리지 않는가?"

일단 두 가지 사실을 확실히 하자. 첫째, 하나님이 하나님나라를 세우신다. 그러나 하나님은 이 세상에서 하나님의 일이 특히 자신의 피조물 중 하나이자 자신의 형상을 반영한 인간을 통해 이루어지도록 이 세상의 질서를 만드셨다. 이것이 바로 '하나님의 형상으로 만들어졌다'라는 개념의 핵심이다. 하나님은 자신의 지혜롭고 창조적이며 사랑이 넘치는 현존과 능력이 인간을 통해 이 세상에 반영되도록 '형상화되게' 하셨다. 하나님은 우리를 창조의 프로젝트에 하나님의 청지기로 참여시키셨다. 그리고 반항과 타락 이후 하나님은, 예수님의 사역과 성령님의 능력을 통해 인간을 준비시킨 다음 그 프로젝트를 되살리는 일을 돕게 하실 거라는 사실을 복음의 메시지에 처음부터 집어넣으셨다. 따라서 우리가 어떻게 자기 자신의 노력으로 하나님나라를 세우려 할 수 있느냐는 식의 항의는 겸손하고 경건해 보일 수 있지만, 책임을 회피하는 길이 될 수 있다. 물론 그래 봤자 하나님의 부르심을 영원히 피해 다닐 수는 없지만 말이다.

두 번째 사실은 최종적 나라와 그것을 기다리는 현재의 상태를 구분해야 한다. 최종적으로 하늘과 땅이 만나는 일은 물론 하나님이 하시는 최고의 행위인 새 창조이며, 첫 창조를 제외하고는 예수님의 부활이 그 새 창조의 유일한 원형이다. 오직 하나님만이 모든 것을, 하늘과 땅에 있는 모든 것을 그리스도 안에서 하나로 모으실 것이다. 오직 하나님만이 '새 하늘과 새 땅'을 만드실 것이다. 우리가 그 위대한 일을 도울 수 있다고 생각하는 것은 최고로 어리석은 일일 것이다. 그러나 우리가 만약 복음에 복종하고자 한다면, 우리가 진정으로 예수님을 따르는 자들이라면, 그리고 우리 안에 성령님이 거하시고 우리가 성령님으로부터 힘을 얻고 성령님의 인도를 받는다면 현재 우리가 할 수 있고 해야만 하는 일은 바로 그 나라를 위해서 일하는 것이다.톰 라이트, 『마침내 드러난 하나님나라』

　　다른 반대의 극단에는 주님이 돌아오셔서 모든 것을 바로잡으실 때까지는 아무것도 할 수 없다고 주장하는 사람들이 있다. 악의 세력이 너무 굳건하기 때문에, 하나님의 능력이 행사되는 위대한 순간 외에는 그 문제가 해결되거나 기존의 뿌리 깊은 구조를 바꿀 수 없다는 것이다. 이러한 이원론은, 불의가 뻔히 눈에 보이지만 그 문제를 해결하는 것이 정치적으로 성가신 일이라고 생각하는 사회에서 매우 효과적으로 양성된다. 그러한 관점은, 진짜로 중요한 사업인 복음 전도에만 신경 쓰자고 말한다. 여기에서 복음이란 미래 세계를 위해서 영혼을 구원하는 것이다. 물론, 이들도 사회의 가장 밑바닥에 있는 사람들을 돌보는 전담반을 구성하고 반창고를 붙이는 정도의 일은 할 수 있다. 그러나 그 사람들을 그 위치에 가게 하고 거기에 머물게 하는 구조에 대해서는 아무것도 하지 않는다. 이와 같은 이원론은 성부 하나님의 지속적인 치유 활동을 그 성부께서 만드신 세상으로부터 추방해 버리며, 성자 하나님의 치유 활동을 그 성자께서 이미 주님이신 세상으로부터 추방해 버리며, 성령 하나님의 치유 활동을 그 성령님께서 고통하며 신음하시는 이 세상으로부터 추방해 버리는 결과를 가져온다.

이러한 관점은 성경이 말하려 하는 것과는 전혀 다른 영지주의적 이원론일 뿐이다. 하나님나라의 기대의 지평은 정의와 샬롬, 자유, 해방과 축복이기 때문에 현재로부터 끊임없이 탈출하게 하고, 동시에 미래로 열려 있으며, 현존하는 불의와 부정의에 저항하고 투쟁해야한다.

그럼에도 불구하고 우리는 그분의 말씀에 따라 '혁명적 복종'^{하워드} 요더, 『근원적 혁명』을 통해 최선을 다하는 것이며 결코 우리의 힘으로 하나님나라를 이룰 수 없다는 것을 안다. "설령 많은 것을 했을지라도 우리는 단지 '무익한 종'이며, 해야 할 것을 한 것이라고 고백할 뿐이다."^{눅17:10} *

2

복음이란 무엇인가?

우리가 믿는 창조주 하나님은 자유 그 자체이시다. 그리고 자유롭게 천지만물을 창조하셨다. 그것은 한마디로 생명의 창조였다. 생명보다 신비하고 오묘한 것이 어디 있겠는가? 그것의 깊이를 어찌 측량할 수 있겠는가? 하나님께서는 천지만물을 창조하신 후에 '매우 좋았다'고 말씀하셨다. 그런데 놀랍게도 창세기 3장에서부터 '매우 좋지 않은' 사건이 갑자기 등장한다. 그것은 우리가 익히 잘 아는 선악을 알게 하는 나무의 문제다. 이 선악과의 문제가 하나님 보시기에 매우 좋았던 세계를 갑자기 하나님 보시기에 매우 좋지 않은 세계로 만들었다. "아담의 이야기, 인간의 이야기는 여기서부터 시작된다. 비극의 탄생이었다." 본회퍼,『창조와 타락』

선악과의 문제는 하나님은 누구신가? 인간은 누구인가? 죄가 무엇이며, 죽음이 무엇이며, 생명이 무엇이며, 자유가 무엇이며, 정의가 무엇이며, 사랑이 무엇이며, 진리가 무엇인가? 등 수많은 문제가 이 안에 들었다. 선악과는 하나님, 인간, 세계의 압축파일이요, DNA이다. 자유이신 하나님께서는 삼라만상을 창조하심과 함께 인간을 만드셨다. 인간은 '하나님의 형상'Imago Dei으로 하나님이 만드신 세계를 다스리며 무엇보다 하나님과 같이 '자유하는 존재'로 만드셨다. 이와 같이 인간은 특별한 존재다. 동물에게는 자유도 없고 자랑도 없고 미움도 없다. 동물은 자동적으로 살아가는 존재요. 처음도 모르고 끝도 모르는 존재다. 선악과 사건에서 배울 수 있는 것은 무엇보다 인간이 하나님의 피조물이며 하나님이 자유하신 것처럼 인간도 자유로운 존재라는 사실이다.

선악과

인간은 스스로 생긴 존재가 아니라 피조물이다. 그런데 어느 날 하나님께서 보시기에 아름다운 동산에 아담과 하와에게 나타나셔서 매우 중요한 말씀을 하셨다.

> 여호와 하나님이 그 사람을 이끌어 에덴 동산에 두어 그것을 경작하며 지키게 하시고 여호와 하나님이 그 사람에게 명하여 이르시되 동산 각종 나무의 열매는 네가 임의로 먹되 선악을 알게 하는 나무의 열매는 먹지 말라 네가 먹는 날에는 반드시 죽으리라 하시니라. 창세기 2:15-17

"이 말씀은 자유로운 동산 한가운데 한계선이 그어져 있다는 사실을 보여준다. 이 한계성이 바로 피조성이다. 이 한계 안에서 인간이 되어라. 그리고 이 한계 안에서 자유하여라 라는 말씀이다. 그러므로 한계는 은총이다. 인간은 하나님의 피조물로써 한계가 있는 존재라는 것을 확인시켜 주시는 말씀이다. 그러나 인간은 이 한계성을 거부하였다. 선악을 알게 하는 나무는 자유의 문제다. 한계성이야말로 피조성과 자유의 진정한 근거다.”본회퍼,『창조와타락』

> 그런데 뱀은 여호와 하나님이 지으신 들짐승 중에 가장 간교하니라 뱀이 여자에게 물어 이르되 하나님이 참으로 너희에게 동산 모든 나무의 열매를 먹지 말라 하시더냐 여자가 뱀에게 말하되 동산 나무의 열매를 우리가 먹을 수 있으나 동산 중앙에 있는 나무의 열매는 하나님의 말씀에 너희는 먹지도 말고 만지지도 말라 너희가 죽을까 하노라 하셨느니라. 뱀이 여자에게 이르되 너희가 결코 죽지 아니하리라 너희가 그것을 먹는 날에는 너희 눈이 밝아져 하나님과 같이 되어 선악을 알 줄 하나님이 아심이니라. 창세기 3:1-5

  그런데 성경에는 갑자기 뱀이 등장한다. 뱀은 인간에게 가까이 와 “하나님이 참으로 너희에게 동산 모든 나무의 열매를 먹지 말라 하시더냐” 라고 묻는다. 이것은 무신론자의 질문이다. 사탄은 항상 인간에게 하나님의 말씀을 의심하게 함으로서 모든 것을 시작한다. 사탄도 하나님의 말씀을 이야기한다. 이어서 사탄은 인간에게 결코 죽지 아니할 것이며 하나님과 같이 되리라고 말한다.창3:4-5 거짓이 시작된다! 여기서부터 사탄은 ‘거짓의 아비’요8:34요, ‘미혹의 영’요일4:6으로 활동한다. 여기에서 사탄은 선악과 열매를 따먹지 말라는 하나님의 금지명령과 인간의 창조, 뱀과의 일련의 연결 속에서 공동으로 생명나무를 침범함과 동시에 창조주 하나님으로부터 나왔으면서도 창조주 하나님을 대적하는 자로 나타난다. 하나님의 피조물인 뱀이 직접 악의 도구가 된다. 어떻게 그런 일이 일어났는가? 그러나 성경은 여기에 대하여 아무 말을 하지 않는다. 성경은 악의 기원에 대하여 무엇을 알려주려는 것이 아니라 악의 성격이 곧 죄라는 것과 죄가 인간에게 영원한 질곡이 된다는 것을 증거하고 있을 뿐이다. 우리는 하나님의 피조물로써 하나님의 세계에 살아야하지만 원치 않는 곳에서 언제나 사탄이 등장한다는 것을 보여주고 있다. 거짓된 뱀은 경건한 질문으로부터 자신의 계획을 이루었다. 사탄은 양의 옷을 입은 늑대나 천사의 빛의 형태로 위장하여 우리들에게 나타난다. 사탄은 하나님의 말씀에 순종하지 않아도 된다는 인간의 자유에 대해서 말한다. 인간에게 주어진 자유는 전적으로 하나님께 순종해야 하는데 결국 그 자유는 하나님께 불복종함으로써 끝난다. 이것이 뱀의 영리함의 극치라고 할 수 있다. 아담은 뱀의 질문 속에서 하나님의 말씀은 극도로 혼란스럽게 되었다. 재미있게도 무신론자인 에리히 프롬은 「너희도 신처럼 되리라」에서 "인간의 진정한 자유는 여기서부터 시작된다."고 말한다.

하나님처럼 되리라

이렇게 하여 하나님의 명령을 어긴 인간은 하나님의 약속대로 죽을 수 밖에 없는 운명이 되었다. 동시에 사탄의 말대로 인간은 하나님처럼 되었다. 인간이 왕이 되었다. 정말 왕이 되었다. 왕이란 자기 마음대로, 자기 멋대로, 자기 주장대로 사는 자유로운 존재다. 다시 말하면 인간이 창조주 하나님께 독립을 선언한 것이다. 즉 자기의 지혜, 자기의 힘, 자기의 사랑, 자기의 시간 등 자기 속에 내재한 자원으로 자기의 생명과 행복을 추구할 수 있다는 환상 가운데, 하나님께 의존하고 순종하는 것을 속박의 상태로 인식하고, 자기 뜻대로 자기 멋대로 살고자 하나님께 대항하여 독립을 선언한 것이다.

이제 인간은 하나님 말씀대로 죄로 말미암아 죽어야할 필연성 앞에 서게 되었다. '죄의 삯은 사망'롬6:23이기 때문이다. 죄의 권세가 '사망이 왕'롬5:14 노릇하는 세상이 되었다. 인간은 하나님으로부터 사망선고를 받았다! 지금 세계는 사망의 그림자로 드리워져 있다. 인간은 사탄의 말대로 자기 스스로 살며 스스로 생명을 창조하고 스스로 자신의 창조자로 살게 되었다. 그는 더는 창조자를 필요로 하지 않는다. 그의 피조성은 파괴되고 끝났다. 그는 하나님처럼 되었다. 그에게 주어진 자유는 타자에 대한 관심과 배려와는 아무 상관이 없다. 오직 자유의 남용과 전횡만이 남게 된다. 이것이 하나님을 저버린 인간이 지은 죄다. 사도 바울의 로마서는 창세기 처음 이야기의 주석제임스 던『바울신학』이라고 말한다. 아담의 불순종이 죄요, 죄는 곧 사망이다. 그리하여 생명으로만 가득찬 하나님의 아름다운 창조세계가 사망이 왕 노릇하는 세계가 되었다.

죄로 인하여 나타나는 사망의 증상들이 어떻게 나타나는지를 살펴보자. 우리는 지금 거짓, 불의, 증오, 개인적인 결핍이나 아픔, 이웃과의 갈등, 사회적, 국가적, 국제적 차원의 갈등 등 여러 가지 모양으로 나타나는 악과 고난 즉 죽음에 둘러쌓여 짓눌려 있다. 이런 악과 고난들은 죽음의 증상들로 대개 인간이 겪는 최대의 악이요 고난이라고 할 수 있다. 감기에 걸리면 목이 따갑고, 콧물이 나며, 머리가 아프고 감기에 대한 여러 증상들이 나타난다. 그래서 그런 증상들이 나타나면 우리가 감기에 걸렸으며, 감기의 병균이 우리 몸속에 활동하고 있음을 안다. 마찬가지로 죽음의 병균이 우리 속에서 활동하여 노쇠 현상들과 질병들을 유발하여 위에서 말한 온갖 형태의 악과 고난을 낳는 것이다. 그러기에 모든 악과 고난의 현상들은 죽음의 증상들이요, 우리가 그런 악과 고난에 짓눌려 있다는 것은 우리가 지금 죽음 아래 놓여 있고 감기에 걸리듯 우리가 죽음에 걸려 있다는 것을 뜻한다.

그러므로 우리가 지금 살아 있다고 하지만 사실은 벌써 죽음에 걸려 있는 자 들이요 팔십 평생 또는 구십 평생을 지내고 무덤에 이르는 것은 우리 가운데 지금 역사하는 죽음의 병균이 확산되어 우리의 존재를 완전히 점령한 결과로 나타난다.

그렇기 때문에 성경은 악과 고난에 짓눌려 사는 인생을 '죽은 자'라고 한다. 사람들이 보통 말하듯 육신적으로는 살아 있지만 영적으로는 죽어 있다는 의미에서가 아니라, 앞서 설명한 대로 인생이 죽음에 걸려 있다는, 죽음의 권세 아래 놓여 있다는 또는 죽음의 병균에 의해 점령당하여 가는 상태에 놓여 있다는 의미로 성경은 인생이 죽어 있다고 말하는 것이다. 이 죽음과 그 증상들인 모든 악과 고난에서 해방되는 것이 '구원'이다. 우리가 이렇게 죽음과 그 증상들인 악과 고난에 걸려 있기 때문이다. 김세윤, 『구원이란 무엇인가』

자유의 역사

인간의 역사는 한마디로 하나님 없이 하나님으로부터 자유하려는 역사다. 그러나 진정한 자유는 하나님 앞에서의 자유다. "선악과를 따먹은 자는 아담이 아니요, 우리요 나다. 죽는다는 것은 무엇인가? 존재하는 것은 파괴가 아니라 하나님 앞에서 더 이상 살 수 없게 되는 것이다. 아담의 이야기가 끝난 곳에 다시 우리의 역사가 시작된다." 본회퍼, 『창조와 타락』

많은 철학자들은 하나님이 존재하는 한 인간은 자유하지 못한다고 말한다. 자유와 해방 운동은 곧 권위의 폐지로 이해되었던 것이다. 인간이 자유하기 위해서는 당연히 궁극적 권위인 하나님으로부터 자유해야 한다는 것이다. 종교라는 것은 하나님의 권위를 의미한다. 종교를 가진다는 것은 하나님에 대한 의존을 뜻하게 된다. 이러한 하나님의 권위와 하나님에 대한 의존을 물리치는 것은 자유 운동의 최후 목표인 것처럼 생각한다. 이렇게 생각한 최초의 인물은 「독일국민에 고함」을 쓴 피히테Johann Fichte이다.

　이어 칼 마르크스는 "하나님은 인간의 꿈"이라고 말한다. 하나님은 실재적인 존재가 아니고 다만 인간의 꿈에 불과하다는 것이다. 그것은 인간의 악몽이라고 말할 수 있겠다. 자유의 이름하에 칼 마르크스는 "하나님이 있을 수 없다"고 말한다. 그는 하나님이 있는 한 인간은 의존적인 존재라고 보았기 때문이다. 인간의 해방은 이 의존을 물리침으로써 인간의 한계를 제거할 때 비非자유에 종말을 고할 수 있다는 것이다. 이러한 이유로 마르크스는 무신론을 자유의 기본원리로 선포하였다. 그래서 그는 모든 것은 종교 비판으로부터 시작되어야 한다고 말한다.

　프랑스 철학자인 장 폴 사르트르Jean Paul Sartre도 인간의 절대적 자유를 선포하고 또 인간을 절대적으로 자유로운 존재라고 선포하면서 하나님이 없다고 선언하였다.

　이렇게 몇 명의 유명한 근대철학자들은 자유의 이름 아래 무신론을 주장하였다. 그러나 이것이 해방 운동의 끝은 아니었다. 인류가 변함없이 인정해 온 다른 권위가 하나 있다. 그것은 도덕률의 권위다. 프리드리히 니체Friedrch Nietzsche는 인간이 자유하기 위해서는 최후의 권위, 즉 도덕률을 물리쳐야 한다고 말한다. 니체는 도덕률도 역시 인간의 발견이며, 이 인간의 발견으로 인해 인간이 자유를 상실하고 있다고 생각하였다. 따라서 니체의 철학에 의하면 인간은 도덕률을 인정하지 않을 때에만 비로소 자유할 수 있다는 것이다. 이것이야말로 최후의 권위이며 인간이 자유하기 위하여 이것 또한 모두 폐지되어야 마땅하다는 것이다.

그는 이렇게 주장한다. "우리들은 제일 먼저 우리들의 노예의 권위, 즉 우리를 노예로 만든 주인하나님을 없애 버려야만 했다. 인간이 신을 만들었다. 우리는 백성들을 노예로 만든 전제 군주인 하나님을 없애 버려야만 했다. 그리고 우리는 모든 인간을 노예로 만든 최후의 권위, 즉 도덕률을 없애 버려야만 했다." 일이 여기까지 이르러서야 자유와 해방 운동은 비로소 그 걸음을 멈추었다. 그러면 이 해방 운동의 최후 종착지에서 생긴 결과는 무엇인가? 이 결과를 아주 분명하게 말한 공로자가 니체이다. 그는 이 결과를 '허무주의'라고 말했다. 다른 말로 하자면, 무無의 철학이다.

이와 비슷한 주장은 앞에서 말한 장 폴 사르트르와 알베르 까뮈 철학에서도 찾아볼 수 있다. 신이 없고, 또 도덕률도 없으니 인생에도 아무런 계획이 있을 수 없으며, 아무런 삶의 의미도 없게 되는 것이다. 인생은 절대적으로 무의미하며, 따라서 인생은 정말 살 가치가 없게 되는 것이다. 많은 사람이 살아 갈 가치를 느끼지 못하고 과격한 일을 저지르거나 자살을 하는 것을 보면서, 우리는 이 말을 분명히 이해할 수 있다. 결국 해방 운동은 자살로써 끝나게 되는 것이다.

사람이 절대적 자유를 주장할 경우에는 하나님이 있을 여지가 없게 된다. 이것을 다른 말로 규정한다면, 인간이 절대적 자유를 주장하는 경우, 인간 스스로 '하나님 처럼' 되어야 한다고 주장하는 셈이 된다.

서양 역사의 모든 신학자들이 한결같이 선언해 온 바는 '절대적 자유'는 하나님의 본질이다. 그런데 앞서 말한 철학자들은 절대적 자유를 인간의 무제한성으로 말했던 것이다.

"인간은 자기 자신을 창조한다." 이것은 사르트르가 한 말이다. 그가 증명하려고 애쓴 것은, 인간은 절대적으로 자유한 존재이므로 자신의 창조자는 바로 자기 자신이라는 것이었다. 그는 절대적 자유의 말로를 인정할 만큼은 솔직하지 못했다. 사르트르는 인간의 절대적 자유가 인생에 무의미성을 부여하게 된다는 것은 인정하였으나, 이것이 허무주의라고까지는 분명히 말하지 않았다. 그러나 니체의 무신론은 인생의 모든 의미의 파괴를 말했다. 니체는 철학에 '허무주의'란 용어를 도입한 인물이었다. "여기에서 '주체'라는 용어가 나오기 시작되는데 이들 철학자 중 하이데거와 야스퍼스와 같은 실존주의 계열은 '실존'이라는 말을 쓰고, 마르크스 계열의 무신론 철학자들은 '주체'라는 말을 쓰기 시작했다. 여기서 '주체'란 근본적으로 사회와 역사를 변혁할 수 있는 노동자의 주체, 즉 신에 반대하여 인간이 모든 것을 할 수 있다는 사상을 말한다. '주체'의 용어는 우리나라 1920년 말에서 1930년 초에 소개된 용어로 한치진이 「논리학」1930, 「철학개론」1930에서 최초로 사용했지만 이에 반해 박종홍은 '주체'가 현실 창조적, 변혁적 역할을 염두해 둔 최초의 철학자다. 김일성이 주도한 북한의 '주체사상'에서 '주체' 개념도 신이 아닌 인간이 세계의 주인이며 모든 것을 결정한다는 원리를 기초하는 것이다."강영안, 「주체는 죽었는가, 현대철학의 포스트모던 경향」, 16-20 주체사상은 마르크스의 아류라고 볼 수 있다.

"니체는 포스트모던 사상의 선구자라고 할 수 있지만 그 중에서도 가장 대표적 인물이라 할 수 있다. 이유는 그가 근대의 주요 기반인

신과 우상을 해체하는 일의 선봉에 있기 때문이다. 이것은 서구문화가 처한 위기의 궁극적 원인을 기독교 신앙의 유산에서 찾았다. 또 니체가 말하는 초인은 흔히 오해하듯 초인간적인 존재가 아니다. 오히려 '기존의 모든 경계와 한계를 넘어가는 인간'이라는 해석이 더 일리가 있다. 즉 기독교 유산인 도덕과 윤리를 넘어가는 인간관을 제시하는 것이다. 니체는 신 앞의 의인이 되기보다 선과 악을 넘어서는 초인이 되고자 한다."신국원,「포스트모더니즘」,92~97 니체는 '초인'을 통해 세계 문제를 극복하려 했지만 '그리스도인'이 되는 것이야 말로 인간과 세계의 문제를 해결할 수 있다는 것이 기독교의 입장이다. 그런 의미에서 초인과 그리스도인은 대조된다. "니체의 사상은 정치적 허무주의에도 영향을 끼쳤다. 니체의 의도와는 상관없다 할지라도 나치즘의 뿌리를 그의 권력의지와 초인주의에서 찾는다. 나치즘의 몰락이 근대의 해체와 직접적인 관련이 있음을 감안하면 니체도 포스트모던의 선구자라 할 수 있다."신국원,『포스트모더니즘』

　성경도 인간은 자유를 추구하는 존재라고 말한다. 그러나 인간은 하나님 안에서만 자유할 수 있다고 말한다. 하나님이 인간에게 자유를 주는 범위 안에서만 자유한다는 말이다. 이러한 자유 관념은 아우구스티누스가 가장 분명하게 선포했다. 그런데 이 관념은 역설적인 관념이다. 즉, 인간이 하나님에게 전적으로 의존할 때에만 자유한다는 사상이다. 이 사상은 신약성경이 말하는 자유사상이다. 성경은 "진리를 알지니 진리가 너희를 자유롭게 하리라"요8:32라고 말한다. 이 자유사상은 결단코 비非의존의 사상이 아니다. 오히려 그 정반대의 사상이다. 인간을 자유하게 하는 것은 다름 아닌 하나님에의 의존이다. 그런데 이것은 철학적으로는 파악할 수 없는 사상이며 모든 기독교 신자가 자기 신앙체험을 통해 '진리'라고 생각하는 사상이다.

인간은 하나님 아래에 있는 한, 그리고 전적으로 하나님에게 의존되어 있는 한에서만 자유할 수 있다.

아우구스티누스의 "내가 하나님을 향하여 지어졌으므로 주님의 품안에 안기기까지는 참 안식을 몰랐나이다"라는 고백은 인간의 자유가 어디 있는지를 잘 보여 준다. 에밀 브루너, 『정의와 자유』 본훼퍼가 말한대로 "이 한계성이야말로 피조성과 진정한 자유의 근거이다." "인간의 자유는 하나님의 자유 안에 있는 것이다. 인간의 자유는 하나님의자유를 반영하는 것이다. 인간의 자유는 그리스도 안에서만 주어지는 것이다. 인간의 자유는 하나님에게 자발적으로 복종하는 것이다." 자끄 엘륄, 『하나님의 정치와 인간의 정치』

아담아, 어디 있느냐

이상에서 보는 것과 같이 하나님을 떠난 인간은 스스로 구원 얻을수 없다. 이것이 피조물의 한계이다. 만일 인간이 스스로의 자원으로생명과 행복을 추구하고 영위할 수 있다면 구원받아야 할 아무 이유가 없다. 그러나 인간에게는, 자원이 제한되어 있기 때문에 악과 고난이 발생하고, 또한 그 악과 고난으로부터 해방되어야 할 이유 곧 구원받아야 할 이유가 있다. 그러므로 우리의 제한된 자원 때문에 일어나는 악과 고난을 우리의 그 제한된 자원으로 해결할 수 있다고 생각한다면 그것은 논리적으로 모순이다.

모든 종교, 예컨대 불교나 힌두교나 이슬람교 같은 종교들뿐만 아니라 유사 종교, 가령 마르크스주의나 인류 문명에 대한 낙관론 같은 것들은 인간이 스스로를 구원할 수 있다고 가르친다. 즉 스스로 종교 심을 발휘하거나 수양을 잘하면, 또는 선한 행위를 많이 하고 업적을 쌓으면 구원의 문제를 해결할 수 있다고 주장한다. 인간의 힘으로 유 토피아를 건설할 수 있다고 가르친다. 인간이 스스로의 지혜를 계속 계발하면 전쟁이 없고 평화로운 유토피아를 언젠가는 건설할 수 있 다고 본다. 이러한 문명 낙관주의는 계몽주의 이후 19세기의 자유주 의에서 절정을 이루었다. 인간의 이성을 재발견하고 이성을 계발하 여 교육을 시키고 과학과 기술을 발전시킨다면 인간에게 악과 고난 이 없고 싸움이 없는 평화와 풍요의 상태를 이룰 수 있으리라는 낙관 론이었다.

그러나 1,2차 세계 대전은 이러한 낙관론을 잿더미로 만들고 말았 다. 최고도로 '발달'된 과학과 기술은 인간을 최대로 '파멸'하는 결 과를 가져왔고, 바로 인간의 계발된 지성 혹은 인간의 계발된 지혜가 인류 역사에서 일찌기 보지 못한 죄악을 초래하였다. 두 세계 대전은 인간 이성의 한계를 극명하게 드러내고 말았고, 인간의 근본 문제인 악과 고난을 이성으로써는 해결할 수 없다는 사실을 가르쳐 주었다. "그 이후 신학자들과 철학자들은 죄에 대해 더 진지하게 생각하게 되 었고, 종말론에 대해 더 새롭게 생각하게 되었다."칼 야스퍼스, 『죄의 문 제, 시민의 정치적 책임』, 7–35

만일 인간이 스스로를 구원할 수 있다면, 인간에게는 애초부터 구 원받아야 할 이유가 없었을 것이다. 왜냐하면 우리 인간이 가지고 있 는 자원이 완전할 때에만 스스로를 구원할 수 있기 때문이다. 그렇 기 때문에 우리의 구원은 인간의 내재된 힘으로 이루어지는 것이 아 니라, 인간 밖에 있고 우주 밖에 있는 하나님으로부터 만 올 수 있다.

우리 밖에서, 우리를 위해서 구원의 힘이 와야 한다. 우리 밖의 무한한 힘을 가진 초월자로부터 우리를 위해 오는 것이어야만, 즉 오직 은혜로 올 때 우리 인간에게 구원이 이루어진다.

'복음'은 바로 이러한 제한된 자원 속에서 죽어 가는 인간들에게 하나님께서 우리 밖에서 우리를 위하여 오셔서 구원을 이루셨다는 '기쁜 소식'이다. 그러면 그 구원의 사건이 어떻게 일어났는가?

성경에는 하나님이 뜻을 돌이키신다는 말씀이 많이 나온다. "하나님이 그들에게 내리리라 말씀하신 재앙을 내리지 아니하시니라." 이것은 하나님에 관한 놀라운 표현이며 성경에서 자주 발견되는 것이기도 하다. 하나님이 어떤 것을 결정하시고 난 후에 사건들이 변한다. 그때 하나님께서 생각을 바꾸신다. 그분이 뜻을 돌이키신다. 이것은 일종의 신인 동형론적 표현이라 볼 수 있다.

인간의 회개와 하나님의 돌이키심이 히브리어로 같은 단어가 아니라는 것은 매우 중요하다. 일반적으로 성경에서 인간의 회개와 하나님의 돌이키심은 별개의 단어들이다. 인간의 회개라는 의미로 쓴 슈브*shubb*는 태도와 방향을 바꾸는 회개를 의미한다. 하나님과 관련하여, 가장 자주 사용된 것은 나함*nacham*이며, 하나님께서 '돌이키신다'는 것은 방향의 변화가 아니라 위로받으셔야 하는 내적 고통이다. 나함은 하나님 자신 때문이 아니라 자신과 타자들과의 사이의 관계에서 하나님 자신이 받으시는 고통이다. 의로우시고 완전히 거룩하신 하나님은 오직 정죄하실 수만 있다. 그러나 사람이 회개 하자마자 하나님은 정죄한 것으로 말미암아 고통을 느끼신다. 우리는 하나님이 그 정죄를 없애신다고 말할 수는 없다. 왜냐하면, 하나님은 변하지 않으시며 이루어진 것은 이루어진 것이기 때문이다.

회개는 그 자체로 과거를 지우지 못한다. 한번 저질러진 죄는 회개 이후에도 여전히 남는다. 정죄가 자동으로 철회될 수는 없다. 인간의 행위인 회개는 인간에 의해 실현된 죄들을 삭제하지 못한다. 그 둘 사이엔 등가가 성립되지 않는다. 이 둘 사이에서 하나님의 뜻을 돌이키신다는 것은 즉 하나님께서 친히 고통 받으시고 위로하신다는 뜻이다.

그러나 이 고통의 의미를 명확히 밝혀야 한다. 이것은 정죄한 것에 대한 후회나 하나님으로 하여금 정죄를 제거하시게 하는 좋은 생각과 같은 단순한 감정이 아니라 이것은 태도의 변화이다. 그러나 하나님의 이 돌이키심을 말하는 본문 대부분은 "그들에게 내리겠다고 정하신 악에서 돌이키신다"고 말한다. 하나님은 인간이 저지른 악으로 말미암아 고통을 받으신다. 단지 악때문 만이 아니라 악 그 자체로 말미암아 대신 고통을 받으신다. 하나님은 자신이 그들에게 내리겠다고 정하신 악으로 말미암아 고통 받으신다. 하나님께서는 인간의 죄의 삯이었던 이 죽음을 자신에게 돌린다. 그분은 자신의 정의 안에서 인간에게 부과해야 했던 그 고통을 감수하신다. 이처럼 하나님은 이 심판을 자신에게 돌리시는데, 이것이 하나님의 돌이키심*nacham*의 의미이다. 우리는 예수 그리스도 안에서 이것이 충만하게 그리고 모두를 위해서 성취된 것을 본다. 실제로 인간의 회개 앞에서 하나님의 돌이키신 결과가 예수 그리스도이시다. 그리고 성경에서 이 회개가 문제가 될 때는 언제나, 예수 그리스도에 대한 새로운 예언이 하나님의 정의와 하나님의 사랑을 어느 하나도 제거하지 않고 동시에 성취한다.

오직 인간적 판단의 관점에서만 하나님의 태도에서 변화의 모습이 나타난다. 역사가 시작된 이후 하나님의 계획은 변하지 않았다. 그분의 계획은 자기 자신의 진노로부터 세상을 구원하시는 것이다. 그러나 인간은 하나님을 떠났어도 하나님은 자기의 형상대로 지은 인간을 그대로 놓아두실 수 없었다. 하나님은 결코 실패하지 않으신다.^자끄 엘뤨, 『요나의 심판과 구원』 그리하여 나함*nacham*의 하나님께서는 잃어버린 아담을 찾아 나선다.

> 여호와 하나님이 아담을 부르시며 그에게 이르시되 네가 어디 있느냐.
>
> 창세기 3:9

인간이 타락하여 도망하는 중에 최초로 하나님께서 부르시는 장면이다. 참으로 사랑하시는 마음으로 그를 다시금 회복시키기 위한 하나님의 은혜로운 추적이다.메튜 헨리

아담아, 네가 어디 있느냐?

이 말은 구원의 은혜를 제시한 첫 번째 하나님의 음성이다.에드워드 영

그분의 공의로써 인간을 몰아낸다면 인간은 어디로 갈 것인가? 그러나 영원한 형벌 대신에 인간을 구원하기로 한 것을 알려주시기 위한 이 말씀 속에는 하나님의 인간을 향한 무제한적 포용과 사랑이 나타나 있다. 이 말씀은 하나님께서 아담과 하와가 숨어 있는 장소를 몰라 물으시는 말씀이 아니다.

아담아, 네가 어디 있느냐?

이 말씀은 무엇보다 하나님이 인간을 사랑하셔서 자기가 처한 상태를 깨닫게 하는 동시에 그의 죄를 고백하도록 계획하신 질문이다. 이 질문이야말로 인간이 스스로 깨어 자신의 모습을 보게 하는 하나님의 음성이다.

아담아, 네가 어디 있느냐?

이 질문은 하나님께서 그의 사랑을 계시하시는 의미심장한 신적 계시의 최초의 형태다. 카일 델리치 이 질문 속에서 우리는 계시 종교의 모습을 본다. 만일 하나님께서 먼저 인간을 되찾으려고 부르시지 않았다면 인간은 마치 실패한 인공위성처럼 우주 속에서 영원한 미아가 되었을 것이다. 선한 목자이신 하나님께서 길 잃은 인간을 다시 찾아오시지 않았다면 인간은 방향도 없이 끊임없이 유리하는 처량한 방랑자가 되었을 것이다.

아담아, 네가 어디 있느냐?

하나님께서는 인간이 멸망하는 것을 허락하지 않으셨다. 하나님께서는 인간이 스스로 구원할 수 없음을 아시고 하나님의 무제한적 사랑과 포용과 열심으로 인간을 찾으신다.

아담아, 네가 어디 있느냐?

이 하나님의 부르심은 세대를 통하여 쉬지 않고 내려오는 사랑의 음성이다. 지금도 하나님께서는 하나님을 피하여 도망하는 인간을 향해 돌아오기를 기다리시며 그뿐 아니라 스스로 찾아오신다.

하나님께서는 인간이 상처를 입자마자 곧 치료책을 보여주셨다. 인간이 타락하자마자 즉시로 구속자를 약속하신다. 인간의 실패와 죄의 어두운 무대 속으로 하나님은 약속의 등불을 가지고 들어오셨으니 그것이 곧 구주에 대한 약속이다.

복음의 새 아침이 밝아온 것이다.

이제 하나님께서는 창세 전에 예비한 영원한 구원의 복된 계획을 선포하신다. 하나님께서 불행의 늪으로 빠져버린 인간에게 생명의 불빛을 보여주신다. 존 밀톤

하나님의 대안, 복음

그렇다면 과연 인간을 구원하기 위한 하나님의 대안은 무엇인가? 하나님께서는 어떻게 인간에게 생명과 자유를 주셨는가?

이것이 바로 하나님의 대안인 복음이다!

예수님께서 하나님나라가 가까이 왔으니 회개하고 복음을 믿으라고 말씀하셨다. 한마디로 말해서 이것이 복음의 요약이다. 하나님나라에 들어가려면 "복음을 믿으라" 말씀하시고 또한 "회개하고 믿으라"고 말씀하셨다. 그러므로 우리가 믿으려면 무엇보다 복음이 무엇인지 알아야 한다. 예수 그리스도의 복음은 한 사람 한 사람을 부르시는 하나님의 계시인 점에서 개인적이다. 그러나 이 복음은 또 세상 전체를 구원의 대상으로 삼는 세계적이고 우주적인 메시지이기도 하다. 왜냐하면 하나님께서 인간을 비롯한 천지만물을 창조하셨기 때문이다. 하나님나라는 인간뿐만 아니라 만물을 구원하는 것이기 때문이다. 세계는 하나도 빠짐없이 하나님이 창조하시고 사랑하신다. 복음에 대한 편협한 생각 때문에 교회의 사명에 대한 잘못된 견해들이 나타나게 된다. 그 결과 복음이 무인도에서 홀로 사는 로빈슨 크루소같이 고립된 개인에게 선포되는 메시지로 생각하는 사람도 있지만 이것은 복음을 매우 크게 오해한 것이다.

복음, 유앙겔리온

신약시대에 '복음'을 '유앙겔리온'이라고 표현했다. 이 말을 생생하게 느끼게 하는 역사적 사건이 있다. BC 490년 전 세계를 제패하고 있던 페르시아가 마지막 그리스 정복을 앞두고 아테네를 함락하기 위하여 마라톤 지역에서 그리스와 대전을 벌였다. 숫적으로 열세인 그리스로서는 매우 초조한 전쟁이었다. 그것은 하나의 전투가 아니라 그리스의 운명이 걸린 큰 전쟁이었다. 자기들이 노예가 되느냐, 자유의 삶을 살 수 있느냐의 기로에 선 전쟁이었다. 다행히도 그리스가 페르시아를 격파하게 되었다. 그러니 그리스인들에게는 얼마나 큰 기쁨이었겠는가!

그리스의 군인 필립피데스Philippides는 이 기쁜 소식을 빨리 전하고자 아테네까지 42.195km를 달려가 그리스의 승리를 알리고 그 자리에서 죽고 말았다. 그리스는 이 전쟁의 승리를 기념하여 마라톤 경기를 시작했다. 반면 페르시아, 지금의 이란은 어느 대회든 마라톤 경기에 참가하지 않고 있다. 마라톤 전쟁의 승리는 생과 사의 기로에 선 그야말로 기쁜 소식이었다. 유앙겔리온이라는 말은 이때부터 쓴 말이요, 영어로는 'good news', 우리나라 성경으로는 '복음'으로 번역되었다. 우리가 믿는 복음은 이처럼 생사의 기로에 선 승리의 감격이요 큰 기쁨의 소식이다.

과연 그렇다면 성경의 핵심 진리인 복음이란 무엇인가?

그렇게 자주 쓰는 복음은 무엇을 말하고 있는가?

모든 인간은 자기가 왕이 되어 탐욕을 향하여 질주하고 있다. 하나님이 옳다고 말하는 것들을 무시하고, 버리고, 자기주장과 정욕대로 살아가고 있다. 이방인이나 유대인이나, 모든 인간은 하나님의 정죄 아래 하나님의 분노와 심판과 저주 아래 놓였다. 이것이 바울이 로마서 1:18~32절에서 말한 인간 고발장이다. 바울의 인간 고발은 섬뜩할 정도로 우리에게 도전하고 있다.

이 사실을 받아들일 수 있는가!

자신과 현실에 대해 절망해 본 적이 있는가!

우리는 죽음에 대해 공포를 느껴 본 적이 있는가!

인생과 역사에 대하여 고민해 본 적이 있는가!

만약 죽음이 끝이라면 그것으로 모든 것이 끝나버리고 마는 것인가!

복음이 무엇인가? 구원을 주시는 하나님의 능력이다. 복음은 하나
님의 지혜요, 하나님의 능력이다. 복음은 구약에서부터 그 기대가
나타나고 있다.

> 놀랍고도 반가워라. 희소식을 전하려고 산을 넘어 달려오는 저 발이여!
> 평화가 왔다고 외치며, 복된 희소식을 전하는구나. 구원이 이르렀다고
> 선포하면서, 시온을 보고 이르기를 "너의 하나님께서 통치하신다" 하는
> 구나. 이사야 52:7

이처럼 복음은 어쩌다가 우연히 온 것이 아니라 구약에서부터 예
언된 속에서 정한 때에 온 것이다. 이 점에 대하여 신약 공관복음서
기자들은 이구동성으로 말하고 있다. 우리 시대의 대표적인 신약학
자인 제임스 던James Dunn은 유앙겔리온이라는 전문용어를 맨 먼저 채
택한 사람은 바울이었다고 말한다. 성경의 모든 메시지는 복음이란
말로 요약할 수 있다. 제임스 던, 『바울 신학』

복음이란 "십자가에 못박히신 그리스도"와 "부활하신 주"를 말한다.

십자가에 못 박히신 그리스도 히브리어로는 메시아

바울은 로마서의 초반롬1:8~3:20에서 인간을 고발하고 인간이 죄로
인한 죽음의 위기에 처해 있다고 말하고 있다. 그리고는 인간의 위기

에 대한 해결책으로 인간이 자신의 공로인 자기 의義로서 결코 구원 얻을 수 없으며 '예수님의 희생, 죽음'이야말로 복음이라고 선포하고 있다. 구약에서는 모형으로써 사람이 죄 용서를 받고자 성전에서 반드시 죄인을 대신하여 동물을 희생하는 제사를 드렸다. 예수님의 십자가의 죽음은 구약 희생제사의 예언적, 모형적 성취사건이었다. 동물 제사에서 동물이 죄지은 사람과 동일시됨으로써 죄 용서를 받았듯이 바울은 예수님의 십자가에 못 박히신 사건을 통해 하나님의 의義가 나타났고 우리가 하나님의 의롭다하심인 칭의를 통해 죄 용서를 받았다고 말했다. 하나님의 의는 하나님의 진노와 대칭적 성격이다. 하나님의 의는 죽음과 비참함의 노예로 사는 우리를 위해 예수님께서 희생제물이 되어 우리 대신 죽으심으로 이루어졌다. 그로 인해 우리가 하나님의 의에 도달하게 되었고, 하나님께서 독생자 예수를 죽임으로써 하나님도 의롭게 된 것이다. 하나님이 친히 인간의 자리에 서고 인간이 하나님의 자리에 선다. 여기에 루터의 말대로 '찬탄할 만한 거래'가 이루어진다.

그러므로 십자가는 하나님의 의와 하나님의 사랑이 함께 나타나는 놀라운 사건이다.

한국교회가 복음, 생명, 구원 등의 말을 하나님나라와 상관이 없는 것처럼 가르치고 있는 것은 참으로 안타까운 일이다. 이것을 모르면 하나님나라, 복음, 생명, 구원, 믿음, 회개의 의미를 통합적으로 볼 수 없게 하는 치명적 상황을 초래한다. 제임스 던 『예수와 기독교의 기원』

> 율법이 육신으로 말미암아 연약하여 할 수 없는 그것을 하나님은 하시나니 곧 죄로 말미암아 자기 아들을 죄 있는 육신의 모양으로 보내어 육신에 죄를 정하사. 로마서 8:3

이 말씀은 예수님이 인간을 가장 잘 본뜬 모사품으로 정확한 복제품이라는 의미가 있다. 이처럼 하나님은 죄와 사망의 권세 아래 살아가는 우리와 예수님을 철저하게 동일시하고 연합하게 하여 우리 대신, 나대신, 예수님이 하나님의 저주를 받게 된 것이다. 이 말은 하나님께서 친히 구약에서 말하는 우리 대신 고난 당하시는 나함naham의 하나님이시다.

하나님의 저주는 복음서에 나타난 예수님의 말할 수 없는 고난과 죽음 속에 너무도 진지하게 묘사되어 있다. 우리는 그런 의미에서 예수님께서 받으신 고난의 무게를 복음서를 통해 진지하게 경험해야 한다. 예수님의 죽음이 억울하지 않고 단지 하나님의 뜻을 이루기 위한 필연적인 죽음이었다고 생각한다면, 예수님의 죽으심을 너무 가볍게 생각하는 것이다. 예수님의 죽음을 구약에서 예언되었거나 하나님의 구원 계획 아래서 이루어졌다는 식으로 이해한다면, 예수님의 죽음은 단지 부적일 뿐이다. 우리는 예수님께서 죽음을 얼마나 두려워하셨는지 알아야 한다. 에수님께서는 죽음을 앞에두시고 "심히 놀라고 슬퍼 하셨다"막14:33, 또 "내 영혼이 심히 고민하여 죽게 되었다"고도 말씀하셨다. 히브리서 기자는 예수님께서 "자기를 죽음에서 능히 구원하실 이에게 심한 통곡과 눈물로 간구와 소원을 올렸다 "고 전한다. 또 죽음이 임박했을때 "나의 하나님, 나의 하나님 어찌하여 나를 버리셨나이까?"마27:46라고 울부짖으셨다. 이처럼 죽음을 두려워한 사람이 또 있을까? 소크라테스가 제자들 앞에서 죽음의 독배를 들고 태연자약하게 죽어간 것을 보면 예수님은 죽음을 이상하리만큼 두려워하셨다.

예수님은 자신의 결단에 의해서 말할 수 없는 갈등 속에서 공포스런 죽음을 선택하셨다는 것을 알아야 한다. 그러므로 우리가 십자가 앞에 설 때만이 우리가 얼마나 큰 죄인인지 알 수 있다. 자끄 엘륄이 말한대로 "우리는 하나님의 저주를 이해하지 못하고서는 복음에 나타난 하나님의 사랑을 알 수 없다"

유대인이 기대하는 메시아는 이렇게 초라한 모습이 아니었다. 이렇게 무력한 메시아가 아니었다. 그들은 승리의 메시아, 정복자 메시아를 원했다. 유대인에게 메시아의 죽음이란 상상할 수 없는 것이요, 믿을 수 없는 것이었다. 죄 용서의 존귀함과 외모의 비천함 사이의 대조가 걸림돌이 되었다. 또한 헬라인들은 고상한 철학에 비하면 십자가에 못 박힌 예수의 복음이라고 말하는 것은 너무 우습고 미련한 것이었다. 로마의 수치스런 십자가에 죽은 예수가 메시아라는 것은 상상 할 수 없는 일이다. 이성 중심의 현대인들에게도 예수님의 피 흘림의 희생제사는 도무지 이해할 수 없고 오히려 혐오스럽기까지 하다.

그러나 이것이 십자가를 통하여 하나님이 일으키신 용서요, 복음이다! 이와같이 하나님나라는 용서를 통해 우리에게 온다. 하나님의 진노와 심판으로 정죄 받아 죄와 죽음이 왕 노릇하는 가운데 있는 우리를 위해 예수님께서 십자가에 희생 양으로 죽으셨다. 또한, 예수 그리스도께서 십자가에 못 박히심으로써 이 세상 임금에게 결정적인 패배를 안겨주었다. 그러나 예수님의 십자가 사건은 유대인이 보기에는 거리끼는 것이요, 헬라인이 보기에는 미련한 것이었다. 그러나 십자가야말로 하나님의 놀라운 지혜요 능력이다.고전1:22-24

세계 역사의 많은 부분에서 희생양을 발견할 수 있다. 인간 심성의 뿌리에는 희생양 개념이 보편적으로 나타나고 있다. 희생양을 통해 역사적으로 엄청난 화해가 이루어지는 것을 볼 수 있다. 이러한 내용을 르네 지라르Rene Girard의 『희생양』에서 잘 말하고 있다.르네 지라르, 『희생양』; 박철수, 『성경의 제사』 이스라엘이 대망하는 메시아는 십자가에서 죽으신 분이었다.

복음은 거리끼는 것이요 미련한 것이다

그렇지 않다면 그는 전혀 그리스도가 아니다. 제임스턴, 『바울 신학』
예수님은 많은 고난을 받고 십자가에 못 박히심으로 메시아가 되신 것이다. 복음은 십자가에 그 초점이 있다.

> 하나님이 죄를 알지도 못하신 이를 우리를 대신하여 죄로 삼으신 것은 우리로 하여금 그 안에서 하나님의 의가 되게 하려 하심이라. 그리스도 께서 우리를 위하여 저주를 받은 바 되사 율법의 저주에서 우리를 속량 하셨으니 기록된 바 나무에 달린 자마다 저주 아래에 있는 자라 하였음 이라. 갈라디아서 3:13

여기에 나오는 나무에 달린 자, 예수님은 하나님께 저주를 받은 자로서 유대인들은 나무에 못 박힌 자는 하나님의 저주를 받았다고 확신했다. 그러니 나무 십자가에 달려 죽으신 예수 그리스도를 도무지 믿을 수 없었다.

로마의 식민지에서 정치적으로 반란하는 자는 무조건 십자가에 못 박았다. 유대인들은 신명기 21장 23절에서 "나무에 달려 죽은 자는 하나님의 저주를 받았다"는 말씀을 알고 예수님을 십자가에 처형당하게 하여 모든 사람들에게 그가 하나님의 저주를 받아 죽은 것으로 나타내고자 하였다. 그들은 그러한 방법으로 예수님을 메시아라고 생각하고 그를 따르는 자들에게 예수님에 대해 오히려 환멸을 느끼게 하려고 하였다.

결국 빌라도는 예수님이 자신을 유대인의 왕이라고 주장했다는 이유로 십자가에 못박았다. 제자들의 입장에서 볼 때 이것은 큰일이었다. 다윗과 같은 왕으로서의 메시아가 될 것을 기대했던 예수님이 기대와는 정반대로 나무에 못박혀 하나님의 저주를 받아 죽었기 때문이다. 그래서 제자들은 환멸과 슬픔을 안고 뿔뿔이 흩어져 버렸다.

부활하신 주

그런데 무슨 일이 일어났는가? 부활이 일어났다. 이 부활은 여러 가지를 우리에게 말해 주는 사건이다. 무엇보다 가장 근본적인 것은 하나님께서 '예수님이 옳았다'는 선포다. 그래서 예수님이 하나님의 아들이라는 주장이나, 예수님이 우리에게 구원을 가져다 주는 구원자라는 주장이 옳았다는 것을 제자들이 알게 되었다.

부활로 인해 예수님이 하나님의 진정한 아들로 인정되었다면, 예수님의 십자가 죽음은 예수님에 대한 하나님의 저주가 아니라, 예수님 자신의 주장처럼 예수님이 우리를 대신해 죽은 것이 될 수밖에 없다. 다시 말해, 예수님이 자기의 죄 때문에 십자가에서 하나님의 저주를 받으신 것이 아니라 우리를 대신해 돌아가셨구나 하는 깨달음을 주는 것이다. 자기가 자기 목숨을 많은 사람을 위한 대속물로 주겠다고 가르치신 것이 십자가에서 완성되었음을 제자들이 깨달은 것이다. 그러므로 "예수님께서 우리의 죄를 위해 죽으시고 살아 나셨다"라는 선포가 그리스도의 복음에 대한 공식적인 선포가 된 것이다.

이와같이 "예수님의 부활은 그리스도와 그의 속죄 사역에 대한 하나님의 긍정이다. 만일 십자가가 예수님의 종말이었다면 죽음과 저주 가운데서 모든 것은 끝장나버렸을 것이다. 십자가는 절망의 사건이 되고, 부활은 현실도피가 되고 말 것이다. 그러나 부활은 죽음을 산산이 부숴 버린 비교할 수 없는 하나님의 자유와 능력이다."본 회퍼, 「십자가와 부활의 명상」 그리스도의 희생제사적 죽음의 효과는 그 자체로 완결된 것이 아니라 부활의 인준이 필요하다.

> 의로 여기심을 받을 우리도 위함이니 곧 예수 우리 주를 죽은 자 가운데서 살리신 이를 믿는 자니라 예수는 우리가 범죄한 것 때문에 내줌이 되고 또한 우리를 의롭다 하시기 위하여 살아나셨느니라. 로마서 4:24-25

복음이란 예수그리스도의 죽음과 동시에 예수그리스도의 부활을 말한다. 부활 없는 십자가는 한낱 죽음에 불과하다. 십자가 없는 부활도 아무 의미가 없다. 예수님의 부활 사건은 모든 것이 시작된 지점이다. "바울이 적대했던 복음의 세력들을 잡아 죽이려고 갈 때 그는 부활하신 예수님을 환상으로 만났고, 바울이 모든 그리스도인들을 잔멸하려고 다메섹 도상에 이르렀을 때 하늘로부터 빛과 소리의 공격을 받았다. 바울에게 정조준 된 신령한 벼락이었다. 교만한 바울의 질주를 중단시킨 사건이요, 하늘 높은 줄을 모르고 비상하던 그 영적 오만을 격추한 하나님의 신령한 요격이었다.

그의 옛 자아, 옛 과거, 옛 신학은 다메섹 도상에서 부활하신 예수님을 만남으로 이루어졌다."김회권, 『사도행전』 이처럼 십자가에 못 박히신 분의 부활 없이는 복음을 제대로 이해할 수 없다. 베커J.C. Beker가 그의 『사도 바울』에서 말한 대로 "그리스도의 부활은 신기원, 새로운 시대로 변화를 가져왔을 뿐 아니라 새 시대 곧 하나님나라는 하나님의 경륜에서 최종적인 절정이었다." 예수님은 아무런 목적도 없이 그저 잡혀 죽은 것이 아니었다. 예수님은 살아나셨다! 인간역사에서 그 유래를 찾아볼 수 없는 놀라운 이적 사건이 일어났다. 기독교 신앙은 여기에 근거한다!

주主, 퀴리오스, Lord

예수님이 십자가에 못 박혀 돌아가심으로 '그리스도, 메시아' 되심과 같이 또한 예수님께서 부활하심으로 '주'가 되셨다.

> 하늘에 있는 자들과 땅에 있는 자들과 땅 아래에 있는 자들로 모든 무릎을 예수의 이름에 꿇게 하시고 모든 입으로 예수 그리스도를 주라 시인하여 하나님 아버지께 영광을 돌리게 하셨느니라. 빌립보서 2:10-11

예수님이 '주'가 되신 것은 부활을 통해 하나님께서 높이 올리심으로 '주'가 되셨다. 이것을 신학적으로 '그리스도의 승귀昇貴'라고 말한다.

헬라어 '퀴리오스' 즉 주라는 칭호가 그리스도 예수님의 특별한 신분과 위엄을 나타내는 것임을 우리는 알아야 한다.

초대교회는 로마 제국의 왕이나 제우스 신이 '주'가 아니라 예수그리스도가 '주'라고 고백했다. 초대교회 200여 년 동안 로마 제국으로부터 받은 엄청난 박해의 주된 원인은 로마 제국의 왕이냐, 예수가 왕이냐는 선택 질문 앞에서 예수님만이 유일하신 왕이라는 확신 때문이었다. 참으로 죽음을 각오한 놀라운 믿음의 선진들이었다. 실제로 초대교회는 예수님이 왕이라 고백함으로써 원형 경기장에서 얼마나 많은 신자들이 죽어갔던가!

'주'라는 말은 낮은 자에 대한 높은 자의 지배권과 처분권을 말한다. 노예를 지배하는 주인, 신하를 지배하는 왕이었다. 그리고 그들을 지배하는 주인이나 왕에게 절대복종의 태도를 갖는 것이 '주'에 대한 소속이나 헌신을 표현하는 것이다. 예수님이 나의 주이심을 고백하는 것은 충성의 대상이 바뀐다는 것을 의미한다. 해리 블레마이어 Harry Blamire는 『그리스도인은 어떻게 사고해야 하는가』에서 예수님만이 우리의 유일한 충성의 대상이 되어야 한다고 강조하고 있다. 부활하신 예수님을 주로 고백하는 것은 이제부터 예수님께만 순종하기로 작정했다는 것을 말하는 것이다. 더욱 중요한 것은 헬레니즘 다신론에 정면 반대하여 부활하신 그리스도를 '주'라고 고백하는 것은 그 당시로써 매우 놀라운 고백이 아닐 수 없었다.

'예수가 주'라는 고백은 그리스도의 유일무이성에 대한 믿음의 표현이었고 비타협적 일신론의 필연적 귀결이었다.

"하늘에 있는 자들과 땅에 있는 자들과 땅 아래에 있는 자들로 모든 무릎을 예수의 이름에 꿇게 하시고 모든 입으로 예수 그리스도를 주라 시인하여 하나님 아버지께 영광을 돌리게 하셨느니라." 원래 '주'라는 표현은 구약성경에서 하나님께 사용하는 표현이었으나 신약성경에서 예수그리스도를 부르는 칭호였다. 이처럼 하나님과 예수님을 같은 '주'로 고백하고 있는 것을 볼 수 있다. 하나님께서 만물을 창조하신 것 같이 예수님께서 만물을 창조하신다고 말하고 있다. 이와같이 초대교회 성도들의 복음전파 내용은 바로 예수님이 '그리스도와

주' 되심을 함께 전하는 것이다.

> 그런즉 이스라엘 온 집은 확실히 알지니 너희가 십자가에 못 박은 이 예
> 수를 하나님이 주와 그리스도가 되게 하셨느니라 하니라. 사도행전 2:36

초대교회 성도들은 성령 충만함으로 예수님이 '주'이심을 믿었고 또한 전하였다. 우리는 예수님이 그리스도이심과 함께 주 되심을 믿고 순종함으로써 새로운 인간, 새로운 피조물, 새로운 인종, 하나님 나라의 백성이 되는 것이다. 그리하여 세계를 구원하는 것이다. 과연 우리가 옛사람과 새사람으로 교체되는 경험이 있었는가!

예수그리스도를 모든 사람의 주로 선포하지 않거나, 예수그리스도의 우주적 권세 앞에서는 모든 가치들이 상대화 된다고 선포하지 않은 복음운동은 존재하지 않는다. 복음을 전파한다는 것은 주 예수 그리스도께서 오늘 다스리고 계시며 또한 '모든 원수를 그 발아래 둘 때까지'고전15:25 계속하여 왕 노릇하실 것임을 선포하는 것이다.

바울은 그의 복음을 "그리스도 예수의 주되신 것"이라고 말하고 고린도전서 12장 3절에서 "내가 너희에게 알게 하노니 하나님의 영으로 말하는 자는 누구든지 예수를 저주할 자라 하지 않고 또 성령으로 아니하고는 누구든지 예수를 주시라 할 수 없느니라"했는데 이와 같이 "예수님이 주시라"는 신앙고백이 성령님으로부터 왔느냐 그렇지 않으냐를 검증하는 결정적인 시금석이 된다고 말한다. 예수님께서 주시라는 것을 보여 주는 구절들을 보면, 부활을 예수님께서 주가 되시는 데에 결정적인 사건이었다고 말하고 있다. 로마서 10장 9절은 이렇게 말한다:

네가 만일 네 입으로 예수를 주로 시인하며 또 하나님께서 그를 죽은 자 가운데서 살리신 것을 네 마음에 믿으면 구원을 받으리라. 로마서 10:9

"예수는 주시라"는 신앙고백은 "하나님께서 그를 죽은 자로부터 일으키셨다"는 믿음을 공개적으로 표현하는 것이었다. 제임스 던, 「바울신학」
"초대 그리스도인들의 고백 속에서 '주'라는 말은 오늘날과는 다른 신자들의 겸손함이나 애정이나 헌신을 표현하는 칭호가 아니라 예수님께서 우주의 권세에 대하여 승리자이심을 말하는 것이었다." 하워드 요더, 「예수의 정치학」

신적 생명에 참여

바울은 예수님이 십자가에서 죽으신 그리스도일 뿐만 아니라 부활의 주가 되심을 말하고 있다. 예수님께서 부활하심으로 사망이 왕 노릇하는 세계에서 이제 사망의 세력은 죽었다.

한 사람의 범죄로 말미암아 사망이 그 한 사람을 통하여 왕 노릇 하였은 즉 더욱 은혜와 의의 선물을 넘치게 받는 자들은 한 분 예수 그리스도를 통하여 생명 안에서 왕 노릇 하리로다. 로마서 5:17-18

이는 죄가 사망 안에서 왕 노릇 한 것 같이 은혜도 또한 의로 말미암아 왕 노릇 하여 우리 주 예수 그리스도로 말미암아 영생에 이르게 하려 함이라. 로마서 5:21

이제 예수님을 통해 우리 안에 부활의 생명이 왕노릇 하게 되었다.

여기 한 사람은 아담을 말하고 또 한사람은 예수님을 말한다. 바울은 구약의 선악과를 상기시킨다. 사망의 왕 노릇이 끝났다는 승전가가 울려 퍼진다!

> 사망아 너의 승리가 어디 있느냐 사망아 네가 쏘는 것이 어디 있느냐. 고린도전서 15:22

뱀으로부터 시작된 죽음의 시대가 가고, 양¥으로부터 시작된 생명의 시대가 시작되었다. 놀랍게도 창세기에 나타난 뱀이 요한계시록에 자주 나타난다. "용을 잡으니 곧 옛 뱀이요 마귀요 사단이라."계20:2

구원의 실재가 무엇인가?　자기의 제한된 자원 속에 갇혀 죽은 인생이 아니라, 하나님께 의존하고 순종하는 올바른 관계 속에서 하나님의 무한한 자원에 동참하여 하나님의 무한한 자원을 끌어다 씀으로써 '신적 생명'에 참여하는 삶이 곧 구원이다. 이 구원은 우리를 대신하고 대표하고 돌아가시고 부활하신 주 예수 그리스도를 믿음으로 얻어진다.

"하나님의 아들"이 된다는 것은 굉장히 의미심장한 말이다. 찰스 영국 왕세자가 엘리자베스 여왕의 아들이라고 해서 기세 등등하게 다닌다. 그러나 그 정도는 정말 아무것도 아니다. 영원한 생명의 하나님, 무한한 능력과 지혜와 사랑을 가지신 하나님께서 나의 '아빠'이기 때문이다. 우리가 하나님께 의존해서 하나님의 무한한 자원을 자기 것으로 쓸 수 있게 되었다. 하나님께 의존해서 자기의 제한된 자원에서 오는 모든 고난과 무지에서 벗어나게 되었다.

이것이 곧 영생이다. 김세윤교수는 『구원이란 무엇인가』에서 "영생이란 악과 고난으로 얼룩진 인생을 여름날에 엿가락을 늘이듯 길게 늘이는 것이 아니다. 다시 말해 단지 물리적인 시간을 길게 늘여 놓은 것이 아니다. 성경이 말하고 예수님이 가져다 주시는 영생이란 근본적으로 '신적 생명'이라는 뜻이다. '생명'은 '영원한 생명' 즉 '영생'의 줄인 말이다. 믿음으로 그리스도와 연합peace with God된 자로써 그분을 본받아 살고, 그의 하나님의 아들 됨에 참여하여 하나님의 자녀가 되어 하나님의 아들 된 그의 특권을 누리게 되고, 하나님나라를 상속받게 되는 것이다. 하나님의 무한한 자원을 나의 것으로 받아, 나의 삶이 가난한 삶이 아니라 신적인 풍성한 삶이 되었다는 말이다. 우리는 믿음만큼 신적 생명을 누리며 살 수 있다. 생각만 해도 흥분되는 일이다! 도무지 지혜가 없어서 불안하고 능력이 없어 두려우며 시간적으로 제한되어 죽어가는 인생이 아니라, 하나님의 무한한 자원 즉 그 무한한 사랑과 그 영원한 시간에 동참하는 신적 생명을 누리는 인생이 되는 것이다."라고 말한다. 그래서 신적 생명은 질적으로 전혀 다른 삶이며 시간적으로도 하나님의 영원에 동참하는 삶이다. 그래서 우리가 하나님의 아들이 된다는 것은 우리의 피조물성 곧 우리의 제한성, 그 제한성으로 인한 인간의 모든 고난에서 해방되어 생명과 풍성한 삶요10:10을 누릴 수 있다는 것을 말한다. 즉 하나님의 풍성한 생명에 동참하는 것이다!

제자의 길

이제 부활하신 주가 우리에게 주시는 것은 예수님께서 나의 왕이 되셨기 때문에 그분께 복종하는 삶을 사는 것이다. 우리는 우리의 믿음을 실천으로 말해야 한다! 자끄 엘륄이 『뒤틀려진 기독교』에서 말하기를, "기독교는 행위를 시금석으로 삼고 있다. 하나의 진리가 실천에 따라 평가되는 것이지, 의도나 교리의 순수성 혹은 기원의 진실성에 따라 평가되는 것이 아니다. 신학자들은 집요하게 바울의 믿음의 신학과 야고보의 행위의 신학을 대립시키려 했으나 이것은 근본적으로 잘못된 것이다. 성경을 아는 자들의 삶이나 증언을 벗어나서 인식할 수 있는 계시란 없다. 만일 그리스도인의 삶이 진리와 일치하지 않는다면 진리란 더는 없다"라고 했다.

> 네가 만일 네 입으로 예수를 주로 시인하며 또 하나님께서 그를 죽은 자 가운데서 살리신 것을 네 마음에 믿으면 구원을 얻으리니 사람이 마음으로 믿어 의에 이르고 입으로 시인하여 구원에 이르느니라. 로마서 10:9-10

한국교회에서 복음을 전할 때 쓰는 성경구절 중 하나다. 이 말씀의 배경을 생각해 보라. 그 당시 예수님을 주로 고백 하는 것은 죽음을 각오한 결단이다. 그런데 이 본문에 "입으로 시인하고, 마음으로 믿으면"이라는 말을 언급하면서 복음을 믿는 것은 입과 마음만 있으면 된다고 가르친다면 그것은 복음을 크게 오해한 것이다. 이 말씀은 로마의 권력 앞에서 예수님이 왕이신 것을 시인하라는 말씀이다!

한국교회의 일반적 경향을 보면, '십자가에 못 박히신 그리스도'에 대한 강조는 상대적으로 많다. 그러나 예수님이 그리스도 메시아이심에 대한 신앙고백은 상당히 수동적이고 입술로도 얼마든지 가능하다. 그러다 보니 자연적으로 신앙이 능동적이지 못하고 순종과 충성이 약하게 된다. 자칫 예수님이 그리스도이심을 믿는 것이 입술만의 잔치로 끝날 수 있다. 그러나 예수님의 '주 되심'을 믿는 것은 날마다 우리의 선택, 순종과 충성을 요구하고 있다. 그러므로 예수님의 죽음에만 초점을 맞추는 칭의 중심의 복음은 공관복음에 나타난 예수님의 이해와 균형을 잡아야 한다.

공관복음서에서는 이 땅에 하나님나라를 확장하기 위해 분투하시는 예수님을 볼 수 있다. 공관복음서는 하나님의 뜻에 순종하기 위해 한 걸음 한걸음 십자가를 향해 걸어가시는 예수님의 순종을 부각시킨다. 반면에 예수님의 십자가 죽음에만 초점을 맞추는 경향을 신학적으로 '극단적 바울주의'라고 한다. 이는 '예수 그리스도와 그가 십자가에 못 박힌 것 외에는 아무것도 알지 아니하기로 작정하였음이라'는 고전 2:2 말씀 만을 극단적으로 적용한 것으로, 예수님이 단지 십자가에서 죽기 위해 오셨다는 전제하에 예수님께서 자신의 죽음을 완성하기까지 수없이 치렀던 장렬하고 순종 어린 결단의 궤적들을 충분히 주목하지 않는 태도이다.

공관복음서에 비해 바울서신은 예수님의 공생애에 드러난 그 아름답고 감동적인 순간들을 충분히 기록하지 못했다. 구원에 이르기까지 예수님이 치렀던 고통 어린 결단과 감미로운 순종의 과정을 무시하고, 예수님이 십자가에 못 박혀 죽어 주신 열매만 따 먹으려는 입장이 극단적 바울주의이다. 이것은 신학적으로 건전하지 못한 견해다. 이 입장은 공관복음서를 충분히 주목하지 않기 때문에 예수님을 우리가 모방해야 할 주와 스승으로 생각하지 않으려고 한다. 이 입장은 예수님이 우리를 위해 죽으러 오셨고 또 죽어 주신 구세주이시라는 사실을 지나치게 강조하다가 예수님이 우리에게 복종을 명령하고 순종을 강조하시는 왕이요 주라는 사실을 놓치고 만다. 김회권, 「사도행전」

이처럼 오늘날 한국교회가 예수님께서 십자가에 돌아가셔서 구원을 얻었다는 희망만을 강조할 뿐, 제자도에 대한 부름은 빼버리는 것은 거짓이다. 제자에게 고난은 우연이 아니라 필연적이며 그리스도인의 존재와 결부된다.

이렇게 될때 복음은 순수하게 영적 메시지로 축소되어 버린 것이다. 예수님은 단지 우리를 위하여 오셨고 또 죽어 주신 구세주일 뿐이라는 칭의만을 지나치게 강조한다면 예수님이 우리에게 복종을 명하시고 순종을 강조하시는 주라는 사실을 놓치게 된다. 그러므로 칭의를 강조하면서도 순종에도 같은 무게가 실려야 한다. 진정한 칭의는 순종으로 나타나야 한다.

'충신불사이군'忠臣不事二君 충신은 두 주인을 섬기지 않는다. 예수님이 왕이냐, 가이사가 왕이냐가 우리 앞에 있다. 따라서 하나님나라 백성은 충성 대상을 선택해야 한다.

이런 의미에서 예수님의 주되심은 정치적 개념이다. 예수님을 향한 충성은 거대한 사회정치적 파문을 일으킨다. 로마제국 때도, 독일 히틀러 치하에서도, 일본강점기에도 예수님을 '주'라고 고백하는 것은 목숨을 불사하는 고백이다. 로마제국 시대에 신앙이 어려웠던 것처럼 오늘날도 순교가 필요할 만큼 어려운 시대를 살고 있다. 나는 오늘날의 형편도 로마시대와 다름없다고 생각한다. 단지 대천덕 신부가 『산골짜기에서 온 편지』에서 말한 것처럼 "사탄은 더욱 교활해졌다"는 사실만 바뀐 것이다. 사탄은 우리로 하여금 하나님이 관심을 두는 것은 오직 인간의 내면적 종교적인 영역에만 있다고 생각하게 한다. 우리는 영적으로 도피하고 있다. 이 얼마나 놀라운 사탄의 책략인가! 복음은 해방, 회복, 자유 그리고 개인뿐만 아니라 사회와 온 세계 그리고 우주적 구원에 관한 복된 소식이다.

우리가 예수님을 왕이라고 고백한다면 다니엘의 세 친구 사드락, 메삭, 아벳느고처럼 거짓 왕 느브갓네살 왕의 신상에 절하지 아니할 수 있는 용기와 지조와 믿음의 담력이 있어야 한다.

이처럼 예수님을 '주'로 섬길 때 하나님나라와 세상나라는 충돌하게 되어 있다. 거기에 필연적으로 박해와 고난이 따르게 된다. 본회퍼가 말한 데로 "고난은 제자 됨의 증거요 그리스도께서 우리를 부르신 것은 와서 죽으라고 부르시는 것"이다.

제자의 길은 고난의 길이다. 그럼에도, 한국교회가 복음을 편향적으로 강조하고 고난에 대해 침묵하는 것은 크게 잘못된 것이다. 이와 같은 유형의 신앙은 '값싼 은혜'일 뿐이다. 칭의만을 강조하는 복음은 반쪽 복음이다. 즉 끊임없이 주시기만 하고 아무것도 요구하시지 않는 하나님, 가장 적은 노력을 들여 가장 손쉬운 해결책을 찾는 법칙에 의해 조종되는 대중적 인간을 위해 편리하게 조작된 하나님, 고통하는 사람에게 근본적 치료는 제쳐두고 임시 변통 진통제로 하나님을 사용하는 격이다. 예수님의 풀 네임Full name은 "주 예수 그리스도"이시다. 예수님이 나에게 주 예수 그리스도 이심을 고백할 때 하나님나라의 백성이 되고 진정한 제자의 길을 걷게 되는 것이다.

고난은 믿음이 실재화되는 과정

이 땅에서 하나님나라의 백성으로 살려면, 자기가 왕이 되어 자기 주장하려는 생각을 버리고 하나님을 의존하고 순종하며 사는, 즉 온 정성을 다해 하나님을 사랑하고 이웃을 내 몸처럼 사랑하는 삶을 살아야 한다. 우리가 믿는 복음은 세상나라의 가치관, 세계관과 필연적으로 충돌 할 수 밖에 없다. 고난은 예수 그리스도의 십자가의 믿음이 실재화하는 과정이요, 동참인 것이다.

그리스도인의 고난은 다른 말로 하면 이 악한 세상에서 이 세상의 정신과 그 가치관에 순종하지 않고 하나님나라의 시민으로 살기 때문에 받는 고난이다. 고난은 옛 아담적인 나를 믿음을 통해 죽음이 실재화되어 가는 과정이면서 동시에 그리스도 안에서 그리스도와 함께 부활한 나의 새로운 자아가 날로 새로워져 가는, 날로 실재화 되어 가는, 날로 뚜렷해져 가는 과정이라 할 수 있다.

이와같이 이 세상에 살지만 이 세상에 동조하지 않고 오는 세상 곧 하나님나라의 시민으로 사는 삶을 '제자도'라고 한다. 그래서 그리스도인의 삶에서 오는 고난을 겪는 신자의 삶을 제자도라고 부른다. 예수님이 가르쳐 주신 제자도가 무엇인가?

> 무리와 제자들을 불러 이르시되 아무든지 나를 따라오려거든 자기를 부
> 인하고 자기 십자가를 지고 나를 좇을 것이니라. 마가복음 8:34

예수님이 우리를 대신하여 십자가를 지셨다. 믿음으로 그것을 나의 십자가로 받아들일 것을 말한다. 이와같이 성경은 두 개의 십자가 즉 예수님의 십자가와 자기 십자가를 지는 삶을 제자도라 말한다. 이 제자도란 말이 한국교회에서 잘 쓰이지 않는데 이것은 믿음이 미신화 된 가장 큰 증상이다.

우리가 그리스도의 고난에 동참하고 그의 죽음에 참여하는 제자도의 삶은 역설적으로 우리가 그리스도의 영광된 형상으로 날로 변화되어 가는 과정이며고후3:18, 예수님의 부활의 새 생명이 우리의 썩어져 가는 몸에 나타나는 과정이다.고후4:10 이하; 빌3:10 겉사람은 후패하

나 속사람은 날로 새로워져가는 과정이다. 이 겉사람은 이 세상에 속하는 옛 아담적인 죄인을 말한다. 이 죄인이 실제로 썩어져 가고 닳아버린다. 이 세상의 고난을 통하여 닳아 버린다. 무엇을 마구 문지르면 닳듯이 닳는다. 그럴때 십자가에서 일어난 믿음을 통해 그리스도와 함께 죽은 그 구원 사건이 우리의 삶 속에 실재가 되는 과정이다. 옛사람이 점점 그리스도인의 고난을 통해 닳아져 간다. 그러면 반대로 속사람이 날로 새로워진다. "겉사람은 후패하나 우리의 속은 날로 새롭도다."고후4:16 믿음으로 예수 그리스도의 부활에 동참하는 삶은 날로 새로워진다. 물론 우리가 이 땅을 살아갈 때 질병, 파산 등과 같은 고난도 있다. 이것은 수동적 고난이다, 어쩔 수 없이 당하는 고난이다. 신자라고 해서 여기서 면제되는 것은 아니지만 나름 의미가 있다. 그러나 여기서 말하는 고난은 능동적이고 적극적인 고난, 예수님 때문에 받는 고난을 말한다. 이것이 제자도의 삶이다. 그러므로 우리의 죽는 날이 가장 젊은 날이 되도록 살자!

기다리는 아버지

성경에는 예수님이 비유로 말씀하신 세계에서 가장 유명한 이야기가 나온다. 소위 '탕자의 비유'다 아버지는 둘째 아들이 집을 나간 날부터 하루도 빠지지 않고 아들을 기다렸다. 그러던 어느 날 저 지평선 너머 끝자락에서 하나의 점이 나타나더니 점점 윤곽이 커지기 시작했다. 아버지는 그 사람이 자기 아들인 것을 직감적으로 알 수 있었다. 아직 거리가 먼데도 아버지가 아들을 알아본 것을 볼 때 그 시간은 아마도 한낮이었을 것이다. 헬라어는 이 부분에서 '트레코'를 쓰고 있는데, 이것은 그냥 달리는 게 아니라 경기장에서 달음질할 때 사용되는 단어다.

아버지가 그를 보고 측은히 여겨. 누가복음 15:20

우리말 성경에 '측은히 여겼다'고 번역된 헬라어 단어는 '스플랑크니조마이'인데, 이것은 굉장히 강한 어조를 지닌 단어다. '창자에서부터' 느껴지는 애틋함과 간절함이 있는 단어다. 아버지는 거지처럼 누더기를 걸치고 나타난 아들을 보자마자 위장과 창자를 쥐어짜는 듯한 고통을 느낀 것이다. 그것이 바로 아버지가 모든 체면과 사회적 위신을 까맣게 잊고 옷자락을 잡고 정신없이 뛰게 만든 이유다.

이어지는 아버지의 행동은 '아들의 목을 안고 입을 맞추는' 것이다. 헬라어 본문은 아들을 발견하자 아버지가 했던 행동들을 '그리고'로 연결되는 다섯 마디의 일련의 동사들을 사용하고 있다.

아버지는 그를 보았다.
그리고 자비심이 일어났다.
그리고 달려가
그의 목을 끌어 안았다.
그리고 그에게 입을 맞추었다.

충분히 예상할 수 있듯이 탕자의 몰골은 그야말로 가관이었다. 인적이 드문 한적한 들판에서 돼지와 함께 뒹굴던 탕자는 입던 그대로 일어나 아버지 집으로 향했다. 사람들은 탕자의 몸에서 풍겨 나오는 도저히 형용할 수 없는 악취로 인해 코를 막아야 했을 것이다. 상당 기간 집을 떠나온 노숙자에게서 나는 냄새라고나 할까?

정신없이 뛰어온 아버지는 아들을 보자마자 껴안고 아들의 목에 얼굴을 파묻었다. 아들을 보자마자 도저히 억제할 수 없는 아버지의 사랑이 아들에게서 나는 모든 악취를 흥건히 덮어 버린 것이다. 아버지는 아들의 입에 입을 맞추었다. 여기서 사용된 헬라어 동사는 '카타휠레오'인데 이것은 단순한 입맞춤이 아니다. 이것은 '입을 맞추고 반복해서 입을 맞추다'는 뜻이다. 이때 아들은 말할 수 없이 죄송한 마음으로 아버지께 이렇게 말했다.

> 아들이 이르되 아버지 내가 하늘과 아버지께 죄를 지었사오니 지금부터는 아버지의 아들이라 일컬음을 감당하지 못하겠나이다 하나. 누가복음 15:21

아버지는 아들에게서 나타난 회개의 자그마한 사인sign만을 보고서 '즉각적이고도 무조건적인' 용서를 해버린 것이다. 비유 속에 등장하는 아버지는 처음부터 끝까지 1세기 유대인 청중의 문화적 잣대로는 도저이 이해할 수 없는 돈키호테였다. 도대체 이런 아버지가 세상에 존재할 수 있을까? 거지꼴을 하고 나타난 아들에게 얼싸안고 거듭 입맞춤을 해대는 것은 아버지가 아들을 용서했음을 확실하게 보여주는 행위다. 아버지가 아들에게 보여 준, 약간은 지나치다 싶을 정도의 행동들은 아버지가 아들을 완전히 용서했음을 온 마을 사람들에게 보여 주려는 사려 깊은 제스쳐였다. 집 나간 탕자와 그 아들을 애타게 기다리던 아버지가 만나는 장면은 마치 남북 이산가족들이 꿈에도 그리던 가족을 만나자마자 감정에 복받쳐 울음을 터뜨리고 대성통곡하는 눈물 없이는 볼 수 없는 휴먼 드라마와 같다. 아버지는 거지꼴로 돌아온 탕자가 다시 아들로서 살 권리를 회복하도록 순차적으로 조치들을 취한다. 그것도 아무런 주저함이나 망설임도 없어 보인다.

> 아버지는 종들에게 이르되 제일 좋은 옷을 내어다가 입히고 손에 가락
> 지를 끼우고 발에 신을 신기라. 누가복음 15:22

집 나간 아들을 향한 아버지의 애타는 심정을 곁에서 지켜봐 온 하인들은 주인과 탕자의 눈물 없이는 볼 수 없는 상봉 드라마를 가장 가까이에서 지켜본 청중이었다. 어느 정도 감정을 추스른 주인은 하인들에게 다음과 같이 말한다. 아버지가 하인들에게 내린 명령은 크게 네 가지로 나뉜다.

> 제일 좋은 옷을 입혀라.
> 손에 가락지를 끼워라.
> 발에 신을 신겨라.
> 살진 송아지를 잡아 큰 연회를 열어라.

우리말 성경에는 생략되어 있지만 헬라어 원문에는 아버지의 말씀에서 다음과 같은 의미있는 부사를 보여준다. '속히'. 아버지는 자신의 명령이 조금도 지체되는 것을 원치 않았다. 심지어 밭에서 일하고 있던 맏아들을 불러 올 겨를도 없었다.

아버지는 아들을 받아주기로 한 자신의 용서와 사랑을 단순한 집안 행사가 아닌, 온 마을 공동체를 대상으로 한 성대한 환영 행사로 한 것이다. 자신과 마을 공동체에게 도저히 씻을 수 없는 모욕과 불명예를 안기고 떠나간 아들이 아니던가? 하지만 이런 아들의 귀향을 맞는 아버지는 마치 아들이 대단한 성공을 거두고 금의환향이라도

한 것처럼 아들을 맞이하고 있다. 회개하고 돌아온 아들에게 아버지가 건네 준 세 가지 선물을 말한다. 제일 좋은 옷과 반지 그리고 신발이다. 이 선물들이 그저 꾀죄죄한 아들을 깨끗하고 품위 있게 단장해 준 소품이나 액세서리 정도로 이해하겠지만, 비유를 듣고 있던 1세기 유대인 청중은 각각의 선물들이 갖고 있는 강력한 의미들을 확실하게 이해하고 있었다.

> 아버지는 종들에게 이르되 제일 좋은 옷을 내어다가 입히고 손에 가락지를 끼우고 발에 신을 신기라. 누가복음 15:22

신발은 아들이라는 신분을 회복하는 것이다.

탕자는 아버지 집으로 돌아가기로 결심했을 때 아버지가 자신을 그저 품꾼의 하나로라도 받아 주신다면 감지덕지라고 생각하면서 무거운 걸음을 옮겼다. 하지만 아들을 맞이하는 아버지의 방식은 탕자도 상상하지 못할 만큼 파격적이었다.

제일 좋은 옷은 높은 명예를 주는 것이다.

탕자에게 신발을 신긴 것이 아들로서의 지위와 특권을 복원시킨 것이라면 탕자에게 제일 좋은 옷을 입힌다는 것은 더 나아가 높은 명예를 부여했음을 의미한다.

이러한 명령은 사람들이 앞으로 아들을 어떻게 대해야 하는지를 공표하는 상징적인 의식이었다. 비유 연구가인 예레미야스는 아들에게 제일 좋은 입힌 아버지의 행동을 구속사적으로 의미를 확장해서 설명하고 있다. 즉 이것은 하나님이 죄인들에게 입혀 주시는 칭의와 용서의 옷이라는 것이다.

반지는 권위와 권력을 상징한다.

아버지가 탕자에게 준 가문의 인장반지는 단순히 아들의 지위를 복원시킨다는 것이 아니라, 어엿한 성인으로서 책임 있는 아들로 인정해 준 것이기 때문이다. 성경에는 권위와 권력을 상징하는 인장반지의 예가 종종 등장한다.

돌아온 탕자를 맞이하는 아버지의 환대는 여기서 끝나지 않는다. 대미를 장식할 마지막 피날레가 기다리고 있다. 그것은 온 마을 사람들을 한데 모아 아들의 귀향을 기뻐하는 성대한 잔치를 연 것이다.

> 그리고 살진 송아지를 끌어다가 잡으라 우리가 먹고 즐기자. 누가복음 15:23

케네스 베일리는 당시에 살진 송아리 한 마리로 최소 100명에서 200명이 먹을 수 있다고 기록하고 있다. 양이나 염소와 같이 작은 동물이 아니라 이같은 살진 송아지를 잡았다는 것은 잔치의 규모를 웅변적으로 보여준다. 살진 송아지를 잡은 이 잔치는 집안 사람들만 모이는 조촐한 잔치가 아니라, 온 마을 사람들이 초청된 초대형 빅 이벤트였음을 알 수 있다. 비유 속의 아버지는 '아낌없이 나눠 주시는 하나님'에 대한 그림을 제시하기 위해 의도적으로 설정된 가상의 캐릭터다. 하나님은 죄인들을 마지못해서 용서하시는 분이 아니라, 죄인들을 용서해주려는 열망이 주체할 수 없을 정도로 가득하신 분이다. 하나님은 죄인들이 회개의 자리로 나아오려고 마음먹는 순간 이미 용서해 주기로 작정하신다. 어디 그뿐인가? 비유 속에서 살진 송아지를 잡는, 이 예사롭지 않은 잔치는 잃어버린 영혼이 돌아올 때 하늘에서 벌어질 하나님나라 잔치에 대한 완벽한 그림이다.

이 잔치는 아들의 선행 때문에 기획된 것이 아니다. 탕자는 아버지께 사랑 받을 만한 아무런 일도 한 적이 없지만, 회개하고 돌아온 그 자체를 기뻐하며 아버지가 주도권을 가지고 기획한 것이다. 이 잔치는 잃었던 아들이 살아 돌아온 것을 기뻐하는 구원의 잔치다. 우리가 마음을 돌이킨다면 우리도 이 축제에 참여 할 수 있다. 우리 아버지는 무제한 적 포용과 사랑으로 우리가 돌아오기를 지금도 기다리신다! ✽

렘브란트, 〈돌아온 탕자〉 1669, 러시아 에르미타슈 미술관

3

하나님나라와 회개(1)

산상설교는 우리의 성향이나 세상의 정치학과 세상의 경제학에 도전한다. 이처럼 하나님나라는 모든 분야에서 철저한 역전으로 나타난다. 우리가 지금까지 적응하여 살아가는 방식과는 전혀 반대되는 삶의 방식을 제시한다. 우리의 지금까지의 전제를 뒤집는다. 회개는 이처럼 전복적顚覆的이다. 많은 목사들이 예수님께서 요구하시는 회개를 아주 쉽게 만들어 버렸다. 아예 설교에서나 성경공부에서 예수님 회개의 말씀을 빼버리거나 회개를 매우 추상화시키고 아주 쉽게 만들어 버렸다. 회개가 두루뭉술 지나간다. 그리고는 모두가 회개한 것처럼 착각하게 한다. 이런 일이 어떻게 일어날 수 있는 일인가. 화인 맞은 양심이다.

마가복음 1장 15절에서 예수님께서 하나님나라에 대해 언급하신다. "때가 찼고 하나님나라가 가까이 왔으니 회개하고 복음을 믿으라." 아주 간단한 표현이지만 하나님나라가 성경의 주제들과 어떤 관련이 있는지를 보여준다. 첫째, 하나님나라에 들어가려면 복음이 무엇인지 알아야 한다. 둘째, 하나님나라에 들어가려면 회개해야 한다. 그리고 셋째로 그 복음을 믿어야 한다. 이제 회개에 대해 살펴보자.

회개는 인간의 도덕적 개선, 돌발적인 열심, 새해를 맞이하여 좀 더 나은 삶을 살겠다는 약간의 결심이 아니다. 총체적, 근본적, 전인적 그리고 자발적인 순종의 부르심이다. 회개야말로 내 인생의 변곡점을 이룰 큰 전환점이어야 한다. 지금까지 옳다고 생각하던 것을 미워하고 지금까지 미워하던 것을 사랑해야 한다. 가던 길을 돌아서 다른 길로 가는 것이다. 바울의 고백처럼 전에 나에게 유익했던 것들이 이제는 해害로 여겨져야 한다. 그것은 한마디로 딴 사람이 되는 것이다. 우리가 천국이라는 말을 자주 듣긴 하지만 천국은 죽은 후에 가는 곳이라고 생각하는 치명적인 잘못을 하고 있다. 반면 '하나님나라'라는 말은 생소하기까지 하다. 그러나 두 단어는 같은 뜻이다. 또한 하나님나라, 천국은 문자 그대로 나라다. 하나의 국가다.

그것은 예수님이 세우신 국가다. 이 나라란 말에는 정치적 함의含意가 들어 있다. '나라'라는 말은 통치적 의미가 들어 있다. 그런데 이 국가의 국민이 되려면 들어갈 조건이 있다. 미국 국민이 되는 것은 아무나 되는 것이 아니다. 타국인이 미국인이 되는 것은 어렵다. 미국인이 되려면 여러 조건이 있다. 미국 국민이 되려고 하는 사람은 일정한 시험이 있고 또 미국 헌법에 따르겠다는 서약을 하고 그대로 살아야 한다. 우리나라도 마찬가지다.

하나님나라와 세상나라

하나님나라도 이와 같다. 하나님이 다스리는 국가다. 그런데 하나님나라는 이 세상나라와는 전혀 다른 나라다. 성경은 하나님나라 백성이 되기 위한 조건을 신구약 성경에 잘 기록해 놓았다. 하나님나라는 이 세상나라와 다를 뿐만 아니라 서로 대조적인 나라다. 그러므로 어떤 모습이든 세상나라와 하나님나라는 충돌을 불러 일으킨다.

하나님나라와 세상나라 사이에는 정치적 차원의 문제가 있다. 하나님나라의 가치가 세상나라의 가치를 이겨야 한다. 나아가 세상나라를 전복해야 한다. 하나님나라를 사는 우리는 전혀 다른 나라를 사는 사람이고 그것도 대치 중이다. 우리는 요한이 말한 대로 우리가 이 세상 안에 살지만 이 세상나라에 속한 것이 아니다. 'We are in the world. We are not of the world.'

우리는 이 세상 국적과 하나님나라 국적을 동시에 가진 이중 국적자이다. 그러나 우리는 이 세상나라 사람과 전혀 다르게 살아야 한다.

> 너희는 이 세대를 본받지 말고 오직 마음을 새롭게 함으로 변화를 받아 하나님의 선하시고 기뻐하시고 온전하신 뜻이 무엇인지 분별하도록 하라. 로마서 12:2

우리는 이 세상나라에 적응하여 사는 것이 아니라 이 세상나라를 본받지 말고 상대화시키며 살아야 한다. 하나님나라 백성은 이 세상나라에서 빛과 소금이다.

이 세상나라는 어둠이요 썩어질 나라다. 그러나 하나님나라 백성은 어둠 속의 빛이요, 썩어질 것 속의 소금이다. 예수님께서는 "내가 너희를 보내는 것이 이리 떼 중에 양을 보내는 것과 같다"라고 말씀하셨다. 우리가 사는 세상나라는 거칠고 적대적이다. 만만치 않은 세상이다.

하나님나라에 어떻게 들어갈 수 있는가

예수님은 외치고 계신다.

> 때가 찼고 하나님의 나라가 가까이 왔으니 회개하고 복음을 믿으라 마가
> 복음 1:15

우리에게 새로운 시작이 필요하다. 성경의 새로운 시작은 복음을 믿고 회개함으로써 시작된다. 하나님 통치의 가장 명시적인 결과는 죄사함을 얻게 하는 회개이다.눅24:47 하나님나라에 어떻게 들어갈 수 있는가? 하나님나라에 들어가기 위해 맨 먼저 할 일은 우리가 회개하는 것이다. 회개는 하나님나라에 들어가는 문이요, 출입구다. 회개란 지금까지 나의 사고방식과 생활양식의 총체적 변화가 일어나는 것을 말한다.

성경은 회개한 사람-구원에 이른 사람을 새사람이라고 부른다. 물론 이 새사람이 되는 것이 인간 스스로 되는 것은 아니고 성령님의 인도하심으로 되는 것이다. 회개란 지금까지 내가 살아왔던 삶의 양식, 삶의 태도, 사고방식이 하나님나라 백성답게 변하는 것이다. 우리가 가던 길을 돌이켜야 한다. 그렇지 않고서는 하나님나라의 국적을 얻을 수 없다.

회개는 원래 구약의 예언자들이 외쳤던 말이다. 예언자들은 하나님을 떠난 이스라엘을 향해 회개하라고 외쳤다. 예수님이 말씀하신 하나님나라는 신구약 성경의 맥락에서 1세기로 돌아가서 보아야 한다. 예수님은 예언자 중 예언자이시다. 예수님은 사실 새로운 말을 하신 분이 아니시다. 신구약 성경은 상승적 발전 단계도 아니고 대립

의 관계도 아니며 시작과 완성 그리고 소망과 성취의 관계이다.

구약성경에는 "보라 그날이 다가오고 있다"라고 말하지만, 신약성경에는 "보라 그날이 왔다"라고 말한다. 구약성경은 하나님나라를 미래의 시제로 말하지만, 신약성경은 현재 시제로 밀하고 있다.존 브라이트, 『하나님나라』 이렇게 신구약 성경의 연속성 사이에서 예수님께서 "때가 찼고 하나님나라가 가까이 왔으니 회개하고 복음을 믿으라"라는 말씀을 주신다. 예수님께서는 이스라엘이 새 이스라엘이 되어야 한다고 말씀하신다. 하나님나라는 새 이스라엘의 재건이다. 예수님께서는 새로운 나라를 선포하시고 사람들에게 회개를 촉구하신다. 그 회개의 의미는 하나님의 새로운 질서는 세상의 질서와는 전적으로 뿌리부터 다른 것이기 때문에 우리는 그 질서에 참여할 태도와 채비를 갖추기 전에 먼저 영적으로 개조되어야 한다는 것이다. 회개는 인간 존재의 모든 측면에서 철저하게 변화되어야 한다. 하나님나라는 세상과 우리를 변화시키려고 온다.

무엇보다 산상설교는 이 땅에서 포기할 수 없는 삶의 모습이요 명령임을 우리에게 보여준다. 산상설교는 예수님의 핵심 메시지다. 어떤 사람들은 산상설교 대로 살 수 없으니 이땅에서는 필요없다고 말하기도 한다. 예수님께서 산상설교에서 보여주시는 것은 우리가 행복해지기 위해 회개할 것을 요청하신 것이 아니며, 어떻게 세상을 바꿀 것인가를 가르쳐 주신 것도 아니며, 예수님을 만난 후 회개한 사람이 어떻게 살아야 할 지를 보여주는 설명서다.하워드 요더, 『근원적 혁명』

무엇보다 산상설교는 하나님나라가 어떤 것인지를 구체적으로 말한다. 이 설교는 새 질서 속에서의 삶의 방식이 어떤 것인지와 예수를 따른다는 것이 무엇을 의미하는지를 실천적 차원에서 말한다. 이것은 좋은 소식을 받아들이는 것에 어떤 행동들이 수반되는가를 생생하게 말하고 있다. 사실 산상설교는 하나님나라 복음, 곧 새 질서의 강령이다. 이 설교는 예수님께서 출범시킨 새 시대의 특성, 우선순위, 가치관, 그리고 규범을 말해주며 초대교회는 이것을 하나님나라에 관한 기본 가르침으로 받아들였다. 이 설교는 회심자를 가르치는 데 사용되었다. 산상설교의 내용을 보면 하나님나라의 새로운 질서는 이론적이거나 추상적이지 않고 매우 구체적인 일들과 관련이 되어 있음을 금방 깨달을 수 있다. 예수님께서는 종교적 사안에만 관여하시는 것이 아니라 돈, 소유물, 권력, 불안, 성, 신앙과 율법, 참 종교와 거짓 종교, 이웃과의 관계, 원수를 대하는 방식 등에 대하여 말씀하신 것을 볼 수 있다. 이런 것들에 대해 반응하는 방식이 하나님나라에 대한 우리의 충성 여부를 결정하는 것이다. 짐 월리스, 『회심』

하나님나라의 가치관은 세상의 가치관이나 세상의 방식과 결코 양립할 수 없다. 오직 기꺼이 세상의 경멸을 받으려는 자들이야말로 하나님나라에 들어갈 준비가 된 자들이다. 산상설교는 우리의 성향이나 세상의 정치학과 세상의 경제학에 도전한다. 이처럼 하나님나라는 모든 분야에서 철저한 역전으로 나타난다. 산상설교는 우리가 지금까지 적응하여 살아가는 방식과는 전혀 반대되는 삶의 방식을 제시한다. 우리의 지금까지의 전제를 뒤집는다. 회개는 이처럼 전복적이다.

회개의 의미는 무無시간적이고 실존적 의미가 아니라 신구약 맥락 안에서 의미가 있다. 그러므로 구약 예언자들의 회개 외침이나 예수님의 회개 외침은 같은 것이다. 그러므로 예수님께서 '하나님나라가 가까왔으니 회개하고 복음을 믿으라'라는 말은 그 당시 이스라엘 사람들에게는 전혀 생소한 말이 아니었다. 그러나 당시 유대인들에게는 구약에서 예언되었던 하나님나라가 예수님 안에서 지금 왔다는 것은 엄청난 충격이었다.N.T 라이트, 『예수와 하나님의 승리』 예수님이 메시아라니 말이 되는 소리인가. 이 갈릴리 사람, 목수의 아들이 어찌 메시아가 될 수 있는가!

회개는 딴사람이 되는 것

하나님나라에 들어가려면 우리가 할 일은 회개하는 것이다. 회개는 새로운 시작이다. 회개는 신약에서 '메타노이아', 구약에서 '슈브'라고 한다. 회개란 기본적으로 죄에서 떠나 하나님께 돌아가는 것이다.

> 너희는 돌이켜(슈브) 회개하고 모든 죄에서 떠날지어다(슈브). 에스겔 18:30

> 악인은 그의 길을, 불의한 자는 그의 생각을 버리고(슈브) 여호와께로 돌아오라(슈브) 그리하면 그가 긍휼히 여기시리라 우리 하나님께로 돌아오라(슈브) 그가 너그럽게 용서하시리라. 이사야 55:7

물론 회개는 우리의 일생동안 끊임없이 일어나는 것이어야 한다. 그러나 먼저 하나님나라에 들어가려면 하나님께로 돌아오는 결단이 일어나야 한다. 이 회개야말로 내 인생의 변곡점을 이룰 큰 전환점이어야 한다. 지금까지 옳다고 생각하던 것을 버리고 지금까지 미워하던 것을 사랑해야 한다. 가던 길을 돌아서 다른 길로 가는 것이다. 바

울의 고백처럼 전에 나에게 유익했던 것들이 이제는 해로 여겨져야 한다. 빌3:7

그것은 한마디로 딴 사람이 되는 것이다. 어제와는 전혀 다른 딴 사람이 되는 것이다. 과연 나는 딴 사람이 되었는가. 사람들이 나를 보고 딴 사람이 되었다고 말하는가. 딴 사람이 되지 않고는 회개한 사람이 아니요, 하나님 백성이 아니다. 그것이 미래에 있는 것이 아니라 지금, 여기에서 일어나야 한다. 우리는 세상나라와 하나님나라를 동시에 살아간다. 그런데 세상나라의 가치와 하나님나라의 가치가 서로 상충할 때 우리는 어떻게 해야 할까? 우리는 마치 사도들이 관원들에게 말한 것처럼 말해야 한다.

> 하나님 앞에서 너희의 말을 듣는 것이 하나님의 말씀을 듣는 것보다 옳은가 판단하라 우리는 보고 들은 것을 말하지 아니할 수 없다. 사도행전 4:19~20

우리는 세상나라에 충성하는 사람들이 아니라 하나님나라의 왕이신 예수님께만 충성하는 사람들이다. 중간은 없다. 절충도 없다. 예수님과 함께 하나님나라, 천국이 시작되었다.

하나님나라에 속한 사람들을 성경은 '제자'라고 부른다. 하나님나라의 백성은 사적, 공적, 모든 영역에서 하나님을 섬기는 것이다. 우리는 믿지 않는 사람에게 전도해야 한다. 하나님의 도를 사람에게 전해야 한다. 전도는 세상나라를 공격하는 행위다.

> 예수께서 나아와 말씀하여 이르시되 하늘과 땅의 모든 권세를 내게 주셨으니 그러므로 너희는 가서 모든 민족을 제자로 삼아 아버지와 아들

과 성령의 이름으로 세례를 베풀고 내가 너희에게 분부한 모든 것을 가
르쳐 지키게 하라. 마태복음 28:18~20

하나님나라 백성은 모두 제자이다. 제자란 예수님의 열두 제자를
말하는 것도 아니요, 제자란 전문적인 성직자 그룹도 아니요, 예수님
을 따르겠다는 분명한 의식을 가지고 살아가는 모든 사람을 말한다.
누가 하나님나라에 들어갈 수 있는가? 예수님의 비유에서 하나님나
라는 값진 진주마13:46와 같아서 모든 것을 다 팔아서 사야 할 정도의
가치가 있는 것이다. 또 하나님나라를 위해서는 "자기 부모와 처자와
형제와 자매를 떠나고 더욱이 자기 목숨까지 미워하지 아니하면 안
된다"눅14:26 손에 쟁기를 들고 뒤돌아보는 사람도 안 된다!눅9:62 우리
의 눈을 빼내고 눈이 멀어서라도 하나님나라에 들어갈 수 있다면 지
체 없이 눈을 뽑아야 한다. 마5:29
이 말씀들은 엄청난 도전과 결단을 우리에게 요구하고 있다. 예수
님의 말씀을 디스카운트해서 들으면 안 된다.
그리스도인은 하나님의 완전하심처럼 완전한 삶을 지향해야 한다.
그러나 그것은 결코 강제적인 것이 아니다. 강제적으로는 불가능하
다. 순종의 열매 없이 나더러 주여, 주여 부르는 자는 아무 소용이 없
다. 예수님의 말씀은 급진적이고 혁명적이다. 그래서 심지어 어떤 신
학자들은 예수님의 말씀은 너무 혁명적이어서 몇십 년 후에 오실 것
이라고 믿는 사람들에게 임시로 주신 교훈이라고 말하기도 한다. 또
어떤 사람들은 예수님의 말씀이 부활 이후의 완성된 하나님나라에서
행할 것이라고 말하면서 현재의 하나님나라의 윤리는 보류되어야 한
다고 말하는 사람들도 있다. 이러한 생각은 잘못된 것이다. '지금, 여
기'에 하나님나라가 왔고 하나님나라에 들어가려면 지금 회개하고 지

금 순종해야 한다!

회개란 단순히 교회 다니고 봉사하며 직분을 맡고 종교적 의식을 행하는 것으로 되는 것이 아니다. 그야말로 역사적이고 전인적이고 총체적이고 자발적 변화가 있어야 한다.

회개는 하나님나라에 들어가는 문이요, 출입구다. 회개는 사죄를 통해 열린 뒤따름의 자유에 이르는 길이란 사실이 강조되어야 한다. 회개는 뒤따름의 길이다. 나사렛 예수님과의 만남이 단지 모호한 관심 속에서 아무런 대가도 의무도 요구하지 않고 이루어지는 것이라면 이 만남은 잘못된 것이다. 예수님의 말씀을 참되게 들으면 그분의 말씀에 동조하고 그에게 소속하며 그를 섬기고자 하는 의지와 소원이 생긴다. 예수님을 따르는 사람은 하나님의 계명과 뜻을 따른다. 뒤따름은 넓고 편한 길을 버리는 것이며마7:13 평탄하고 유복한 시민 생활과 결별하는 것이다. 뒤따르는 자는 처음부터 끝까지 좁고 험하며 위험하고 궁핍한 길을 가게 된다. 사적인 생활영역에서 안주하고 의미를 찾는 소시민적 인간들은 뒤따르는 자들과는 대조적인 사람이다. 예수님을 뒤따르는 자는 자신의 목숨을 잃는다. 왜냐하면, 뒤따름은 자기 부정이기 때문이다. 온전히 뒤따르는 삶만이 승리의 삶이다. 자신의 권리주장과 목표부터 탈출하는 일만이 자유에 이르는 길이다. 십자가를 향해 가는 그리스도 예수의 길을 따르는 것이므로 칼과 죽음을 초래할 수도 있다.

회개의 내용

다음에서는 우리가 해야 할 회개의 내용을 살펴보려고 한다. 신구약 성경의 모든 하나님의 말씀이 우리가 회개해야 할 제목들이다.

"일반적으로 회개에 관한 책들은 심리학적 접근 방법을 역사적인 실체와는 상관없이 채택하고 있다. 종교적 체험과 행태과학 사이 관계를 평가하는 방식으로 이뤄진다. 또한 회심은 개인적이고 추상적이었으며 무엇보다 개인적인 습관과 관행에 초점을 맞추어 왔다."짐 윌리스, 『회심』 그러나 성경이 말하는 회개는 이와는 전적으로 다른 것이다.

회개의 구체적 제목들을 일곱 가지로 살펴본다.

첫째, 가족에 대한 태도다. 가족은 나와 매우 가까운 사람을 말한다. 그러나 예수님께서는 '가족주의'를 버리라고 말씀하신다. 예수님께서는 새로운 가족, 새로운 백성, 새로운 이스라엘을 세우려고 오셨다. 어머니나 동생을 앞에 두고 예수님께서 다음과 같이 말씀하신다.

> 누가 내 어머니이며 동생들이냐 하시고 둘러 앉은 자들을 보시며 이르시되 내 어머니와 내 동생들을 보라 누구든지 하나님의 뜻대로 행하는 자가 내 형제요 자매요 어머니이니라. 마가복음 3:33~35

하나님나라의 새로운 가족은 인간의 혈과 육으로 맺어진 관계를 떠나 하나님의 뜻으로 하나 되는 새로운 가족이다. 당시 가족이 중요시되었고 민족적 정체성이 가장 우선시 되던 1세기 유대교 배경에서 이런 일은 도저히 이해할 수 없는 말이다. 하나님나라로 들어가려면 혈육의 가족을 떠나야 한다. 인종차별도 하지 않아야 한다. 이것이 회개다.

둘째, 차별에 대한 태도다. 이 세상에 얼마나 많은 차별이 있는가! 차별 속에 억울하고 비참하게 사는 사람들이 얼마나 많이 있는가. 지역의 차별, 문벌의 차별이 있다. 학벌의 차별이 있고 인종의 차별이 있다. 남자와 여자의 차별이 있고 빈부귀천의 차별이 있다. 국가와 국가 간에도 차별이 있다. 예수님께서는 이 세상나라에 차별의 벽을 허무시고자 오셨다. '사람을 외모로 취하지 말라.'막12:14 하나님나라는 차별이 없는 나라다. 얼마나 혁명적 말씀인가!

셋째, 권력에 대한 태도다. 누가 높으냐의 문제다. 누가 높으냐의 문제는 우리 삶에서 매우 중요한 문제다. 제자들은 "누가 높으냐?"라는 주제로 토론했다.

> 예수께서 제자들을 불러다가 이르시되 이방인의 집권자들이 그들을 임의로 주관하고 그 고관들이 그들에게 권세를 부리는 줄을 너희가 알거니와 너희 중에는 그렇지 않아야 하나니 너희 중에 누구든지 크고자 하는 자는 너희를 섬기는 자가 되고 너희 중에 누구든지 으뜸이 되고자 하는 자는 너희의 종이 되어야 하리라. 마태복음 20:25~27

minister란 말은 장관, 대신 또는 성직자를 뜻하는 말이지만 이 말의 어원은 하인, 종에게서 나온 것이다. 으뜸이 되고자 하는 자는 나중이 되고 섬김을 받으려는 자가 아니고 섬기는 사람이 되어야 한다. 권력과 특권을 부리는 사람이 되어서는 안 된다. 이처럼 예수님의 말씀은 세상나라의 질서를 뒤집어엎는 것이다.

넷째, 돈에 대한 태도다. 돈은 인간이 추구하는 최대의 관심사다. 돈에 죽고 돈에 산다. 돈 놓고 돈 먹는 세상이다. 돈이 많은 사람은 시간이 갈수록 더 많은 돈을 버는 세상이다. 그래서 빈부의 격차는 갈수록 심해지는 것이다. 돈은 모든 것을 할 수 있다. 돈은 연금술적 마력을 가지고 있다. 돈에 대한 일반적인 언급이기는 하지만, 칼 마르크스의 말대로 "사슴이 물을 찾듯이 사람은 돈을 사모한다." 『자본론』 그러나 예수님께서는 분명하게 "나를 따르는 자는 모든 소유를 버리고 따르라" 말씀하신다. "하나님과 재물을 겸하여 섬길 수 없다"라고 단호하게 말씀하셨다. 물론 모든 소유를 버리고 나를 따르라는 말이 지금 당장 모든 소유를 팔아 교회에 헌금을 내라는 말은 아니다. 마치 아무것도 소유하지 않은 사람처럼 살아야 한다. 그러나 부자 청년에게는 지금 당장 모든 소유를 팔아 나를 따르라고 하셨다. 그 청년은 근심하며 예수님을 떠나갔다.

> 낙타가 바늘귀로 들어가는 것이 부자가 하나님의 나라에 들어가는 것보다 쉬우니라. 마태복음 19:24

우리의 소유가 아무리 많아도 내 것이 아니다. 하늘에 쌓아 두는 자가 되어야 한다. 착한 일에 부한 자들이 되어야 한다. 먹을 것과 입을 것으로 족할 줄 알아야 한다. 이것이 하나님나라 백성의 삶이다. 실제로 구약에서는 내가 가진 남의 토지를 포기하라는 뜻이기도 하다.

다섯째, 가난한 자에 대한 태도다. 성경은 가난한 자에 대해서 많이 말하고 있다. 가난한 자란 소외된 자, 병든 자, 약한 자들을 지칭하는 대표 명사다. 존 스토트John Stott는 "하나님께서는 가난한 자를 편애하신다"라고 말했다.

> 가난한 자를 불쌍히 여기는 것은 여호와께 꾸어 드리는 것이니 그의 선

행을 그에게 갚아 주시리라. 잠언 19:17

가난한 사람을 학대하는 자는 그를 지으신 이를 멸시하는 자요 궁핍한 사람을 불쌍히 여기는 자는 주를 공경하는 자니라. 잠언14:31

가난한 자의 문제는 진보와 보수의 문제가 아니다. 좌와 우의 문제가 아니다. 가난한 자에 대한 관심은 하나님의 큰 관심사요 하나님의 명령이다. 참으로 회개한 자에게 보수란 있을 수 없다. 기독교의 역사는 보수와의 싸움이었다. 예수님의 제자들은 도저히 기득권자의 편이 될 수 없다.

개혁주의 신학자 니콜라스 월터스토프Nicholas Wolterstorff는 "하나님은 언제나 가난한 자의 편에 서서 그들을 옹호하신다. 이 땅에 가난한 자가 있는 한 하나님나라의 백성은 부끄럽게 생각해야 한다. 모두 함께 잘 사는 세상으로 만들어야 한다"라고 말했다.『정의와 샬롬이 입마출때까지』

여섯째, 거짓에 대한 태도다. 세상을 살아갈 때 매우 중대한 문제다. 거짓은 인간관계와 사회를 교묘한 방법으로 파멸로 인도한다. 그럼에도 불구하고 우리나라에는 온통 거짓이 판을 치고 있다. 거짓 없이 아무것도 할 수 없는 세상이다. 성경은 사탄이 '거짓의 아비'요 8:44라고 말한다.

거짓말의 종류에 관한 한 미국 중앙정보국에서 처음으로 백색 거짓말과 흑색 거짓말을 구분하여 사용하기 시작했다. 흑색 거짓말은 있는 사실 자체를 왜곡하여 말하는 것이고, 백색 거짓말은 다섯 가지 사실을 알고 있는데 그 중 두 가지 사실을 빼고 말하는 것이다. 재미

있는 것은 흑색 거짓말이 더 큰 거짓말 같이 보이지만, 백색 거짓말이 더 큰 거짓말일 수 있다는 점이다. 사도행전에는 아나니아와 삽비라 부부가 속이는 거짓말을 하다가 죽임을 당하는 충격적인 사건이 나온다.행5:1-11 예수님께서 "오직 너희 말은 옳다 옳다, 아니라 아니라 하라. 이에서 지나는 것은 악으로부터 나느니라."마5:37 하신 것은 옳으면 옳은 것이고 아니면 아니라고 분명히 말하라는 것이다. 이 말의 배경은 맹세와 관련된 단락 중에 나온다.마5:33 이 본문의 뜻은 평소에도 항상 진실한 말을 하고 특별히 강조하여 맹세하지 말라는 것이다. 도산 안창호는 "죽더라도 거짓이 없어라"했다. 오늘날과 같이 거짓이 모든 곳에 침투되어 있는 현실에서 거짓 없는 사람이 될 때 회개의 진정성은 확보된다.

일곱째, 사랑의 문제다. 예수님께서 마음과 뜻과 정성을 다하여 하나님을 사랑하고 네 이웃을 사랑하라 말씀하셨다. 모든 회개는 이 한 말씀 안에 다 들어있다. 이것을 '사랑의 이중 계명'이라 부른다. 사실 이 말씀에는 성경의 모든 말씀이 들어 있다 해도 과언이 아니다. 회개는 자기 사랑과 자기 만족을 위해 살아왔던 이기심에서 떠나는 것이다. 인간은 이기심과 야수적 본능을 가지고 있다. 하나님나라 백성에게 중요한 것은 하나님을 사랑하고 이웃을 사랑하는 것이다. 회개는 하나님을 마음과 정성과 뜻을 다해 섬기는 것이다. 이 세상의 모든 우상숭배를 떠나 오직 하나님만 사랑해야 한다. 그리고 내 이웃을 사랑하고, 용서하고 원수까지도 사랑해야 한다. 모든 것은 사랑의 동기에 의해 행하여져야 한다. 사랑의 이중 계명을 우리가 실천한다면 하나님나라의 샬롬은 조금씩 이루어져 갈 것이다. 파스칼이 말한대로 "모든 그리스도인을 다스리려면 어떠한 정치적·법률적인 것보다 두개의 말씀이면 충분하다. 하나님을 사랑하고 이웃을 사랑하라."『팡세』, 라휴마 692 예수님을 따르는 자들이 이 일곱 가지를 행할 수 있다면 한 달 안에 이 땅에 지진과 같은 혁명이 일어날 것이다.

회개는 급진적이고 혁명적 삶으로의 전향이다

이상에서 일곱 가지 내용을 말했지만, 더 많은 순종과 회개할 제목 들이 성경 전체를 가득 메우고 있다. 예수님이 회개하라 하셨을 때 마음으로만 동의하라고 하신 말씀이 아니다. 많은 사람이 믿음과 동 의하는 것으로 회개했다고 말한다. 그러나 순종 없는 동의는 아무 의 미가 없다.

진정한 회개는 세상나라의 세계관을 완전히 바꾸고 하나님께로 돌 아오라는 것이다. 이것은 특별한 사람에게만 해당하는 말씀이 아니 다. 지금까지의 태도를 바꾸고 예수님께 나아오는 자가 회개한 사람 이요, 전혀 새로운 사람이 되는 것이요, 예수님의 제자가 되는 것이 요, 비로소 하나님나라의 백성이 되는 것이다. 예수님께서 말씀하신 하나님나라는 이처럼 급진적이고 혁명적이다.

인간은 본성적으로 게으르고 보수적이다. 회개란 세상나라에서 살 아가던 태도가 조금 변하고 수정하며 따르는 것이 아니다. 옛사람에 서 새사람이 되는 것이다. 본질적으로 다른 사람이 되는 것이다. 전 인적으로 전폭적으로 하나님 뜻대로 살아야 한다. 여기에는 보수와 진보가 따로 없다. 예수님께서는 지금도 우리를 향해 하나님나라가 가까왔으니 회개하라고 외치고 계신다. 참된 회개는 그에 합당한 열 매가 있어야 한다. 구체적 결단이 있어야 한다. 세계관이 바뀌어야 한다. "성경에서 회개는 언제나 역사에 탄탄하게 기초를 두며 사람들을 둘러싼 실제상황을 다룬다. 회개의 부름은 복음의 사회적 차원이 있음을 알아야 한다."짐 월리스, 『회심』

예수님의 말씀이 너무 어렵다고 생각하는가. 그렇다! 결코, 쉽다고는 말할 수 없다. 믿기만 하면 되는 것이 아니다. 그러나 예수님께서는 조금의 에누리 없이 우리에게 돌이켜 회개하라고 말씀하신다. 물론 이 일에 하나님께서 감당할 만한 힘을 주신다. 성령님께서 우리와 함께 하신다. 착한 마음씨나 선한 양심을 지닌 자연인은 감당할 수 없다. 어떻게 자연인이 자기의 계급적인 기득권과 모든 이익을 스스로 거부하면서 다른 사람을 위해 인생을 살 수 있겠는가?

하나님나라 경험은 성령 충만을 통한 자기 비움의 경험이자 자기부인의 경험이다. 성령님의 구원 능력을 위로부터 덧입으면 자기를 초월할 수 있는 능력을 얻어 자기 비움과 자기부인이 가능해진다. 자신의 욕심과 계급적, 계층적, 지역적 이익과 기득권을 포기할 수 있을 만큼 자아가 텅 빈 상태, 그래서 하나님의 다스림을 경험하는 상태가 성령 충만이다. 속을 완전히 비운 에밀레종이 크고 길고 장엄한 울림을 만들어 내듯이, 자아가 부인된 사람은 성령의 감동에 크고 길고 장엄하게 공명할 수 있다. 위로부터 임하는 성령님을 받을 때 우리는 이 땅과 관련된 기득권과 이기심의 해체를 경험하게 되고, 하나님 사랑과 이웃 사랑을 가로막는 욕망과 거짓으로 조장된 욕심의 점진적 소멸을 경험하게 된다. 그때 우리는 자신이 속한 지역적 기반을 벗어나 세계만민의 영적 필요에 응답하는 세계인으로 성장해 갈 수 있다.김희권, 『사도행전 1』

물론 단번에 다 이루어지는 일도 아니다. 그러나 진정한 회개는 그야말로 그동안 세상나라의 삶의 방식을 청산하고 하나님나라로 들어오는 일생일대의 전향이다.

많은 목사가 예수님께서 요구하시는 회개를 아주 쉽게 만들어 버렸다. 아예 설교에서나 성경공부에서 예수님의 회개 말씀을 빼버리거나 회개를 매우 추상화시키고 아주 쉽게 만들어 버렸다.

회개가 두루뭉술 지나간다. 그리고는 모두 회개한 것처럼 착각하게 한다. 이런 일이 어떻게 일어날 수 있는가. 화인 맞은 양심이다.

말씀을 가르치는 자는 복음의 원형을 재생시키는 자여야 한다. 오늘날 강단에서 회개를 외친다. 교회는 회개를 말한다. 때로는 목청을 드높이며 회개를 외치기도 한다. 하지만, 교회가 외치는 회개를 주의 깊게 살펴보라. 종교적인 잘못을 범할 때만 목청을 높이는 것을 발견할 수 있다.

예배에 빠진 죄, 열심히 교회 봉사하지 않은 죄, 목사님에게 불순종한 죄, 십일조 하지 않는 죄 등에 대해서는 사정없이 정죄의 칼을 들이댄다. 하지만, 거짓말한 죄, 정직하게 세금 신고하지 않은 죄, 불의한 상사의 요구에 순응한 죄, 지나치게 사치하고 낭비하는 죄, 사람을 멸시하고 차별한 죄, 내 이익을 위해 이웃을 짓밟은 죄, 가난한 자의 편에 서지 못한 죄, 투표에 빠진 죄, 정의의 편에 서지 못한 죄, 환경을 오염시켜 하나님의 피조세계를 망가뜨리는 죄에 대해서는 회개를 가르치지 않는다. 오늘날 교회는 사람들로 하여금 종교적 인간을 만드는데 급급하다. 회개에의 부름은 추상적인 죄인에게가 아니라 구체적인 사회적 상황 속에서 죄의 노예가 되어 있는 인간을 부르는 것이다. 그것은 역사적 사건 속에서 구체화되는 태도의 변화다. 그것은 개인의 주관적인 의식 속에서뿐만 아니라 '세상 안에서'

하나님께로 돌아서는 것이다.

이 진리는 세례 요한의 하나님나라 선포에서 분명하게 나타나고 있다. 마3:1~12, 눅3:7~14 그러나 예수님께서는 우리가 아는 대로 종교적 인간이었던 바리새인들을 향하여 얼마나 질타했던가! 우리는 회개를 너무 개인화하고 추상화하고 관념화시키지는 않는가.

"예수님은 종교 혹은 영적인 것들로 도피하지 않으셨다. 예수님은 그의 나라가 이 세상의 정치 사회적 삶과 전혀 관계가 없는 것처럼 선포하신 것이 아니라 오히려 인간 정치의 허상들을 벗겨버리시고, 자기 자신을 '종'인 동시에 '왕'으로서 계시하셨다. 또한, 그는 그를 주로 고백하고 복종하며 그의 삶을 따라 살기로 작정한 공동체의 창시자이며 동시에 그와 같은 삶의 모델로서 자신을 제시하셨다."르네 빠딜라, 『복음에 대한 새로운 이해』

사랑의 교회 옥한흠 목사는 말하기를 "나는 설교를 준비할 때 장로님의 얼굴이 생각나고 교인들의 얼굴이 떠올라 성경의 절반밖에 가르치지 못했다"라고 고백했다. 이것이 무슨 말인가 회개를 쉽게, 편하게 만들어 버렸다는 것이다. 듣기 좋은 말만 했다는 말이다. 마음을 편하게 해 주는 말씀을 전해야 좋은 목사가 되고 복을 주는 설교를 해야 인기 있는 목사가 되고 청중들이 듣기 좋아하는 설교를 해야 큰 교회가 된다. 이른바 소비자 중심 교회다.

목사들이 싸구려 회개를 가르치고 있다. 교인의 마음에 거슬릴까 봐 얼마나 조심하면서 그들의 마음을 편하게 해주기 바쁘다. 행여나 그들이 예수님의 말씀을 직접 들으면 혹시 교회를 떠날까 봐 걱정이다. 이 얼마나 큰 죄인가!

한국교회가 빛과 소금이 되지 못하고 손가락질 받으며 이 모양, 이 지경이 된 것은 진정한 회개를 가르치지 않았기 때문이다

이탈리아의 시인인 지오반니 파피니Giovanni Papini는 "기독교 신앙은 본질적으로 인간성에 반대되는 것이다"『그리스도 일대기』라고 했고, 자끄 엘륄은 "기독교가 성경대로 바르게 선포된다면 기독교는 많은 수를 얻지 못하고 이 땅에서 누릴 수 있는 대가와 이익을 얻지 못할 것이다. 그럼에도, 인간의 동의를 얻으려고 그들의 기호에 맞추고 그들을 매료시켜야 한다니!"『뒤틀려진 기독교』라고 탄식했다.

회개했는가?

누가복음 15:20 이하를 보면 둘째 아들 탕자의 모습이 나온다.

그가 아버지를 떠나 먼 나라로 가서 제멋대로 살았다. 그는 결국 궁핍한 인생을 살았다. 동물적 인생을 살았다. 자유를 원했으나 예속적 인생을 살았다. 하나님 없는 인간은 여기에서 누구도 제외될 수 없다. 그가 절망에 처해 있을 때 그는 아버지를 찾았다.

> 이에 일어나서 아버지께로 돌아가니라. 누가복음 15:20

회개란 일어나서 아버지께로 돌아가는 것이다.

무의식적이고, 의도적이지 않은 회개란 있을 수 없다. 우리가 하나님나라에 들어가려면 무엇보다 회개해야 한다.

당신은 언제 회개하였는가?

분명히 회개해 본 적이 있는가?

거대한 전향의 삶을 지금 살고 있는가?

그것은 사탄의 나라에서 하나님나라에로의 새로운 전향이다. 예수님께서는 지금, 이 시간에도 우리를 향하여 회개하라고 간절히 부르시고 계신다. 회개는 무엇보다 하나님과의 관계회복peace with God이다. 그때 하나님의 평화peace of God가 우리에게 임한다.

> 너는 그들에게 말하라 주 여호와의 말씀이니라 나의 삶을 두고 맹세하노니 나는 악인이 죽는 것을 기뻐하지 아니하고 악인이 그의 길에서 돌이켜 떠나 사는 것을 기뻐하노라 이스라엘 족속아 돌이키고 돌이키라 너희 악한 길에서 떠나라 어찌 죽고자 하느냐 하셨다 하라. 에스겔 33:11

성경은 회개하지 않으면 분명히 하나님의 심판이 있다고 말한다! 하나님께서는 우리의 회개를 기뻐하신다. 지금도 예언자와 예수님께서는 아직도 듣지 못하는 자들 향하여 '귀 있는 자는 들을지어다'라고 안타깝게 외치고 계신다.

나의 생애를 가로지르는 회개와 결단이 지금 필요하다. 누가 제자인가! 참으로 회개한 자들이다. 교회란 무엇인가! 회개한 자들의 모임이다. 그런데도 이 땅에 진정한 제자가 없고, 진정한 교회가 없는 것은 무엇인가.

1,000만 교인이 넘는 교회가 왜 이렇게 무기력한가.

회개한 자들이 적기 때문이다. 제자가 없기 때문이다.

하나님나라가 가까왔으니 회개하고 복음을 믿으라! *

4

하나님나라와 회개(2)

회개는 구체적 실천과 순종이 필요하다. 그러므로 회개는 지, 정, 의가 함께하는 전인적인 결단이다. 어떤 한 부분이 아니다. 또한, 성경적 회심은 역사적이며 구체적이다. 예수님은 역사적 진공 상태에서 회개를 말씀하시지 않는다. 회개는 우리의 삶의 실제, 딜레마, 선택의 한가운데서 돌아서는 것이다. 결코, 추상적이거나 이론적인 것이 아니다. 회개는 죄에서 구원으로, 우상에서 하나님께로, 예속에서 자유로, 불의에서 정의로, 죄책에서 용서로, 거짓에서 참으로, 어둠에서 빛으로, 자신에게서 이웃에게로, 죽음에서 생명으로 향한다. 올바른 회개는 심리적 해방 훨씬 이상이고, 교리에 대한 지적인 고수 이상이다.

회개 없이 구원도 없고 하나님나라도 없다.

회개란 우리 삶에 일어나는 일생일대의 전향이다. 제임스 던 James Dunn이 『바울신학』에서 말한 대로 회개는 매우 의식적이고 의도적인 행동이다. 세례 요한이 등장할 때 회개하라 천국이 가까웠느니라 외쳤다. 마4:17

회개는 의식적이고 의도적인 행동이자 결단

오순절 날 베드로의 첫 번째 설교는 '회개하라'로 시작한다. 그러나 오늘날 한국교회는 회개를 버렸다. 회개 없는 크리스천, 회개를 망각한 교회는 하나님나라가 무엇인지도 모른다. 회개를 거부하는 것은 자아에 대한 집착, 현실에 대한 탐욕에서 나온 것이다. 물론 우리가 사는 사회구조가 정말 죄짓기 쉬운 상태 속에서 살고 있다. 그러나 모든 결정은 궁극적으로 내가 하는 것이다. 예수님께서는 우리에게 하나님나라를 주시기 전에 세상 나라를 포기하시길 원하신다. 내가 왕이 되어 자신을 다스리는 것을 하나님 앞에서 포기하는 것이 회개다. 사랑의교회 옥한흠 목사는 이렇게 설교하였다.

지금 주님께서 한국교회를 보시고 뭐라고 하실까요?

이름은 살았으나 행위가 죽었다고 책망하시지 않을까요?

누가 '아니오'라고 말할 사람이 있습니까?

청중은 원래 귀에 듣기 좋은 말씀을 선호합니다.

'믿기만 하면 구원받는다'라고 말하면 모두가 '아멘' 합니다.

'믿음만 있으면 하늘의 복도 받고, 땅의 복도 받을 수 있습니다'

라고 말하면 '할렐루야' 하고 열광합니다.

그러나 행함이 따르지 않는 믿음은 거짓 믿음이요,

구원을 확신할 수 없다고 말하면 얼굴이 금방 굳어져 버립니다.

말씀대로 살지 못했다고 죄를 지적하거나 책망하면

예배 분위기가 금방 싸늘해집니다.

이런 청중의 반응에 예민해지면서 저도 모르는 사이에

그들이 좋아하는 말씀을 일부러 골라서

설교하는 사람으로 바뀌어 갔습니다.

단것은 먹이고, 쓴 것은 할 수만 있으면 먹이지 않으려는

나쁜 설교자가 되어가고 있었습니다.

주님은 한국교회를 향하여 지금 회개하라고 명하십니다.

큰 교회 목사가 자기 자신의 잘못을 고백하기 쉽지 않은 일이다. 많은 목사들은 청중들에게 부담을 주지 않으면서 잘 먹고 잘 살게 축복해 준다는 사탕발림과 거짓된 기독교를 남발하고 있다. 오늘날 이 땅에 피상적 기독교가 횡행하고 있다. 진리인 성경이 어찌 이다지도 가벼워져 버렸는가!

예수님을 오직 개인적 문제의 해결자요, 복을 주시는 자라는 잘못된 생각이 범람하고 있다. 내게 부담스럽지 않은 긍정의 예수님을 바라고 내게 아부해 주는 목사님을 찾아간다. 마치 수술이 필요한 중환자가 영양제를 달라는 격이 아니고 무엇인가!

은혜, 은혜 하면서 사실은 값싼 은혜cheap grace를 좋아한다. 오늘날 한국교회에서 사용하는 은혜는 '대충'이라는 말로 이해하는 것 같다. 회개 없이 복을 받으려고만 한다. 회개가 없으면 가짜 신앙이다. 오늘날 한국교회의 심각성은 여기에 있다.

언제 회개했는가?

내가 언제 회개하였는가. 학습 문답, 세례 문답 아니면 기계적으로 따라 하는 영접기도 자리에서 회개했는가? 집사, 권사, 장로가 되었을 때 회개했는가. 매년 수련회에서 반복적으로 회개했는가. 도대체 구원에 이르는 회개를 하기는 했는가.

이것이 굉장히 중요하고도 본질적인 질문이다. 17세기 청교도 설교

자 리차드 벡스터Richard Baxter는 그의 책 『회개했는가』에서 이렇게 말한다.

오늘 당신은 회개했는가?

회개 없는 당신의 머리 위에 지옥불이 이글거린다.

당신은 참된 회개의 날은 기억하고 있는가?

당신이 회개한 설교를 기억하고 있는가?

당신의 영혼이 변화되기 시작한 시점을 정확히 알고 있는가?

이에 선뜻 대답할 수 없다면 회개했다는 것을 어떻게 알 수 있는가?

너무도 많은 사람이 육신의 탐욕스런 욕구로 자신을 통치하면서도 단지 추잡하고 역겨운 죄를 짓지 않으려 애쓰고 있다는 이유 하나만으로 회개했다고 말할 수 있는가?

당신은 지금까지 무지와 경솔함과 억측과 고립 속에 살아왔다.

세상사의 염려에 압도되어 하나님의 영광을 무시했다.

육신의 탐욕과 지독한 이기심과 멋들어진 옷과

쓰레기 같은 자랑거리와 헛된 자존심의 노예로 살아왔다.

살아 생동하는 믿음으로 복 되신 구세주를 영접하지 않고

그분의 사랑을 전심으로 찬양하지도, 감사하지도 않은 채 살아왔다.

하나님과 하나님나라를 가장 귀한 것으로 여기지 않고 살아왔다.

하나님을 진심으로 사랑하기보다 나의 육신을 위해 정성껏 살아왔다.

하늘에 속한 것보다 땅에 속한 것들에 마음을 두고 살아왔다.

이제 당신을 돌아보라.

회개의 은혜를 달라고 하나님께 부르짖으라.

이런 말을 들으면서 무슨 생각을 하는가. 교회의 본질적인 사역은

회개하지 않는 죄인들을 회개시켜 하나님나라 백성으로 삼는 것이다. 회개한 사람이 되어 이 땅에 하나님나라가 임하기를 무엇보다 먼저 추구하는 것이다. 교회 안에 회개하지 않은 자가 많아서 세상의 손가락질을 받는 부끄러운 현실이 되었다. 회개만이 그리스도인과 교회를 진정 변화시킬 수 있다.

회개는 언제나 복음에 대한 반응에서 믿음보다 먼저 나온다. 회개하지 않으면 믿음이 생길 수 없다. 하나님나라가 가까왔으니 회개하고 복음을 믿으라! 회개한 다음에야 하나님나라를 들어갈 수 있다.

회개는 세 가지 요소를 충족시켜야 한다. 우리는 이 세 가지 요소를 잘 알고 적용해야 한다.

율법 체험

첫째, 지적인 요소다. 회개에는 지성이 관련되어 있다. 회개는 지적 혼란을 경험해야 한다. 회개하도록 초청하는 것이 단순히 무엇인가를 하도록 강제하는 것이 아니다. 사도바울은 로마서 3장 20절에서 "율법으로는 죄를 깨달음이라"라고 하였다. 여기 율법이란 좁게는 십계명이요, 넓게는 신구약 성경의 모든 말씀이다. 율법의 기능이 무엇인가. 죄를 알게 하고 깨닫게 하는 것이다. 법이 있어야 무엇이 죄인줄 알게 된다. 또 법이 있어야 형벌이 있다. 이것이 죄형 법정주의다. 법이 없으면 죄도 없다. 롬7:8

칼빈주의자들의 후예인 영국 청교도들은 복음의 메시지를 말하기에 앞서 율법의 작용law-work에 대하여 말하였다. 복음을 듣는 자들이 죄를 확실하게 자각했는지를 꼼꼼하게 확인했다. 율법의 작용이란 우선 먼저 율법을 통해 우리가 얼마나 비참한 죄인인가를 깨닫게 하는 것이다. 율법은 하나님께서 구원의 조건으로 주신 것이 아니라 우리의 넘치는 죄성이 무엇인지 알도록 주신 것이다. 우리는 우리가 지은 죄가 얼마나 무서운지를 알아야 한다. 내가 하나님 앞에서 어떤 사람인지를 알아야 한다. 따라서 모든 설교는 율법에 대한 지식을 잘 알도록 해야 한다. 지식이 없다면, 즉 하나님의 말씀을 모르는 것은 율법이 없는 것과 같다. 하나님의 법에 비추어 볼 때 우리가 얼마나 무서운 죄인인가를 알 수 있다. 사도 바울은 이렇게 고백했다.

> 전에 율법을 깨닫지 못했을 때에는 내가 살았더니 계명이 이르매 죄는 살아나고 나는 죽었도다. 로마서 7:9

이것이 바로 율법 체험이다. 내가 전에 하나님의 법을 잘 몰랐을 때에는 아무런 죄의식을 느끼지 못하고 마음 편하게 잘 살았다는 말이다. 그런데 하나님의 말씀이 내 마음에 도착했을 때 죄는 살아나고 즉 죄가 무엇인지 알게 되었을 때 내가 죽을 죄인이라는 것을 알게 되었다는 말이다. 죄는 무엇인가 잘못해서 지은 죄도 있지만 내가 하지 못한 죄가 더 많다. 내가 실존적으로 죄를 지은 것도 있지만 역사적, 사회적 존재로서 너무나 많은 부작위不作爲의 죄를 짓고 있다. 부작위의 죄라는 것은 무엇인가 해야 할 것을 하지 않는 것이다. 사랑하지 못한 것도 죄다. 기도하지 못한 것도 죄다. 정의와 자유를 실천하지 못한것도 죄다. 우리는 성경을 아는 만큼 죄를 안다. 우리는 의도적으로 저지른 죄, 즉 작위의 죄 보다 하지 못한 죄, 즉 부작위不作爲의 죄가 비교할 수 없을 정도로 많다. 그럼에도 불구하고 하지 못한 죄를 거의 무시하고 있는 것은 놀라운 일이다. 하나님을 아는 만큼 죄를 안다. 내가 얼마나 죄 많은 존재인가. 그때 사도 바울은 로마서 7장 24절에서 '오호라, 나는 비참한 자로다. 누가 이 사망의 몸에서 건져내랴' 고 비명을 지른 것이다. 이것이 바로 율법체험이다!

밤마다 침상을 눈물로 적시고

둘째, 회개에는 감정적 요소가 있다. 다윗이 죄를 지었을 때 이렇게 고백했다.

> 여호와여! 노여우시더라도 나의 죄를 묻지 말아 주소서.
> 아무리 화가 나시더라도 나를 벌하지 말아 주소서.
> 여호와여! 힘이 부치오니 나를 불쌍히 여기소서.
> 뼈마디 마디 쑤시오니 나를 고쳐 주소서.
> 내 마음 이토록 떨리는데, 여호와여! 언제까지 지체하시렵니까?
> 여호와여! 돌아오소서, 이 목숨 구하소서.
> 당신의 자비로써 살려 주소서.
> 죽으면 당신을 생각할 수 없고 죽음의 나라에선
> 당신을 기릴 자 없사옵니다.
> 나는 울다가 지쳤습니다. 밤마다 침상을 눈물로 적시고
> 나의 잠자리는 눈물바다가 되었습니다.
> 울다 울다 눈이 안 보이고, 괴롭다 못하여 늙고 말았습니다.
>
> 시편 6:1~7

다윗이 죄에 대한 하나님의 진노를 생각하면서 얼마나 내적 고통을 받았는지 생각할 수 있다. 누가복음 18:13절 세리와 바리새인의 기도 모습이 대조되는 장면에서 세리는 '다만, 가슴을 치며'라고 말한다. 그는 자신이 하늘을 우러러볼 수도 없고 말할 권리도 없으며 단지 멀리 서서 가슴을 치는 것 외에는 아무것도 할 수 없다고 고백한다.

이처럼 회개하는 자들은 감정적으로 매우 고조되어 있음을 볼 수 있다. 그러므로 감정적 요소 없이는 회개했다고 볼 수 없다. 하나님 말씀대로 살지 못하고 죄 때문에 괴로워한 적이 얼마나 자주 있었는가! 나의 불순종 때문에 탄식하는 경험들이 있었는가. 회개는 지나가는 슬픔이 아니라 심오한 마음의 작용이다. 눈물은 단지 H_2O가 아니다. 감정적 표현이 사람마다 다를 수는 있다. 그러나 감정이 없으면 회개가 아니다.

> 하나님의 뜻대로 하는 근심은 후회할 것이 없는 구원에 이르게 하는 회개를 이루는 것이요 세상 근심은 사망을 이루는 것이니라. 고린도후서 7:10

바울이 말하는 여기 근심은 죄에 대한 감정으로 고뇌, 죄책감, 두려움, 공포감, 근심, 절망을 말하고 있다. 하나님 뜻대로 하는 근심은 후회할 것 없는 구원에 이르게 하는 회개에 이르게 한다. 우리에게 회개에 이르는 근심이 있어야 한다. 그러나 회개에 이르지 못하는 근심이 있다. 그러나 하나님의 말씀을 듣고 통회痛悔하고 슬퍼하며 고뇌하는 마음으로 회개에 이르는 사람이 되어야 한다. 바로 예수님을 판 가룟 유다가 회개에 이르지 못하고 절망하고 결국은 죽고 말았다. 죄를 지었을 때 생기는 우리의 근심이 회개에 이르지 못하고 절망해서는 안 된다.

우리가 하나님의 말씀을 들으면서 절망에 빠지거나 반대로 강퍅한 마음, 무감각한 마음을 가져서도 안 된다. 하나님 말씀을 들으면 들을수록 강퍅한 마음이 생긴다면 하나님의 백성인지에 대해 진지하게 생각해 보라.

회개에 합당한 열매를 맺으라

사도행전 2:37을 보면 초대교회에 베드로가 설교할 때 듣고 있던 이스라엘 사람들이 마음에 찔렸다고 말한다. 우리가 하나님의 말씀을 들을 때 마음의 찔림이 있어야 한다. 마음에 고통과 괴로움이 있어야 한다. 그러나 말씀을 들으면서도 아무런 감정이 없다면 그것은 불행하게도 화인 받은 양심이다. 우리는 이러한 찔림을 경험해야 한다. 그 찔림을 받은 사람들은 한목소리로 "우리가 어찌할꼬 우리가 어찌할꼬" 외쳤다. 이 마음은 구원을 향한 몸부림이요 신음이다!

> 너희는 옷을 찢지 말고 마음을 찢고 너희 하나님 여호와께로 돌아올지어다. 요엘 2:13

'옷을 찢는다'는 것은 마음의 고통을 말한다. 우리가 마음을 찢고 난 다음에 하나님께로 돌아가는 것이 회개다. 우리가 나 자신의 죄와 불순종으로 말미암아 탄식한 적이 없다면, 그런 감정을 전혀 느껴 본 적이 없다면 우리가 너무 가벼운 회개로 만족하고 있는지도 모른다.

가벼운 회개는 값싼 은혜를 가져온다. 하나님의 말씀을 듣고도 무감동, 무감각, 완악해진다면 얼마나 무서운 일인가. 이것이 오늘날 교회의 문제이다.

회개의 세 번째 요인인 의지적 요소에 대하여 살펴보자.
단순히 죄를 인식하고 내가 잘못했다는 생각에 그치지 않고 거기에서 마음을 바꾸고 변화되어야 한다. 회개는 새로운 세계에서 살 준비가 된 의지의 재조정이 필요하다.
누가복음 3장에 보면 세례 요한의 외치는 소리가 들린다.

> 요한이 세례 받으러 나아오는 무리에게 이르되 독사의 자식들아 누가 너희에게 일러 장차 올 진노를 피하라 하더냐 그러므로 회개에 합당한 열매를 맺고. 누가복음 3:7~8

이때 무리가 마음에 찔려 "우리가 무엇을 하리이까" 묻는다. 여기서 요한은 사람마다 회개할 것을 구체적으로 말하고 있다.

> 대답하여 이르되 옷 두 벌 있는 자는 옷 없는 자에게 나눠 줄 것이요 먹을 것이 있는 자도 그렇게 할 것이니라 하고 세리들도 세례를 받고자 하여 와서 이르되 선생이여 우리는 무엇을 하리이까 하매 이르되 부과된 것 외에는 거두지 말라 하고 군인들도 물어 이르되 우리는 무엇을 하리이까 하매 이르되 사람에게서 강탈하지 말며 거짓으로 고발하지 말고 받는 급료를 족한 줄로 알라 하니라. 누가복음 3:11~14

회개는 이처럼 구체적이다. 삭개오는 예수님을 자신의 집에 초청한 후 이렇게 말했다. 삭개오는 세리장이고 부자였다.

> 주여 보시옵소서 내 소유의 절반을 가난한 자들에게 주겠사오며 만일 누
> 구의 것을 속여 빼앗은 일이 있으면 네 갑절이나 갚겠나이다 예수께서
> 이르시되 오늘 구원이 이 집에 이르렀으니 이 사람도 아브라함의 자손임
> 이로다. 누가복음 19:8~9

삭개오의 회개는 개인적일 뿐만 아니라 사회적 결과를 가져왔다. 나의 회개가 다른 사람에게 영향을 주었다면, 이것이 바른 회개이다. 반면에 구원받기 원하여 나온 부자 청년은 "네 소유를 다 팔아 가난한 자에게 주고 나를 따르라"는 말씀에눅18:23 심히 근심하여very sad 갔다고 성경은 말하고 있다.

진정한 회개는 의지가 개입된다. 또한 성령님의 충만함이 있어야 한다. 성령님의 능력은 삭개오에게 잘 나타나고 있다. 초대교회는 삭개오와 니고데모, 막달라 마리아, 아리마데 요셉과 같은 사람들의 모임이다.

회개는 하나님께 항복하는 것

이처럼 회개는 구체적 실천과 순종이 필요하다. 그러므로 회개는 지, 정, 의가 함께하는 전인적인 결단이다. 어떤 한 부분이 아니다. 또한, 성경적 회개는 역사적이며 구체적이다.

짐 월리스Jim Wallis가 『회심』에서 말한 대로 예수님은 역사적 진공 상태에서 회개를 말씀하시지 않는다. 회개는 우리의 삶의 실제, 딜레마, 선택의 한가운데서 돌아서는 것이다. 결코, 추상적이거나 이론적

인 것이 아니다. 회개는 죄에서 구원으로, 우상에서 하나님께로, 예속에서 자유로, 불의에서 정의로, 죄책에서 용서로, 거짓에서 참으로, 어둠에서 빛으로, 자신에게서 이웃으로, 부자유에서 자유의 세계로, 죽음에서 생명으로 향한다. 올바른 회개는 개인적, 심리적 해방 훨씬 이상이고, 교리에 대한 깨달음 이상이다. 회개는 삶의 방향과 방식 즉, 세계관을 근본적으로 바꾸는 것이다.

성경적 회개가 간과하고 남겨두는 중립지대는 없다. 회개는 결코 내적 자아나 종교적 의식, 개인의 도덕성, 지적 신념, 정치적 견해로 제한되지 않는다. 회개는 우리가 살아가는 삶에 무엇인가 덧붙이는 것이 아니다. 성경이 말하는 회개는 삶 전체에서 일어난다. 예외도, 한계도, 제한도 없다. 회개는 우리가 인간 존재의 모든 범위에서 자신을 하나님께 항복하는 것을 의미한다. 회개는 자신의 삶을 아무 미련없이 그리스도에게 바치는 것, 예수님의 새 질서에 가담하는 것이다. 복음 전도를 통해 수백만 명이 회개했다지만, 이 나라 전반을 아우르는 심각한 영적 침체의 징후는 나아지지 않았다. 이러한 징후 들은 그리스도인들이 여전히 돈과 권력과 성공에 몰두하는 데서 잘 나타난다. 그리스도인이라고 말하는 자들의 세상에 대한 순응은 사실상 회개하지 않는데 기인한다. 회개는 개인적 실존적 변화이기도 하지만, 무엇보다 하나님나라의 새질서에 합류하는 세계관적 대전향이 일어나야 한다.

참회했다고, 눈물을 흘렸다고 회개한 것은 아니다.

회개는 지적 영역, 감정적 영역에서 그리고 의지적 영역에서 구체적으로 바꾸어 져야 한다. 물론 시간적 간격이 있을 수 있지만, 이 세 가지 요소 중 어느 것도 빠질 수 없다. 앞장에서 일곱 가지 점에서 분명한 회개가 있어야 한다고 말한 바 있다. 가족에 대한 태도, 차별에 대한 태도, 권력에 대한 태도, 돈에 대한 태도, 가난한 자에 대한 태도, 거짓에 대한 태도, 사랑의 문제를 살펴본 바 있다. 물론 이보다 많은 회개의 제목들이 있다.

우리는 이러한 주제들에 대한 분명한 사고방식과 새로운 질서를 향한 전인적 삶의 전환이 있어야 한다. 그때 우리는 하나님나라 백성이 되는 것이다. 세상 나라에서 하나님나라로 옮기는 것이다. 세상의 통치 아래 있던 우리가 하나님의 통치의 자리로 옮기는 것이다.

하나님은 죄를 지은 자에게 무서운 진노를 내리시는 분이다. 바울은 로마서 1장에서 "하나님의 진노가 하늘로부터 나타났다"라고 말한다. 지금 하나님 진노가 나타나고 있다. 하나님의 진노와 심판은 현대인에게 있어 금기 언어이지만 성경에서 하나님의 진노는 하나님의 사랑보다 더 많이 등장하는 말이다.

지금 사는 대로 회개하지 않고 그대로 살아간다면 하나님의 심판이 진리대로 되는 줄 알아야 한다. 하나님께 불순종하고 하나님의 심판을 피할 줄로 생각한다면 크게 오해한 것이다. 이러한 오해 가운데 살면서도 그리스도인이라 생각한다면 그것 또한 크게 오해한 것이다. 하나님은 사랑이시기도 하지만 하나님의 정의와 거룩 때문에 죄를 심판하지 않을 수 없다.

혹 네가 하나님의 인자하심이 너를 인도하여 회개하게 하심을 알지 못하여 그의 인자하심과 용납하심과 길이 참으심이 풍성함을 멸시하느냐 다만 네 고집과 회개하지 아니한 마음을 따라 진노의 날 곧 하나님의 의로

우신 심판이 나타나는 그 날에 임할 진노를 네게 쌓는도다. 로마서
2:4~5

하나님은 지금 기다리고 계신다. 우리가 회개하기를 기다리고 계
신다. 지금은 하나님께서 참으심으로 기다리고 계신다. 그러나 회개
하지 않는다면 결국 하나님의 진노가 임할 것이 틀림없다.

우리 하나님은 죄를 회개할 때 무제한적으로 용서하시고 포용하시
는 분이시다. 얼마나 좋으신 하나님이신가? "보라, 지금은 은혜 받을
만한 때요 보라, 지금은 구원받을 만한 때다!"고후6:2 지체하지 말라.
회개는 우리의 옛 시각, 옛 세계관을 버리고 새로운 사람이 되는 것
이다.

기도하는 시간에 회개가 일어난다

마지막으로 생각할 것은 우리가 무엇보다 회개를 위해서 기도해야
한다. 기도하지 않고 회개할 수 없다. 기도하는 시간에 회개가 일어
난다. 우리가 회개할 제목을 알았다면 힘쓰고 애써, 간절한 마음으
로 애통한 마음으로 하나님께 나와 기도해야 한다.
기도 없이는 누구도 회개할 수 없고 변화될 수 없다. 기도를 잊어
버린 형제, 자매여 애통해하는 마음으로 기도해야 한다.

"세상의 문제, 자신의 문제에 대해 하나님 없이도 모든 것이 진행
된다는 것을 주장하는 사람들이 있다. 우리의 관심이 너무 정치적이
고, 사회적인 현실 문제에만 몰두하고 있을 때 하나님께 드리는 기도

를 무용하게 생각하지는 않는가.

기도없이는 아무것도 아니다. 기도 생활을 하지 않는 자는 거짓말쟁이다. 기도는 우리가 기대를 거는 하나님의 결정에 따르는 것이다. 기도는 하나님의 개입 가능성에 대한 확신이다. 기도없이는 하나님의 약속을 받을 사람도 없고, 회개할 사람도 없다."^{자끄 엘륄, 『잊혀진 소망』}

기도 하라. 성령님께서는 우리의 회개를 도와주신다. 기도는 나의 강력한 자아를 부수고 나의 이기심을 무너 뜨린다. 우리는 모두 사탄의 통치에서 벗어나 하나님나라 백성이 되어야 한다. 우리는 뜨거운 기도, 간절한 기도를 드려야 한다. 바쁘다는 것은 단지 핑계에 불과하다. 하나님나라의 소망을 가진 자일수록 기도해야 한다. 회개는 분명 내 인생을 가르는 뚜렷하고 의식이 분명한 하나님께로의 전향이며 지속적 전향의 의지요 노력이다.

그러나 이 회개는 한 번만 일어나는 것이 아니라 내 평생 이루어지는 것이다. 사도 바울처럼 "나는 날마다 죽노라"면서 고백하며 살 수 있어야 한다. 우리의 영성이 깊어질수록 회개를 더 많이 더 깊게 하게 된다. 계속된 기도는 우리의 삶을 바꾼다. 부름 받은 바 높은 이상을 바라보면 삶의 현실은 늘 부족함을 느낀다.

여린 마음은 다른 사람에게 끼친 조그마한 고통에 대해서도 매우 예민하게 반응한다. 그러므로 믿음이 깊어질수록 잘못을 뉘우치고 하나님의 은총을 바라는 기도가 더욱 많아진다. 윤동주尹東柱시인이 "잎 새에 이는 바람에도 나는 괴로워한다" 했듯이 기도자들의 여린 마음은 이런 것이다. 한국교회는 회개기도를 자판기에서 커피 뽑는 것처럼 오해하는 사람들이 많이 있다. 회개의 기도는 지은 죄에 대해 용서를 구하는 것이고 그러고자 죄를 인정하고 자백하면 자동으로 용서가 이루어진다고 생각한다. 회개 기도를 동전을 넣고 용서라는 상품을 사는 것처럼 생각한다. 그러나 진정한 회개의 기도는 아무 생각없이 자동으로 드리는 기도가 아니라 먼저 죄책감이 드는 행동에 대해 세심히 검토해야 한다. 기도는 나를 바꾸는 거대한 동력이다. 하나님 앞에서 정직하게 자신을 비판해야 한다. 회개할 문제가 발견되면 다윗처럼 즉시 무릎을 꿇어야 한다.

> 여호와여 내게 은혜를 베푸소서 내가 주께 범죄하였사오니 나를 고치소서 하였나이다. 시편 41:4

회개의 기도는 영적 수술 과정이다. 진정한 회개기도는 같은 잘못을 범하지 않거나 잘못을 범하는 빈도를 점차 줄여 가게 할 뿐만아니라, 내 삶이 하나님 앞에 서서 날마다 잘못된 사고방식, 생활양식을 청산하게 한다. 기도는 우리 삶에 변화를 가속화시킨다.

불행하게도 교회는 회개를 망각했다. 교회를 오래 다니는 것으로, 얼마간의 헌금, 얼마간의 봉사로 회개를 대신할 수 없다. 회개를 자주 듣는 교회 용어로만 생각한다면 이것만큼 큰 잘못은 없다. 회개는 기독교에서 가장 중요하게 여기는 실천을 수반하는 것이다. 회개는 새로운 인간으로 태어나기 위한 영적 수술과정이다.
누가 하나님나라에 들어갈 수 있는가?
회개한 자들이다.

초대교회의 회개

앞에서 말한 대로 회개는 하나님나라의 출입구이다. 회개는 우리를 구원에 이르게 하고 하나님나라 백성으로 살도록 추동하는 출발점이다. 지금까지 회개의 본질과 회개의 정신에 대해 살펴보았다. 여기서는 표준교회인 초대교회가 어떻게 회개에 대하여 가르치고 실천했는가를 살펴보려 한다. 알렌 크라이더, 『회심의 변질』

초대교회의 수많은 그리스도인은 당시 반체제 인사에 붙여지는 '정신 이상자'라는 별명을 들었다. 또한, 그들은 금지된 미신을 믿는 사람으로 취급되었다. 초대교회는 우리의 예상과는 달리 대중 전도라는 것이 전혀 없었다. 눈에 띌만한 복음전도 프로그램을 갖지도 않았다. 예배는 구도자들과는 아무 상관이 없었고 구도자들은 아예 예배 참석이 허용되지 않았다. 그리스도인들은 공개석상에서 자기의 신앙에 대해 침묵해야 했다. 만일 공개석상에서 신앙을 말하다가 자신뿐만 아니라 그가 속한 교회까지 치명적인 어려움에 빠트릴 수 있었다.

초대교회의 3B

그렇다면, 과연 무엇이 초대교회를 부흥하도록 했으며 과연 그들의 매력은 무엇이었을까? 그것은 그들의 철저한 회개 때문이었다. 초대교회 회개는 3가지로 요약할 수 있다. 신념belief의 변화, 행동behavior의 변화, 그리고 교회소속belonging의 변화를 수반해야 했다. 이것을 소위 3B라고 말한다. 이 세 가지 변화를 가져오기 위해 재사회화resocialzation가 요청되었다. 이 재사회화를 위해 4단계를 만들고 그 과정에서 실천이 확인될 때 회개를 인정하고 교회공동체에 소속되게 하였다. 이러한 재사회화 과정은 평균적으로 3~5년의 세월이 필요했다.

첫째 단계는 기독교에 매력을 느끼는 사람이 교회 지도자를 만나 세례침례, 이하 세례 교육을 신청하는 것이다. 교회지도자들은 예비자들을 특별히 환영하지 않았다는 것은 특이할 만하다. 교회지도자가 예비자의 믿음이 확실하다고 판단하면 다음 단계로 들어간다.

둘째 단계는 신앙문답과정이다. 신앙예비자들은 그들의 이전 주류 가치와 사회와 맺은 연대성을 뒤로하고 회개 여정에 들어간다. 아직은 교인이 아니다. 일주일에 몇 번씩 교육을 받았는데 그 교육은 예비자의 행동을 재형성하는 데 집중했다. 신앙문답자들은 그들의 가슴에 예수님의 가르침에 순종한다는 결의로 차 있었다. 무엇이 우리를 성장시키는가? 질문을 받았을 때 예수님의 산상수훈을 인용하는 것으로 대답했다. 지도자들은 예비자가 얼마나 잘 배우고 실천했는지에 따라 재사회화 되었는지를 평가했다. 예를 들면 가난한 사람들의 필요에 얼마나 민감하게 반응했는지, 핍박을 받을 때 어떻게 인내했는지, 정당한 임금을 지급하며 높은 이자를 받지는 않았는지, 원수에 대하여 방어하지 않고 사랑과 온유함으로 대응했는지를 보면서 예비자의 행동과 습관이 얼마나 변화되었는가를 살폈다. 이 단계에서는 예비자들에게 사회적 지위, 직업 또 그동안의 삶에 대하여 답변하기 어려운 질문이 주어지기도 했다.
교회가 가르친 대로 살고 있는지, 군 복무는 어떻게 하고 있는지, 군 복무를 하고 있다면 사람을 죽이는 일은 하지 않겠다고 약속해야 했다. 또 우상숭배, 점, 살인, 성적 타락과 관련된 직업에 종사하는지 등에 대하여 예비자는 확실한 대답을 해야 했다. 오늘날 우리가 보기에는 이런 교육이 가혹한 율법주의자 처럼 보이기도 한다. 더욱 자세한 내용은 필립 샤프, 『교회사』 초대교회의 문답과정은 오늘날과 같은 단순한 교리교육수준이 아니라 행동의 변화가 일어날 때까지 교육했다. 그렇지 않으면 다음 단계에 들어갈 수 없었다.

셋째 단계는 신념의 변화를 집중적으로 훈련하는 단계다. 하나님나라 복음의 주장이 어찌나 과격했던지, 믿는 사람들에 대한 요구가 얼마나 급진적이었던지 하나님나라 복음에 복종하는 사람들에게 비타협적인 요구를 했음에도 불구하고 복음을 믿는 사람들은 반대와 핍박을 기꺼이 수용하려는 마음이 있어야 했다. 놀라운 것은 자기 신앙과 신념 때문에 기꺼이 순교하는 것을 보고 불신자들은 놀람과 충격으로 도전을 받았으며 이러한 그리스도인의 모습 속에서 교회는 매력을 주었고 신자가 되려는 자들이 많았다.케니스 래토레트,「기독교사상」

부자가 되는 것은 인간의 가장 높은 목적 중 하나였는데 이것을 포기해야 했고 재산이나 집이나 모든 혈연관계를 버릴 각오가 되어 있어야 했다.

이러한 상황에서 로마 제국이 거국적으로 교회를 박멸하려 했음에도 불구하고 오히려 교회가 로마제국을 정복했다는 것은 참으로 놀라운 일이다.

넷째 단계는 교회 공동체의 일원으로 소속하게 되었고 이것은 새로운 신자가 탄생하는 절정의 과정이었다. 세례와 성만찬식에 참여함으로 드디어 교회의 일원이 되었다. 초대교회에서 믿는 사람들이 교회에 소속되어야 한다는 것은 매우 중요한 의미가 있었다. 교회는 하나님나라의 거점이요 전진기지였기 때문이다. 그러나 오늘날 한국교회는 신자가 교회에 소속감을 느끼는 것에 대해 별로 중요하지 않게 생각한다. 그것은 교회가 하나님나라의 대표요 거점이며 전진기지라는 것에 대한 무지에서 나온 것이다. 오늘날 교회에 나가지 않는 '가나안 성도'가 많은 것은 교회론은 물론 다양한 면에서 심각한 문제를 제기하는 현상이다.

콘스탄티누스 황제는 회개하지 않았다.

우리는 콘스탄티누스가 기독교를 공인했기 때문에 그가 세례를 받은 것을 당연하게 생각하는 사람도 있지만, 앞에서 말한 4단계 교육의 철저함과 그 실천이 없었기에 교회 지도자들은 그에게 세례를 베풀지 않았다. 그러나 그가 죽은 해인 337년 그의 나이 65세에 병이 들어 회복할 수 없다는 것을 몇 개월 전에 알았을 때 비로소 교회 지도자에게 손을 내밀었다. 콘스탄티누스는 신앙문답과정과 세례 과정을 밟긴 했으나 매우 이례적으로 급하게, 기간을 단축하여 이루어졌다. 형식상 예외를 두는 것은 아니었지만 이러한 예외는 미래의 교회에 가장 불길한 전조가 되었다. 콘스탄티누스 이후 회개는 점차 행동과 신념의 변화보다 고백 중심의 신앙으로 나아가는 출발점이 되었다.

교회가 놀라운 승리에도 불구하고 콘스탄티누스 이후 교회가 실패를 거듭하게 되는 역사적인 과정은 놀랍게도 타협이었고 이것이 교회에 대한 중대한 위험이었다. 알렌 크라이더, 『회심의 변질』

어찌되었건 회개에 있어서 오늘날 한국교회와 초대교회 사이에 놀라운 간격이 있는 것을 볼 때 안타까운 일이다. 초대교회가 보여준 실천적 행동들은 당혹스러운 낯섦으로 우리에게 다가온다. 한국교회가 혹시 성경에 없는 이상한 종교는 아닌가!

알렌 크라이더Alan Kreider는 『회심의 본질』 결론에서 "오늘의 교회가 초대 교회와 같이 철저한 회개의 과정을 통해 세상과 타협하지 않는 교회가 된다면 하나님나라의 교회는 또다시 놀라운 부흥을 경험할 수 있다"고 말한다. 어제나 오늘이나 같으신 하나님이 살아계시지 아니한가! 히13:8 ✻

5

믿음이란 무엇인가

하나님께서는 지금 회개하고 복음을 믿으라 그리하면 하나님나라가 너의 것이라고 약속하고 계신다. 하나님은 지금도 네 소유를 다 팔고 나를 따르라 그리하면 하나님나라의 자유와 해방의 삶을 살리라 약속하신다. 내가 하나님의 자녀라고 믿는다면 내가 하나님의 상속자로서 하나님의 자녀의 부요에 참여할 것이라 약속하고 있다. 하나님은 지금도 예수님을 주와 그리스도로 믿는 자에게 생명과 풍성한 삶을 주시리라 약속하신다. 하나님은 지금도 우리에게 염려하지 말라고 하시면서 내가 너와 함께 하리라고 약속하신다. 이 약속을 받아 드리고 순종하는 것 이것이 믿음이다!

우리는 지금 성경에서 가장 중요한 주제인 천국-하나님나라에 대하여 연구하고 있다.

예수님께서 공생애를 시작하면서 말씀하신 마가복음 1장 15절의 "때가 찼고 하나님의 나라가 가까이 왔으니 회개하고 복음을 믿으라"라는 말씀 중 '믿으라'를 살펴본다.

예수님께서 자신이 이 땅에 오심과 함께 천국-하나님나라가 왔다고 선언하셨다. 미래에 올, 죽음 이후에 오는 천국이 아니라 지금, 여기에 천국-하나님나라가 왔다는 충격적인 말씀이다. 그런데 그 천국-하나님나라는 어떻게 들어갈 수 있을까. 예수님께서는 복음을 믿는 자, 회개한 자가 하나님나라에 들어갈 수 있다고 분명히 말씀하고 계신다. 회개하고, 복음을, 믿어야 한다!

믿음이란 무엇인가.

믿음은 하나님나라의 입장권

우리는 하나님나라에 들어가려면 반드시 믿음이 무엇인지 알아야 하고 믿음을 가져야 한다. 믿음은 하나님나라-천국의 입장권이다. 성경에는 '믿음'이란 낱말이 자주 나온다. 사도 바울이 설명하는 믿음을 중심으로 살피고자 한다.

신약성경에서 가장 조직적인 책인 로마서에서 바울은 논문처럼 로마서를 써내려가는 중에 3장에서 복음이란 무엇인가를 말한 다음 곧이어서 4장에서 믿음이 무엇인지를 설명하고 있다. 바울은 믿음을 이론으로 설명한 것이 아니라 한 인간 아브라함의 생애를 통해 믿음이 무엇인지 우리에게 말한다. 아브라함은 신구약성경에서 매우 중요한 인물이다. 아브라함의 이름은 구약 161번, 신약 74번 총 235번 등장한다.

아브라함은 유대교 이슬람교, 기독교 세 종교에서 모두 믿음의 조상으로 받드는 인물이다. 아브라함은 지금부터 4000년 전 당시로선 현대적 도시 지금의 이라크지역에 해당하는 갈대아 우르에서 살았다. 인류사에서 가장 유명하고 가장 위대한 인물이 될 이 운명의 사나이는 평소에 사색하며 인생의 문제, 역사의 문제, 우주의 문제에 대하여 심각하게 생각하는 사람이었다. 그는 신음하며 추구하는 자였다.

그러던 어느 날 참으로 놀랍고도, 두렵기도 한 충격적인 사건이 일어났다. 아브라함은 자기 앞에 벌어진 일이 꿈인지, 생시인지 구분할 수 없는 현상 앞에서 이 세계를 창조하고 이 역사를 주관하시는 여호와 하나님을 만났다. 그리고 그분으로부터 놀라운 계시를 받았다. 그것은 저항할 수 없는 어떤 부르심이었다. 아브라함은 너무도 또렷하게 누구도 거부할 수 없는 하나님의 음성을 들었다.

> 여호와께서 아브람에게 이르시되 너는 너의 고향과 친척과 아버지의 집을 떠나 내가 네게 보여 줄 땅으로 가라 내가 너로 큰 민족을 이루고 네게 복을 주어 네 이름을 창대하게 하리니 너는 복이 될지라 너를 축복하는 자에게는 내가 복을 내리고 너를 저주하는 자에게는 내가 저주하리니 땅의 모든 족속이 너로 말미암아 복을 얻을 것이라. 창세기 12:1~3

그는 갈대아 우르에 있는 모든 낡은 세계를 버리고 미지의 땅으로 가라는 하나님의 말씀에 기꺼이 순종했다. 아브라함이 본 환상은 너무도 확실한 것이었다. 아브라함은 본토 친척 아비 집과 혈연적, 문화적, 종교적 유대를 끊고 창조적 탈출을 감행했다. 그동안 아브라함의 이야기를 비롯한 족장들의 이야기는 대부분 개인 경건의 모범을 보여 주는 본문으로만 읽히거나 이해되어 왔다. 믿음과 순종의 문제를 단지 개인적이고 실존적인 차원으로만 파악하려고 한 것이다. 그러나 창세기 12:1~3의 하나님의 약속은 땅, 후손, 임재와 보호, 이름의 창대 등에서 볼 수 있듯이, 하나의 정치적, 공동체적 실체를 지향하고 있다. 다시 말해, 의義 righteousness, 미쉬팟와 공도公道 justice, 쩨다카를 이루는 나라를 형성하는 방향으로 움직이고 있다. 창18:19, 히11:10, 16 따라서, 우리는 아브라함의 이야기를 하나님나라 관점에서 더욱더 풍요롭게 읽을 수 있을 것이다. 김회권, 『모세오경』 하나님께서는 하나님나라의 시작의 원조로 아브라함을 부르신 것이다.

75세의 아브라함

아브라함의 나이 75세였다. 그때 아브라함은 자식을 생산할 때가 훨씬 넘었는데도 아직 자식이 없는 사람이었다. 아브라함이 175세에 죽었으니 성경에 나타난 그의 생애 기록은 비록 짧지만 백 년 동안 걸친 긴 믿음의 여정 일부이다. 아브라함의 백 년 인생은 한마디로 믿음의 여정이었다. 믿음의 조상 아브라함이 믿음의 정상까지 가기 위한 파란만장한 인생을 여기서 어찌 다 말할 수 있겠는가.

칼빈Jean Calvin이 『기독교 강요』에서 말한 대로 "아브라함은 일평생 세파에 시달렸으므로 비극의 인생을 그리고 싶은 사람은 아브라함만큼 적절한 모델을 찾을 수 없다"라고 말했다. 이 세상을 살다 간 사람 중에서 비극적인 일생의 모델이 될 수 있는 사람을 찾는다면 아브라함이 가장 적절할 것이라는 말이다. 아브라함은 일반적인 의미에서 축복받은 사람이 아니었다. 칼빈은 계속해서 "그가 그렇게 많은 폭풍을 겪으면서도 결국 안전하게 빠져나갔다고 해서 그의 일생이 완전히 불행한 인생 아니었다고 대꾸하지 말라. 무한히 많은 고난을 당하면서 오랫동안 악전고투한 사람을 행복하게 살았다고 우리는 말하지 않는다."

그럼에도, 그의 인생은 믿음을 향한 꾸준한 행진이었다는 것은 우리에게 도전으로 다가온다. 아브라함은 하나님이 그에게 지시한 땅,

가나안에 도착한 지 10년이 지났다. 그에게는 약속의 땅 가나안에 도착한 지 얼마 되지 않아 심한 기근이 들어 약속의 땅, 가나안을 떠나 이집트로 갈 수밖에 없었으며, 약속의 땅과 세상 사이에서 불순종의 길을 가야만 했다. 이집트는 어떤 곳인가? 에덴동산처럼 항상 물이 가득하고 풍요로운 곡식이 있는 곳이다. 약속의 자녀인 아브라함은 가나안에 기근이 들자 호구지책을 해결하기 위해서 이집트로 내려갔다. 믿음의 사람에게도 이집트 지향성이 있다. 이집트는 무신의 땅이었으나 풍요를 보장해 주는 땅이었다. 거기서 아브라함은 아내를 누이라 속이는 불신을 저질러 큰 위기를 자초하게 되었다. 하나님께서 즉각 개입하지 않았더라면 약속의 자녀는 태어나지 못했을 것이다. 갈대아 우르에서는 유일하게 함께 온 조카 롯과도 재산문제로 갈등을 일으키며 헤어져야만 했다. 아브라함은 이제나저제나 하나님께서 자신을 통해 큰 민족을 이루리라는 약속을 붙들고 살았다. 이런 가운데 10년의 세월이 흘렀고 그의 나이 85세가 되었다. 이때 하나님께서 아브라함에게 나타나셨다. 이 장면이 창세기 15장에 나온다. 하나님께서는 하나님을 기다리며 고민 중인 아브라함에게 세 가지 말씀을 주셨다.

> 이 후에 여호와의 말씀이 환상 중에 아브람에게 임하여 이르시되 아브람아 두려워하지 말라 나는 네 방패요 너의 지극히 큰 상급이니라.. 창세기
> 15:1

이 세 가지 약속 안에는 우리가 능력 있고, 자유하는 인생의 비결이 들어 있다. 아브라함은 하나님을 만났고 하나님의 약속을 받았으나, 한시도 잊지 않고 자식의 문제를 꺼내면서 하나님께 불평했다. "하나

님 제게 약속하신 말씀은 어떻게 된 것입니까? 저를 통해 큰 민족을 이루시겠다고 말씀하신 지 벌써 10년이 되었고 제 나이 팔십오 세가 되었습니다." 그러면서 아브라함이 평소 고민하면서 생각했던 자신의 대안을 하나님께 말씀드렸다. "하나님, 아직 자식이 없으니 저의 상속자인 엘리에셀을 상속자로 정하면 안 되겠습니까?"

엘리에셀

믿음이란 현실 속에서 갈등을 불러 일으키기도 한다. 이러한 아브라함의 기발한 아이디어에 대하여 하나님은 창세기 15장 4절에서 "네 몸에서 날 자가 상속자가 되리라"라고 재확인하셨다. 하나님께서는 믿음이 약해질 대로 약해진 아브라함에게 시청각 교육으로 하늘을 보여주고, 바다를 보여주며 "하늘의 별과 같이 바다의 모래같이 네 자손이 많으리라"창15:6고 다시 약속하셨다. 이 말씀을 들은 아브라함의 태도를 보면 그는 순식간에 태산 같은 불신을 버리고 하나님의 말씀을 믿었다. 믿음이란 이와같이 나의 생각과 하나님의 생각이 충돌될 때 기꺼이 하나님의 말씀을 선택하는 것이다. 창세기 15장 6절에는 "아브람이 여호와를 믿으니 여호와께서 이를 그의 의로 여기시고"라고 기록되어 있다. 이 말은 매우 중요한 말이다. 이 구절은 성경의 위대한 본문 중 하나이다. 믿음이 무엇이며, 사람이 어떻게 하나님 앞에 의로울 수 있는가를 보여 준 최초의 본문이다.

바울이 로마서 4장 3절에 바로 이 말씀을 인용하고 있는 것은 매우 의미심장하다. "성경이 무엇을 말하느냐 아브라함이 하나님을 믿으매 그것이 그에게 의로 여겨진 바 되었느니라" 위대한 사도 바울은 죄지은 사람이 믿음으로 하나님 앞에 의롭다 함을 받은 것은 아브라함으로부터 시작되었음을 말하고 있다.

어쨌든 아브라함이 하나님을 만나고 믿음으로 재충전되었지만, 또다시 세월은 흘러갔다. 이때 아브라함의 아내 사라는 옆에서 채근한다. "여보, 당신이 믿는 그 하나님 말씀대로 갈대아 우르 그 잘살던 곳에서 척박한 이곳까지 온 지 20년이 지났는데 자식을 주리라는 그 약속은 어떻게 된 거예요? 말이 20년이지 대단한 세월이에요. 당신이 혹 무엇인가 착각하고 있는 것은 아닌가요? 우리가 이제 자식을 낳기에는 너무 많은 나이잖아요! 여보, 이렇게 해요. 내 여종 하갈이 있는데 나에게 충직스럽고 총명하답니다. 그 여종과 동침하고 아이를 낳으세요." 그 당시에 여종이 낳은 아이를 자신의 자녀로 삼을 수 있는 풍습이 있었다. 사라는 계속해서 말한다. "하갈과 동침하여 자식을 낳으면 결국 '당신 몸을 통해' 큰 민족을 이루리라'라는 그 약속이 이루어진 거나 마찬가지 아니에요?"라는 기발한 아이디어를 말한다.

이 말을 들은 아브라함은 처음에는 화를 내면서 반대했다. 그러나 아내 사라는 남편 아브라함을 끝내 설득하여 아들을 낳았다. 10년 전에는 아브라함이 자신의 심복 종 엘리에셀을 자신의 상속자로 삼으려 했다. 그러나 다시 5~6년이 지나도 자식이 없자 이번에는 아내 사라가 묘안을 낸 것이다. 그러나 이 일로 아들은 얻었지만, 문제가 해결되기는커녕 아브라함의 가정은 평지풍파를 일으키고 자식을 낳은 하갈의 교만 속에서 아브라함의 가정은 큰 고통에 휩싸이게 된다. 그러나 하나님께서는 이번에도 "나는 전능한 하나님이다. 너는 내 앞에서 행하여 완전하라"창17:1 네가 100세든 아내가 90세든 너희 부부의 늙은 몸을 통해 아이를 낳게 해주겠다는 약속을 의심하지 말라. 내 능력을 끝까지 신뢰하여라.

하갈

믿음이란 무엇인가.

하나님의 약속을 믿는 것이다. 그런데 우리는 하나님의 약속이 이루어지지 않을 때 내 머리, 내 방법, 내 아이디어로 하나님의 약속을 이루어 보려고 할 때가 있다. 자꾸 하나님보다 내가 내 삶의 결정권자가 되려 한다. 이것이 아브라함의 모습이자 우리들의 모습이다. 그러나 하나님의 약속은 비록 더딜지라도 기어코 이루어질 것이다.

> 이 묵시는 정한 때가 있나니 그 종말이 속히 이르겠고 결코 거짓되지 아니하리라 비록 더딜지라도 기다리라 지체되지 않고 반드시 응하리라.
>
> 하박국 2:3

왜냐하면, 우리 하나님은 성실하신 하나님이시기 때문이다. 성실하신 하나님이란 하나님께서 틀림없이 약속을 지키시는 언약의 하나님이시다. 사람은 상황에 따라 자기가 한 약속을 바꿀 수 있다. 그러나 하나님은 때마다 자신이 하신 말씀을 결코 바꾸시는 분이 아니다. 이것이 성실하신 하나님의 뜻이다.

> 내가 여호와의 인자하심을 영원히 노래하며 주의 성실하심을 내 입으로 대대에 알게 하리이다 내가 말하기를 인자하심을 영원히 세우시며 주의 성실하심을 하늘에서 견고히 하시리라 하였나이다. 시편 89:1~2

믿음이란 바라는 것들의 실상이요 보이지 않는 것들의 증거다. 히11:1 인간적으로 생각하면 어떤 가능성도 없어 보이지만 믿음은 가능성을 실상으로 바꾸고 증거를 만들어 낸다. 다시 세월은 속절없이 흘러갔다. 세월이 갈수록 아브라함의 마음은 천 갈래 만 갈래 생각으로 불신과 근심으로 가득 차 있다. 내가 진짜 하나님을 만나고 내가 과연 하나님의 약속을 들었는가 새삼스런 의문이 머리에 나타났다가 사라지곤 한다. 아브라함의 나이 99세가 되었을 때 "나를 통해 큰 민족을 이루리라"라는 하나님의 약속은 이제 끝이라는 허탈감 속에서 살고 있었다. 그러나 그럼에도, 아브라함의 마음속에서 또렷한 너무도 또렷한 하나님의 음성이 메아리치고 있었다. 이것이 믿음이다.

이스마엘

아브라함의 나이 99세 때 하나님께서 아브라함에게 나타나셨다. 사라가 아이를 낳을 것이라고 말씀하셨다. 아브라함이 엎드려 웃으면서 마음속으로 "백세나 된 사람이 어찌 자식을 가질 수 있을까요? 하갈이 낳은 이스마엘이면 안 될까요?" 할 때 하나님께서 단호하게 "네 아내 사라가 아들을 낳을 것이다" 말씀하셨다. 그때의 아브라함의 모습을 바울은 로마서 4장에서 이렇게 말하고 있다.

> 기록된 바 내가 너를 많은 민족의 조상으로 세웠다 하심과 같으니 그가 믿은 바 하나님은 죽은 자를 살리시며 없는 것을 있는 것으로 부르시는 이시니라. 로마서 4:17

그의 믿음은 오직 하나님 말씀에 대한 확신이었다. 그가 비록 현실 속에서 하나님을 의심하곤 했지만, 아브라함은 하나님은 죽은 자를 살리시는 부활의 하나님이시요, 없는 것을 있는 것으로 부르시는 창조의 하나님이심을 알았다.

아브라함이 바랄 수 없는 중에 바라고 믿었으니 이는 네 후손이 이같으리라 하신 말씀대로 많은 민족의 조상이 되게 하려 하심이라. 로마서 4:18

희망이라고는 전혀 없는 가운데서, 희망을 거스르는against hope 상태에서도 아브라함은 믿음을 가졌다. 믿음은 바라는 것들의 실상이요 보이지 않는 것들의 증거다.

그가 백 세나 되어 자기 몸이 죽은 것 같고 사라의 태가 죽은 것 같음을 알고도 믿음이 약하여지지 아니하고. 로마서 4:19

아브라함은 사라의 태가 죽은 것을 모른 것이 아니다. 믿음은 착각이 아니다. 믿음은 무조건 믿는 것이 아니라 불가능한 것에 대한 믿음이다.

믿음이 없어 하나님의 약속을 의심하지 않고 믿음으로 견고하여져서 하나님께 영광을 돌리며 약속하신 그것을 또한 능히 이루실 줄을 확신하였으니. 로마서 4:20~21

믿음이란 무엇인가. 불가능한 것이 가능할 것을 믿는 하나님의 약속에 대한 믿음이다. 일반적인 신념이나 확신, 긍정적 사고가 믿음이 아니다.

그러므로 그것이 그에게 의로 여겨졌느니라 그에게 의로 여겨졌다 기록된 것은 아브라함만 위한 것이 아니요 의로 여기심을 받을 우리도 위함

이니 곧 예수 우리 주를 죽은 자 가운데서 살리신 이를 믿는 자니라. 로마서 4:22~24

이삭

이러한 아브라함의 믿음이 의에 이르게 하는 믿음이요 하나님나라의 백성이 되는 믿음이다! 아닌게아니라 아브라함의 나이 백세가 되었을 때 아들을 낳았다.

> 여호와께서 말씀하신 대로 사라를 돌보셨고 여호와께서 말씀하신 대로 사라에게 행하셨으므로 사라가 임신하고 하나님이 말씀하신 시기가 되어 노년의 아브라함에게 아들을 낳으니 아브라함이 그에게 태어난 아들 곧 사라가 자기에게 낳은 아들을 이름하여 이삭이라 하였고 그 아들 이삭이 난 지 팔 일 만에 그가 하나님이 명령하신 대로 할례를 행하였더라 아브라함이 그의 아들 이삭이 그에게 태어날 때에 백 세라. 창세기 21:1~5

5절에 하나님이 말씀하신 '때' 카이로스가 되었다. 하나님 역사에는 정한 때가 있다. 하나님께서 때를 통하여 역사 하신다. 우리가 믿음의 여정에서 하나님의 때를 경험한 적이 있는가.

전도서 3장 1절 이하에서 범사에 기한이 있고 천하만사가 때가 있다. 사람이 때를 정하는 것이 아니라 하나님이 때를 정하신다. 사라의 노래가 나온다.

> 사라가 이르되 하나님이 나를 웃게 하시니 듣는 자가 다 나와 함께 웃으

리로다 또 이르되 사라가 자식들을 젖먹이겠다고 누가 아브라함에게 말하였으리요마는 아브라함의 노경에 내가 아들을 낳았도다 하니라. 창세기 21:6~7

아브라함 내외가 천신만고 끝에 낳은 기적의 아들, 하늘의 씨앗 이삭을 낳고 이삭을 애지중지 얼마나 사랑하며 키웠을지 우리는 충분히 상상할 수 있다. 이삭은 하나님의 전능하심과 성실하심을 증거하는 살아있는 증인이다.

벌써 이삭의 나이가 15~16세 되었고 아브라함의 나이 115세였다. 그런데 어느 날 하나님의 음성이 다시 들려왔다. 오랜만의 하나님의 임재였다. 아브라함은 이삭을 주심으로 하나님이 약속을 지키시는 분이라는 사실을 알고부터 하나님께 더욱더 큰 믿음을 가졌다. 우리도 삶 속에서 하나님의 약속이 성취되는 경험을 할 때 가일층 믿음이 돈독해 질 수 있다. 이럴 때쯤 하나님으로부터 말씀이 들려왔다.

그 일 후에 하나님이 아브라함을 시험하시려고 그를 부르시되 아브라함아 하시니 그가 이르되 내가 여기 있나이다 여호와께서 이르시되 네 아들 네 사랑하는 독자 이삭을 데리고 모리아 땅으로 가서 내가 네게 일러준 한 산 거기서 그를 번제로 드리라. 창세기 22:1~2

이 무슨 청천벽력인가!

아브라함은 하나님의 말씀을 듣는 순간 온몸의 피가 역류하는 것 같은 충격을 받았다. 아브라함은 잠시 혼란스러웠으나 지금까지 들어왔던 하나님의 음성이 틀림없었다. 아니 어떻게 낳은 아들인데 그 아들을 불태워 바치라니 하나님은 스스로 하신 약속을 번복하시겠다는 말인가? 희망과 사랑의 덩어리 이삭, 그것은 하나님의 능력으로 하나님나라를 세우기 위한 약속의 자식이 아닌가! 그런데 오늘 아브라함은 하나님으로부터 충격적인 말씀을 들었을 때 그는 놀랍게도 신속하고 완전한 순종을 하였다.

아브라함은 그 전날 저녁에 들었던 하나님의 명령을 듣고 잠 한숨도 붙이지 못한 채 아내 사라와 한 마디 상의도 없이 3일 밤낮으로 가야 하는 모리아산을 향하였다. 삼 일간!

이삭의 목을 치다

아브라함이 이삭을 데리고 사흘 동안 낙타를 타고 걸으면서 얼마나 많은 생각을 했겠는가?

이삭을 중심으로 펼쳐질 후손과 약속은 어디로 갔다는 말인가! 하늘의 별과 같이 바닷가의 모래와 같이 번성하리라는 하나님의 약속은 폐기되었단 말인가? 이삭을 번제로 바치라는 것은 가장 반인륜적이 아닌가! 이삭을 번제로 바친다면 후손이고 미래도 없지 않은가! 의와 공도公道의 나라, 하나님나라는 어찌 될 것인가?

아브라함은 도무지 풀 수 없는 모순과 불합리 앞에 서 있다. 철학자 키에르케고르Soren Kierkegaard는 아브라함의 삼 일간의 길이 '공포와 전율'의 시간이었다고 말한다. 그러나 놀랍게도 아브라함은 충격적인 모순 앞에서 "너로 큰 민족을 이루리라"라는 하나님의 약속을 믿었다. 아브라함은 하나님의 알 수 없는 불합리와 모순 앞에 망설이지 않았다. "없는 것 가운데 있는 것으로, 죽은 자를 산 자로 부르시는 하나님이 아니시던가!"

아브라함은 데리고 간 아들 이삭을 번제단에 꽁꽁 묶었다. 그리고 는 이삭의 목을 향하여 칼을 사정없이 내리쳤다. 이삭은 단번에 목이 달아났다. 아브라함은 정말로 이삭의 목을 쳤다. 아브라함이 순간적 으로 이런 생각을 하고 칼을 들었을 때 하늘로부터 급한 소리가 들려 왔다. "아브라함아! 아브라함아!"

믿음이란 무엇인가?

사라의 태가 죽은 것을 알고도 약속을 이루신 하나님을 알고 이삭 의 목을 내리치는 것이다. 이것이 믿음이다. 믿음이란 결정적 순간 에 순종하는 것, 불신이란 결정적 순간에 불순종하는 것이다. 우리 모두에게 이삭이 있다. 내가 그렇게도 좋아하고 애지중지하는 것이 있다. 나의 남편, 나의 자녀, 나의 재산, 나의 출세, 나의 직장이 나 의 이삭일 수 있다!

나의 이삭은 무엇인가.

하나님께서는 오늘도 우리를 향해 네 아들, 네 사랑하는 아들, 독 자 이삭을 바치라고 하신다. 본회퍼Dietrich Bonhoeffer는 『나를 따르라』 에서 "우리도 이 문제에 직면할 준비가 되어 있어야 한다"고 말한다. 아브라함에게 이삭을 바치라는 하나님의 음성은 나와 상관없는 옛날 이야기가 아니다! 믿음은 나의 이삭 문제를 만날 때 믿음이 후퇴하기 도 하지만 한 단계 더 깊은 믿음의 세계로 나가게 한다. 놀라운 역설 은 아브라함이 이삭을 드림으로 이삭을 다시 얻었다는 것이다. 다 드 림으로 다 얻었다. 다 드림으로 더 많이 얻었다.

산에서 내려올 때 이삭과 아브라함은 산을 오를 때의 이삭과 아브 라함과 전혀 다른 사람이었다. 하나님이 나에게 나의 이삭을 바치라 할 때 나의 이삭을 데리고 모리아산에 올라가야 한다. 그리고 이삭의 목을 쳐야 한다. 이것이 믿음이다. 하나님께서 너를 통해 큰 민족을 이루리라는 약속을 믿는 것이다.

> 우리 조상 아브라함이 그 아들 이삭을 제단에 바칠 때에 행함으로 의롭다 하심을 받은 것이 아니냐 네가 보거니와 믿음이 그의 행함과 함께 일하고 행함으로 믿음이 온전하게 되었느니라 이에 성경에 이른 바 아브라함이 하나님을 믿으니 이것을 의로 여기셨다는 말씀이 이루어졌고 그는 하나님의 벗이라 칭함을 받았나니. 야고보서 2:21~23

아브라함은 '하나님의 친구'가 되는 놀라운 영예를 얻었다. 아브라함이 왜 믿음의 조상인가. 아브라함의 믿음 가운데서 성경이 말하는 믿음의 실체를 가장 잘 보여주기 때문이다.

아브라함의 믿음 안에 믿음의 원형질이 들어 있다. 믿음이 무엇인가를 알려면 아브라함의 믿음의 삶을 보면 알 수 있다. 우리는 아브라함의 믿음을 보면서 한때 연약하고 방황하며 불신의 때가 있었음을 보았다. 아브라함은 하나님이 하지 못하시면 내 방식으로 해야겠다는 생각도 했다. 그러나 그의 많은 실수와 좌절 가운데서도 아브라함은 오직 하나님의 약속만을 믿고 앞으로 나가는 믿음의 사람이다. 믿음의 삶은 항상 수직상승만 있는 것이 아니라 하강곡선을 그리기도 하고 마침내 하나님께 가까이 가는 상승하는 믿음이 된다! 아무리 믿음이 좋은 사람도 오직 수직상승만 있는 것이 아니다. 어떤 사람들은 말하기를 아브라함은 이 세상에서 물질적으로 큰 복을 받은 사람이라고 말하는 사람도 있다. 오히려 물질적 부요를 가질 수 있는 기회가 있을 때 거부했던 사람이다. 너무 크게 오해한 것이다. 아브라함은 파란만장한 신앙의 순례 속에서도 하나님의 인도하심으로 믿음의 조상이 되었다.

믿음, 하나님의 약속을 믿고 행하는 것

성경은 수많은 하나님의 약속으로 가득 차 있다. 혹시 나도 아브라함과 같이 하나님의 말씀을 직접 들을 수 있다면 좋은 믿음을 가질 수 있다고 생각할 수 있는 사람도 있을 것이다. 그러나 지금도 성경말씀을 읽고 쓰면서 설교를 들으면서 성경을 공부하면서 하나님의 음성을 들을 수 있다.

지금 이 시간에도 하나님의 음성이 들려온다. 하나님께서는 지금 회개하고 복음을 믿으라 그리하면 하나님나라가 너의 것이라고 약속하고 계신다. 하나님은 지금도 네 소유를 다 팔고 나를 따르라 그리하면 하나님나라의 자유와 해방의 삶을 살리라 약속하신다.

내가 하나님의 자녀라고 믿는다면 내가 하나님의 상속자로써 하나님의 자녀의 부요에 참여할 것이라 약속하고 있다. 하나님은 지금도 예수님을 주와 그리스도로 믿는 자에게 생명과 풍성한 삶을 주시리라 약속하신다. 하나님은 지금도 우리에게 염려하지 말라고 하시면서 내가 너와 함께 하리라고 약속하신다. 결국 하나님의 약속하신 복, 아브라함이 받은 복은 예수 그리스도로 귀결된다.

이 약속을 '믿고 순종하는 것' 이것이 믿음이다! 이제 믿는 사람들은 이 세상이 약속하는 성공, 업적, 돈, 행복 그리고 지식의 매력을 거부한다. 믿는 자는 새롭게 보기 시작한다. 그러므로 믿음을 가진 자는 오직 하나님의 약속을 신뢰하며 기존의 현실 이해를 부정하며, 기존의 현실 이해를 뒤집어엎는다. 이 믿음 가지고 복된 인생, 위대한 인생, 풍요한 인생, 아름다운 인생 살아가길 바란다. 이리하여 아브라함은 믿음의 조상, 하나님나라의 조상이 되었다.

누가 하나님나라에 들어 갈 수 있는가. 예수님께서는 지금도 분명하게 말씀 하신다. "때가 찼고 하나님나라가 가까왔으니 회개하고 복음을 믿으라" 이것 중에 어느 하나도 빠지거나 생략 될 수 없다. 그래야 하나님나라 백성이 될 수 있다. 이것 이외는 다른 방법이 없다!

*

이미 시작된 하나님나라

하나님나라는 우주적 변화와 혁명이며 내적으로나 외적으로나 제한이 없는 삶과 세계의 모든 영역에 걸친 변혁과 격변을 가지고 온다. 하나님나라는 결코 인간 내면에 국한된 것이 아니다! 하나님나라는 하나님의 새로운 세계 건설이다! 우리는 지금 위대한 예수님의 재림을 기다리며 예수님의 재림을 통해 완성될 하나님나라를 기대하면서 오늘을 살아가는 것이다! 비록 우리가 아직도 육체에 남아 있는 죄성과 연약함으로 하나님나라의 삶을 충실히 살지 못하지만 그럼에도 주 예수 그리스도께서 주신 자유와 해방을 가지고 세상나라를 향한 복된 공격을 감행해야 한다.

지금까지 하나님나라란 무엇이며 어떻게 하나님나라에 들어갈 수 있느냐는 주제에 대하여 살펴보았다. 인간이 꿈꾸는 세상을 유토피아라고 한다. 이 유토피아에 해당하는 성경적 용어가 하나님나라다. 하나님나라는 인간 나라와는 전혀 상반된 것이며 하나님나라에 들어가려면 지금까지 가지고 있는 세계관과 가치를 전복시키는 자기해체를 통한 회개가 절대적으로 필요하다는 것을 앞에서 살펴보았다.

때가 찼고 하나님의 나라가 가까이 왔으니 회개하고 복음을 믿으라. 마가복음 1:15

우리가 회개하고 '십자가에 못 박히신 그리스도'와 '부활하신 주'의 복음을 믿음으로 생명과 용서의 은총을 받고 하나님의 약속을 나의 것으로 받아들임으로써 지금 하나님나라에 들어 간다.

이제 우리는 새로운 시각에서 하나님나라를 살펴본다. 헤르만 리델보스, 『하나님나라』; 조지 래드, 『예수와 하나님나라』; 양용의, 『하나님나라, 어떻게 이해 할 것인가』; 한스 요하힘 크라우스, 『조직신학』

예수 천당

그것은 예수님의 오심과 함께 하나님나라–천국이 이미 여기 와 있다는 사실이다. 이런 말씀을 들으면 놀라는 분들도 있을 것이다. "하나님나라–천국은 죽어서 가는 곳이 아닌가? 하나님나라–천국이 이미 와 있다니 무슨 말인가?" 그러나 이런 생각이야말로 오히려 성경을 크게 오해한 것이며 비성경적인 생각이다. 예수님께서 친히 하나님나라가 왔다고 하신 말씀을 정면으로 반박하는 사람들이다.

이런 잘못된 생각은 바로잡아야 한다. 하나님나라를 이런 식으로 믿는 데는 무엇보다 하나님나라–천국이 지금 와 있다는 사실을 한국교회가 오랫동안 거의 잘못 가르치는 데에 그 원인이 있다.

한국교회의 대부분 교인은 하나님나라에 대해 놀랍게도 생소하다.

아직도 대부분의 목사와 교인들은 성경과는 다른 하나님나라–천국관을 가지고 있다. 죽으면 천당 간다는 것이다. 어떤면에서 한국교회는 내세의 천국관, 별 내용도 없이 미래의 하나님나라에 대해서 너무 열심히 가르치고 있다. 여기서도 저기서도 천국타령이다. '예수 천당 불신지옥'은 순수 한국산 전도용 구호다. 기독교 서적 베스트셀 러 중에는 천국에 다녀왔다는 사람들의 증언들이 있다. 그만큼 한국 교인들이 천국, 하나님나라를 사모하고 있음을 보여주고 있다. 그러 나 '예수천당 불신지옥'은 한국적 신앙전통에서 나온 말로 삶의 현실 을 무시한 내세 중심적인 것으로 매우 비성경적인 언어다. 그도 그럴 것이 천국은 이미 예수님의 오심과 함께 '몸소 하나님나라'이신 예수 님을 영접함으로 지금 내 삶과 교회 공동체에 임하신 것이다.

양용의 교수는 그가 신학교에서 학생들에게 하나님나라를 가르칠 때 직면하는 어려움은 하나님나라−천국을 소위 천당 개념과 혼용하 며, 공간적 장소 혹은 순수하게 미래적으로만 생각하는 거센 저항이 라고 말한다. 양용의, 『하나님나라, 어떻게 이해 할 것인가』

그러나 보른캄Guenther Bornkamm이 말한 대로 하나님나라−천국은 묵 시 문학자들이 생각하듯이 하늘 저편에, 신비한 미래에 있지 않고 아 무도 대수롭지 않게 여기는 지극히 일상적인 현재에 숨겨져 있다. 하 나님나라−천국이 장소적인 의미가 전혀 없는 것은 아니지만 무엇보 다 '통치적' 의미가 있다는 사실을 분명히 알아야 한다. 즉 하나님나 라는 하나님이 친히 통치하고 다스리는 세계를 말한다. 즉 내가 예수 님을 주와 그리스도로 믿고 순종하며 산다면, 하나님의 통치가 내 안 에 이루어진다면 지금 내 안에 하나님나라가 임한 것이다. 내가 지금 예수님의 말씀을 순종하며 산다면 하나님의 통치 안에 있는 것이고 우리가 하나님나라의 백성이 지금 되는 것이다. 이처럼 하나님나라 는 장소 개념이 아니라 통치 개념, 하나님의 다스림의 개념이다.

하늘이 어디 있는가. 하나님 계신 곳이 바로 하늘이다.

하나님께서 나를 다스리고 통치하고 계신다면 나는 하나님나라를 지금 살고 있는 것이다. 우리나라 찬송가에 '천국'에 대한 찬송가가 6곡, '하나님나라'에 대한 찬송가가 4곡, 이렇게 천국과 하나님나라가 나뉘어 있는 것은 신학적 부재의 현상이다. 찬송가 선정위원들의 하나님나라에 대한 무지 때문이다. 성경의 최대 주제인 하나님나라다운 찬송가가 드물다는 것은 그만큼 하나님나라에 관심이 없다는 것을 잘 보여 준다. 그러나 찬송가 438장의 가사는 무엇이 하나님나라인지 조금은 보여 주고 있다.

> 1. 내 영혼이 은총 입어 중한 죄짐 벗고 보니
>   슬픔 많은 이 세상도 천국으로 화하도다
> 2. 주의 얼굴 뵙기 전에 멀리 뵈던 하늘나라
>   내 맘 속에 이뤄지니 날로날로 가깝도다
> 3. 높은 산이 거친 들이 초막이나 궁궐이나
>   내 주 예수 모신 곳이 그 어디나 하늘나라
> [후렴] 할렐루야 찬양하세 내 모든 죄 사함받고
>   주 예수와 동행하니 그 어디나 하늘나라

예수님께서 이 땅에 오심으로 하나님나라가 왔다는 것은 특별한 사람이 주장하는 특별한 이론이 아니라 예수님께서 직접 말씀하신 말씀에 그 근거를 두고 있다. 이것은 진보주의자이건 보수주의신학자이건 함께 인정하는 것이다. 그러면 구체적으로 예수님께서 하나님나라가 왔음을 어떻게 말씀하셨는지 살펴보자.

몸소 하나님나라

첫째, 하나님나라는 예수님의 복음 전파 속에 나타난다.

> 때가 찼고 하나님의 나라가 가까이 왔으니 회개하고 복음을 믿으라. 마가복음 1:15

> 율법과 선지자는 요한의 때까지요 그 후부터는 하나님나라의 복음이 전파되어 사람마다 그리로 침입하느니라. 누가복음 16:16

이 본문은 예수님께서 율법과 선지자의 시대와 하나님나라 복음이 전파되는 시대가 날카롭게 구별되고 대조되고 있음을 보여 준다. 우리는 구약성경에서 메시아 예언이 오랫동안 있었음을 알고 있다. 그런데 신약성경은 구약성경에 나타난 예언의 기능은 마지막 선지자인 세례 요한으로 끝나고 예수님이 오셔서 하나님나라의 복음을 외치심으로 하나님나라가 왔고 하나님나라 복음이 성취된 것을 말하고 있다.

그동안 자주 인용한 마가복음 1장 15절 말씀에서 "때가 차매 하나님나라가 가까이 왔으니 회개하고 복음을 믿으라"라는 예수님의 말씀은 하나님의 심오한 경륜 속에 때가 차서, 정해진 시간이 되어 메시아이신 예수님께서 몸소 하나님나라로서 이 땅에 오셨음을 말하고 있다. 이제 새로운 시대, 새로운 질서가 이 땅에 시작되었다.

누가복음 16장 16절 마지막 부분의 "사람마다 하나님나라로 침입하느니라"는 말씀은 하나님나라에 직면하여 적극적 열성으로 반응하는 자가 지금 하나님나라에 들어간다는 말씀이다.

신학자 오리게네스가 말한 대로 예수님은 '몸소 하나님나

라'auto basileia로 오셨다. 예수님 자신이 하나님나라요, 하나님나라의
씨앗이다.

> 좋은 소식을 전하며 평화를 공포하며 복된 좋은 소식을 가져오며 구원
> 을 공포하며 시온을 향하여 이르기를 네 하나님이 통치하신다 하는 자
> 의 산을 넘는 발이 어찌 그리 아름다운가. 이사야 52:7

이사야는 좋은 소식을 전하는 자가 여호와의 왕적 통치와 시온에
구원과 평화를 가져다준다는 새 시대의 도래를 예언하였다. 예수님
당시 살고 있던 유대인들은 그 어느 시대보다 핍절逼切했던 시대에 이
사야서에 나오는 평화의 사자, 메시아에 대한 기대로 충만해 있었
다. 그러나 이 사자가 누구인지, 언제 오실지는 몰랐다. 그런데 예수
님께서는 자신이 이사야가 예언한 기쁨의 사자가 바로 '나'라고 놀라
운 말씀을 하신 것이다. 예수님은 회당에서 이사야 61장 1~2절 말씀
을 인용하시면서 이 예언의 말씀이 나 예수에 의해 지금 성취되었다
고 선언하신다.

> 예수께서 그 자라나신 곳 나사렛에 이르사 안식일에 늘 하시던 대로 회
> 당에 들어가사 성경을 읽으려고 서시매 선지자 이사야의 글을 드리거늘
> 책을 펴서 이렇게 기록된 데를 찾으시니 곧 주의 성령이 내게 임하셨으
> 니 이는 가난한 자에게 복음을 전하게 하시려고 내게 기름을 부으시고
> 나를 보내사 포로 된 자에게 자유를, 눈 먼 자에게 다시 보게 함을 전파
> 하며 눌린 자를 자유롭게 하고 주의 은혜의 해를 전파하게 하려 하심이
> 라 하였더라 책을 덮어 그 맡은 자에게 주시고 앉으시니 회당에 있는 자
> 들이 다 주목하여 보더라 이에 예수께서 그들에게 말씀하시되 이 글이

오늘 너희 귀에 응하였느니라 하시니 그들이 다 그를 증언하고 그 입으로 나오는 바 은혜로운 말을 놀랍게 여겨 이르되 이 사람이 요셉의 아들이 아니냐. 누가복음 4:16~22

이 사자는 성령으로 기름 부음 받았으며 가난한 자에게 복음을 전하고자 오셨음을 천명한다. 예수님이 이사야 61장 1~2절에서 인용한 말씀의 선포와 함께 듣는 사람들이 반응하였고 이것은 이처럼 메시아 시대, 하나님나라가 청중들 가운데 현재적 실재가 되었음을 선언하신 말씀이다. 그러므로 이제부터는 천국-하나님나라가 단순한 어떤 약속이 아니다.

하나님나라가 가까이 있는 정도가 아니라 예수님의 오심과 함께 지금, 여기에 현재顯在해 있다. 하나님나라가 예수님이 오심으로 인간의 영역으로, 역사 속으로 침투해 들어온 것이다. 예수님이 이 땅에 오신 것은 하나님의 놀라운 세계 긍정임을 보여 준다. 하나님은 이 땅이 결코 멸망하기를 원하지 않으신다. 참으로 놀라운 말씀이요 엄청난 사건이다. 하나님나라는 치유하고 구원하는 사랑의 능력으로 세상을 채우며, 모든 단절과 차별을 극복하고, 적대성을 종결하고 이기주의와 집단 이기주의에서 해방함으로써 세상의 모든 영역과 생활영역을 전적으로 변화시키면서 혁명적으로 실현하는 것이다.

마가복음 2장 1절에서 12절까지 본문에서 예수님께서 중풍병자를 고치신 장면이 나온다. 여기에서 예수님이 죄 용서를 선포하심이 나온다. 죄 용서가 오직 하나님, 오직 성전에서만 이루어지는데 예수님이 사사로이 죄 용서를 하다니 성경에 정통한 서기관들과 바리새인들에게 충격적인 일이 아닐 수 없다. 죄 용서가 메시아이신 예수님에 의해 지금 여기에서 일어나고 있다. 대부분의 유대인에게 예수님이 죄 용서를 선포하심은 큰 걸림돌이 되었다. 왜냐하면, 그들은 하나님만이 할 수 있는 죄의 용서를 예수님이 하신다는 사실을 도무지 받아들일 수 없었기 때문이다. 그래서 예수님은 그들을 향하여 "네 죄 사함을 받았느니라 하는 말과 일어나 네 상을 가지고 걸어가라 하는 말 중에서 어느 것이 쉽겠느냐"고 말씀하신다. 하나님도 아니요, 왕도 아닌 갈릴리 나사렛 출신 목수의 아들 시골뜨기가 사람의 죄를 용서하다니!

유대인들은 예수님의 가르치심을 경청하고 나서 여러 가지로 반응을 했다. '두려워했다', '놀랐더라', '경악하였더라', '어리둥절했다', '혼동하였다', '제 정신이 아니다' 등의 반응이 있었다. 아닌게 아니라 예수님의 말씀은 그저 듣고 지나쳐 버릴 말씀이 아니었다. 예수님의 말씀은 내 운명을 판가름하는 말씀이다. 예수님은 "나를 본 자는 아버지를 보았거늘", "내가 곧 길이요 진리요 생명이니", "천지는 없어지겠으나 내 말은 없어지지 아니하리라" 등 수 많은 말씀을 하셨다.

루이스C.S.Lewis가 말한 대로 "우리는 예수가 정신병자냐, 하나님이냐 하는 선택 앞에 서 있다." 군중은 예수님의 학식, 지혜, 대화의 능숙함에 놀란 것이 아니라 근본적으로 예수님의 말씀에서 능력과 권세에 놀란 것이다. 예수님이 하신 말씀들을 어느 누가 할 수 있겠는가!

아랫사람들이 대답하되 그 사람이 말하는 것처럼 말한 사람은 이 때까지 없었나이다. 요한복음 7:46

예수님이 말하는 것처럼 말한 사람은 이때까지 아무도 없었고, 앞으로도 없을 것이다. 우리는 예수님의 말씀이 이 땅에 선포됨으로써 몸소 하나님나라이신 예수님이 오셨고 내가 예수님을 영접할 때 하나님나라가 내 안에 지금은 여기에 시작되었음을 알아야 한다.

악한 자의 정복

둘째, 하나님나라가 이미 시작되었음을 어떻게 알 수 있는가. 악한 자사탄가 정복된 것을 보고 알 수 있다.

> 그러나 내가 하나님의 성령을 힘입어 귀신을 쫓아내는 것이면 하나님의 나라가 이미 너희에게 임하였느니라. 마태복음 12:28

우리는 예수님의 사역 가운데서 귀신을 쫓아내시는 장면을 자주 보게 된다. 바리새인들은 예수님께서 귀신을 쫓아내는 것에 대하여 귀신들의 대왕 바알세불의 힘으로 귀신을 쫓아내는 것이라고 말했다. 오히려 예수님이 사탄의 세력이라는 것이다. 당시 세계에서는 축귀를 하는 사람들이 많이 있었다. 그러나 예수님께서는 귀신의 능력과 메시아의 능력을 비교함으로써 그들의 고소가 터무니없을 뿐만 아니라 예수님 자신이 귀신을 쫓아냄으로써 하나님나라가 왔다고 선포하신다. 예수님이 악한자사탄을 정복하신 것은 단순히 어떤 신화적 내용이 아니라 예수님께서 왕이시라는 우주적 사건임을 알아야 한다. 예수님의 사역의 중심부분을 이루고 있었던 악한 자의 정복축귀 사건은 단순히 몇몇 고통받는 영혼들을 귀신의 속박으로부터 놓아주는 단순한 기적 이야기가 아니라, 예수님의 사명과 자기 이해와 관련된 것이다. 톰 라이트, 『예수와 하나님의 승리』 예수님께서는 당신이 귀신들의 왕이라고 고발하는 사람들을 향해 만일 한 귀신이 다른 귀신을 쫓아내는 것이라면 귀신의 나라가 서지 못하고 자중지란에 빠지는 것이 아니냐고 말씀하셨다. 예수님은 사탄의 나라와 하나님나라는 서로 적대적인 나라인 것을 말씀하시고 귀신을 쫓아내는 자신이 바로 하나님나라가 임한 것을 보여주는 것이라고 말씀하신다.

마태복음 12장 29절에서 예수님은 더욱 확증적으로 말씀하신다. 즉 강한 자strong의 집을 강탈하려면 더 강한 자stronger가 있어야 하지 않느냐고 하시면서 자신이 더 '강한 자'임을 말씀하신다. 이처럼 귀신을 쫓아내는 것이면 예수님이 귀신과 사탄 세계에 승리한 것이고 하나님나라가 이 땅에 오심을 선포하신 것이라고 하신다. '사탄의 결박'은 은유적 표현이다. 예수님께서 사탄의 세력에 승리하신 것이다. 그럼에도, 이 세대는 사탄이 하나님의 주권적 목적 안에서 인간에게 비극적 지배력을 행사하도록 허락된 시대이다. 사탄은 사람 중에 하나님나라가 역사 하지 못하도록 좌절시키는 것을 목표로 하고 있다. 더 자세한 내용은 8장 '하나님나라와 사탄의 활동' 참고

귀신들과 예수님의 투쟁은 하나님나라와 사탄의 통치 사이의 대립이다. 예수님이 귀신을 쫓아내는 사역은 사탄의 힘을 빌려 하신 것이 아니라 오히려 예수님이 친히 사탄을 결박한 것이다. 하나님의 주권이 지금 권력을 가지고 활동하고 계심을 보여 준다. 예수님이 사탄의 세력을 이기셨다고 말씀하신 것은 매우 중요한 사건이다. 예수님이 사탄과 그의 권세보다 우월하심을 통해 하나님나라가 왔다는 선포를 하신 것은 획기적이다. 예수님은 광야에서 세 가지 시험을 받으셨다.

돌들에게 명하여 떡덩이가 되게 하라
뛰어내리면 사자가 손으로 너를 받들어 네 발이 돌에
부딪히지 않게 하시리라
내게 절하면 다 네 것이 되리라

여기에는 인간의 세 가지 욕망이 들어 있다. 경제적 욕망, 권력의 욕망, 종교적 욕망이다.

인간의 욕망은 이 세 가지 안에 다 포함되어 있다. 예수님이 시험을 받으신 것은 인간을 대신하여 받으신 것이다. 예수님께서는 이 세 가지 시험을 이기심으로서 어쩌면 매우 쉽게 메시아임을 나타내실 수 있었지만, 오히려 모두 거부함으로써 승리하시고 하나님나라가 시작된 것이다. 그럼에도, 한국교회가 오히려 예수님께서 거절하신 사탄의 세 가지 약속을 구하는 것은 참으로 안타까운 일이다. 이제 한국교회는 마치 머리칼이 잘린 삼손과 같이, 본말이 뒤바뀐 채 이기적인 욕망충족의 종교가 되어가고 있다.

또한, 귀신들이 예수님을 대하는 태도에서 예수님이 누구신가를 잘 보여 주고 있다. 예수님께서 귀신 들린 사람에게 다가가자 그들은 소리치며 두려워 떨었다. 귀신들은 예수님을 하나님의 거룩한 자, 하나님의 아들, 지극히 높으신 하나님이라고 불렀다. 귀신들이 예수님의 인격과 그의 오심에 대한 초자연적 지식을 가지고 있음을 잘 보여 주고 있다. 귀신들은 예수님께서 이 땅에 오신 목적이 그들을 파멸시키러 오심을 알고 있었다.

예수님이 사탄을 결박하신 것은 하나님나라가 현재적 실재가 되었음을 선포하신 것이다. "만일 내가 하나님의 성령을 힘입어 귀신을 쫓아내는 것이면 하나님나라가 이미 너희에게 임하였다"라고 말씀하신다. 그러나 아직 사탄의 세력이 세상 모든 영역에서 완전히 파멸된 것이 아니라 파괴적인 세력들이 아직도 준동하고 있다. 그러나 완성된 하나님나라가 세상나라에 침투하여 피조세계를 가득 채울 마지막 때에는 모든 적대세력들이 정복될 것이다.

그런 의미에서 우리는 오스카 쿨만Oscar Cullmann이 『그리스도와 시간』에서 말한대로 이미already와 아직not yet 사이를 살고 있다. 이미 구원 얻었고, 이미 하나님나라를 현재 살고 있지만 아직은 불완전한 하나님나라를 사는 것이다.

구원의 현재적 소유

하나님나라가 예수님의 오심으로 이미 시작된 세 번째 증거는 지금 우리가 하나님나라의 삶을 소유함으로 알 수 있다. 예수님이 오심은 현재 하나님나라의 구원을 체험하게 한다. 하나님나라-천국은 하나님께 받은 선물로써 하나님나라의 현재적 소유다.

> 적은 무리여 무서워 말라 너희 아버지께서 그 나라를 너희에게 주시기를 기뻐하시느니라. 누가복음 12:32

미래형이 아니라, 완료형이요 현재형이다. 예수님의 말씀을 듣고 믿는 사람에게는 미래가 아니라 지금 하나님나라를 살게 되는 것이다!

그러므로 내가 너희에게 이르노니 하나님의 나라를 너희는 빼앗기고 그 나라의 열매 맺는 백성이 받으리라. 마태복음 21:43

하나님나라는 회개하지 아니한 유대인들에게서 빼앗아 다른 이방 사람들에게 줄 것이다. 하나님나라는 이미 앞에서 말한 대로 오직 회개한 자에게 지금 주어진다. 회개는 삶 전체에 대한 전향이며 생각을 철저히 바꾸고 새롭게 방향 설정하는 것이며 세계관의 변화를 말한다. 인간의 지배적인 생각과 자기주장을 바꾸고, 혈과 육을 죽이고, 자신을 해체하는 것이다.

그런즉 너희는 먼저 그의 나라와 그의 의를 구하라 그리하면 이 모든 것을 너희에게 더하시리라. 마태복음 6:33

우리 인생의 최고 지향점과 우선순위는 하나님나라와 그의 의를 구하는 것이다. 하나님나라는 어느 것과도 비교할 수 없고 두 번째 순위로 밀려날 수 없다. 불신앙은 성공, 업적, 돈, 행복 그리고 지식을 신뢰한다. 그것은 악의 세계 지배와 죽음의 현실만을 신뢰하는 것이다. 그러나 믿음은 이러한 신뢰와 거기 함축된 모든 것들을 종결시킨다. 하나님나라는 기존의 현실의 가치를 부정한다. 하나님나라를 사는 사람은 더는 불행과 악, 죽음의 무신적이고 반신적인 것들로 포위하고 침투하는 세계를 주목하지 않고 하나님의 목표 안에서 열린 새로운 현실을 주목하기 시작한다. 인간 세계에 대한 매력이 사라지고 오직 하나님나라에 궁극적으로 투신한다. 몸소 하나님나라이신 예수님을 영접하는 자들은 삶의 급격한 변화를 경험하고 하나님의 선물과 소유 때문에 생동력 있는 삶을 하나님의 통치 아래에서 사는 것이다.

하나님나라는 이미 믿는 자들에게 주어진 현재적 선물이다. 하나님나라는 지금 마음이 가난한 자들의 것이다.^{마5:2}

비교할 수 없는 무한한 가치

> 천국은 마치 밭에 감추인 보화와 같으니 사람이 이를 발견한 후 숨겨 두고 기뻐하며 돌아가서 자기의 소유를 다 팔아 그 밭을 사느니라 또 천국은 마치 좋은 진주를 구하는 장사와 같으니 극히 값진 진주 하나를 발견하매 가서 자기의 소유를 다 팔아 그 진주를 사느니라. 마태복음 13:44~46

또 하나님나라는 밭에 감추인 보화와 좋은 진주를 발견하는 것과 같다. 이는 하나님나라가 무한한 가치가 있으며 그것을 얻으려면 자기가 가장 좋아하는 것을 포기해야 할 것을 말한다. 하나님나라는 다른 그 어떤 것보다 더 강렬하게 지금, 현재 추구해야 할 보물이며, 그것은 사람들이 참으로 탐낼만한 것이다. 하나님나라를 내가 가진 모든 것보다 소중히 여기지 않는 사람은 하나님나라가 무엇인지 아직 모르는 사람들이다. 이 비유는 하나님나라가 비교할 수 없는 무한한 가치를 가지고 있기 때문에 자기가 가진 것 곧 자기 소유 전부를 팔아서 하나님나라를 살 것을 말하고 있다. 이 땅에서 그 무엇보다 하나님나라를 소유하는 것이 최고의 복이다!

보화의 비유에서 자기 소유를 다 팔아 밭을 사고 기뻐하는 모습을 볼 수 있다. 이는 "네 소유를 팔고 나를 따르라"라는 말씀에 슬퍼하며 떠나는 부자 청년의 태도와 아주 대조적이다. 하나님나라의 이루

말할 수 없는 절대적 가치에 감격하여 기꺼이 보다 그 나라를 확보하는 것이야말로 자신에게 말할 수 없는 유익이 된다는 확신 가운데 기뻐하며 자기의 모든 소유를 그리스도께 이전하는 것이다. 이때 비로소 하나님나라는 내 것이 된다. 우리는 과연 하나님나라를 소유하며 그 나라의 풍성함을 누리며 살고 있는가? 아니면 주저주저하면서 언제까지 방황할 것인가. 사도 바울의 고백을 들어보라!

> 그러나 무엇이든지 내게 유익하던 것을 내가 그리스도를 위하여 다 해로 여길뿐더러 또한 모든 것을 해로 여김은 내 주 그리스도 예수를 아는 지식이 가장 고상하기 때문이라 내가 그를 위하여 모든 것을 잃어버리고 배설물로 여김은 그리스도를 얻고 그 안에서 발견되려 함이니 내가 가진 의는 율법에서 난 것이 아니요 오직 그리스도를 믿음으로 말미암은 것이니 곧 믿음으로 하나님께로부터 난 의라. 빌립보서 3:7~9

하나님나라는 세계를 재창조하는 것이다

나아가서 하나님나라는 하나님의 세계를 재창조하는 것이다. 하나님나라의 관점에서 보면, 세계 역사의 핵심 동력은 모든 우상을 부수는 하나님의 우상 파괴 운동이다. 하나님의 공평과 정의가 이 땅에 하수처럼 강물처럼 흘러넘칠 때까지 하나님나라는 역사의 표층은 갈아엎고 쓰레질과 쟁기질을 쉼 없이 해댄다. 하나님은 갈아엎어진 그 빈 곳에 새 흙을 채우는 객토작업을 쉬지 않으신다.

이처럼 세계 변혁의 과정은 창조적 갈등의 과정이다. 그러나 기득권을 가진 체제와 법, 관습과 이데올로기는 하나님나라의 변혁 요구를 거절하고 배반한다. 자신의 기득권을 십자가에 못 박아야 할 순간에, 반대로 진리를 십자가에 못박는다. 자신의 탐욕과 욕망과 교만을 매장시켜야 할 권력자들이 예언자의 말씀 두루마리를 불태우고 예언자의 음성을 매장한다.

하나님나라 운동은 죄악된 자기를 부인하는 운동이요, 자신의 계급과 계층적 이해관계를 부인하고 초극하는 희생운동이다. 이런 의미의 하나님나라 운동은 공평과 자비, 자유와 평등의 조화로운 제휴, 개인적 창의와 공동체적인 교양의 공존을 고양시키는 가치를 역사 속에 뿌리내리게 하는 운동이다.

하나님나라는 초자연적 선물인 동시에, 역사 속에서 하나님의 백성들이 성취해 나가야 할 과제이기도 하다. 구원의 잔치인 동시에 처절하고 심각한 과업인 것이다. 결국 세계 역사의 마지막까지 잔존하는 나라는 하나님나라밖에 없다.계11:15 그런 점에서 우리가 주창하는 세계 변혁은 하나님나라의 역사적 역동성에 근거하고 있다고 할 수 있다. 하나님나라가 주도하는 세계 변혁은 탐욕적이고 이기적인 자아에 대한 복된 공격이요, 탐욕적이고 무한 증식적이며 자기 확장적인 계급과 계층과 부족 그리고 국가 체제에 대한 복된 공격이다.

왜 복된 공격이라고 하는가? 하나님나라의 공격을 받으면 구원을 받고 복을 누리게 되기 때문이다. 예수님의 하나님나라는 인간의 자발적인 복종이 있는 곳이면 언제 어디서든 권능을 드러내는 나라이기 때문이다. 영토의 경계, 이념과 이데올로기의 경계를 쉽게 넘어버린다. 현재 가장 큰 나라는 미국도 아니요 중국도 아니다.

예수 그리스도의 복음 선포는 지상 역사 속에 임박한 하나님나라였다. 지금 이 세계는 잠정적인 반역자들과 찬탈자들이 기득권을 쥐고 세력을 떨치는 영역이다. 정사와 권세와 보좌와 주관자들이 영적인 힘을 갖고 정신적 세계와 물질적 세상을 동시에 다스리고 있다.엡 6: 10-13

"이것들이 하나님의 보편적인 영토 안에 근거하지만 하나님의 통치를 부정하는 자율 왕국들이되었다. 지금 세계는 하나님나라 영토 안에 위치하고 있으나 하나님으로부터 자유롭다고 좋아하는 이 같은 자율 왕국들의 활동무대가 되었다. 예수님은 그 자신이 "몸소 하나님나라"로 오셨다. 예수님의 인격과 삶을 통해 하나님나라가 가시화 되었다. 이것은 일차적으로 하나님나라가 현존하는 곳은 이념과 제도 속이 아니라 인격임을 결정적으로 보여주는 것이다. 이것은 하나님나라 현존의 최소 단위가 인격이라는 것을 의미한다.

하나님나라의 세계 변혁의 경륜은 겨자씨나 누룩처럼 거의 눈에 띄지 않게 시작한다. 강철 같은 정당 조직이나 우렁차고 당당한 군대 행진 속에서 하나님나라의 운동력은 작용치 않는 것이다. 겨자씨처럼 자기 자신을 부정하고 축소시킨 자, 누룩처럼 자신을 극도로 응축시킨 자 속에 하나님나라의 변혁력이 갈무리되어 있다.

나사렛 예수의 하나님나라 운동은 영혼을 살리는 운동이자 수많은 병자들을 양산하는 정치 권력, 영적, 종교적 권력 체제를 위태롭게 하는 정치운동이었다. 중앙 집권화된 정치권력을 장악하려는 의미의 정치운동이 아니라, 악한 정치 권력을 해체시킨다는 점에서 정치 운동이다. 기독교인의 개별적인 신앙 실천은 정치적 차원을 가질 수밖에 없다는 뜻이다. 이런 이유 때문에 예수님의 하나님나라 운동과 교회사에 나타난 하나님나라 운동은 거센 저항을 받았다. 이런 저항 세력과 국경 충돌을 경험하는 과정에서 하나님나라의 완성은 지연되는 것처럼 보인다. 하나님나라는 이미already 시작되었으나 아직not yet완성되지 않았다는 이 과도기적 기간에 바로 세계 변혁의 문제가 제기 되는 것이다.

　하나님나라는 분명히 정치적 차원에 열려 있다. 모든 단위의 인간적인 권력 행사, 다스림, 지배 행위가 있는 곳에 하나님나라는 육박해 간다. 개인의 삶, 친구, 관계, 가정, 기업, 학교, 상거래, 관료사회, 국가 체제 등 모든 영역이 하나님의 다스림 아래 귀속 되어야 한다. 여기서 오해하지 말 것은, 기독교 정당을 대표하는 후보가 대통령이 되고 장관이 되고 사장이 된다고 해서 하나님나라의 다스림이 그 영역에 자동적으로 관철되는 것이 아니라는 사실이다. 우리나라 인구의 60퍼센트 이상이 교회에 다녀야 하나님나라가 왕성해질 것이라고 믿는다면 착각이다. 하나님나라 운동은 국가나 학교나 기업의 운영 원리에 획기적인 변화를 요구하는 것이지, 단순히 기독교적 가치를 밖으로 표방하는데 머물지 않기 때문이다."김회권『청년설교 1』

　　누구든지 자기 십자가를 지고 나를 따르지 않는 자도 능히 내 제자가 되지 못하리라 너희 중의 누가 망대를 세우고자 할진대 자기의 가진 것이 준공하기까지에 족할는지 먼저 앉아 그 비용을 계산하지 아니하겠느냐 그렇게 아니하여 그 기초만 쌓고 능히 이루지 못하면 보는 자가 다 비웃어 이르되 이 사람이 공사를 시작하고 능히 이루지 못하였다 하리라. 누

가복음 14:27~30

예수님의 말씀은 하나님나라가 요구하는 철저한 대가를 위한 신중한 결단과 그 결단의 긴급성을 말하고 있다. 우리가 이에 반응하지 않는다면 누구든지 하나님나라 백성이 될 수 없다. 이러한 예수님의 하나님나라 선포는 세상나라에 대한 반역이자 충격이다. 감당할 수 없는 예수님의 말씀에, 너무 이단적이고 급진적이고 혁명적인 말씀에 그들은 놀라 급기야 그분을 십자가에 처형해 버렸다.

그러면서도 우리는 몸소 하나님나라이신 예수님을 영접함으로써 하나님나라 백성의 권세를 가졌고 또한 하나님의 상속자로서 영광스런 부요에 참여할 뿐만 아니라 생명과 풍성한 삶을 지금 누리는 것이다. 생명과 풍성한 삶은 미래의 것이 아니라 지금 현재 하나님나라를 사는 자들의 복이다! 하나님나라의 삶은 죄와 죽음에서 지금 해방되는 삶이요, 모든 미신, 우상숭배, 탐심, 죄악으로부터 자유하는 삶이며, 나아가 이 땅에 정의와 샬롬의 세계를 전폭적으로 추구하는 삶이다. 측량할 수 없는 기쁨과 평강, 사랑, 희망, 감사의 삶을 지금 사는 것이다. 축제의 삶, 잔치의 삶을 사는 것이다. 이것이 하나님나라의 삶을 사는 제자들의 모습이다. 이처럼 예수님의 말씀과 사역으로부터 새로운 세계-하나님나라가 현재의 낡은 세계를 뚫고 이 세상에 침입해 들어온다. 천국, 하나님나라는 단지 영혼구원이 아니다. 이것은 헬라 철학의 플라톤적 영향이다. 톰 라이트, 『마침내 드러난 하나님나라』 이와 같이 이원론이 불행하게도 자신도 모르게 한국교회를 깊이 잠식하고 있는 것은 참으로 불행한 일이다.

"그분의 말씀과 행동으로부터 강력한 역류가 일어나 이 세상의 흐름 속으로 진입한다. 속박이 있는 곳에 자유가, 증오와 차별이 있는 곳에 사랑이, 병자의 고난과 고통이 있는 곳에 치유가, 죽음에서 생명의 세계로 진입하여 이 세상나라를 향해 복된 공격을 하기 시작한다." 그 결과, 현재와 미래 모두에서 구원이 일어나야 한다. 요아힘 크라우스, 『조직신학』

하나님나라는 우주적 변화와 혁명이며 내적으로나 외적으로나 제한이 없는 삶과 세계의 모든 영역에 걸친 변혁과 격변을 가지고 온다.

하나님나라는 결코 인간 내면에 국한된 것이 아니다! 하나님나라는 하나님의 새로운 세계 건설이다! 우리는 지금 예수님의 재림을 기다리며 예수님의 재림을 통해 완성될 하나님나라를 기대하면서 오늘을 살아가는 것이다!

비록 우리가 아직도 육체에 남아 있는 죄성과 연약함으로 하나님나라의 삶을 충실히 살지 못하지만 그럼에도, 주 예수 그리스도께서 주신 생명과 풍성, 자유와 해방을 가지고 세상나라를 향한 복된 공격을 우리가 서있는 자리에서 고난과 역경을 감내하면서 까지도 감행해야 한다. 지금 예수님은 위대한 하나님나라에 우리를 초청하신다. 그리하여 하나님나라의 삶을 사는, 제자의 삶을 지금 이 땅에서 살아가길 원하신다. *

7 미래에 완성될 하나님나라

예수님은 당신의 다시 오심을 단지 기다리는 것이 아니라, 지금 사는 이 세상의 삶에서 철저하게 순종할 것을 촉구하고 계신다. 이 세상에서 하나님의 통치를 방해하는 것이라면 그것이 손이건, 발이건, 눈일지라도 없애라는 것이다. 그렇게 해야 장차 올 하나님나라에 들어갈 수 있다. 우리는 지금 이 땅에서 엉거주춤 사는 것이 아니다. 충성스런 제자는 자신의 삶의 전 영역에서 하나님의 통치에 순종하는데 그 어떤 행동이나 취미나 관심사 등 모든 부문에서 철저하게 포기하고 단절하는 결단이 있어야 할 것이다. 그리스도의 제자라면 온갖 유혹과 순종을 방해하는 것에 대하여 결정적인 희생을 치러야 할 각오가 있어야 한다.

우리는 앞장에서 예수그리스도와 함께 이미 온 하나님나라에 대해서 살펴본 바 있다. 우리는 예수님의 구원 하심과 순종 속에서 하나님나라를 이미 살고 있다는 점을 분명히 알아야 한다.

우리는 이 땅에서 믿음만큼, 순종만큼 하나님나라를 살게 된다. 그러나 예수님의 초림初臨이 가져다준 하나님나라는 이미와 아직 already-not yet사이에 있기에 우리는 아직은 완전한 하나님나라의 삶을 살지 못하고 있다. 그럼에도 하나님나라는 저 세상적이거나 미래적인 것만이 아니다. 우리는 이 땅에서 하나님나라와 그의 의를 구하는데 최상의 우선순위를 가지고 살아야 한다. 복음은 미래만을 위해 있는 것이 아니라 오늘 이 땅을 살기 위한 신앙이다.

이제 미래에 올 하나님나라를 예수님의 비유를 통해 살펴보려 한다. 우리는 보통 비유를 볼 때 단순한 비유로만 보는 경우가 많지만, 복음서에 나오는 대부분의 비유는 하나님나라와 관련되어 있다는 것을 알아야 한다. 비슬리-머리, 『예수와 하나님나라』 우리는 이미 온 하나님나라에 대하여 지금까지 잘못된 가르침의 반복 속에서 죽은 다음에 가는 장소로만 인식해왔기 때문에 상당히 생소하고 선뜻 이해하기 어렵고, 받아들이기 어렵다고 말하는 사람도 있을 것이다. 그러나 이러한 내용은 백여 년 이상 많은 세계적 신학자에 의해 연구된 주지의 결과들이다.

재림

"이미 시작된 하나님나라"와는 반대로 "미래에 올 하나님나라"에 대하여는 많은 설명을 하지 않아도 이해할 수 있으리라 본다. 복음의 메시지는 재림이 없이는 완전하게 설 수 없다. 우리는 재림을 우리의 사고나 삶, 기도의 주변부로 밀쳐둘 수 없다. 부활과 재림이 무너지면 기독교는 무너진다. 그렇게 되면 다른 모든 진리들이 망가진다. 그러나 예수님께서 말씀하신 미래의 하나님나라에 대하여 아직도 충분히 이해하지 못한 사람도 있고, 받아들이지 못한 사람도 있는 것이 현실이다.

재림은 강조되어야 한다. 재림은 역사의 종말을 의미하며 이 세계의 의미와 목적을 보여준다. 그런데 재림의 강조가 엉뚱하게 이 세상에서의 삶을 도피하는 수단으로 사용할 때가 더 많으며 재림을 강박적으로 생각하여 삶을 마비시키는 경우가 불행하게도 한국교회에서는 많다. 우리는 재림에 대하여 양극단의 경우를 본다. 한 편은 재림을 강박적으로 생각하여 극단적으로는 시한부 종말론에 빠지는가 하면, 한 편은 재림을 너무 사소하게 만들어 버린다. 이 둘은 모두 잘못된 것이다. 재림은 세계 역사가 하나님의 뜻을 향하여 나아가고 있음을 보여준다. 그 방향은 희망 즉 사랑과 정의, 만물의 회복이다. 이 희망이 오늘 우리의 삶을 보다 역동적으로 살게 하는 힘이 된다는 사실을 알아야 한다.

"여러분들에게 그토록 위대한 희망이 있으니 이제 물러나서 편안히 쉬십시오. 하나님이 여러분을 위해 위대한 미래를 준비하고 계시다는 것을 이제 여러분도 아니까요"라는 말로 글을 맺을까? 그렇지 않다. 사도 바울은 고린도전서 15장 부활 장에서 이렇게 말한다. "그러므로 내 사랑하는 형제들아, 견실하며 흔들리지 말며 항상 주의 일에 더욱 힘쓰는 자들이 되라. 이는 너희 수고가 주 안에서 헛되지 않은 줄을 앎이라." 이 말은 무슨 뜻인가? 미래의 부활을 믿는 것이 어떻게 현재의 일을 계속하는 것과 연관이 되는가? 그것은 꽤 간단하다. 바울이 그 편지에서 계속 주장한 것처럼, 부활의 요점은 죽는다고 해서 현재의 육체적 삶이 가치가 없는 것이 아니라는 것이다. 하나님이 그 죽은 육체를 새로운 생명으로 부활시키실 것이다. 현재 우리가 육체를 가지고 하는 일이 중요한 이유는 하나님이 그 육체를 위해 위대한 미래를 준비하고 계시기 때문이다. 그리고 만약 이러한 사실이 고린도전서 6장에서처럼 윤리에 적용된다면, 하나님의 백성이 부름 받은 다양한 소명에도 당연히 적용될 것이다. 그림이든, 설교든, 노래든, 바느질이든, 기도든, 가르치는 일이든, 병원을 짓는 일이든, 우물을 파는 일이든, 정의를 위해 캠페인을 벌이는 일이든, 시를 쓰는 일이든, 도움이 필요한 자를 돌보는 일이든, 자기 자신처럼 이웃을 사랑하는 일이든, 현재에 우리가 하는 모든 일이 하나님의 미래에서도 지속될 것이다. 우리가 하는 이 땅에서 할 일들은 하나님나라를 세우기 위해서 지금, 여기서 할 일이라는 사실을 알아야 한다.톰라이트, 『마침내 드러난 하나님나라』

성경은 여기저기에서 예수님의 재림을 말하고 있고, 예수님의 재림을 통해서만 하나님나라가 완성된다는 사실을 알아야 한다. 그래서 우리가 아는 대로 성경의 마지막 구절인 요한계시록 22:20에서 "내가 진실로 속히 오리라 하거늘 아멘 주 예수여 오시옵소서."라고 기도하는 것이다. 예수 그리스도 안에서 우리에게 계시된 놀라운 미래의 희망 즉 재림을 제대로 이해하면, 놀랍게도 그것은 모든 기독교적 사명의 기초인 현재의 희망에 대한 비전으로 직접 이어진다는 사실이다. 가난한 자, 병든 자, 외롭고 우울한 자, 노예, 난민, 굶주리고 집이 없는 자, 학대당한 자, 편집증 환자, 짓밟히고 절망에 빠진 자 등 본래 아름답지만 상해 버린 이 세상을 위해 더 나은 미래를 바라는 것은 나중에 만들어낸 '복음'에 덧붙여진 것이 아니다. 우리가 가진 놀라운 희망은 하나님의 궁극적인 미래로부터 하나님의 긴급한 현재로 침투해 들어와 오늘, 여기에서 할 일 즉 현재의 '선교'와 '전도'의 임무를 방해하는 것이 아니라 더욱 촉진시키는 힘이 된다. 재림과 부활은 오히려 핵심이고, 본질이며 꼭 오늘의 삶에 필요하며 원동력이 되는 것이다.

미래에 올 하나님나라의 전환점인 예수님의 재림은 미래에 올 하나님나라에 대한 확신이 없으면 누구도 능력있고 의미 있는 삶을 살 수 없다는 사실을 말한다. 예수님의 초림과 재림 사이를 신학적으로 중간 기간이라고 하는데, 우리는 이 기간에 살고 있으며, 기다림과 희망 속에서 역동적인 삶을 살아가는 것이다!

주님은 이미 주님이시고 이 세상의 심판관으로 다시 나타나실 것을 믿는 사람들은 그것을 믿지 않는 사람들과는 전혀 다르게 이 땅에서 살고 생각하라는 부름을 받았다.

고난과 하나님나라

> 무리와 제자들을 불러 이르시되 아무든지 나를 따라오려거든 자기를 부인하고 자기 십자가를 지고 나를 좇을 것이니라. 마가복음 8:34

우리에게는 '예수님께서 직접 지신 십자가'와 누구든지 그분을 따르는 제자가 지어야 할 '자기 십자가'가 있다. 이 두 개의 십자가는 따로 따로 떨어진 것이 아니라 하나이다.

십자가는 불행도 아니고 운명의 가혹함도 아니며, 오직 예수 그리스도에 대한 우리의 헌신과 결단에서 오는 고난이다. 십자가의 고난은 우연이 아니라 필연적인 것이다. 십자가는 자연적 존재에 묶여 있는 고난이 아니라 그리스도인 됨에 묶여 있는 고난이다.

제자의 삶을 더 이상 진지하게 받아들이지 않고 복음을 단순히 값싼 정신적 위안에 대한 믿음으로 전락시키며 자연적 존재와 그리스도인을 구별하지 않는 그리스도인의 삶의 형태는 십자가를 단순히 인간의 일상적인 어려움으로, 우리의 자연적 삶에서 오는 고통과 근심으로 이해할 수 밖에 없다.

우리가 경험해야 하는 그리스도인의 고난은 이 세상에서 우리의 메임을 끊으라는 부름이다. 이것은 예수 그리스도와의 만남에서 일어나는 옛 사람의 죽음이다. 누구든지 제자의 삶을 사는 사람은 예수님의 죽음에 들어가며 자신의 생명을 죽음에 둔다.

육체와 세상에서 나오는 유혹으로 가득 찬 매일매일은 제자들에게 예수 그리스도의 새로운 고난을 가져다준다. 이 투쟁에서 얻게 되는 상처들은 예수님과 함께하는 십자가 공동체의 살아있는 표징들이다.

십자가 아래서 걷는 일은 비참하고 절망적인 일이 아니라 영혼에 생기를 넘치게 하고 평화를 가져오는 일이다. 그것은 가장 큰 기쁨이다. 여기에서 우리는 더 이상 우리 스스로 만든 율법과 짐 아래서 걷는 것이 아니라 우리를 아는 그분의 멍에 아래서, 그리고 거기서 그 자신이 우리와 함께 걸으시는 그분의 멍에 아래서 걸어간다.

미래에 올 하나님나라 즉 재림의 확실성은 이 세상나라에서 충돌할 수 밖에 없는 현실을 살 수 밖에 없고 이것은 고난의 현실로 나타낸다. 십자가를 진다는 것은 윤리적 가르침과 함께 실질적이고 규범적이며 때로는 값비싼 대가가 요구되는 나름대로 사회적 태도를 말한다.

지금은 고난을 통해 열매를 맺는 시간이요, 제자들의 공동체인 교회 공동체를 통해 이 땅에 빛과 소금으로 부르심을 받은 것이다.

우리는 이점에서 분명히 해야 한다. 결코, 하나님나라는 인간의 노력으로 완성되는 것이 아니다. 하나님나라의 백성은 하나님나라를 향하여 회개와 순종하는 삶을 통해서 세상나라를 공격하는 것이며 하나님나라를 확장하는 것이지, 인간의 힘과 노력으로 완성되는 것이 아니다. 만약 인간의 노력으로 하나님나라가 올 수 있다고 생각한다면 그것은 단지 인간이 만든 나라요, 유토피아일 뿐이다.

예수님의 주기도문에서 "하나님나라가 (이 땅에) 임하게 하옵소서."라는 기도가 있다. 장차 예수님이 이 땅에 다시 오실 재림이 있기에 오늘의 삶 속에서 예수님 때문에 고난을 받을 때 그 소망이 우리의 위로가 되며 끊임없이 기도하는 비밀이며 인내하게 하는 동기가 되는 것이다.

우리가 예수님이 오실 재림의 확신 때문에 이 땅에 일어나는 모든 영역, 정치, 경제, 사회, 교육, 문화 등에 대하여 소요와 변혁을 일으켜야 할 이유가 거기 있는 것이다. 예수님의 재림 곧 하나님나라의 완성에 대한 소망은 단지 수동적으로 기다리기만 하는 것이 아니라 이 땅에 꿈과 희망을 품고 살아갈 수 있는 동력이 되는 것이다.

여기서는 미래에 올 하나님나라를 예수님의 비유를 중심으로 살펴보고자 한다.

겨자씨와 누룩의 비유

> 또 비유를 들어 이르시되 천국은 마치 사람이 자기 밭에 갖다 심은 겨자씨 한 알 같으니 이는 모든 씨보다 작은 것이로되 자란 후에는 풀보다 커서 나무가 되매 공중의 새들이 와서 그 가지에 깃들이느니라 또 비유로 말씀하시되 천국은 마치 여자가 가루 서 말 속에 갖다 넣어 전부 부풀게 한 누룩과 같으니라. 마태복음 13:31~33

이 비유는 하나님나라의 현재성과 미래성을 동시에 보여 주는 비유다.

이 비유는 예수님의 사역으로 이미 시작된 하나님의 통치가 눈에 띄지 않을 정도로 미미하게 시작된 것과 마지막 때의 대단한 결과 사이의 대조를 명확하게 보여준다. 한편으로는 작은 겨자씨가 땅에 심기고 작은 누룩이 밀가루 반죽에 들어가는 것과 같이 눈에 띄지 않을 정도로 작은 것과 은밀한 하나님나라의 현재성을 설명해 주고 있다. 다른 한편으로는 작은 씨가 어떤 풀보다 더 커져서 나무가 되고 서말이나 되는 엄청난 밀가루 반죽 전체에 퍼져 부풀어 오른 것과 같이 규모가 엄청난 영향력을 행사하게 될 하나님나라의 미래적 상태를 설명해 준다.

예수님의 사역이 과시적이지 않고 온유하고 겸손한 특징이 있어서 외형적으로 사람들에게 대단한 모습으로 드러나지 않지만, 그 안에 활동하고 있는 하나님의 강력한 통치권은 지금 현재 역사 속에서 나타나고 있으며 마침내 예수님이 재림하실 때 이 땅에 강력하고 영광스런 모습으로 드러나게 될 것이다. 이 비유에 대해서는 8장 하나님나라와 사탄의 활동에서 다시 언급할 것이다.

추수의 비유

> 또 이르시되 하나님의 나라는 사람이 씨를 땅에 뿌림과 같으니 그가 밤
> 낮 자고 깨고 하는 중에 씨가 나서 자라되 어떻게 그리 되는지를 알지 못
> 하느니라 땅이 스스로 열매를 맺되 처음에는 싹이요 다음에는 이삭이요
> 그 다음에는 이삭에 충실한 곡식이라 열매가 익으면 곧 낫을 대나니 이
> 는 추수 때가 이르렀음이라. 마가복음 4:26~29

마가복음에만 나타나는 이 비유는 씨를 뿌린 농부의 역할이 지극히
제한되어 있으며 씨가 싹이 나고 이삭이 자라고 열매가 익는 과정은
농부의 활동과 상관없이 그리고 알 수도 없게 은밀한 방식으로 이루
어진다는 점을 보여준다. 이 비유는 하나님나라가 인간의 노력과 수
고로 이루어지는 것이 아니라 오로지 하나님이 전능하신 통치를 행사
하심으로써 이루어질 것이며, 인간은 하나님나라의 성장과정의 은밀
성을 깨닫기조차 어렵다는 점을 보여준다.

예수님께서 하나님나라를 선포하셨을 때 회의적인 사람들의 눈에
는 그들이 기대한 아무런 외형적 변화도 일어나지 않았고 따라서 그
들은 예수께서 선포하신 하나님나라를 인정하려 하지 않았다. 그러
나 예수님의 선포에는 내적인 원동력이 있으며 시간이 지나감에 따라
사람의 생각으로는 헤아릴 수 없는 방식으로 그 효력을 발생하기 시
작할 것을 보여주고 있다. 그리고 하나님의 정하신 때가 이르면 그 나
라는 그 궁극적 완성을 이룰 것이다. 그러므로 지혜로운 제자는 하나
님께서 그분의 시간에 그분의 방법으로 그분의 통치를 이루어가시고
궁극적 목적을 이루시리라는 확신과 순종 가운데 기다려야 한다.

이 비유는 사람들의 눈에 띄지 않는 모습으로 활동하는 하나님나라
의 현재적 측면과 궁극적으로 완성될 하나님나라의 미래적 측면을 동

시에 잘 보여주고 있다.

가라지와 알곡 비유

예수께서 그들 앞에 또 비유를 들어 이르시되 천국은 좋은 씨를 제 밭에 뿌린 사람과 같으니 사람들이 잘 때에 그 원수가 와서 곡식 가운데 가라지를 덧뿌리고 갔더니 싹이 나고 결실할 때에 가라지도 보이거늘 집 주인의 종들이 와서 말하되 주여 밭에 좋은 씨를 뿌리지 아니하였나이까 그런데 가라지가 어디서 생겼나이까 주인이 이르되 원수가 이렇게 하였구나 종들이 말하되 그러면 우리가 가서 이것을 뽑기를 원하시나이까 주인이 이르되 가만 두라 가라지를 뽑다가 곡식까지 뽑을까 염려하노라 둘 다 추수 때까지 함께 자라게 두라 추수 때에 내가 추수꾼들에게 말하기를 가라지는 먼저 거두어 불사르게 단으로 묶고 곡식은 모아 내 곳간에 넣으라 하리라. 마태복음 13:24~30

이에 예수께서 무리를 떠나사 집에 들어가시니 제자들이 나아와 이르되 밭의 가라지의 비유를 우리에게 설명하여 주소서 대답하여 이르시되 좋은 씨를 뿌리는 이는 인자요 밭은 세상이요 좋은 씨는 천국의 아들들이요 가라지는 악한 자의 아들들이요 가라지를 뿌린 원수는 마귀요 추수 때는 세상 끝이요 추수꾼은 천사들이니 그런즉 가라지를 거두어 불에 사르는 것 같이 세상 끝에도 그러하리라 인자가 그 천사들을 보내리니 그들이 그 나라에서 모든 넘어지게 하는 것과 또 불법을 행하는 자들을 거두어 내어 풀무 불에 던져 넣으리니 거기서 울며 이를 갈게 되리라 그 때에 의인들은 자기 아버지 나라에서 해와 같이 빛나리라 귀 있는 자는 들으라 마태복음 13:36~43

예수님께서 하나님나라를 선포하셨을 때 이 말씀을 들은 많은 예수님을 따르는 무리는 정치, 경제, 사회적으로 일대 변혁이 일어남으로써 '빛의 아들들과 어둠의 아들들' 사이에 즉각적이고도 철저한 구분이 이루어질 것으로 기대하였을 것이다. 그러나 예수님께서는 이 비유를 통해 알곡과 가라지를 구분하여 각자의 운명에 처하게 하는 그러한 추수의 때는 아직 도래하지 않았으며 그 시기는 미래의 어느 시점이라는 점을 밝히신다. 이 비유에는 하나님나라의 현재성과 미래성 사이에 분명한 대조가 드러나 있다. 지금 하나님나라에는 알곡과 가라지처럼 구분되지 않고 섞여 있지만, 앞으로 세상의 끝에 하나님나라에서는 "악인은 풀무 불에 던져질 것이고 의인들은 해와 같이 빛날 것이다"마13:40~43라는 말씀을 하고 있다.

이미 온 하나님나라에서는 예수님 현재적 사역 가운데서 하나님의 통치 원리가 그에 대적하는 자들을 용납하며 기다려주는 방식이지만 세상 끝날에 예수님께서 시행하실 하나님의 통치 원리는 그 대적하는 자들을 모두 드러내어 그들에게 결정적 심판을 시행하실 것이다! 따라서 제자들은 지금 당장 알곡과 가라지를 분리하려는 섣부른 시도를 해서는 안 될 것이라고 말씀하신다.

열 처녀의 비유

그 때에 천국은 마치 등을 들고 신랑을 맞으러 나간 열 처녀와 같다 하리니 그 중의 다섯은 미련하고 다섯은 슬기 있는 자라 미련한 자들은 등을 가지되 기름을 가지지 아니하고 슬기 있는 자들은 그릇에 기름을 담아 등과 함께 가져갔더니 신랑이 더디 오므로 다 졸며 잘새 밤중에 소리가 나되 보라 신랑이로다 맞으러 나오라 하매 이에 그 처녀들이 다 일어나 등을 준비할새 미련한 자들이 슬기 있는 자들에게 이르되 우리 등불이 꺼져가니 너희 기름을 좀 나눠 달라 하거늘 슬기 있는 자들이 대답하여 이르되 우리와 너희가 쓰기에 다 부족할까 하노니 차라리 파는 자들에게 가서 너희 쓸 것을 사라 하니 그들이 사러 간 사이에 신랑이 오므로 준비하였던 자들은 함께 혼인 잔치에 들어가고 문은 닫힌지라 그 후에 남은 처녀들이 와서 이르되 주여 주여 우리에게 열어 주소서 대답하여 이르되 진실로 너희에게 이르노니 내가 너희를 알지 못하노라 하였느니라 그런즉 깨어 있으라 너희는 그 날과 그 때를 알지 못하느니라. 마태복음 25:1~13

이 비유는 열 처녀 비유의 결론적 명령으로 주어지고 있다. 이 비유는 매우 간단하다. 깨어 있으라는 것이다. 이 비유의 "깨어 있으라"는 말은 잠도 자지 말고 깨어 있으라는 말이 아니다. 실제로 1992년 이장림 휴거소동 때 그들은 밤낮으로 잠도 자지 않고 예배드리고 찬양을 드렸다. 성경 말씀을 문자적으로 보는 것이다. 여기 "깨어 있으라"라는 말씀은 영적 각성을 의미한다. 예수님께서 언제 오시든지 항상 대비하여 준비된 상태를 말한다. 마24:44

마가복음 13장에서 예수님께서는 '그날과 그때는 아무도 모르며' 그러므로 '깨어 있으라'라고 권고하신다. 그리고 이러한 상황이 온다 할지라도 성도들은 미혹 당하지 말 것을 권고하신다. 곧 종말이 이미 왔다거나 눈앞에 닥쳐왔다는 식으로 너무 성급하게 생각해서는 안 된다고 말씀하신다. 눅21:9

> 형제들아 우리가 너희에게 구하는 것은 우리 주 예수 그리스도의 강림하심과 우리가 그 앞에 모임에 관하여 영으로나 또는 말로나 또는 우리에게서 받았다 하는 편지로나 주의 날이 이르렀다고 해서 쉽게 마음이 흔들리거나 두려워하거나 하지 말아야 한다는 것이라 누가 어떻게 하여도 너희가 미혹되지 말라 먼저 배교하는 일이 있고 저 불법의 사람 곧 멸망의 아들이 나타나기 전에는 그 날이 이르지 아니하리니. 데살로니가후서 2:1~3

이와 같은 말씀들은 몇 년이 되든 또는 몇백 년, 몇천 년이 되든 재림의 길이를 측정할 수 없다는 것을 말한다. 그러므로 우리가 재림의 이야기를 들을 때 함부로 부화뇌동해서는 안 된다.박철수,『종말이 오고 있다』

하나님나라를 수동적으로 기다리는 것만이 아니라 이 세상나라와의 충돌과 전투 중에 하나님나라는 오는 것이다. 예수님이 오실 때는 미리 정하여 있지 않다.마24:36,42 오늘날 한편으로는 그리스도인들에게 예수님의 재림에 대해 기대하는 간절한 모습이 없는 듯이 보인다. 그러나 '내 주인이 늦게 올 것이다'라고 생각하는 바로 그때 주인이 올 것이다.마24:48, 눅12:45

하나님나라의 현재성은 아무리 강조해도 지나치지 않을 것이나 그러나 현재성에 강조가 지나쳐 균형을 잃어서 하나님나라의 미래성에 무관심하다면 그것 또한 큰 문제가 아닐 수 없다! 예수님께서는 하나님나라의 현재성을 지극히 강조하시면서도 동시에 하나님나라의 미래성도 매우 확고하게 말씀하신다. 실제로 현재 하나님의 통치를 받는 제자라면 장차 예수그리스도의 다시 오심에 대한 기대를 한순간도 소홀히 할 수 없으며, 오히려 그때의 도래를 늘 기다리며 하나님나라의 현재를 위해 하나님의 통치에 철저하게 순종해야 한다.

> 만일 네 손이 너를 범죄하게 하거든 찍어버리라 장애인으로 영생에 들어가는 것이 두 손을 가지고 지옥 곧 꺼지지 않는 불에 들어가는 것보다 나으니라 만일 네 발이 너를 범죄하게 하거든 찍어버리라 다리 저는 자로 영생에 들어가는 것이 두 발을 가지고 지옥에 던져지는 것보다 나으니라 만일 네 눈이 너를 범죄하게 하거든 빼버리라 한 눈으로 하나님의 나라에 들어가는 것이 두 눈을 가지고 지옥에 던져지는 것보다 나으니라. 마가복음 9:33-47

이 말씀에서 예수님께서는 장차 영원히 누릴 하나님나라에 들어가려면 이 세상의 삶 가운데 철저하게 순종할 것을 촉구하고 계신다! 이 세상에서 하나님의 통치를 방해하는 것이라면 그것이 손이건, 발이건, 눈이라도 없애라는 것이다. 그렇게 함으로써 장차 올 하나님나라에 들어갈 수 있다는 것이다. 우리는 지금 이 땅에서 엉거주춤 사는 것이 아니다! 손과 발과 눈을 찍어버리라는 예수님의 명령을 문자적으로 보고 역사적으로 실제로 그러한 사람들이 있었지만, 실제적이라기보다 과장적 표현이다. 또한 본문의 전체 문맥에서막9:33~47 볼 때, '누가 크냐'는 주제와 '작은 자, 힘 없는 자'의 주제에 대한 본문에 이어 이 본문이 나온다. 이 본문에서는 제자들에게 권력추구를 버리고 교회공동체를 와해시키는 교권주의자들을 교회에서 추방하라는 뜻도 함께 생각해야 한다.

어쨌든 충성스런 제자는 자신의 삶의 전 영역에서 하나님의 통치에 순종하는데 어떠한 방해라도 그 어떤 행동이나 취미나 관심사 등을 모든 부문에서 철저하게 포기하고 단절하는 결단이 있어야 할 것을 말하고 있다. 그리스도의 제자는 유혹을 피하고, 순종을 방해하는 것이라면 결정적인 희생을 치러야 할 각오가 되어 있어야 한다.

므나의 비유

그들이 이 말씀을 듣고 있을 때에 비유를 더하여 말씀하시니 이는 자기가 예루살렘에 가까이 오셨고 그들은 하나님의 나라가 당장에 나타날 줄로 생각함이더라 이르시되 어떤 귀인이 왕위를 받아가지고 오려고 먼 나라로 갈 때에 그 종 열을 불러 은화 열 므나를 주며 이르되 내가 돌아올 때까지 장사하라 하였더라 … 귀인이 왕위를 받아가지고 돌아와서 은화를 준 종들이 각각 어떻게 장사하였는지를 알고자 하여 그들을 부르니 그 첫째가 나아와 이르되 주인이여 당신의 한 므나로 열 므나를 남겼나이다 주인이 이르되 잘하였다 착한 종이여 네가 지극히 작은 것에 충성하였으니 열 고을 권세를 차지하라 하고 그 둘째가 와서 이르되 주인이여 당신의 한 므나로 다섯 므나를 만들었나이다 주인이 그에게도 이르되 너도 다섯 고을을 차지하라 하고 또 한 사람이 와서 이르되 주인이여 보소서 당신의 한 므나가 여기 있나이다 내가 수건으로 싸 두었었나이다 이는 당신이 엄한 사람인 것을 내가 무서워함이라 당신은 두지 않은 것을 취하고 심지 않은 것을 거두나이다 주인이 이르되 악한 종아 내가 네 말로 너를 심판하노니 너는 내가 두지 않은 것을 취하고 심지 않은 것을 거두는 엄한 사람인 줄로 알았느냐 그러면 어찌하여 내 돈을 은행에 맡기지 아니하였느냐 그리하였으면 내가 와서 그 이자와 함께 그 돈을 찾았으리라 하고 곁에 섰는 자들에게 이르되 그 한 므나를 빼앗아 열 므나 있는 자에게 주라 하니 그들이 이르되 주여 그에게 이미 열 므나가 있나이다 주인이 이르되 내가 너희에게 말하노니 무릇 있는 자는 받겠고 없는 자는 그 있는 것도 빼앗기리라 그리고 내가 왕 됨을 원하지 아니하던 저 원수들을 이리로 끌어다가 내 앞에서 죽이라 하였느니라. 누가복음 19:11~27, 마태복음 25:14~30

매우 강력하고 중요한 하나님나라의 비유다. 어떤 귀인이 왕위를 받아 오려고 먼 나라로 갈 때에 각각 종들에게 내가 올 때까지 장사하라고 말하고 떠났다. 그리고 돌아와서 각각의 사람들에게 얼마나 장사를 잘했는지를 따진다. 그러나 이 비유는 자기를 따르는 군중들은 왕이 가까이 온 줄 알고 있을 때 예수님께서 말씀하신 비유이다. 왕이 곧 올 것으로 생각하는 자들에게 오히려 귀인 곧 예수님 자신이 멀리 떠났다가 다시 오실 것을 비유로 말씀하신다. 귀인은 각 사람에게 각각 돈을 주면서 "내가 돌아올 때까지 장사하라"고 말씀하신다. 예수님께서 이 땅을 떠나 다시 올 때까지 하늘만 쳐다보는 것이 아니라 내가 돌아올 때까지 장사하라는 것이다. 내가 돌아올 때까지 나누어준 돈으로 밑천을 삼아 열심히 일하여 소득을 얻어야 한다고 말씀하신다. 하나님나라 백성은 그저 하늘만 쳐다보는 사람이 아니다. 이 세상에 악한 것들이 준동하고 방해하는 세력이 있는 가운데 하나님나라 백성으로 능력 있게 살라는 것이다. 우리의 씨름은 혈과 육을 상대하는 것이 아니요 통치자들과 권세들과 이 어둠의 세상 주관자들과 하늘에 있는 악의 영들을 상대하는 것이다. 엡6:12

우리는 모두 주님께서 주신 므나달란트를 가지고 주님께서 다시 오실 때까지 장사하는 사람들이다. 하나님께서 주신 특권과 기회들을 잘 사용하라는 것이다. 우리가 이 땅의 모든 영역에서 하는 일들은 다 장사다. 주님께서 우리 각자에게 주신 므나, 달란트 소명들을 잘

간직하고 보관하기만 한다면 그것마저도 빼앗길 것이요, 그 돈으로 잘 장사하여 크게 늘려 간다면 주님께서는 더 많은 것으로 채워 주실 것이다. 이것이 하나님나라의 법칙이다! 주님께서 나에게 맡겨주신 소명이다. 이 소명을 받들며 충성하면서, 헌신하면서 그 어느 영역이든 이 땅에 변혁과 갱신의 세력으로 살아갈 것을 촉구하고 계신다.

세계역사는 하나님나라를 지향하며 나아간다. 우리는 성령님으로 죄와 사망에서 해방 받은 자로서 이 땅의 해방자로 살아야 한다. 장차 올 하나님나라의 미래를 바라보면서 온갖 얽매임으로부터 자유함을 받은 자로서 자유롭게 하는 자가 되어야 할 것이다. 미래에 올 하나님 나라의 비전을 바라보면서 이 땅에 하나님나라의 해방자로, 자유인으로, 치유자로 살아가는 우리가 되자. ✱

8

하나님나라와 사탄의 활동

교회는 있는 듯 없는 듯 존재하는 것이 아니라 사탄의 권세와의 심각한 긴장, 날카로운 대조를 보여 주어야 한다. 예를 들면 인간탐욕과 이기심으로 충만한 자본주의 시스템에 이의를 제기해야 한다. 부정의와 불의로 가득한 정치에 항의하고 싸워야 한다. 새로운 공동체로서의 교회는 결코 안이하게 살 수 없으며 종종 박해를 당할지라도 궁극적 승리를 확신하면서 이 세상을 향한 거룩하고 복된 공격을 감행해야 한다. 예수님께서 다시 오실 것이기 때문에 우리는 임박성에 대한 역동적 의식을 가지고 교회를 보존하고 세상에 흡수되지 않아야 한다. 교회는 모든 정치적 불의, 경제적 부정의, 인종차별, 전쟁, 기아, 이기심을 극복하는 새로운 대안 공동체가 되어야 한다.

우리 시대의 커다란 질문은 세계에 존재하는 악의 실체를 어떻게 보아야 하는가 하는 문제이다. 1,2차 세계대전, 히로시마 원폭투하, 이라크 전쟁, 아우슈비츠 등 엄청난 소용돌이 속에서 인간이 해결할 수 없는 문제에 대하여 많은 분야에서 사람들이 고민하기 시작했고 그 답을 찾기 위해 노력하고 있다.

오늘날 악의 문제는 저 멀리 있는 우리와 상관없는 것이 아니라 길

거리에서도 맞닥뜨릴 수 있는 문제가 되었다. 그러나 악의 문제는 이성과 합리를 추구하던 계몽주의 이후 싸구려 만화처럼 폐기되었다. 그럼에도, 악의 문제는 그 어느 때보다 현실적인 문제로 다가오고 있다.

하나님나라는 현재의 낡은 세계로 진입한다

이 문제에 대한 대답은 하나님나라에서 그 실마리를 찾을 수 있다. 예수그리스도의 오심과 십자가와 부활 속에서 하나님나라는 시작된다. 하나님나라의 현재성은 미래에 완성될 하나님나라를 향해 전진한다.

예수님은 다시 오실 것이다. 예수님의 초림에 대한 예언이 성취된 것처럼 다시 오신다는 예언도 틀림없이 성취될 것이다. 미래에 올 하나님나라는 하나님의 능력 안에서 지금까지 세상과의 단절, 더 이상 죽음의 위협을 받지 않는 삶의 시작, 더 이상 악의 세력이 발붙이지 못하는 세계의 시작, 그리고 증오와 적대성으로 훼손되지 않는 새로운 공동체 즉 교회의 출현이다. 미래에 올 하나님나라는 우리의 꿈이요 소망이다. 여기에 모든 인류를 향한 진정한 해답이 있다. 하나님나라의 미래는 단지 정지되어 있는 것이 아니라 현재의 낡은 세계로 뚫고 들어온다.

현재 안에 미래가 선포된다. 예수님의 말씀과 사역을 통하여 하나님의 사랑은 갱신시키는 새로운 현실로서 이 세상 속으로 진입한다. 그리스도 예수의 말씀과 사역에서 드러나는 사랑은 분열과 적대관계 이기심과 증오, 거짓과 잔인함으로 표현되는 세상의 비참과 악의 권세를 향한 하나님의 공격이다. 크라우스, 『조직신학』

이미 온 하나님나라는 치유하고 구원하는 사랑의 능력으로 세상을 세우며 모든 단절을 극복하고 적대성을 종결짓고 이기주의와 집단주의에서 세상을 해방하는 능력을 우리에게 주신다. 우리는 여기에 순종해야 한다. 예수님의 죽음과 부활은 십자가 고통 속에서 이루어진 옛 시대에서 새 창조에로의 전환을 선포한다. 십자가 앞에서 사탄의 세력이 적나라하게 밝혀진다. 예수님은 사탄적인 지배질서 가운데서, 십자가에 희생하심으로써 그들의 폭력과 사악한 정체를 폭로하여 사람들로 하여금 그들의 실체를 똑바로 보게 하였다. 예수님의 십자가와 부활은 사탄의 권세들을 무장해제시키고 이기셨다.

십자가와 부활은 어둠 세력의 종결이다

예수님의 십자가와 부활 안에서 모든 옛시대의 어둠의 세력이 종결하게 된다. 그것은 부활한, 생명의 능력 안에서 죽음을 정복한 것이며 파괴, 질병 그리고 사탄의 세력에 대한 극복이며 그리고 무엇보다도 십자가에 달리신 분의 희생에서 이루어진 죄 용서이다. 그러나 예수님의 십자가와 부활은 이제까지 말한 속죄와의 관계에서뿐만 아니라 왜 선하시고 사랑이 많은 하나님이 계신다면 이처럼 이 땅이 고통스러운 일들이 일어나는가를 다루는 신정론theodicy의 대답이 여기에 있음을 최근 신학자들은 말하고 있다. N.T 라이트, 『하나님의 정의와 악의 문제』

하나님나라가 예수님의 오심으로 이미 도래했으나 아직도 약속 안에 있는 기다림이다. 단지 수동적이라는 말은 아니다. 하나님의 능력은 우리로 하여금 기다리고 희망하며 '당신의 나라가 임하소서'라고 간구하면서 긴장상태로 미래를 바라보게 한다.

　과연 그렇다면, 하나님나라가 시작되었다면 왜 이토록 하나님나라는 미약한가. 어느 곳을 보아도 그리스도의 승리를 보지 못하는 것만 같다. 하나님나라가 시작되었음에도 하나님의 통치는 잘 보이지 않는다. 우리로 이 중요한 질문에 대하여 아직도 활동하고 있는 사탄의 권세를 말하지 않을 수 없다. 신약성경은 예수님께서 악한 자를 누르고 승리하셨음을 주장하신다. 강한 자는 결박되었다! 여기 강한 자는 사탄의 세력이다.

> 그러나 내가 하나님의 성령을 힘입어 귀신을 쫓아내는 것이면 하나님의 나라가 이미 너희에게 임하였느니라. 마태복음 12:28

　하나님께서 인간사에 대해 무관심한 방관자가 아니시며 개인이 진정한 실존으로 인도되기를 관심 두실 뿐만 아니라 역사를 지배하시며 인간의 구원역사 속에서도 활동하신다. 기독교 신앙은 하나님나라를 역사의 목표와 인간 구원의 유일한 신앙으로 고백한다. 그러나 악에 대한 최종적 승리가 없다면 하나님나라는 공허한 꿈이 될 것이다. 그렇다면, 왜 이 땅에 전쟁과 기아, 비참, 부정의, 불의, 폭력 그리고 맘몬의 세력이 활개치고 있는가? 이처럼 하나님나라의 현재성과 미래성 안에도 커다란 긴장이 있다. 사탄의 세력이 십자가와 부활로 완전히 끝나긴 했지만, 이 세력이 계속적이며 종식된 것이 아니라는 현실이다. 이러한 사실은 예수님께서 우리에게 가르쳐주신 기도에서도 분명하게 나타난다.

우리를 시험에 들게 하지 마시옵고 다만 악에서 구하시옵소서. **마태복음 6:13**

우리를 시험에 들지 않도록 기도하는 것은 악한 세력이 아직도 준동하고 있다는 말이다. 시험은 죄악에 떨어질 위험을 초래하는 상황만이 아니라 인간으로 하여금 죄에 빠지도록 악한 자가 적극적으로 활동하고 있음을 말한다. 여기에서 '악에서 구해 주옵소서'의 기도는 '악한 자' 곧 사탄의 세력으로부터 구해 달라는 뜻이다. 주기도문은 전적으로 하나님나라가 임하였다는 정신으로 충만해 있고 이러한 사실을 주기도문의 처음 세 가지 간구에서 더욱 분명히 드러낸다.

그러나 여기 '시험'은 악한 세상이 하나님나라가 오기 전에 마지막 시대 속에서 갖가지 모습으로 가져다줄 고난을 말하고 있다. 그러므로 우리는 각종 비참한 악으로부터 구원해 주시기를 날마다 기도해야 한다. 기도와 거룩한 삶, 정의의 실천은 사탄의 세력과 싸우는 데 있어서 매우 중요한 무기다. 예수님의 활동 초기부터 광야에서 사탄이 예수님을 넘어뜨리려고 특별한 공격을 해왔던 것처럼 제자 된 우리는 사탄의 적개심과 악한 체계들과 힘써 싸워야 한다.

그래도 현재에 활동하는 사탄의 세력

예수님이 십자가를 지시기 전에 제자들은 '누가 크냐' 즉 예수님이 예루살렘에 올라가시고서 왕에 오르면 누가 한자리할 수 있을까 하는 논쟁에 몰두해 있을 때 예수님께서 말씀하신다.

시몬아, 시몬아, 보라 사탄이 너희를 밀 까부르듯 하려고 요구하였으

나. 누가복음 22:31

여기 '청구하다'라는 말은 '권리 양도에 대한 요구'를 한다는 말이다. 사탄은 여기에서 제자들에게 시련을 당하도록 청구하는 자로 등장한다. '밀 까부르듯이 한다'는 말은 베드로와 제자들이 시험을 받게 될 것이며 그것도 오늘 저녁에 있을 것이지만 그 이후에도 우리가 사는 날 동안 사탄의 역사는 계속 될 것임을 보여주고 있다. 예수님의 재림 때까지 당분간 우리는 사탄의 공격 안에 있다.

이것이 바로 원수들과 어둠의 세력의 때요,눅22:53 사탄의 세력이 크게 준동하는 때이다. 사탄과의 투쟁은 예수님의 오심과 사역 가운데 절정에 도달했고 이 투쟁이 끝난 것이 아니라 사탄의 권세가 지금도 지속한다는 것을 보여주고 있다.

예수님이 사탄으로부터 시험받으시고 나서 '사탄이 얼마 동안 떠나 있었다'눅4:13는 말은 사탄이 다시 돌아올 것임을 암시하고 있고 그 후 실제로 사탄이 예수님을 방해하려고 여러 차례 활동했음을 볼 수 있다. 예수님께서 고난받고 죽으리라는 예언의 말씀을 듣던 베드로가 예수를 붙들고 항변할 때 "예수께서 돌이키사 제자들을 보시며 베드로를 꾸짖어 이르시되 사탄아 내 뒤로 물러가라"막8:32~33 여기, 다시 나타난 사탄을 보게 된다.

오늘 우리가 사는 세상에도 아직도 여기저기에서 사탄이 활동하고 있다. 그러므로 이 세상에는 온갖 불의, 부정, 죽음, 고통, 억울함, 기근, 질병, 전쟁, 돈, 거짓, 분쟁 등 이해할 수 없는 미지의 힘들이 준동하고 있다. 사탄은 하나님이 창조하신 세계를 파멸하려고 아직도 애를 쓰고 있다. 사탄은 예수님이 오심으로 등뼈가 꺾였지만, 완전히 멸절되지 않았다는 사실을 알아야 한다. 이것이 왜 이 땅에 하나님이 계신다면 있을 수 없는 반갑지 않은 일들이 일어나고 있는가에 대한 성경적 답변이 된다.

신정론神正論 theodicy의 문제

선하시고 정의로운 주님이 이 세상을 창조하셨다면 이런 악의 문제들이 어디에서 왜 기원하고 있는가 하는 신정론의 문제는 계속 지속될 것이다. 신정론의 문제를 야기하는 사탄의 권세는 예수님이 가지고 오실 완성될 하나님나라가 오기까지 불행하게도 해결책 없는 문제로 남을 것이다. 이것이 성경이 말하는 신정론의 답변이다. 이런 의미에서 예수님과 사탄의 관계는 매우 중요한 것이다.

악의 문제에 대하여 수많은 종교와 철학자들이 이 문제에 대하여 설명하고 있다. 그러나 우리는 하나님나라의 현재성과 하나님나라의 미래성 안에서 그 해답을 발견하게 되는 것이다. 더러운 귀신은 아직 세상에서 쫓겨나지 않았다. 사탄의 세력은 집으로 다시 돌아오려고 몸부림치고 있으며 돌아올 것이다. 그리고 그 집이 비어 있고 청소되었으며 수리되어 있으나 새 주인이신 성령님이 그 집에 계시지 않는 것을 알고 더 악한 귀신 일곱을 데리고 온다.

사탄은 아직도 그 옛집을 차지하려 하고 있다.마12:43~45 그래서 "근신하라 깨어라 너희 대적 마귀가 우는 사자 같이 두루 다니며 삼킬 자를 찾나니 너희는 믿음을 굳건하게 하여 그를 대적하라 이는 세상에 있는 너희 형제들도 동일한 고난을 당하는 줄을 앎이라"벧전5:8~9

그러므로 우리도 내 삶 속에서 일어날 수 있는 악 때문에 근신하며 깨어있어 마귀를 대적해야 한다. 사탄이 이처럼 계속해서 집요하게 공격한다는 사실이 하나님나라 비유들에서도 나타난다. 마태복음

13:15 이하에 나오는 씨뿌리는 자의 비유는 종종 원수가 가라지를 뿌리는 교묘한 행동을 일으키고 있음을 말하고 있다. 마태복음 13:39절은 "가라지를 뿌린 원수는 마귀니라"고 규정하고 있다.

도저히 상상도 못할 가라지를 뿌리는 따위의 행동을 감히 자행하는 원수의 악한 적개심은 하나님나라를 향한 사탄의 사악한 대적으로 묘사되고 있다. 교회와 세상 안에 있는 거짓과 분쟁은 우리 가까이에 있다는 사실을 알아야 한다. 예수님과 거라사 군대 귀신과의 대화에서 귀신이 예수님을 향하여 "무저갱으로 들어가라 하지 마시기를 간구하였다"눅8:31는 말은 귀신들이 언젠가 강제로 심판의 자리에 내던져 지리라는 것을 의미한다.

요한계시록 20:10에서 "미혹하는 마귀가 불과 유황 못에 던져지니 거기는 그 짐승과 거짓 선지자도 있어 세세토록 밤낮 괴로움을 받으리라"라고 말하고 있다. 사탄의 권세가 예수님이 오실 때까지 지속할 것임을 보여줌과 동시에 그러나 더는 활동하지 못할 때가 올 것임을 말해준다. 마태복음 8:28~29절의 "예수님께서 가다라 지방에 가시니 귀신들린 자 둘이 무덤 사이에서 나와 예수님을 만나니 이에 소리질러 가로되 하나님의 아들이여, 우리가 당신과 무슨 상관이 있나이까 때가 이르기 전에 우리를 괴롭게 하려고 여기 오셨나이까"에서 '때가 이르기 전'의 '때'는 하나님께서 귀신들의 능력을 제거하여 그들의 영원한 심판에 빠뜨리기로 확정된 시점카이로스을 말한다. 그러므로 여기에 '때'는 사탄의 세력이 끝날 순간이요 동시에 그의 숙적인 메시아의 때가 시작될 때를 말한다. 그러나 '이때'는 아직 오지 않았다.

우리의 승리는 기정사실이다

이 모든 사실은 예수님께서 이 땅에 오심으로 시작된 하나님나라의 성격과 예수님께서 사탄의 권세보다 우월한 분임을 보여주고 있다. "우리의 승리는 기정사실이다. 그러나 승리는 아직 완전히 이루어지지도 철저하게 수행될 수도 없다. 이러한 실현은 하나님께서 정한 때를 기다려야 한다."헤르만 리델보스,『하나님나라』

지금도 하나님나라에 반하는 사탄세력들이 역사와 인간의 경험 속에 갖가지 어두운 모습으로 활동하고 있다. 사탄의 세력은 인간에게 무서운 적이며 하나님께서 악을 땅에서 멸하시고자 강력하게 개입하실 때까지 결국 무력해지거나 극복되지 않을 것이다.

사탄의 세력은 인간의 영혼과만 관련된 것이 아니라 사회적 특성이 있다. 사탄은 거짓과 미혹과 고소의 영으로써 인간이 만들어 낸 정치, 경제, 사회, 예술, 교육 등 다양한 방면의 구조와 사건들 속에서 적극적으로 활동하고 있다. 모든 조직과 사회제도 속에서 악은 활동하고 있다. 여러 종교는 말할 것도 없고 교회 자체도 하나님나라에 적대적일 수 있다.

어떤 의미에서 한국교회도 하나님나라에 적대적이라 할 수 있다. '사탄의 권세가 한국교회를 지배하고 있는 것은 아닌가!' 변질한 한국교회를 보면서 나는 그런 생각에 골몰할 때가 있다. 무서운 일이다. 역사는 하나님나라와 악의 영역에서 계속되는 투쟁을 우리에게 보여준다. 사탄의 권세는 비인격적인 실체가 아니며 추상적인 것도 아니며 인간의 내면에만 활동하는 것이 아니다.

조지 래드G. E. Ladd는 "재림 신앙이야말로 악을 멸망시키는 근본적인 기독교의 본질이다"라고 했다. 이것은 역사가 인간을 스스로 구원할 수 없다는 것을 의미한다. 인간이 만들 수 있는 나라는 인간 나라일 뿐이다. 하나님께서 역사가 멸망하도록 두시지는 않을 것이다. 하나님나라는 자기 아들 예수 그리스도를 통해서 인류와 역사를 구원하시고자 역사 속으로 들어오셨다. 예수님은 이 세상과 역사를 구원하고자 성육신하신 것이다. 이것이 진정한 크리스마스의 의미이다. 예수님의 오심으로 시작되는 하나님나라는 겨자씨와 같고, 한 줌의 누룩과 같다. 이처럼 하나님나라는 보이지 않는 데서 시작하고 마지막에는 웅대한 모습으로 나타날 것이다. 예수님 안에서의 하나님의 구속활동 안에는 사탄에 대한 승리가 포함되어 있으며 이렇게 하여 마지막 날에 세계는 모두 구원을 받게 될 것이다. 그때에는 사망이 없고, 애통해하는 것이나 곡하는 것이나 아픈 것들이, 그리고 우리가 알 수 없는 일들이 다시는 있지 않을 것이다!

하나님께서는 교회를 통하여 인간과 역사에 말씀하신다. 그러므로 교회는 있는 듯 없는 듯 존재하는 것이 아니라 사탄의 권세와의 심각한 긴장, 날카로운 긴장을 만들어 내어야 한다. 예를 들면 인간탐욕과 이기심으로 충만한 자본주의 시스템에 이의를 제기해야 한다. 부정의와 불의로 가득한 정치에 항의하고 싸워야 한다. 새로운 대안공동체로서의 교회는 결코 안이하게 살 수 없으며 종종 박해를 당할지라도 궁극적 승리를 확신하면서 이 세상을 향한 거룩하고 복된 공격을 감행해야 한다. 이 세상의 친구가 되는 자는 하나님의 적이 되는 것이다.약4:4 예수님께서 다시 오실 것이기 때문에 우리는 임박성에 대한 역동적 의식을 가지고 교회를 보존하고 세상에 흡수되지 않아야 한다. 모든 정치적 불의, 경제적 부정의, 인종차별, 전쟁, 기아, 이기심을 극복하는 새로운 대안 공동체가 되어야 한다. 그리고 나서야 교회는 사회와 역사를 향하여 말할 수 있다.

그러나 안타깝게도 교회는 이 악한 시대와 싸워야 할 영적 기백을 잃고 빛과 소금의 특징을 잃어 버리고 있는 것은 아닌가! 예수님은 역사와 종말 사이에서 예언자적 긴장과 승리를 확신하고 계셨지만, 역사에 대한 묵시록적 비관론에 빠지지는 않으셨다. 결코, 역사는 악의 권세에 굴복할 수 없다. 역사는 하나님과 악의 권세들 사이의 우주적 투쟁의 장소이다. 그럼에도, 신학자 오스카 쿨만Oscar Cullman이 말한 대로 우리는 예수님께서 십자가와 부활하심으로 사탄과의 전쟁에서 초림Victory day으로 사탄의 등뼈를 꺾는 사건이 일어났고 그분의 재림에서 'D-day'decisive day 의 승리, 곧 결정적인 승리를 거두실 것을 알아야 한다.

마치 일본제국주의가 일왕의 8.15항복에도 불구하고 일본 군인들은 상당기간 동안 부분적 전투를 보여준 것처럼 말이다. 승리를 이미 얻었으나 아직 당분간 싸움은 계속되고 있다. 우리는 혹시 사탄의 권세를 아예 무시하거나 아니면 희화화하지는 아니하는가! 이것이야말로 C.S 루이스가 『스크루테이프의 편지』에서 말한 대로 악의 권세에 속아 넘어가는 것이다. 그럼에도 불구하고 하나님나라는 성장하고 있다.

그럼에도 하나님나라는 지금 성장하고 있다!

예수님이 오심으로 하나님나라가 왔다. '몸소 하나님나라'로 오신 씨앗은 이 땅에서 성장한다. 그렇다면 세상 안에서 아무것도 달라진 것이 없는데 어떻게 하나님나라가 왔다고 할 수 있는가? 이것은 유대인의 질문이요 비그리스도인의 질문이요 그리스도인이 혼돈에 빠질 수 있는 문제다. 나는 여기서 겨자씨 비유와 누룩의 비유를 통해 설명하려 한다.

> 겨자씨 한 알과 같으니 땅에 심길 때에는 땅 위의 모든 씨보다 작은 것이
> 로되. 심긴 후에는 자라서 모든 풀보다 커지며 큰 가지를 내나니 공중의
> 새들이 그 그늘에 깃들일 만큼 되느니라. 마가복음 4:30-32

> 마치 여자가 가루 서 말 속에 갖다 넣어 전부 부풀게 한 누룩과 같으니라
> 하셨더라. 누가복음 13:20-21

이 비유들은 하나님나라의 현재성과 미래성을 동시에 보여주는 내용이다. 이 비유에는 하나님나라의 은닉성, 점진성, 필연성을 잘 보여주고 있다. 하나님나라는 겨자씨와 같이 또는 큰 반죽 덩어리에 감추인 누룩같이 조그맣게 시작한다. 너무 미미해서 믿음의 눈에만 보일락 말락 한다.

이것은 이 세상에서의 하나님나라의 은닉성을 보여준다. 그러나 하나님나라는 필연적으로 성장해 간다. 씨 속에 생명이 있기에 아무리 작은 겨자씨도 심기면 필연적으로 자라게 되어 있듯이 하나님나라는 창조주 하나님의 통치이므로 아무리 미약하게 시작되고, 또 아무리 완강한 사탄적 저항이 있어도 필연적으로 자란다. 겨자씨 비유가 하나님나라의 외연外延의 확대를 말한다면 누룩의 비유는 하나님나라가 이 세상에 가져오는 질적변화를 가리킨다.

"실제로 예수님은 갈릴리 어부 몇 명을 데리고 하나님나라를 시작하셨다. 당시 로마제국이 볼때도 당시 유대 사회의 관점에서도 그것은 겨자씨와 같이 또 누룩과 같이 미미한 것에 불과했고 알려지지도

않았다. 그러나 그것은 유대와 로마의 통치자들을 앞세운 사탄의 권세의 극단적 저항과 핍박에도 불구하고 점진적으로 자라서 주후 313년에는 로마제국의 콘스탄티누스 황제가 주 예수 그리스도에게 무릎을 꿇고 하나님의 통치를 받아들였으며, 그 결국 로마제국의 모든 족속들에게 그리스도의 복음이 전파되는 길이 열렸다. 하나님나라는 계속 성장하여 오늘까지 전 세계의 모든 나라들로부터 그의 백성을 불러 모았고 심지어 극동의 우리나라에까지 하나님나라가 들어온 것이다.

겨자씨와 같이 미미하게 시작한 하나님나라가 점진적으로 자라 큰 숲을 이루어 많은 새들(세상의 많은 민족들을 가리키는 그림언어)이 그 속에서 구원의 안식처를 얻은 것이다. 또 지난 2000년 동안 세계적으로 민주주의 성립, 인종차별폐지, 남녀차별폐지, 노예제도폐지, 비폭력투쟁, 고문폐지, 자본주의에 대한 개선의지, 인권의식의 증진, 복지국가 지향 등 구원의 구체적 실현을 얼마나 많이 가져오고, 얼마나 많은 문화적 변혁을 실현했는가."김세윤 김회권,『하나님나라 복음』

"하나님나라는 동심원적 확장구조를 이루며 성장한다. 하나님나라는 먼저 개인의 인격과 삶에 임하고 다음으로 인간관계에 임하고, 가족 관계에 임하고, 교회에 임하고, 일반 사회에 임하고, 국가에 임하고 마침내는 온 세계에 임한다. 이와같이 하나님나라는 개인의 구원으로부터 세계변혁에까지 이르게 한다."김회권, 김세윤,『하나님나라 복음』

창조의 세계는 누구에게나 허락된 공간이며, 따라서 특정인간이나 집단이나 국가에 의해 차단되거나 독점될 수 없다. 창조된 세상은 모든 사람을 위한 의와 공도righteousness and justice, 창세기 18:19와, 그리고 공동선共同善을 이루는 나라를 이루어야 한다. "창조된 이 세계는 인간의 사적 영역이 아니라 하나님의 영역, 즉 공적 영역이며 이 땅에 존재하는 인간들과 동물들을 포함한 모든 만물의 공생을 위한 영역이다."손규태, 『하나님나라의 공익성』

그리스도인들은 그동안 하나님나라의 가치를 추구하기 위해 얼마나 많이 헌신했고 얼마나 많이 피 흘렸던가! 하나님나라의 복음은 이와 같이 하늘과 땅을 지으신 창조주 하나님나라의 복음이기 때문에 아무리 핍박과 저항이 있어도 필연적으로 자라게 되어 있다.

여기서 누룩의 비유가 말해주는 질적 변화에 대해서 생각한다. 조그만 누룩이 큰 반죽덩이를 변화시키듯이 하나님나라는 인간의 가치관, 윤리를 변화시켰다. 서구 문명사는 어느 정도 그것을 우리에게 보여준다. 반면 힌두교, 유교, 불교, 도교 사상에 여성 해방에 대한 메시지가 있는가? 노예 또는 상놈들의 인권증진을 위한 노력이 있었는가? 도리어 카스트제도, 양반상놈 차별, 여성 굴종, 인권 억압을 종교적으로 정당화 해 주지 않았는가. 이런 억압의 삶을 끊고 역사 속에서 그러한 문제들에 대한 해결의 실마리를 가져 온 것은 바로 복음이었다. 아직은 부족하지만 하나님나라가 누룩같이 작용하여 정치, 사회, 경제 등 여러 영역에서 세계 변혁을 가져온 것이다.

하나님나라가 마침내 승리할 것이다

우리는 예수님을 통해 악의 권세들의 반역이 깨뜨려지고 그동안 품어왔던 허위의식이 분쇄되었음을 선포해야 한다.

예수님께서 재림하실 때에 'V-day'victory day 최후 승리의 날이 올 것이다. 이때 우리도 새 하늘과 새 땅에 이를 것이다. 사탄의 세력이 완전히 해체되고 하나님은 마침내 승리하실 것이다. 그러므로 이제 우리는 지금 순종을 통해 완성해 나가야 할 성취된 승리 가운데 살고 있다.

요약하면 하나님나라의 현재성과 미래성 사이의 중간기간 안에 사는 우리 그리스도인은 예수그리스도의 십자가와 부활로 사탄의 권세가 무너졌으나 그럼에도, 사탄의 잔당들이 완전히 소탕되지 않았기에 미래에 올 하나님나라의 승리를 확신하면서 사탄의 권세에 대항하는 거룩한 전투적 삶을 살아야 할 것이다. ＊

하나님나라와 권세

바울은 권세들과의 전쟁을 교회가 치열하게 수행할 것을 말하고 있다. 악의 세력은 우리 주위를 맴도는 작고 앙증맞은 만화의 주인공이 아니다. 악의 세력이 여러 모양, 여러 형태로 준동하고 있다는 사실을 놓쳐서는 안 된다. 교회를 비롯한 정치, 경제, 사회, 교육 등의 모든 부분에서 권세들이 활동하고 있다는 사실을 분명히 알아야 한다. 우리의 궁극적 싸움의 대상은 혈과 육이 아니요 보이지 않는 악의 권세들임을 알아야 한다. 이 땅에서 우리가 하나님나라를 세우기 위해 할 일은 인간들과의 투쟁이 아니라 권세와의 투쟁임을 알아야 한다.

지금까지 많은 그리스도인들 대부분이 신약성경의 가르침은 일반적으로 철저하게 개인 지향적이기 때문에 정치나 사회문제와는 아무 상관이 없다고 말해왔다. 루터와 경건주의 이후 특별히 기독교 실존주의가 현대의 세속적인 개인주의와 결합하고 더 나아가 심리학자인 프로이트Sigmund Schlomo Freud와 융Carl Gustav Jung에 의한 인간의 개별성에 대한 강조가 심화하면서 신앙의 문제가 개인의 문제로 자리를 잡게 되었다. 이에 발맞추어 예수님 가르침도 개인중심의 부름이었다고 말하는 신학적 추세를 이루어 왔다.

그러므로 기독교는 사회와 정치와 같은 세상 돌아가는 일과는 아무 상관이 없다고 말한다. 언뜻 보면 예수님은 사회윤리에 대해 별로 말씀하시지 않은 것 같다. 그리고 바울에 오게 되면 이런 사회 윤리적 차원이 완전히 사라져 버린 것 같다. 그래서 초월의 세계, 영혼, 칭의, 화해, 예정론 등의 주제들이 우리의 모든 관심을 개인적이고 내면적 관심으로 돌리고 우리는 개인적 신앙에 안주하게 되었다.

개인적이고 내면적 신앙의 한계에 대한 종지부

그런데 성경신학에서 지난 한 세대를 거치면서 이 분야에 대한 놀라운 진전이 있었다. 헨드리쿠스 베르코프Hendrikus Berkhof, 케어드 G.B. Caird, 맥그리거G.H.C. MacGreger, 마르쿠스 바르트Markus Barth, 월터 윙크, 하워드 요더J.H. Yoder, 자끄 엘륄, 레슬리 뉴비긴 등에 의해 연구됐고 신학자들에 의해 상당한 일치를 보여주고 있다. 그것은 다름 아닌 바울 서신에 나오는 '통치자들과 권세들'principalities and powers 혹은 '왕권들과 주권들'thrones and dominions의 뜻하는바가 정치 사회적 색채가 짙은 용어라는 점이다. 이것은 사회 윤리학에 커다란 힌트를 주었다. 엡6:10-13

그동안 이런 표현들에 대해 신학자들과 목사들은 전혀 관심이 없었고 미신들로 취급하면서 쓰레기통에 처박아 버렸다. 그러나 권세에 대한 방대한 연구를 한 월터 윙크Walter Wink의 말대로 위에 나온 "성경의 언어들을 이해하지 못한다면 성경의 기초 위에 사회윤리를 구축할 수 없다"월터 윙크, 『사탄의 체제와 예수의 비폭력』

그는 권세들이 모든 구조와 체제 속에 활동한다는 사실을 알게 되었다. 앞에서 우리는 바울 서신에 나오는 '통치자들', '권세들', 혹 '왕들', '주권들'을 본 바 있다. 과연 사도바울이 왜 이런 용어를 사용하였을까. 그동안 수세기에 걸쳐 많은 신학자는 이러한 낱말에 대해 주의를 기울이지 않았다. 그런데 바울이 말한 성경 구절 속에서 윤리적 퍼즐들이 놀랍게 맞아가는 것을 알았다.

　신학자들은 1,2차 세계대전의 가장 문명화된 사회의 표면을 부수고 드러내는 악의 권세를 설명할 수 있게 되었다. 1,2차 세계대전은 인간의 이성과 합리성들이 여지없이 깨지는 사상사적으로 충격적인 사건이다. 이제 더는 인간의 지성과 제도들이 모든 문제를 해결할 수 없다는 사실을 알게 되었다.
　신학자들은 예수그리스도를 믿는 신앙이 엄청난 세계적 혼란 속에 있는 사회를 향해 무슨 말을 해 줄 수 있을지 새롭게 묻기 시작했다. 신학자들은 별로 관심이 없었던 신약의 구절들을 새롭게 발견하게 되었다. 우리는 시대와 시대를 건너오면서 알 수 없었던 성경의 언어들을 새로이 발견할 수 있었다는 재미있는 현상을 보게 된다. 성경은 시간이 갈수록 우리에게 지평을 넓혀, 깊고 넓은 의미를 보게 한다.

> 그는 보이지 아니하는 하나님의 형상이시요 모든 피조물보다 먼저 나신 이시니 만물이 그에게서 창조되되 하늘과 땅에서 보이는 것들과 보이지 않는 것들과 혹은 왕권들이나 주권들이나 통치자들이나 권세들이나 만물이 다 그로 말미암고 그를 위하여 창조되었고 또한 그가 만물보다 먼저 계시고 만물이 그 안에 함께 섰느니라. 골로새서 1:15~17

왕권들, 주권들, 통치자들

위의 구절에서 '함께 섰다'라고 번역한 단어는 영어의 시스템system과 어원이 같다. 예수 그리스도 안에서 모든 것이 질서를 갖게 되고 체계화된다. 다시 말해 그분 안에서 모든 것이 함께 선다. 이는 피조계의 질서 그러니까 본래 하나님의 계획안에서 하나님의 선물로 주어진 그 질서를 말하는 것이다.

사회와 역사, 자연조차도 규칙, 제도, 질서 없이는 불가능하며 바로 이러한 필요를 하나님이 세워 주셨다. 우주는 자의적으로 즉흥적으로 제멋대로 끊임없이 반복하지 않는다. 모든 것이 질서를 가진 형태로 창조되었으며 그래서 하나님께서 "보시기에 좋았다"고 하셨다. 창조의 모든 것, 보이거나 보이지 않는 실재들이 권세들에 의한 중재를 통해 나타난다. 그러나 불행하게도 권세들이 타락했다. 이 권세들은 우리를 하나님으로부터 분리diabolos시키려 하고롬3:28 이들은 우리를 하나님의 사랑에서 동떨어져 살아가는 사람들을 지배하며엡2:2 우리를 권세들의 통치 가운데 예속시키고 그들의 인도 아래 묶어 두려 한다.갈4:3

타락한 권세는 이처럼 우리들의 삶에 깊은 관련을 가진다. 벌코프는 권세들이 인간의 전통, 도덕, 종교, 윤리적 규칙들, 정의, 국가, 정치, 계급, 사회적 갈등, 민족주의, 민주주의, 자본주의, 여러 사상 그리고 다양한 삶의 양식 등 수많은 체제 안에서 인간을 노예로 만들려 하고 있다고 말한다. 자끄 엘륄은 권세가 돈, 이 세상 통치자들, 거짓, 고소, 분열, 파괴, 영적 권세들의 결집과 승리들을 통해 나타난다고 말한다.『뒤틀려진 기독교』

마르바 던Marva J. Dawn은 『세상 권세와 하나님의 교회』에서 경제, 정치, 미디어, 각종 제도, 이미지, 이데올로기, 기술, TV, 돈, 각종 체제, 경쟁들을 통해 권세들이 온통 우리가 사는 세상 구석구석에서 활동하고 있음을 보여주고 있다. 그는 "권세는 인간이 절대적인 것으로 생각하는 구조들과 체계를 동원하여 이 세상 안에서 인간을 노예로 만들고 있다"라고 말한다. 위에서 모든 권세를 나열한 것은 아니지만 권세가 어떠한 것인가 눈여겨보기 바란다.

위에서 말한 권세들은 원래 유익한 것들이지만 그러나 그것들이 신들로 숭배되면서부터 악의 권세가 된다. 바레트C.K. Barrett는 "우상 숭배란 그것이 하나님께 돌려져야 할 영광을 빼앗기 때문에 악하며, 인간이 유일하신 참 하나님이 아닌 다른 존재를 향하여 그에게 경배드리며 또한 영적 행위에 참여함으로써 악한 영의 세력과 교감하는 것이기 때문에 악한 것이다"라고 말한다.

TV는 TV이다. 그러나 TV는 목사의 설교보다 인기가 있고 설득력을 가지고 있다. TV는 어느샌가 영적 권세를 이루면서 많은 사람에게 엄청난 세력으로 등장한다. 마찬가지로 권력이 권세로 등장한다. 권력은 사람들에게 사모하는 것이 되었다. 돈은 권세들 가운데 하나다. 돈이 악하다는 말이 아니다. 그러나 돈이 하나님이 되면 모든 세상사들 가운데 큰 세력이 되고 인간관계를 비롯한 모든 관계들을 왜곡시킨다. 돈은 신비하고 막강한 힘을 가지고 있다. 마르크스는 『자본론』에서 '돈은 모든 것을 변화시키는 화학적인 힘이다'고 했다. 그리하여 돈은 권세가 된다. 예수님은 돈을 맘몬이라고 말씀하신다. 그러므로 돈은 우상이다.

여기에서 각종 질서와 체제 그 자체가 권세냐 아니면 체제 속에서 권세들이 활동하느냐는 질문이 제기된다. 그러나 체제 자체가 권세들이 아니라 권세들이 체제 안에서 활동한다고 보아야 한다. 체제 자체가 권세라면 권세와 체재를 동일시하는 오류에 빠질 수 있다. 존 스토트, 『에베소서: 하나님의 새로운 사회』

교회까지 침투한 권세들

로잔언약은 '우리는 교회를 넘어뜨리고 세계복음화라는 교회의 사명을 좌절시키려고 애쓰는 정사와 악의 권세들과 끊임없는 영적 싸움을 하고 있다는 사실을 믿는다'고 말한다.

마르바 던은 교회까지도 권세 아래 놓이게 되었다고 그의 책 한 장을 할애하여 강조하고 있다. 오늘날 교회는 예레미야가 이스라엘을 향하여 말하는 것처럼 '음행'하고 있는 현실을 본다. 여기 '음행'한다는 말은 하나님께 대한 사랑의 정조를 잃고 오히려 하나님을 대적하는 권세가 되었다는 것이다. 참으로 놀라운 일이다.

사탄은 자기 목표를 최대한 빨리 성취하려고 목사들과 그들의 사역에 끊임없이 접근하려 애쓰고, 오로지 그들을 부패하게 하는 데 힘을 쓰고 있다. 이들의 타락은 교회의 붕괴를 가지고 온다. 또한, 경쟁을 거의 신격화하는 우리 문화 속에서 경쟁의 강박관념은 교회 안에도 활발하게 생긴다. 교회성장에 대한 관심이나 교회생존에 대한 관심 때문에 우리는 사탄의 권세들이 교회 지도자에게 성공을 위한 기술과 테크닉 등 마케팅 전략에 모든 관심을 두게 하는 현실을 본다.

예수님에 대한 사탄의 시험이 경제적 권력, 정치적 권력, 종교적 권력에 대한 것이어서 예수님께서는 이 세 가지 권력을 거부했음에도 불구하고 한국교회는 오히려 이것들을 추구하고 있다. 설교와 말씀이 오히려 하나님의 말씀이 되지 않고 권세의 세력 안에서 놀아난다.

자끄 엘륄은 『뒤틀려진 기독교』에서 "2천 년 동안 교회가 완전히 성경과는 다른 사회와 문명을 낳게 되었다"라고 말하면서 "기독교는 오히려 역사적 실천 가운데서 예수님의 말씀들을 거꾸로 뒤집어 왔다"라고 말하고 있다. "만약에 교회가 진리에 충실하였더라면 맘몬, 정치권력, 기독교, 도덕성, 문화 등 모든 권세를 뒤집어엎었을 것이다. 불행히도 역사적 기독교는 이 일을 해내지 못했다." 또한 교회는 지금 '소비자 중심교회'가 되어가고 있다. 하나님의 말씀이 사람들에게 선포되는 것이 아니고 사람들이 좋아하는 말만 하는 교양수준급으로 전락했다.

물론 이러한 교회들이 수적으로 성장한다. 그러나 이러한 현상을 최고의 영성신학자인 유진 피터슨Eugene H. Peterson이 "소비자 중심 교회는 사탄의 교회다"라고 말한 것은 옳은 지적이다.유진 피터슨, 『현실, 하나님의 세계』 그런데도 그리스도인은 너무 소극적이고 내향적이어서 지금 이땅에 권세가 준동하고 있음에도, 어떤 모순도 인식하지 못하는 어린아이와 같이 유치하고 순진하다. '사탄이 없다'는 생각을 사람에게 넣는 것이 사탄이 하는 일인데, 그런 의미에서 우리는 사탄의 지배를 받고 있다.

이렇게 온 세계가 악의 권세에 굴복하고 있다면 예수 그리스도의 사역은 무슨 의미가 있는가! 이처럼 사탄의 권세들이 준동하는 이때에 주님께서 하신 일은 권세들의 주권을 깨뜨리시는 일이시다. 우리는 예수님을 십자가에 못박아 죽인 유대종교와 로마정치가 어떻게 사탄의 권세가 되었는지 볼 수 있다. 예수님은 권세들 즉 어떤 법이나 관습, 기구, 체제, 가치나 이론의 종이 아니시다.

우리를 거스르고 불리하게 하는 법조문으로 쓴 증서를 지우시고 제하여 버리사 십자가에 못 박으시고 통치자들과 권세들을 무력화하여 드러내어 구경거리로 삼으시고 십자가로 그들을 이기셨느니라. 골로새서 2:14~15

그리스도는 이렇게 악의 권세를 무력화시키고 승리하셨다. 이 승리의 구체적 증거는 십자가 위에서 그리스도께서 세상 권세를 무장 해제시키셨다는 데 있다.

그리스도는 세상 권세를 무장 해제시키셨다

예수님을 죽인 것은 무종교가 아니라 종교이며 법이 없어서가 아니라 법이 죽인 것이다. 무정부주의자들이 아니라 질서가 그를 죽인 것이다. 그들은 짐승같이 야만적이 아니라 당대의 최고의 사람들이다. 그들은 참된 종교, 참된 율법, 참된 질서를 가지고 예수님을 십자가에 죽였다. 그러나 십자가는 실패의 상징이 아니라 정사와 권세의 실패들을 보여준다. 예수님의 죽음과 부활을 통하여 권세들에 대한 승리를 보여 주셨다.

그리스도의 부활과 악한 권세에 대한 승리는 그리스도가 오신 이후 인간이 만들어낸 것들이 환상이라는 것을 보여준다. 어떤 권세도 우리를 그리스도 안에 있는 주의 사랑에서 끊을 수 없다. 롬8:39 예수님께서 십자가에서 권세들의 통치권을 깨뜨리셨기 때문이다.

이같은 사실은 그리스도인들에게 중요한 의미를 지닌다. 만약 교회가 권세들에 대하여 저항과 공격을 할 수 없다면, 만약 교회와 신자들이 어떻게 권세로부터 자유롭게 살 수 있을지를 보여주지 못한다면, 이 시대의 신들에 대항한 다른 어떤 저항이나 공격도 무의미한 몸짓에 지나지 않는다. 교회가 맘몬의 수중으로부터 기꺼이 벗어났다는 사실을 보여줄 때 교회는 맘몬을 향해 하나님의 지혜를 선포할 수 있다. 1932년 본회퍼는 "사탄들이 이 세상의 지배권을 장악하였다는 사실과 여기 이처럼 악독한 음모를 꾸민 것이 바로 어둠의 권세라는 사실을 알고도 이렇게 보고만 있을 것인가"라고 말했다. 정의와 자비가 우리 교회공동체 속에 충만하고 사회적 차별이 자리를 잡을 수 없을 때 우리도 비로소 사회의 불의와 부정의에 항거할 수 있다. 교회는 경제적 차별과 인종차별 등 모든 차별을 극복하는 새로운 공동체의 본보기가 되어야 한다. 마르바 던이 말한 대로 "악에 대한 그리스도의 승리는 고립된 각자 그리스도인이 아닌 신자들의 공동체, 즉 교회를 통해 실현되어야 한다."

하워드 요더의 말처럼 "과연 새로운 인류로서 하나님나라의 전진기지인 교회 공동체가 권세들의 체제들을 물리칠 수 있을지 확신하기 어렵다. 그저 언어적 선언만 있을 뿐이지 사회적 갱신과 변혁의 도구로써 교회의 역할을 하고 있는가를 묻지 않을 수 없다. 교회의 소명은 하나님께 대한 예배와 사회를 위한 말씀과 양심의 수종자가 되는 것"이다. 교회는 악한 권세들이 언제, 어디서 활동하는지를 분별할 수 있는 눈과 충분한 경험을 가져야 한다.

조용기 목사를 중심으로 하여 '기독 사랑당'을 창당하는 것은 그동안 한국교회가 정치 문제에 대하여 전혀 훈련되지도 않았을 뿐만 아니라 교회가 얼마나 권세에 무지한가를 보여주는 한편의 희극이다. 교회의 예언자적 기능은 정치조직에 가담하거나 만드는 것보다 불의에 대항하는 것이 더 효과적이라는 것을 알아야 한다. 교회는 인간사회를 위한 좀 더 가치 있는 질서와 구조를 만들어 내는 일에 이바지하도록 부르심을 받았다.

사탄의 권세를 볼 줄 알아야

우리가 믿는 예수님은 주님이며 모든 것 위에 예수님은 왕이시다. 그 어떤 것도 예수님의 주님 되심 앞에 서야 한다. 그러므로 교회는 악의 권세로 둘러싸인 사회, 정치를 향해 하나님의 복되고 거룩한 공격을 감행해야 한다. 교회야말로 권세들이 계속 제압되는 장소이며 권세들의 최종 운명을 미리 나타내는 영역이다.

요한 크리스토퍼 블룸하르트John Christoper Blumhardt 처럼 악의 세력과의 충격적 투쟁에서 이긴 다음에 "예수님의 정복자 되심은 영원히 확립된 사실이다. 온 세계가 주님의 것이다"라고 외칠 수 있어야 한다.

권세들이 예수님의 십자가를 통해 패배한 것은 일종의 우주적 요술 때문이 아니라 역사 안에서 일어난 십자가 사건 때문이다. 십자가의 영향력은 예수님이 왕적 요구를 하는 자로서 주권적으로 역사 하는 것이다. 사도바울은 에베소서 6장에서 권세들과의 전쟁을 교회가 치열하게 수행해야 할 것을 말하고 있다.

> 끝으로 너희가 주 안에서와 그 힘의 능력으로 강건하여지고 마귀의 간계를 능히 대적하기 위하여 하나님의 전신 갑주를 입으라 우리의 씨름은 혈과 육을 상대하는 것이 아니요 통치자들과 권세들과 이 어둠의 세상 주관자들과 하늘에 있는 악의 영들을 상대함이라 그러므로 하나님의 전신 갑주를 취하라 이는 악한 날에 너희가 능히 대적하고 모든 일을 행한 후에 서기 위함이라 그런즉 서서 진리로 너희 허리 띠를 띠고 의의 호

심경을 붙이고 평안의 복음이 준비한 것으로 신을 신고 모든 것 위에 믿음의 방패를 가지고 이로써 능히 악한 자의 모든 불화살을 소멸하고 구원의 투구와 성령의 검 곧 하나님의 말씀을 가지라 모든 기도와 간구를 하되 항상 성령 안에서 기도하고 이를 위하여 깨어 구하기를 항상 힘쓰며 여러 성도를 위하여 구하라. 에베소서 6:10~18

바울은 여기에서 권세들과의 전쟁을 교회가 치열하게 수행할 것을 말하고 있다. 악의 세력은 우리 주위를 맴도는 작고 앙증맞은 만화의 주인공이 아니다. 악의 세력이 여러 모양, 여러 형태로 준동하고 있다는 사실을 놓쳐서는 안 된다.

교회들을 비롯한 정치, 경제, 사회, 교육 등의 모든 부분에서 권세들이 활동하고 있다는 사실을 사도 바울은 말하고 있다. 우리의 궁극적 싸움의 대상은 단지, 혈과 육이 아니요 보이지 않는 악의 권세들임을 알아야 한다. 이 땅에서 우리가 하나님나라를 세우기 위해 할 일은 단지 인간들과의 투쟁이 아니라 영적 권세와의 투쟁임을 알아야 한다. 이 말씀들은 하나님나라가 저절로 확장되는 것이 아니라 사탄의 권세와의 투쟁 가운데 이루어질 것을 보여준다.

권세들과의 투쟁

그러려면 우리는 영적으로 완전 무장을 해야 한다. 이 세상의 임금, 사탄은 천하 만국을 다스리는 자이다. 이 악한 영들은 책략을 가지고 교활하게 활동한다. 사탄은 광명의 천사로 가장하기 때문에 우리가 잘 분별할 수 없는 존재다. 사탄의 세력은 위험스런 일이지만 선한 양으로 가장하고 그리스도의 양무리 속으로 들어온다. 우리는 이 땅에 그리고 교회 안에 존재하는 악의 세력이 활발히 활동하고 있음을 영적 통찰력으로 간파해 내야 한다. 우리는 그러한 것을 단지 사회학적이고 심리학적 차원으로 보아서는 안 된다. 권세는 '이 세상의 신'고후4:4, 요한12:31,14:30으로 하나의 체계이며 이 체계 속에서 악이 조직화한 형태로 선에 대항하고 있다. 세상이 이와 같은 특징을 갖는 것은 세상과 사탄과의 연계에 기인한다. 즉 사탄의 세력은 '이 세상을 다스리는 권세들'고전2:6이요, '정사와 권세의 이 어둠의 세상 주관자들'엡6:12이요, '이 세상의 기본적 요소들'갈4:3,9, 골2:8,20이다. 이와 같은 세계관은 바울 서신 전체에서 발견된다.

위 본문에서 '대적하다', '서다'는 말이 네 번 반복되고 있다. 그리스도 안에서 견고하게 서 있지 않으면 마귀의 먹이가 되기 쉽다. 진리, 의, 복음, 믿음, 구원, 하나님의 말씀과 기도는 권세와 정사를 이길 수 있는 완전무장의 도구들이다.엡6:10-13

무엇보다 권세들을 이기려면 우리는 기도해야 한다. 기도는 항상 고통 어린 투쟁 속에서만 할 수 있다. 기도는 권세들과 맞붙는 우리의 필수불가결한 수단이다. 오직 기도만이 우리 자신과 권세와 정사들을 제어하는 힘이다. 성령님께서도 우리의 약함 속에서 탄식하며 기도하신다. 기도 없는 사회적 행동은 영혼이 없고, 행동 없는 기도는 불완전한 것이다. 하나님나라는 기도를 통해 앞으로 나간다. 기도는 하나님의 능력 안에서 불가능한 것까지도 기대하게 하는 힘을 준다.

더욱 강력하고 공격적이고 열정적인 기도를

기도와 권세와의 관계를 생각해본다.

우리 대부분은 응답받지 못한 기도의 경험을 하고 우리 신앙이 부족하여 거절되는 것으로 생각하기 쉽다. 기도 속에서 너무 많은 좌절을 경험한다. 물론 기도하여도 정욕으로 잘못 구하면 응답이 없는 것은 당연하다. 약4:2-3 믿음이란 느낌이나 귀신을 불러내는 능력이 아니라 하나님이 이 세계에서 결정적으로 행동하실 수 있다는 것을 신뢰하는 것이다.

다니엘서에 나오는 다니엘의 기도에 대하여 살펴보기로 하자. 다니엘서에 나타난 다니엘의 기도는 기도의 응답을 차단하는 권세들이 있음을 보여주고 있다. 다니엘은 하나님께 충성스러운 종이었다. 다니엘은 바벨론과 페르시아에서 높은 지위까지 올라간 사람이다. 페르시아의 왕 고레스는 유대인들을 포로에서 놓아주어 왕국의 재정으로 그들에게 성전을 짓도록 했으나 이에 응하는 유대인이 없었다. 유대인들은 패망 이후 구심점이 없이 산산조각난 상태가 되어버렸다. 그리하여 다니엘은 이스라엘 민족을 위해 금식기도에 들어간다. 기도한지 21일 후에 천사가 와서 말하기를 '다니엘아, 두려워 말라 네가 기도하는 첫날부터 하나님이 너의 기도를 들으셨다'라고 말한다.

만일 다니엘이 기도한 첫날부터 하나님이 기도를 들으셨다면 왜 천사는 21일 후에 나타난 것일까. 천사는 말하기를 페르시아 왕국의 천사가 21일 동안 방해했기 때문이라고 말한다. 그래서 천사는 올 수 없었고 최고 천사인 미카엘 천사가 와서 페르시아 천사들과 상대하는 동안 그 틈을 내어 다니엘의 기도응답을 위해 온 것이었다. 천사는 이스라엘 백성을 향한 주의 비전을 전달했다. 하나님의 응답을 전달한 천사는 페르시아의 수호 천사들과 싸워야 한다면서 돌아간다.

우리는 여기에서 페르시아 수호천사가 다니엘의 기도에 응답하는 하나님의 전령을 가로막고 있다는 중요한 사실을 알게 된다. 기도의 응답에 악의 권세가 활동하고 있다. 페르시아의 수호천사는 주의 뜻을 좌절시키려 했고 스무날 동안 성공했다. 스무날 동안 하나님은 다니엘의 기도를 응답하지 않는 것처럼 보인다. 그러나 이 기간에 하늘에서 권세들 사이에 격렬한 전투가 있었음을 보여준다. 그러나 다니엘의 기도가 응답하였다는 점, 기도의 응답이 사탄의 권세에 의해 방해되었다는 점, 그럼에도 끊임없는 기도는 주의 응답을 받았다는 것을 보여준다.

우리가 바른 기도를 드린다면 어떤 기도도 응답한다는 사실을 알아야 한다. 다니엘의 기도를 통해 보여 준 기도에 대한 통찰은 하나님의 기도 응답이 권세들에 의해 제한받을 수 있다는 것이다. 그러므로 우리는 기도할 때 낙심하지 말고 열심히 마음을 다해 기도하자. 권세들의 배반, 저항, 그리고 우리 자신의 이기심 때문에 기도는 방해받는다. 그러나 하나님은 우리가 기도하는 첫날부터 듣고 계신다. 우리가 기도할 때 하나님이 무능한 것처럼 느껴질 때가 있다. 그러나 히틀러의 왕국은 12년 만에 무너졌다. 정의의 바퀴들이 천천히 돌아가는 것 같지만, 정의는 어김없이 이루어진다. 우리는 21일을 기다리고 21개월 아니, 21년을 기다린다 해도 하나님은 우리의 기도에 응답하신다는 놀라운 사실을 알아야 한다.

사탄의 권세는 엄청나고 광범하게 그리고 고집스럽게 활동하고 있다. 그러므로 진리를 위해 기도하는 일을 중단해서는 안 된다. 이스라엘 백성은 다니엘을 통해 21일 만에 미래의 비전을 보여 주었다. 그러나 이스라엘의 상당한 숫자가 귀국하기까지 200여 년이 걸렸고 현재의 이스라엘 땅에 귀환하기까지 무려 1900년을 기다려야 했다.

개인적인 축사와 사회적인 축사

불행히도 사탄의 세력은 주로 귀신들리는 것이나 주술의 영역에서만 활동하는 것이라는 생각이 우리로 하여금 사고와 행동을 조건 지우는 시대정신, 당시 시대를 지배하는 주류 이데올로기에 사탄이 영향을 미친다는 사실을 간과하게 하였다. 죄를 개인적인 차원에서만 파악한 신학의 결과다.

그러므로 우리는 개인적으로 내 안에 있는 귀신들을 축출하기 위해 기도해야 한다. 동시에 사회 정치적으로 즉 제도, 법, 관습 등에서 활동하는 사탄을 내쫓는 일에도 기도해야 한다. 기도야말로 권세들의 통치를 받는 현실 속에서 매우 중요한 무기다. 우리는 기도를 통하여 순종의 능력을 배양하는 것이다.

기도를 방해하는 세력이 있다는 것을 아는 것은 우리가 기도하는 방식에 혁명적인 변화를 가져올 수 있다. 우리는 더욱더 정열적으로 강력하고 공격적인 기도를 해야 한다! 우리는 기적들을 위해 기도하도록 명령받았다. 권세들이 무슨 짓을 하든 우리의 경험에서 하나님이야말로 충분하시다는 점을 알기 때문에 우리는 쉬지 않고 기도해야 하는 것이다. 우리 모두 기도를 통해 하나님나라의 전투에 참여하는 자들이 되자. *

10 하나님나라와 가난한 자

오늘날 자본주의는 인간이 아니라 돈을 섬기고 있다. 자본
주의 체계는 가진 자와 못 가진 자라는 결코 좁힐 수 없는
차이를 보여왔다. 월터 윙크는 "많은 사람이 굶어 죽는데
소수가 과식하는 것은 악마적인 구조"라 하였다. 지금 우
리는 '좌빨'이라는 이름 아래 종북이 무슨 큰 잘못한 것인
양 말하고, 또 노동자란 말을 쓰기만 해도 빨갱이처럼 생각
하는 매우 무지하고 비 성경적 사회 분위기에서 살고 있다.
가난한 자의 문제야말로 한국교회의 시급한 과제요 이 문
제의 해결 없이는 한국교회는 이 땅에 발을 붙이지 못하고
사라지고 말지도 모른다.

우리는 지금까지 하나님나라가 성경의 중요 언어들과 어떤 관계가
있는가를 중심으로 살펴보았다. 이제 하나님나라의 실천적 부분인
가난의 문제, 정치, 환경 문제 등을 살펴 보고자 한다. 기독교가 개인
적이고 실존적 종교만으로 끝난다면, 미래주의, 도피주의, 이원론으
로 전락하고 말것이다. 그러나 하나님나라는 우리로 하여금 이 땅을
변화시키도록 요청하고 있다.

성경은 가난한 자에 대하여 매우 깊은 관심이 있다.

예수님은 가난한 자의 편이다

　개혁주의 철학자요, 신학자인 니콜라스 월터스토프는 『정의와 평화가 입맞출 때까지』에서 "하나님은 언제나 조건 없이 또 열정적으로 가난한 자들의 역사를 아니 그들의 역사만을 옹호하신다. 그리고 교만한 자를 대적하시며 낮은 자의 역사의 편에 서시고 이미 권력과 특권을 향유하는 자를 반대하신다"라고 말했다. 우리나라 보수 정통으로 자처하고 있는 총신대학교 신학대학원의 교수 중에는 네덜란드에서 공부하신 분들이 많다. 그곳이 바로 한국 보수주의의 총 본산이라 할 수 있다. 네덜란드 출신 아브라함 카이퍼A. Kuyper는 종교개혁자 칼빈의 후예로서 한 시대를 풍미했던 신학자다.

　카이퍼는 철저한 칼빈주의자로서, 개혁주의자로서 1891년 '기독교 사회 대회'christian social & congress강연에서 "부자와 가난한 자가 서로 대치할 때 예수님은 부유한 자의 편에 서신 적이 없으며 언제나 가난한 자의 편에 서신다"고 말했다. 그분은 마구간에서 태어나셨다. 여우도 굴이 있고 새도 보금자리가 있으나 자신은 머리 둘 곳도 없는 처지에 있었다. 계속해서 예수님을 비롯하여 이전의 예언자들과 사도들은 모두 힘 있고 사치스런 자들에게 반대했고 한결같이 가난하고 억압 받는 자들 편에 섰다.

　"하나님의 정의justice는 균등한 정의가 아니라 가난한 자 쪽으로 쏠리는 편중이었다. 구약성경에 나타난 정의는 언제나 고아와 과부들에게 자비로 나타났다. 정의를 향한 관심은 사랑의 행위다."아브라함 헤셀『예언자들』 자끄 엘륄은 『하나님이냐 돈이냐』에서 "교회가 가난한 자에 대하여 망각하고 있는 것은 정말 놀라운 일이다"라고 말했다.

현대를 사는 그리스도인들의 실천에서 마땅히 생각해야 할 최우선의 문제는 당연히 빈곤과 가난한 자의 문제이다. 현재 세계인구의 1/5인 21.7%에 해당하는 15억 명이 하루에 1-2달러로 연명하는 절대 빈곤자들이다. 군나르 미르달Gunnar Myrdal은 "지난 반세기 동안 개발도상국들은 전례없는 변화와 진보를 이룩하였다. 그러나 이러한 인상적인 기록에도 약 15억 명에 달하는 인구가 여전히 절대빈곤에 갇혀 있다. 영양실조, 문맹, 질병, 불결한 환경, 높은 유아 사망률 등으로 특정 지워지는 삶은 인간다운 삶에 미치지 못한 수준이다." 물론 우리나라의 빈곤격차 또한 마찬가지다고 말했다. 월터 스토프는 "인류의 치욕이라 할 수 있는 대량빈곤 자체만이 문제가 아니라 더욱 심각한 것은 이러한 비참한 가난의 현실이 오늘날 불가피한 것이 아니라는 점이다. 풍요 속에 가난이 있고 빈부격차가 더 빚어지는 현실, 이것이 우리의 치욕이다. 우리는 가난한 자의 존재를 더는 무시할 수 없다. 그들의 울부짖음이 우리의 귓전을 때리고 있기 때문이다"라고 말했다. 우리는 한 사회의 가난이 식량부족이나 돈이 모자라서 생겼기 보다는 정당하지 못한 분배의 결과라는 것을 안다. 힘을 가진 소수가 지나치게 많이 갖고 많이 먹기 때문에 힘없는 다수가 모자라고 배고픈 것이다. 세계적 가난의 실상을 알기 위하여 교수이자 2,000년부터 유엔인권위원회 식량특별조사관이었던 장 지글러Jean Ziegler가 쓴 『왜 세상의 절반은 굶어 죽는가』, 『탐욕의 시대』를 보기 바란다.

가난한 자에 대해 관심

어떤 사람들은 왜 그리스도인들이 가난한 자에게 그토록 신경을 써야 하는지 궁금해할 수도 있다. 왜 가난이 그리스도인에게 문제가 되느냐고 물을 수 있다. 그것은 한 마디로 성경과 하나님께서 그렇게 말씀하고 있기 때문이다. 신구약 성경에 나타난 가난한 자의 관심은 너무 많지만 몇 가지만이라도 소개한다.

> 가난한 사람을 학대하는 자는 그를 지으신 이를 멸시하는 자요 궁핍한 사람을 불쌍히 여기는 자는 주를 공경하는 자니라. 잠언 14:31

> 가난한 자를 불쌍히 여기는 것은 여호와께 꾸어 드리는 것이니 그의 선행을 그에게 갚아 주시리라. 잠언 19:17

예수님께서 이렇게 말씀하신다.

> 임금이 대답하여 이르시되 내가 진실로 너희에게 이르노니 너희가 여기 내 형제 중에 지극히 작은 자 하나에게 한 것이 곧 내게 한 것이니라 하시고 이에 임금이 대답하여 이르시되 내가 진실로 너희에게 이르노니 이 지극히 작은 자 하나에게 하지 아니한 것이 곧 내게 하지 아니한 것이니라 하시리니. 마태복음 25:40, 45

지극히 작은 자에게 한 것이 곧 예수님께 하는 것이다. 예수님은 지극히 작은 자를 자신과 동일시 하고 있다.

또, 눅 4:16~21은 소위 예수님의 취임사로 일컬어지는 중요한 성경 말씀이다.

이 본문은 이사야 61:1~2을 인용한 말씀으로 예수님께서 자신이 바로 메시아라는 충격적 선언이다. 그런데 본문의 핵심내용은 메시아가 가난한 자에게 복음을 전파할 것이라는 말씀이다. 가난한 자가 복음의 수혜자로서 강조되고 있다. 그리고 마태복음과 누가복음에서 예수님 설교에서 중요한 부분이 등장하는데 팔복에서도 가난한 자에 대하여 강조하여 말씀하고 계신다.

가난한 자는 복이 있다

> 마음이 가난한 자는 복이 있나니 천국이 그들의 것임이요. 마태복음 5:3

> 예수께서 눈을 들어 제자들을 보시고 이르시되 너희 가난한 자는 복이 있나니 하나님의 나라가 너희 것임이요 지금 주린 자는 복이 있나니 너희가 배부름을 얻을 것임이요 지금 우는 자는 복이 있나니 너희가 웃을 것임이요. 누가복음 6:20~21

가난한 자로 오신 예수님께서는 자신이 전하는 복음이 가난한 자의 것임을 여기저기에서 반복하신다. 헤르만 리델보스Herman Ridderbos의 말대로 "예수님께서 자신의 복음을 가난한 자에게 먼저 전하시는 것은 특기할 말한 것이다. 위의 본문은 하나님나라와 가난한 자가 매우 밀접한 관계가 있음을 보여주고 있다. 특별히 가난한 자를 대상으로 한 복음의 전파는 하나님나라의 현재성과 관련성을 갖고 있다"라고 말했다. 그렇다면, 마태복음 5장에 나오는 '마음이 가난한 자'와 누가복음 6장에 나오는 '가난한 자'는 누구인가? 두 가지로 표현된 예수님의 하나님나라 선언은 성경해석상 매우 중요한 위치를 차지하고 있다. 그렇다면, 누가 과연 가난한 자인가? 박철수, 『돈과 신앙』

가난한 자의 의미

돈이 없으면 사람은 가난해진다. 가난한 사람은 돈이 없는 사람을 말한다. 그러므로 가난한 사람은 사회 속에서 열외 되고 제 위치와 기능을 갖지 못한다. 그러나 가난한 자는 하나님의 백성으로서 하나님의 복의 대상이 된다! 그러므로 우리는 하나님나라와 가난한 자 사이의 이러한 밀접한 관계성 속에서 복음의 의미를 생각해야 할 것이다. 예수님께서 가난한 자에게 복이 있다고 하신 말씀은 무엇을 의미하는가? 우선 이 점을 분명히 밝혀야 한다.

이 문제를 살펴보려면 먼저 신구약성경에 나타난 가난한 자의 의미에 대한 역사적 배경을 알아야 할 것이다. 가난한 자의 의미에 대한 지나친 단순화에도 불구하고 성경에 나타난 가난한 자는 크게 두 가지로 나누어 설명할 수 있다. 성경이 말하고자 하는 가난한 자의 첫째 요소는 경제적 물질적 측면이다. 가난한 자들이란 무엇보다 경제적으로 박탈당한 사람들이다. 물질적으로 풍요한 가난은 없다. 성경은 가난이 그들 자신의 죄 때문이거나 나태, 방탕, 폭음, 폭식 때문에 가난한 사람들도 있지만 가난한 자가 먹을 것과 입을 것, 그리고 살 집이 없는 사람인 것만은 분명하다. 따라서 돈은 많이 있지만, 가난하다는 것은 있을 수 없다. 나아가서 귀머거리, 벙어리, 소경, 절름발이, 포로, 옥에 갇힌 자, 짓밟힌 자들이란 가난하고 억눌린 사람들을 달리 부른 말이다. 왜냐하면, 포로된 자, 묶인 자, 소경, 앉은 뱅이는 물질적으로 가난할 수밖에 없는 존재이기 때문이다.

가난한 자의 둘째 요소는 마음이 온유하고 겸손한 자를 말한다. 자신이 얼마나 허망하며 비참한 존재인지 깨닫고 오직 하나님만을 바라볼 수밖에 없는 사람을 말한다. 돈이 없다고 가난한 자가 되는 것이 아니다. 돈만 없는 것으로 가난한 자가 되기에는 충분하지 않다. 앞에서 본 바와 같이 구약의 가난한 자의 의미는 점차 인간과 하나님과의 관계를 나타내는 말로 바뀌는 것을 볼 수 있다. 하나님께서 가난한 자를 도우시고 무력한 자를 옹호하시므로 불가피하게 가난한 자는 하나님과 관련을 맺는다. 가난한 자는 자기 자신을 자유롭게 하는 데 무력한 자이므로 자신의 신뢰를 하나님께 두게 된다. 점차로 '가난한 자'는 영적으로 의존적 존재의 상징으로 되어갔다. 시24:9, 33:3, 36:11, 75:10, 146:6, 149:4; 스3:12, 욥24:4; 사26:6; 습9:9

  그렇다고 가난이 죄를 정당화하지는 않는다. 죄가 가난 때문에 생긴다고 해도 역시 죄는 죄다. 그러므로 가난한 자를 위한다고 불의한 판결을 내려서는 안 된다.

> 가난한 자의 송사라고 해서 편벽되이 두둔하지 말지니라. **출애굽기 23:3**

> 너는 가난한 자의 송사라고 정의를 굽게 하지 말며. **출애굽기 23:6**

> 너희는 재판할 때에 불의를 행하지 말며 가난한 자의 편을 들지 말며 세력 있는 자라고 두둔하지 말고. **레위기 19:15**

  위에서 보는 바와 같이 가난은 특권이 아니다. 가난은 선이 아니다. 그러나 성경은 가난한 자라 할지라도 불의와 반역, 거짓과 불경이 들어가는 순간 가난한 자이기를 그치고 비록 돈이 없는 가난한 자라 할지라도 성경이 말하는 부자의 대열에 끼게 되는 것이다.

가난한 자의 이중성

이처럼 '가난한 자'를 말할 때 마태복음의 "마음이 가난한 자는 복이 있다"마5:3와 누가복음의 "가난한 자는 복이 있다"눅6:20는 말씀은 가난한 자의 양면성과 동일성을 보여주는 것이 분명하다. 그러므로 예수님께서 말씀하신 가난한 자는 물질적 가난과 영적인 가난이 결합한 존재라고 볼 수 있다. 가난의 이중적인 의미와 관련하여 가난과 가난한 자에 대해 이해를 하는 데 있어서 지금까지 많은 잘못이 있었다. 첫째 잘못은 가난을 정신화 시키는 오류다. 가난의 물질적 경제적 차원을 도외시하고 가난을 정신적으로 해석할 때 가난이라는 말은 하나님 앞에서 '겸손'이라는 뜻이 된다. 즉 이러한 해석은 가난한 사람은 겸손한 사람이라고 해석하고 가난이 갖는 현실적 아픔과 고통을 무시함으로써 가난의 의미를 관념화시켜버리는 것이다. 이것은 보수주의자들이 빠지는 오류이다.

가난에 대해 또 다른 잘못은 가난을 미덕으로 해석하는 오류다. 가난한 자는 가난하다는 그 이유 자체만으로 선하며 가난한 자에게는 복음이 선물로 주어진다고 생각한다. 그렇다면, 가난은 추구해야 할 덕목이 된다.

그러나 예수님께서 말씀하신 가난의 의미에 대하여 엘륄이 정확하게 지적한대로 "그 이중적 특성은 결코 갈라질 수 없으며 그중 어느 하나가 없어지면 가난이라는 개념 자체가 없어진다." 또한 마태와 누가가 말한 가난은 서로 다른 것이 아니며 서로 보완관계에 있는 가난의 이중성을 보여주는 것이다. "이 이중적인 개념은 잘못된 해석을 피하게 해준다. 물질적인 가난이란 그것이 하나님께로 인도하는 데 도움이 되지 않는 한 아무 쓸모가 없다. 그러나 반면에 가난의 정신 또는 정신적 가난은 그것이 진정한 물질적 가난에 원천을 두지 않을 경우에 위선이기 쉽다"라고 하였다. 자끄 엘륄, 『하나님이냐 돈이냐』

이러한 의미에서 볼 때 가난한 자를 정신적인 가난한 자로 생각하는 오류와 함께 마르크스가 말하는 프롤레타리아 역시 잘못을 범하고 있다. 마르크스의 프롤레타리아는 가난한 자를 단순히 경제적인 가난으로만 보는 단순화에서 온다. 마르크스주의자는 경제적으로 가난한 자에게 소망을 줄 수 있을지 모르지만, 그들은 하나님을 향하지 않고 인간 자신에 대한 신뢰와 계급적 증오의 옷을 입음으로써 영적, 내면적 가난을 무시한다. 공산주의는 마치 가난한 자에 대한 관심만을 두고 비싼 향료를 가난한 자에게 나누어줄 것을 말한 가룟 유다처럼 가난한 자의 의미를 오해한 사이비요 반 진리이다.

그러므로 가난의 이중성을 충족시키려면 영적으로 겸손한 자가 되어야 하고 물질적으로 가난한 자가 되어야 한다. 이 둘은 어느 경우에도 분리시키거나 자의적으로 하나만을 선택하여 가난의 핵심을 외면하고 쉽게 안일의 길로 빠져서는 안 된다.

반면에 부자는 하나님과 사람 앞에서 철저하게 겸손한 자가 되어야 하고, 부자는 가난한 자에 대하여 관대하여야 하며 그와 함께 자족과 검소한 삶을 살아야 한다.

> 네가 이 세대에서 부한 자들을 명하여 마음을 높이지 말고 정함이 없는 재물에 소망을 두지 말고 오직 우리에게 모든 것을 후히 주사 누리게 하시는 하나님께 두며 선을 행하고 선한 사업을 많이 하고 나누어 주기를 좋아하며 너그러운 자가 되게 하라. 디모데전서 6:17-19

> 그러나 자족하는 마음이 있으면 경건은 큰 이익이 되느니라. 우리가 세상에 아무것도 가지고 온 것이 없으매 또한 아무것도 가지고 가지 못하리니 우리가 먹을 것과 입을 것이 있은즉 족한 줄로 알 것이니라. 부하려 하는 자들은 시험과 올무와 여러 가지 어리석고 해로운 욕심에 떨어지나니 곧 사람으로 파멸과 멸망에 빠지게 하는 것이라. 돈을 사랑함이 일만 악의 뿌리가 되나니 이것을 탐내는 자들은 미혹을 받아 믿음에서 떠나 많은 근심으로써 자기를 찔렀도다. 디모데전서 6:6-10

하나님 앞에 겸손해지는 것으로 가난한 자가 되었다고 생각하거나, 겸손한 자가 되기 쉽다고 생각하는 것은 가난을 관념화시키는 오류를 범하는 것이다. 가난 없는 겸손도, 겸손 없는 가난도 모두 성경이 말하는 것이 아니다.

하나님께서는 각양 좋은 은사와 온전한 선물을 우리에게 주신다. 약1:17

부정하지 않은 방법으로 부자가 되는 것도 하나님이 주시는 하나님의 은혜다. 그러므로 기독교인이 부자가 되는 것을 중지하거나 포기할 아무런 이유가 없다. 오히려 그것은 하나님의 은혜를 거부하는 행위다. 기독교인이 이 세상에서 진실과 성실로 열심히 살아갈 때 하나님께서는 그 열매로 부자가 되게 하실 뿐만 아니라 은사의 열매로 부자가 되게 하신다.

문제의 핵심은 신앙을 위하여 부자가 되는 것을 포기하고 자신의 쾌락을 위해서가 아닌 하나님과 이웃을 위하여 기꺼이 자기가 가진 부를 베푸는 것이다. 예수님께서는 "주는 것이 받는 것보다 복이 있다"고 하셨다. 행20:35

가난에 대한 구조적 대안

예수님이 선한 사마리아인의 이야기를 들려주신 목적은 이웃의 의미가 무차별적으로 모든 인간에게 확장된다는 것을 가르치기 위함이며 그것은 모든 인류가 신성한 교제의 끈으로 하나로 묶여 있다는 것을 보여준다.

그러므로 칼빈이 설교할 때 부자들을 격렬하게 비난한 것은 결코 놀라운 일이 아니다. 칼빈은 사재기, 독점하는 자들을 향하여 '살인자, 사나운 짐승, 가난한 자를 물어뜯고 삼키는 자, 가난한 자의 피를 빨아먹는 자'라고 비난했고 또 "유산 때문이건, 자기 사업과 노력으로 부자가 되었건 부자들이 먹고 남는 것이 무절제나 사치를 위해서가 아니라 가난한 자의 필요를 채워주는 일에 쓰게 되어 있음을 기억해야 한다."라고 말했다.

아브라함 카이퍼는 "우리가 사회를 한 뼘의 쌓아 놓은 영혼의 더미가 아니라 하나님이 뜻하신 공동체로 살아가는 유기체로 볼 수 있을 때에만 가난이라는 질병의 치료책을 발견할 수 있다."라고 말한다.

자본주의는 개신교와 상관없다

자본주의는 개인주의요, 돈 숭배주의요 승자독식 시스템이다. 자본주의 밑바탕에는 인간의 탐욕과 이기심이 뿌리박고 있다. 오늘날 자본주의는 인간이 아니라 돈을 섬기고 있다. 그 결과로 인간을 1차원적 존재로 만들어 버렸다. 인간은 공급과 수요의 원칙에 의해 돌아가며, 환경오염의 주범이 되고 거대한 기계 부속품으로 전락했다. 자본주의 체계는 가진 자와 못 가진 자라는 결코 좁힐 수 없는 차이를 만들어 냈을 뿐만 아니라 국제적인 차원에서도 부유한 나라와 가난한 나라의 큰 격차를 만들어냈다.르네 빠딜라, 「복음에 대한 새로운 이해」 자본주의는 도둑의 논리다. 약육강식이요 만인의 만인에 대한 투쟁을 불러일으킨다. 그 저변에는 무신론이 똬리를 틀고 있다.

한국교회는 막스 베버Max Weber가 쓴 「프로테스탄트 윤리와 자본주의 정신」에 대한 오해가 많다. 마치 베버가 프로테스탄트 윤리야말로 자본주의 정신의 원천이었다고 주장한 것처럼 착각한다. 그러나 자신의 책에서 명백히 밝힌 것처럼 베버는 '자본주의 정신은… 종교개혁의 어떤 영향의 결과가 아니면 형성될 수 없었다거나, 경제체제로서의 자본주의는 종교개혁이 창조해냈다는 어리석고 공론적인 명제를 주장하려는 의도'가 전혀 없었다. 다만, 둘 사이에 '결합하기 쉬운 유사점'이 어느 정도 있어서 자본주의 정신이 확산하여 가는 과정에서 프로테스탄트 윤리가 일정한 역할을 했다는 점을 밝히고자 했던 것이다.

영국의 저명한 경제사학자 리처드 토니R. H. Henry Tawney도 1927년에 쓴 「종교와 자본주의의 발흥」에서 그 관계를 좀 더 세밀하게 밝혔다. "베버는 상업 및 산업자본주의시대를 배경으로 연구했다는 점을 명심해야 한다. 그래서 그는 당시 프로테스탄트 윤리의 핵심의 한 축이라 할 수 있었던 근면, 절제, 검소와 자본주의 정신이 서로 긍정적으로 상호작용할 수 있었다고 분석한 것이다."

스위스의 그리스도인 경제학자인 앙드레 비엘레Andre Bieler 역시 베버의 중대한 실수는 원래의 칼빈주의와 후기 프로테스탄트 모습을 크게 혼동한 결과라고 말하면서 "자본주의 윤리가 복음서에서 발견되는 윤리와는 정반대라는 것을 보여 주는 것으로 충분하다고 말했다.앙드레 비엘레, 「칼빈의 사회적 휴머니즘」

그러기에 베버가 말한 프로테스탄트 윤리가 오늘의 자본주의를 지지한다고 주장하는 것은 언어도단이다.

사탄문제 권위자인 월터 윙크Walter Wink는 "많은 사람이 굶어 죽는데 소수가 과식하는 것은 악마적인 구조"라고 하였다. 그러나 한국사회에서 그런 말을 했다간 금방 '빨갱이'로 몰렸을 것이다. 지금도 '종북'으로 매도당하거나 '좌빨'이라는 혐오스러운 이름을 얻기 십상이다. 우리는 참으로 무지하고 숨 막히는 사회 분위기에서 살고 있다. 어떤 부자가 한 가난한 사람이 배고파 죽어가는 것을 눈앞에서 봤다고 하자. 그를 살려낼 풍부한 자원을 소유하고 있음에도 불구하고 자신의 탐욕과 무정함 때문에 그가 죽도록 방관한다면 이는 끔찍한 죄이다. 정의로우신 하나님께서 사회적 약자에게 부여하신 권리를 고의적으로 짓밟는 것이기에 죽어가는 자들을 직접 신체적으로 공격한 것과 별반 다를 바가 없다.

정말 슬픈 것은 주류 한국교회가 이렇게 무정한 한국사회를 변화시켜나가기는커녕 오히려 그 흐름에 편승하고 있다는 현실이다. 사회적 약자들의 권리를 지켜내는 사회정의를 외면한 채 자신의 기득권 강화에 몰두하고 있으니 참으로 안타까운 일이다!

인간의 역사에서 자본주의만큼 창조적이며 동시에 파괴적인 독특한 능력을 부여받은 체제는 없다. 최근 우리나라도 가계부채가 1천조가 넘었다. 돌이켜보면 열심히 살아오지 않은 날이 없는데 왜 자꾸 빚은 늘어만 가는 것일까? 교회 1년 예산이 10억인데 빚이 30억이라고 생각해 보라. 이것이 교회가 바로 자본주의를 알아야 할 이유다.

빚쟁이로 만드는 금융자본주의

2011년 9월 젊은 청년들이 뉴욕 증권거래소 앞으로 몰려들기 시작했다. 침낭과 텐트까지 준비한 그들은 노숙하면서 시위를 했다. 처음에는 이들의 시위가 그저 사회로부터 소외된 청년들이 불평과 불만을 표출하는 것으로 생각했다. 하지만, 한 달 만에 이들의 시위는 전 세계가 깜짝 놀랄 정도의 큰 파급력을 지니기 시작했다. 미국에서만 900여 개의 도시, 전 세계 80여 개의 나라, 1,500여 개의 도시에서, 서울에서도 같은 구호를 외치는 시위가 시작된 것이다. 가정주부, 학생, 회사원, 교수, 일용근로자, 예술인 등 직업과 신분의 차이를 넘어 그들이 함께 외쳤던 것은 무엇일까?

전 세계 1%가 99%의 부를 장악하고 있으며, 나머지 99%는 가난과 고통 속에서 삶의 희망을 잃고 있다! 가난한 사람은 더욱 가난해지고 있으며 부자들은 더욱 부자가 되고 있다! 자본주의가 심각한 위기에 처했다는 사실은 일부 좌파들만의 이야기가 아니다. 미국은 자신이 망할 때까지도 갚을 수 없는 빚을 가지고 있다. 우리나라 또한 경제전문지 「헤럴드 경제」는 "2014년을 기준으로 하여 우리나라 가정 10곳 중 1.5가정이 평생 빚을 갚을 수 없는 한계 가정이며 이는 2010년 59.8%보다 6%가 오른 65.7%가 된다"고 보도했다. 문제는 해마다 한계 가정이 늘어날 전망이다. 중세 시대만 해도 돈이 돈을 낳는 이자를 받는 것은 신성모독이라고 비판했다. 돈을 빌려주고 이자를 받는 것은 하나님의 영역에 도전하는 것으로 간주하였다. 크리스티안 마라찌Cristian Marazzi가 말한 대로 "70년대에는 세계경제의 실물자본 대 금융자본 비율이 90% : 10%이었던 것이 오늘날은 10% : 90%로 역전되었다는 것은 놀라운 사실이다."크리스티안 마라찌,「금융자본주의의 폭력」 즉 돈을 가진 극소수가 증권 등 돈놀이를 통해 힘들이지 않고 버는 돈이, 대다수의 사람들이 땀을 뻘뻘 흘리면서 노동을 해 버는 돈보다 비교할 수 없을 정도로 많아졌다는 사실이다. 이 얼마나 비극적인 현실인가! 이처럼 오늘의 자본주의는 산업자본주의가 아닌 금융자본주의다. 자본주의를 잘 모른다고 해서 오늘 당장 내 생계의 위협을 받는 것은 아닐지 모른다. 하지만, 우리의 일상과 미래는 자본주의의 엄청난 영향력 아래 놓여 있다. 우리의 지갑 속, 돈과 통장, 우리가 가입한 금융상품, 우리가 사는 집의 가격, 매달 갚는 대출금과 이자, 이 모든 것이 금융 자본주의와 깊은 연관이 있다. 오늘의 자본주의는 우리의 일상생활, 말하자면 경제활동의 미세한 모세혈관까지 깊숙이 침투해 들어와 있는 금융자본주의가 되었다.

자본주의는 원래 서유럽 즉 영국과 지금의 벨기에와 네덜란드를 중심으로 해서 16-17세기경에 서서히 태동하기 시작했다. 상업과 산업 활동에 대한 긍정적 태도, 아메리카 신대륙의 발견, 영국의 석탄 매장 패턴, 새로운 과학 태동으로 가능해진 새로운 기술의 발전 등 다양한 원인이 자본주의 발흥 요인들로 제시됐다. 18세기엔 방직, 제철 그리고 화학 등의 산업 분야에서 기계화된 생산체계가 가능해지기 시작했고 1820-70년 사이에 영국을 중심으로 산업혁명이 일어나서 자본주의는 급속히 확산하기에 이르렀다. 이 시기는 자원확보와 시장개척을 위한 제국주의 시대이기도 했다. 이렇게 고속 주행하던 자본주의는 1-2차 세계대전과 그 사이의 대공황으로 말미암아 엄청난 파란을 겪게 된다.

하지만, 1945년 즈음부터 산업자본주의는 다시 소생되어 대약진을

하게 된다. 1944년 2차 세계대전이 끝나갈 무렵 미국을 중심으로 44개 연합국 대표가 미국 뉴햄프셔 주 브레튼우즈Bretton Woods에 모여 외환 금융시장을 안정시키고 무역을 활성화하는 목적으로 브레튼우즈 협정을 맺었다. 그 핵심은 미국이 35달러를 내면 금 1온스를 주겠다는 약속을 하면서 세계 각국의 통화를 달러에 고정한 것이다. 달러가 세계 중심 화폐인 기축통화가 된 것이다. 이런 조건으로 자본주의는 1970년대 초반까지 소위 황금기를 구가하게 된다.

그러나 베트남 전쟁 등으로 미국이 가진 금의 양이 급격하게 떨어지면서 미국이 금을 확보하기 어렵게 되자 1971년 8월 15일 미국의 닉슨 대통령은 세계를 대상으로 일방적으로 금 태환제를 철폐하겠다고 발표했다. 더는 달러와 금을 바꿔 줄 수 없다는 선언이다. 이 말은 1971년 이후부터 달러는 금과는 전혀 무관한 그냥 종이일 뿐이라는 말이다. 이때부터 미국은 국익을 따라 재량껏 돈을 찍을 수 있게 되었고 원하는 만큼 빚을 질 수 있게 되었다. 이것은 잘 알려지지 않지만, 이 시대의 혁명과도 같은 것이다. 여기서부터 자본주의는 400여 년 동안 유지해 왔던 기본 형태에 변화를 겪기 시작한다. 노동력과 생산 공장을 중심으로 하던 산업자본주의 시대가 하락의 길을 걷게 되고 새로운 금융자본주의 시대가 열리기 시작한 것이다.

과거에는 노동자들이 다양한 기업을 통해 생산해내는 각종 재화와 서비스가 부의 근원이었다. 그러나 이제 그런 복잡한 생산과정을 거치지 않고서도 돈이 직접 부를 창출해낼 수 있는 시대가 본격적으로 시작되었다. 돈이 돈을 만드는 시대가 되었다. 돈 놓고 돈 먹는 시대가 되었다. 우리나라 또한 예외가 아니다. 1990년대부터 세계시장에서 우리나라의 경제비중이 크게 확대되면서 금융시장 개방에 대한 압력이 거세지기 시작했고 급기야 1992년 금융자율화 및 금융시장개방계획이 발표되었다. 그 후 금융시장이 급속도로 개방되면서 외국자본들이 물밀듯이 들어옴으로써 외국자본과 선진금융회사들의 휘황찬란한 금융상품들이 선을 보이기 시작했다. 외국투자회사들은 우리나라 부동산을 자유롭게 매매하게 되었고, 은행과 대기업에 투자하기 시작했다. 금융자본주의 경제는 매우 급하고 변화무쌍하게 돌아가기 시작했다. 통화량은 하루가 다르게 변화했고, 환율은 오르락내리락했고, 주가는 심하게 요동쳤다. 그 와중에 결국 금융시장 개방을 조건으로 1997년 외환위기를 겪으면서 IMF 관리체제하에 들어가기도 했다. 그 후 경제적 양극화는 결정적으로 심화하였고 우리나라 금융시장은 본격적으로 세계금융시장에 편입되었다.

이제 우리나라 경제는 우리나라가 마음대로 할 수 없는 시대가 되었다. 금융자본주의가 시작되면서 세계 금융황제인 조지 소로스 George Soros는 '유조선의 칸막이가 열린 것' 같다고 말했다. 금융시장의 탐욕이 봇물 터지듯 터져 나와 누구도 막을 수 없는 사태가 벌어질 것을 예감케 하는 언급이다. 우리의 돈이 은행에 입금된 동안 세계 어떤 은행이나 투자회사에 들어가 있을지 우리는 알 수 없다.

예를 들면 우리가 은행에 저축하거나 주식이나 펀드를 살 때 그 은행은 돈을 벌기 위해 재투자 한다. 예를들면 삼성전자에 투자하면 연수익률이 12.5%라고 말한다. 이와같이 우리가 삼성전자 주식을 산다고 단순히 삼성전자 주식만을 사는 것이 아니다. 삼성전자는 예컨대 미국의 리먼 브라더스Lehman Brothers등 여러 금융 회사에도 투자하기 때문이다. 2008년 미국금융위기의 경우처럼 리먼 브라더스가 파산되면 삼성전자의 주식이 큰 타격을 입고 떨어질 수밖에 없다. '미국증시가 기침만 해도 한국증시는 감기에 걸린다..'는 말은 이를 두고 하는 말이다. 외국회사의 흥망성쇠에 우리의 운명이 상당 부분 좌우될 수밖에 없다. EBS, 「자본주의」

문제는 2008년 미국금융위기와 그 이후의 경제변화가 잘 보여주듯이 세계 금융시장이 크게 출렁일 때마다 부자는 더욱 부자가 되고 가난한 사람은 더욱 가난해진다는 데 있다. 얼마나 비극적이고 부당한가? 거기다 이렇게 경제적 양극화가 사회적으로 확대되면 부자들의 정치적 영향력은 그만큼 더욱 커져 국가의 정책과 운명을 실질적으로 좌지우지할 수 있게 된다.

그리스 로마시대로부터 근대에 이르기까지 식민통치라 함은 타국의 토지를 강제로 점유하여 그 토지의 원소유자인 국민을 식민화하는 것을 의미했다. 그러나 제2차 세계대전 이후에 약소 민족국가들이 외면적으로 독립국의 형태를 취하게 되자, 독립국의 형태를 유지하는 상태에서 그 경제를 강대국에게 예속시킴으로써 지배체제를 관철하는 새로운 식민통치가 생겨났으니 이것을 신식민지주의New Colonialism라고 한다. 요즈음 떠드는 신자유주의Neo-Liberalism, 세계화라는 것도 따지고 보면 신식민지주의를 보편화하고 정당화하기 위한 이론적 전략에 불과하다.

돈이 지배하는 한국교회

그런 차원에서 볼 때 우리나라의 대기업은 기본적으로 신식민지 주의의 추종자들이다. 민족동포의 안녕과 복지가 그들의 존재 이유가 아니다. 어떻게 동포 인민을 활용해야 세계 다국적기업들의 연계망 속에서 자신의 성공을 쟁취할 수 있을지를 끊임없이 모색하는 경제적 집단이요 시스템일 뿐이다. 신식민지주의는 신자유주의 또는 세계화라고 말하는데, 신자유주의가 표방하는 무역자유화, 자본시장의 개방, 무한경쟁을 통한 효율성 제고, 규제 완화, 노동시장 유연성, 공적 영역의 축소, 민영화 등등 모든 전략이 미국의 세계지배와 우리나라 대기업의 이익에 충실하게 복무하는 것이다. 이러한 신자유주의가 취하는 국내전략은 가난한 자들, 노동자들, 농촌을 포함한 국민의 생활세계를 철저히 파괴하는 것이다. "오히려 대기업의 구조적 문제에는 관심이 없고 재벌들이 만들어 내는 비교적 사소한 부정에 대해서는 화를 낸다. 이 나라 대다수의 선남선녀는 재벌들이 착취자가 아니라 우리나라를 대표하고 우리나라를 위하는 경제계의 대표로만 바라본다."박노자,『비굴의 시대』 얼마전 대한항공 부사장 조현아씨의 땅콩회항사건에서 그런 모습의 일부를 볼 수 있다.

이 무지와 착각을 어이 할꼬!

신자유주의가 낳은 금융자본주의는 지금과 같이 경제적 양극화를 더욱 심화시키고 삶의 불안 요소를 양산한다. 대부분의 사람에게 일자리, 주거, 교육, 보육과 의료, 노후 문제는 과거보다 훨씬 더 심각한 문제로 다가온다. 특히 경제적 양극화에서 비롯될 수밖에 없는 서민들의 가계부채 증가는 매우 위험스러운 지경에 도달해 있다. 이처럼 자본주의는 구조적으로 가난해질 수밖에 없는 사람들을 대량생산

한다. 이들은 빈곤의 덫poverty trap에 걸린 것이다.

"자본주의는 지금까지 인류역사에서 가장 큰 혁명이다. 만일 이것을 통제하는 데 성공하지 못한다면 인류는 이 혁명 때문에 파멸되고 말 것이다. 바로 그 때문에 이 혁명은 모든 사람에게 특히 그리스도인들과 교회를 향한 도전이 된다. 인류 역사상 최초로 사실상 한배를 타고 있다. 바다가 죽으면 특권을 누리는 자들의 섬도 더는 존재할 수 없게 될 것이기 때문이다."헬무트 골비처, 「자본주의 혁명」

"현재의 지구적 부채 시스템은 정말로 부도덕한 스캔들이며, 화려하고 번지르르한 서구 자본주의의 더러운 비밀이다. 무슨 일이 있어도 우리는 이러한 상황을 바꾸어야 하며, 그렇지 않으면 우리는 2세기 전에 노예 제도를 지지했던 사람들, 그리고 80년 전에 나치를 지지했던 사람들과 나란히 이후의 역사로부터 비난받는 자리에 서게 될 것이다. 이것은 심각한 문제다."톰 라이트, 「마침내 드러난 하나님 나라」

돌들이 소리지르리라

오늘날 자본주의 자체를 구조적으로 변혁시키지 않고는 가난 문제를 근원적으로 해결할 도리가 없게 되었다. 문제는 오늘의 강력한 금융자본주의의 틀을 해체하는 것이 말처럼 쉬운 게 아니라는 데 있다. 매우 복잡하고 전문적인 양상을 띠고 있을 뿐 아니라 그 배후에는 엄청난 동맹세력들이 버티고 있기 때문이다. 이를 단번에 해결할 수 있는 묘안이 아직은 눈앞에 잘 보이지 않는다. 지금은 하나님이 아니라 부富의 신 즉 맘몬이 세계를 지배하는 것처럼 보인다.

그럼에도 불구하고 교회는 절대 절망하지 않고 하나님나라의 가치, 즉 누구나 평등하게 살 수 있는 세계를 지향해야 한다. 최근 『21세기 자본』으로 세계적 주목을 받는 프랑스 출신 소장 경제학자인 토마 피케티Thomas Piketty는 이 시대의 현안인 불평등과 양극화의 문제를 제기하면서 세계적 파문을 일으키고 있다. "불평등 역사를 대중에게 제공하며 불평등의 이슈가 너무 중요해서 경제학자나 통계학자에게만 내맡겨서는 않된다"라고 말하면서 자본주의를 제도와 정책을 통해 이상적이긴 하지만 개선하려 한다. 소설가 조정래는 「허수아비춤」에서 한국재벌들의 호화로운 생활을 그리며 그들이 얼마나 이기적 탐욕에 가득 차 있는가를 보여준다. 정치는 재벌들의 허수아비들일 뿐이다. 조정래는 빈익빈 부익부 문제를 해결하고 대안적 사회를 건설해가는 데 있어서 시민사회단체들의 활동에 기대를 걸고 있다. 나는 교회가 시민단체와 함께, 아니 보다 앞장서서 이 일을 해결할 수 있다고 본다. 그런 의미에서 교회는 현재의 자본주의 현실을 교인들에게 적극적으로 알려야 할 뿐 아니라, 십일조에 대한 설교보다 돈을 주제로 한 설교를 자주 해야 한다고 본다. 돈에 관한 성경구절은 믿음과 기도에 관한 구절보다 두 배 많은 2,350절이나 된다. 기도를 적게 하라는 말이 아니라, 자본주의의 심각성에 대해서도 관심을 가져야 할 것이다. 자본주의로 말미암은 경제·사회적 양극화와 불평등을 없애기 위한 경제민주화와 복지사회 건설에 누구보다 앞장서야 할 것이다. 이것이야말로 교회가 감당해야 할 하나님나라 운동이다. 그런 실천을 통해 가난한 자들이 인간답게 살게 되고 맘몬의 지배력이 쇠퇴하고 하나님의 통치가 더욱 분명해질 것이기 때문이다.

세계적 철학자 슬라보예 지젝Slavoj Zizek과 프랑스 철학자 알랭 바디우Alain Badiou 등은 오늘의 자본주의가 이렇게 가다가는 멸망을 자초할 뿐이라며 세계를 돌아다니며 외치고 있다. 그는 자본주의를 '임박한 파국'이라고 말하면서 얼핏 보면 종교적 종말론을 외치는 듯 절박하다.

"자본주의는 자본의 자체 추진력이 너무 강하기 때문에 제어하기 어렵다." 지젝, 「임박한 파국」

"자본주의의 섬뜩한 폭력은 더는 어떤 개인이나 그들의 사악한 의도를 물을 수 없을 만큼 순수하고, 객관적, 체계적이며 익명적이다." 지젝, 「멈춰라, 생각하라」

무신론자인 칼 마르크스는 '가난한 사람이 왜 항상 가난해야 하는가?', '자본주의는 정말 이상적인 체제인가?'라는 체계적 의문을 던진 최초의 철학자이다. 마르크스의 『자본 1.2.3』은 2008년 리먼 브라더스 사태 이후 활발한 연구가 시작되었고, 이 책은 놀랍게도 세계적으로 성경보다 더 많이 팔리는 책이 되었다. 앞서 말한 토마 피케티는 세계적인 불평등과 양극화 문제를 해결하기 위해 자본에 대한 '글로벌 누진 소득세'를 제안한다. 그가 말한 이 제안이 비록 실현 가능성이 없는 유토피아적 제안이라 할지라도 우리 그리스도인에게는 그 의미가 크다. 우리는 피케티에게서 시대의 중심 문제를 외면하는 교회가 복음의 위력을 실제 삶에 적용하고 과시할 기회를 영구적으로 박탈당할 수 있다는 위기감을 느껴야 한다.

한국교회는 비 그리스도인들이 민주주의와 가난한 자를 위해 투쟁하는 행동을 보고 부끄럽지 아니한가!

하나님나라 왕으로 등극하실 예수님께서 예루살렘을 향하여 나귀 타고 입성하실 때 제자들은 기뻐하며 큰 소리로 하나님께 찬양하였다. 이때 같이 가던 바리새인들이 놀라 예수님께 당신을 메시아로 찬양하는 제자들을 책망해달라고 말한다. 이 말을 들으신 예수님께서 '만일 이 사람들제자들이 침묵하면 돌들이 소리 지르리라'눅19:37-40 말씀하신다.

그렇다! 생명 있는 '산 돌'living stone, 벧전2:5이라도 하나님나라의 왕이신 예수님을 모시지 않고 찬양하지 않는다면 생명 없는 돌들이 소리 지를 것이다! *

11 하나님나라와 정치(1)

하나님나라 백성은 예수님의 말씀을 통해 하나님나라의 새로운 질서가 칠흑과 같은 이 땅에 이루어지도록 분투하는 것이다. 우리는 '하나님나라가 임하게 하여 주시옵소서'라고 기도하면서 동시에 하나님의 뜻이 하늘에서 이루어진 것 같이 땅에서 이루어질 것을 위해 분투해야 한다. 하나님나라의 새로운 질서가 세상나라의 낡은 체제를 전복시키려면 하나님나라 백성인 우리는 이 땅의 모든 영역에서 이 시대의 지배적인 가치와 결탁하지 않아야 한다. 하나님나라는 세상 나라들에 대항하여 도발하는 새로운 정치다.

교회와 정치문제는 로마의 콘스탄티누스 황제 이후 교회와 정치가 뒤범벅됨으로써 거의 1500년에 걸쳐 서로 간에 밀접한 관계를 가지고 문제를 제기하면서 지금까지 왔다. 또 현재 한국 보수주의 교회는 한국에 기독교가 들어온 이후 가장 적극적인 정치적 집단이 되고 있다. 그런 의미에서 교회와 정치문제가 매우 중요한 문제를 제기한다.

하나님나라는 모든 종류의 인간적 유토피아를 상대화한다. 하나님나라는 모든 종류의 피안적 유토피아와는 다른 철저하게 역사적 희망을 표현한다. 그러므로 하나님의 나라는 교회를 이 땅에서 도피시키는 그 어떤 종류의 종교적 아편에 대항한다. 하나님나라가 이렇게 선물로 이 땅에 이루어지는 것이라면 우리는 그저 잠잠히 기다리고만 있으면 되는 것인가? 그렇다면, 하나님께서 우리를 수동적으로 만들고 무책임한 존재로 만들었단 말인가?

정치는 사회를 살아가는 기술이다

우리는 여기에서 앞으로 말하고자 하는 '정치'와 '정치적'이라는 용어들을 먼저 규정하고 넘어가자. 이 말은 '넓은 의미'로 쓰일 수 있고 '좁은 의미'로 쓰일 수 있다. 넓은 의미에서 정치는 인간 사회의 삶 전체와 관련되어 있다. 정치는 "사회에서 함께 살아가는 기술"이다.

좁은 의미에서 정치는 '통치 학문'이다. 그것은 권력을 잡고 특정한 정책들을 채택하고 발전시키는 것과 관련되어 있다. 즉 정치인들에 의한 구체적인 행동을 말한다. 일단 이러한 구분 안에서 우리는 예수님이 정치에 관여하셨는지를 살펴 볼 수 있다.

예수님은 '좁은 의미의 정치'에서 볼 때 분명히 정치에 관여하지 않으셨다. 그분은 정당을 결성하거나, 어떤 정치적 프로그램을 채택하거나, 조직적으로 정치적 항의를 한 적이 한 번도 없으셨다. 그분은 가이사나 빌라도나 헤롯의 정책에 영향을 미치기 위한 어떤 조치를 일절 하신 적이 없다. 그분은 정치에 발을 아예 들여놓지 않으셨다.

하지만, 넓은 의미의 정치로 보면 예수님의 사역 전체가 정치적이었다. 그분은 인간 공동체의 삶에 참여하기 위해 세상에 오셨으며,

제자들도 같은 일을 하도록 세상에 보내셨다. 게다가 그분이 선포하신 하나님나라는 철저하게 새롭고 다른 사회 체제로서, 그 사회의 주류 가치관에 대하여 도전했다. 예수님이 하신 정치는 현 상태에 대안을 제시하는 것이었다. 그럼에도 불구하고 사람들은 그분의 왕권이 가이사의 왕권에 도전한 것으로 여겼으며, 그 때문에 그분은 선동죄로 고소당하셨다. 가장 종교적인 것이 가장 정치적인 것이 되는 것이다.

일본강점기에 신사참배 거부는 두 왕을 섬길 수 없다는 순수한 신앙고백이었지만 정치범이 된 것을 우리는 알고 있다.

이처럼 예수님과 사도들은 정치에 관심이 없었으며, 그들 스스로 정치적 활동에 참여하기는커녕 그런 활동을 요구하거나 심지어 권하지도 않았다. 맞다! 그들은 그렇게 하지 않았다. "예수님은 인간에 관심을 가지셨지 정치에 관심이 없으셨다."하워드 요더, 「근원적 혁명」 그럼에도 불구하고 예수님은 당시 정치가들에게 두려운 대상이었다. 정치 지도자들이 그분이 정부를 공격한다고 본 이유 중 하나는 그분이 '권세'에 대해 전혀 다른 견해를 가지고 계셨기 때문이다. 마리아의 송가에서 "권세 있는 자를 그 위에서 내리치셨으며 비천한 자를 높이셨고 주리는 자를 좋은 것으로 배를 불리셨으며 부자는 빈손으로 보내셨도다"눅1:52-53고 했다. 예수님의 말씀은 공공연하게 정치적이지는 않았지만, 불의한 정치 구조를 뒤엎고, 억압에 도전했으며 정의와 샬롬이 넘치는 새로운 나라를 약속했다. 이런 의미에서 예수님이 사회적, 정치적, 역사적으로 미친 영향은 말로 다 할 수 없을 정도로 크다.

이러한 가르침이 실제로 성취되는 데에 얼마간 시간이 걸렸다. 우리는 그리스도를 따르던 사람들이 로마의 전체주의 체제하에 미약하고 보잘것없는 극소수 집단이었음을 기억해야 한다. 곳곳에 정보원이 깔렸고 군대가 주둔해 있으며 그 군대는 로마에 저항하는 사람들에게 사람들을 억누르고 반대를 짓밟고 죽이기까지 할 수 있었다. 그리스도인들이 성공할 만한 기회와 가능성이 있었다면 정치적인 행동을 취했을까? 나는 그랬으리라 믿는다. 적절한 정치적 활동 없이는 결코 충족될 수 없는 사회적 필요가 있기 때문이다. 사도들은 노예제를 폐지하라고 하지 않았다. 하지만, 19세기 그리스도인들이 노예제 폐지한 것이 기쁘고 자랑스럽지 않은가! 그 운동은 인간의 존엄성에 관한 성경의 가르침에 기초한 마땅한 것이다. 사도들은 또한 병원을 세우라고 말하지 않았다. 하지만, 기독교 병원들은 병든 자들에 대한 예수님의 긍휼에서 유래한 타당한 것이다. 마찬가지로, 가난하고 억압받는 자들을 위해 정의를 추구하는 사랑인 정치적 활동은 예수님의 가르침과 사역에서 유래한 당연한 것이다. 데스몬드 투투Desmond Tutu 대주교는 특유의 화려한 표현으로 "나는 사람들이 종교와 정치는 아무 관계가 없다고 주장할 때 그들이 도대체 어떤 성경을 읽는 것인지 당혹스럽다"라고 말했다.

사회봉사와 사회활동

1974년 세계 복음주의자들이 스위스 로잔에서 함께 모여 만든 그랜드래피즈 보고서Grand Rapids Report에서 정치활동을 '사회봉사'social service와 '사회행동'social action으로 적절이 구분하였다.

사회봉사	사회행동
곤경에 처한 사람을 도움	곤경이 생기는 원인을 제거함
자선 활동	정치 경제적 활동
개인과 가정을 대상으로 봉사함	사회 구조를 변혁하려 함
자비 사역	정의를 이루려는 노력

이 보고서는 사회 정치적 활동을 이렇게 말한다. "가난한 자들을 돌보는 것을 넘어 경제 제도와 정치 제도를 개선하고 필요하면 변혁을 통해 그 제도가 그들을 빈곤과 억압에서 해방하는 일을 촉진하기를, 사람을 넘어 구조를, 수감자들의 사회 복귀를 넘어 감옥 제도의 개혁을, 공장 환경을 개선을 넘어 노동자들이 더욱 참여할 수 있도록 한다."

그렇다면, 진정 기독교적인 정치적 관심은 사회봉사와 사회활동을 둘 다 포함하는 것이 분명하다. 그 둘을 분리하는 것은 매우 인위적인 일이다. 어떤 경우에는 정치적 행동 없이는 사람들의 필요를 전혀 채워 줄 수 없다. 노예들을 가혹하게 취급한 행태는 개선할 수 있었을지 모르지만, 노예제 자체는 개선할 수 없었다. 노예제는 폐지되어야 했다. 또한 복음전도와 사회활동은 동반자적 관계이다. 둘 중에 하나가 아니라 둘 다이다. 복음전도와 사회활동은 같이 가야 한다.

예루살렘에서 여리고로 가던 여행자들이 상습적으로 폭행을 당하고 계속해서 선한 사마리아인의 보살핌을 받는다면, 이는 무장 강도들을 제거할 법을 만들 필요가 있다.

특정한 교차로에서 계속 사고가 발생한다면 더 많은 구급차를 대기시킬 것이 아니라 신호등을 설치해야 한다. 주린 자를 먹이는 것은 언제나 좋은 일이다. 하지만, 가능하다면 그 원인을 제거하는 편이 더 낫다. 그러므로 정말로 이웃을 사랑하고 그들을 섬기기 원한다면, 그들을 섬기려고 정치적 행동을 취하거나 호소하지 않을 수 없다.

2차대전 때 본회퍼가 히틀러의 만행을 보면서 "교회가 할 일은 미친 운전사히틀러를 잡아야지 자동차에 치인 사람을 병원에 데리고 가거나 장례식을 치르는 것으로 만족할 수 없다."라고 한 말은 그리스도인이 무엇을 할 것인가를 보여주는 말이다. 본회퍼는 말로만 한 것이 아니라 행동하다가 그의 천재적 신학을 충분히 남기지 못한 채 아깝게 39세의 나이로 죽고 말았다. 그는 보수주의자들이 말하는 살인 미수자가 아니라 교회 역사의 위대한 순교자다.

하나님나라는 하나님의 선물인 동시에 인간의 과업이다

하나님나라는 하나님의 선물Gabe인 동시에 인간의 과업Aufgabe으로 주어진다. 그러므로 예수님이 가지고 오신 하나님나라의 도래 앞에 인간이 철저히 변화되고 역사가 변혁될 것을 요구한다. 하나님나라의 도래는 우리에게 충격을 주고 이를 준비할 뿐만 아니라 서둘러 마중하고 이를 위해 투신하도록 격려한다. 하나님은 우리를 통하여 세계를 변혁시키고 회복시키려 한다. 교회는 하나님나라의 본보기요 전진기지다.

우리는 지금 하나님나라에 대하여 살펴보고 있다. 하나님나라는 인간의 계획과 설계를 통해 쟁취할 수 있는 것이 아니다. 하나님나라는 모든 종류의 인간적, 피안적, 유토피아와는 대조되는 하나님의 유토피아로서 인간의 혁명까지 혁명하는 나라다. 하나님나라는 세상 나라들에 대항하여 도발하는 새로운 정치다.

우리는 지금 누구 편에 서 있는가

앞에서 정치에 대한 성경적 관점을 보았다면 이제 정치에 대한 실재적 관점들에 대하여 나누려고 한다.

우리는 우리가 한 일을 하나님께서 승인하셨다고 생각하고 하나님이 우리 편이라고 주장하면서 하나님의 이름과 종교를 우리 입에 담을 것이 아니라 아브라함 링컨처럼 우리가 하나님의 편에 서 있는지 정말 진지하게 고민하고 기도해야 한다. 이것이 그리스도인의 의무이자 사명이다. '하나님이 우리 편'이라는 첫 번째 사고방식은 필연적으로 자기가 왕이 되는 승리주의에 빠지게 된다. '내가 하나님의 편'인가하는 두 번째 사고방식은 더 건전한 가치들, 이를테면 후회와 겸손, 반성과 책임감으로 이루어진다. 우리에게는 이러한 사고방식이 훨씬 중요하지만 안타깝게도 우리의 모습 속에는 좀처럼 이런 모습을 찾아보기 어렵다. 마틴 루터 킹Martin Luther King, Jr이 좋은 본보기이다. 한 손에는 성경책을 다른 손에는 헌법 책을 들고서 그는 선포하고 설득했다. 킹은 우리 모두에게 정의와 평화에 대한 생각과 하나님의 목적을 일깨워 주었다. 그가 저격에 의해 죽은 날은 미국의 국경일이다. 그만큼 미국인들이 그를 존경하고 있다.

사람들은 누구나 어느 형식으로든 정치에 참여하고 있다. 정치에 대하여 관심이 없고 아무 말도 하지 않는다고 중립을 지키는 것은 아니다. 하나님은 누구의 편이 아니다. 종교는 인종이나 당의 이익에 얽매이지 않을 때 진정한 역할을 할 수 있다. 교회는 일관된 도덕적 기반 위에서 우파와 좌파 모두를 자유롭게 비판할 수 있어야 한다. 신앙은 당파나 이념과는 상관이 없다. 그럼에도 불구하고 우리는 상대적으로 하나님나라의 가치에 초가치적으로 접근하는 당과 이념에 동의할 수 있을 것이다. 우리의 정치는 하나님의 정치에 비하면 하나부터 열까지 허점투성이다. 하나님의 정치는 우리가 늘 무시하는 사람들 즉 가난하고 연약하고 뒤처진 사람들을 돌봐야 한다고 말한다. 성경은 국가적, 인종적, 경제적, 문화적 이기주의를 벗어나 하나님의 형상에 따라 창조된 인간의 다양성을 인정하고 즐기라고 말한다. 하나님은 피조물인 환경에 관심을 두고 계신다. 우리는 그 풍요로운 환경을 소비하고 이용할 뿐만 아니라 좋은 청지기가 되어야 한다. 또 하나님은 값비싼 대가를 치르는 전쟁을 어떤 이유로든 두둔하지 않으신다. 그러므로 우리는 이 나라 정치에 도덕적 가치가 우선하는 나라가 되도록 애써야 한다.

그것이 그리스도인의 역할이다. 그럼에도, 우리나라의 정치는 지금 경제 제일주의에 몰두하고 무엇이 도덕적인가를 생각할 겨를이 없이 사람들을 분주하게 만들고 있다. 우리는 얼마나 '잘 사는 것'이 중요한 것이 아니라 얼마나 '바로 사는 것'이 중요하다는 것을 세상에 외쳐야 한다. 경제 제일주의는 이미 박정희 정권 때부터 매우 중요한 가치인 인권과 도덕성을 상대화하였다. 그러므로 경제에 도움이 되지 않는 인권, 환경, 가난한 자들은 자연스럽게 배제되는 것이다. 이명박 정부의 경제제일주의는 신 공안정국을 만들고 부자들을 위한 정치를 했다. 이는 전적으로 도덕성을 배제하고 있다. 그는 교회의 장로이지만 성경적 면모를 거의 찾기 어렵다.

과연 이렇게 되는 것이 어디에서 연유되는가! "신앙을 사적인 영역에 가두어 버리고 공적 영역은 신앙에서 제외하기 때문이다."짐 월리스,『하나님의 정치』프란시스 쉐퍼는 '이 세계는 현재 인본주의적 세계관에 의해 모든 것이 이루어지고 있다. 그런데도 교회는 이 세계에서 일어나는 일들이 어떻게 돌아가는지도 조차 모른다'고 말하고 있다. 프란시스 쉐퍼, 『그리스도인의 선언』

30년 전쟁

30년 전쟁은 역사상 일어난 전쟁 중 가장 의미심장한 전쟁 중 하나다. 1618년~1648년 30년 동안의 전쟁은 영국을 제외한 유럽 전역에서 일어난 가톨릭과 개신교 간에 종교 전쟁이다. 가톨릭은 1517년 종교개혁으로 빼앗긴 종교적 영향력과 영토를 되찾으려고 그동안에도 안간힘을 썼다. 30년 전쟁은 독일을 무대로 한 최초의 세계 대전이요 최후의 종교전쟁이다. 이 전쟁의 시작은 1617년 열렬한 가톨릭 신자인 페르디난트 2세가 보헤미아 왕으로 취임하면서 개신교를 탄압하는 것으로 시작된다. 전쟁은 시간이 갈수록 정치적 양상을 띠게 되었다. 종교전쟁으로 시작한 이 전쟁은 영토와 경제를 둘러싼 이해관계로 10여 개 유럽 나라들이 전쟁에 개입함으로써 국제전쟁이 된 것이다. 이 전쟁은 1648년 베스트팔렌조약을 맺으므로 끝났는데 종교적으로는 칼빈파와 루터파 그리고 가톨릭이 동등한 권리를 인정받는 결과를 낳았다. 정치적으로는 유럽의 나라 간에 국경선을 확정하게 된다. 이 전쟁의 주요무대는 독일로 역사상 가장 잔인한 전쟁 중 하나다. 독일에서만 1/3에 해당하는 800여만 명이 희생되었고 전 유럽은 황폐화되었다. 사람이 사람을 잡아먹고 짐승과 가축들이 몰살됐다. 어떤 집에서는 10명의 식구 중 9명이 죽는 집도 있었다. 이 전쟁의 말할 수 없는 참혹함은 당시 양심 있는 사람들에게 인간에 대한 회의와 종교에 대해 회의를 품게 했다.

전쟁의 비극은 인간에게 반성을 가져다준다. 도대체 무엇 때문에 이렇게 많은 피가 필요했는가? 같은 하나님을 믿는 사람들이 사람을 무참히 죽이는 참혹한 전쟁을 할 수 있을까? 종교는 인간의 행복에 필요한 것인가? 하나님은 정말 계신가? 라는 물음을 갖게 되었다. 이 전쟁은 앞으로 올 세계에 신앙과 정치를 비롯한 모든 분야에 심오한 영향을 미쳤다. 이성 중심의 계몽주의 탄생과 종교와 세계를 완전히 분리하는 경건주의운동이 태동하게 되었다. 이성 중심의 계몽주의와 신앙 중심의 경건주의는 오늘 한국교회와 사회에도 엄청난 영향을 주고 있다.

계몽주의 이성

이미 데카르트Rene Descartes가 말한 "나는 생각한다. 고로 존재한다" 은 자기중심 이성중심을 말한다. 30년 전쟁이 끝나자 시작되는 계몽주의는 당시 유럽인들에게 캄캄한 세상 저편에 떠오르는 새벽의 여명을 목격한 자들이었고, 흐릿하고 헷갈리던 것들이 이제는 그 본연의 모습을 선명하게 볼 수 있었고, 미처 설명되지 못했던 것들이 설명되는 놀라운 것을 보게 된 사람들이 경험하는 그 환희와 흥분을 느꼈다. 그것은 일종의 회심을 지칭하는 경험이었다. 마치 부처의 깨달음과 같은 한 개인의 경험이 아니라 유럽 사람들의 집단적 회심을 말한다. 계몽주의 시대를 기점으로 모든 것이 이성을 중심으로 사유되었고 그 결과 인간은 완전한 자의식을 갖게 되었다. 예를 들면 과학에 의한 망원경 발명은 눈으로 보는 것보다 실제로 더 확실하게 볼 수 있다는 사실을 알게 되었다. 그것은 하나님을 믿는 것보다 이성을 믿는 것이 훨씬 확실하다는 것을 알게 된 것이다.

계몽주의에 의해 형성된 서구 문화에서 말하는 '공적 세계'는 눈에 보이고 증명 가능한 사실facts에 근거하고 있다.

이것은 보이지 않을 뿐 아니라 증명이 불가능한 신념, 의견, 가치 등 '사적 세계'와 구별되기 시작한다. '공적public'이라는 것은 모든 사람들이 객관적으로 인정할 수 있는 것을 말한다. 이것이 현대세계에서 작동하는 논리며, 사적 세계와 공적 세계를 이분하는 토대가 되었다.

계몽주의의 도전에 대한 교회의 반응은 물 밀듯 밀려오는 이러한 이분법을 받아들일 수밖에 없었고 '사적private'인 세계로 어쩔 수 없이 물러설 수밖에 없게 되었다. 계몽주의를 계기로 신앙 문제는 공적인 문제가 아니라 사적인 것이 되었다.

이렇게 하여 교회는 세상에 의해 추방당했다. 모든 면에서 세상은 하나님 없이 살려 하고 있다. 교회는 신앙 이외의 모든 문제를 믿지 않는 자들에게 넘길 수밖에 없었다. 그 결과 세계는 교회와 결별한다. 이제 신앙의 주제가 이 세상에서 쫓겨났다. 종교적인 문제는 종교적인 문제로만 만족하라는 압력을 받고 있다. 다니엘 벨Daniel Bell은 '세속화'야 말로 기독교 신앙의 퇴조를 알리는 것이라고 말했다. 계속해서 말하기를 "세속화의 원래 의미는 30년 종교전쟁 직후에 토지나 재산의 관할권을 교회가 세상 통치자에게 내어 준 데서부터 나온 말이다. 이런 의미에서 '세속화'는 정치를 비롯한 모든 문제가 교회로부터 떨어져 나왔다는 뜻이다. 그 고전적인 실례는 교회와 국가의 분리이다. 이렇게 하여 모든 교육, 예술, 정치, 기술 등이 자율적인 것이 되었고 교회가 그들의 활동에 관여할 수 없는 상황에 이르렀다. 즉 모든 것이 교회의 통치에서 세속의 통치로 관할권이 옮겨진 것이다. 이 '세속화' 현상은 계몽주의 시대에서부터 가속화되어 오늘날에 이르게 된다. 이리하여 신앙의 문제는 사적 문제로 전락하고 말았다."다니엘 벨,『정보와 사회와 문화의 미래』

세속화의 결과로 인간은 자율적 존재가 되었다. 그러나 그 자유는 결국 허무주의, 포스트모더니즘으로 오늘에 이른다. 계몽주의는 세계의 역사에 나타난 반기독교적 '지적 쿠데타'였다.

어쨌든 계몽주의 영향으로 18세기 이후 국민국가nation-state가 출현하면서 생명, 자유, 행복을 추구하기 위한 수단을 제공할 의무가 국가 어깨 위에 지워졌고, 그동안 교회가 수행했던 교육을 국가주도의 공적 교육을 통하여 이성이 막강한 힘을 발휘하며 파죽지세로 모든 사람에게 퍼져 나갔다. 기독교 역사가 도오슨Christophor Dawson은 "교회가 가르칠 권리를 잃어버린다면 교회는 더는 존재 할 수 없게 된다. 인간의 지성을 형성하는데 학교가 교회보다 더 큰 역할을 담당하는 현실이다. 보편적이고 의무적인 국민교육이 소개되면서 현대 문화가 급속한 세속화 과정을 밟았다는 것은 결코 우연한 일이 아니다.크리스토퍼 도오슨,『기독교문화와 현대문명』이러한 교육에는 하나님도 없고 삶에 의미도 목적도 없는 것이 되어 버렸다.

그렇다고 우리는 이성을 경원시하는 반지성주의에 빠져서는 안 된다. 계몽주의, 즉 이성주의와 합리주의 시대를 연 프랑스의 데카르트는 당대 최고의 존경 받는 인물이었다. 하지만, 파스칼Blaise Pascal도 데카르트와 동시대의 사람으로 27세나 어렸지만, 예의 없는 사람처럼 심한 말로 그를 비판하고 있다. "쓸모없고 불확실한 데카르트, 나는 데카르트를 용서할 수 없다. 그는 자기 철학에서 가능하면 하나님 없이 지나가려고 한다."파스칼,『팡세』라휴마 297 이성중심의 계몽철학이 무엇인가를 한마디로 잘 보여주고 있다.

레슬리 뉴비긴Lesslie Newbigin도 "이성과 계시가 진리의 원천과 평가 기준으로서 서로 대립한다는 생각은 잘못이다. 문제는 이성을 어떻게 사용하느냐 하는 것이다."레슬리 뉴비긴, 『다원주의 사회에서의 복음』

하나님께서는 인간을 자신의 형상으로, 즉 이성을 가진 존재로 만드셨다. 이성은 하나님의 일반은총의 산물이다. 이성 없는 계시는 독단에 빠지고 미신화될 수 있고, 계시 없는 이성은 삶의 의미와 목적을 상실한다.

경건주의 이원론

경건주의는 30년 전쟁으로 말미암은 피폐한 정신과 교회의 타락으로 독일에서 일어난 종교개혁운동으로, 이후의 전개되는 세계교회뿐만 아니라 한국교회에도 심대한 영향을 미치게 된다. 나는 여기서 경건주의뿐만 아니라 근본주의, 세대주의에 대해서 말하려 한다. 나는 한국교회에 편만해 있는 이 세 가지를 통칭해 소위 '보수주의'라고 말하고 싶다.

첫째, 경건주의

17세기 독일에서 슈페너P.J Spener의 지도로 시작된 경건주의 운동에 그 뿌리를 두고 있다. 경건주의는 원래 추상적이며 형식화된 기독교에 대한 건전한 항의로부터 시작되었다. 경건주의는 초교파적이며 세계교회에 광범한 영향을 미쳤다. 경건주의는 한국교회에 주류를 형성한 신앙과 신학유형이다. 한국에 뿌려진 기독교의 씨앗은 개인주의와 지성을 무시하는 경건주의에서 출발한다. 경건주의의 특색은 '영적 세계'와 '물질적 세계'를 날카롭게 구분하고 물질적인 세계에 아무 중요성도 부여하지 않았다. 경건주의는 인간 영혼만의 구원을 강조하게 되었고 이원론적 도피주의에 빠지고 말았다. 우리나라에 들어온 미국 선교사들은 경건주의적 경향성을 가진 사람들이었다. 한국 최초의 선교사인 언더우드, 아펜젤러 역시 경건주의 유형의 신앙의 소유자였다. 교회사가인 라토레트K. S. Latourette도 초기 한국 선교사들은 경건주의적 복음주의 중심의 선교사들이었음을 말한다. 그래서 선교사들은 당시 일본 제국의 치하에 있던 한국교회가 비정치화와 정치적 중립의 태도를 보이기를 원하였다. 이것은 한국에 온 선교사들은 일본의 정치적 박해로부터 한국교회를 구원하려는 의도였다. 김홍기 외, 『한국기독교사상』

한국교회의 경건주의의 특색은 신비적, 감성적 신앙을 강조하고, 개인구원과 내세 지향적 경향과 이원론적 사고, 비정치화, 반지성적 경향, 선교적 열정, 평신도 운동에 대한 강조다.

이처럼 "경건주의는 기독교와 영성을 삶의 작고 내면적인 부분에 고착시켜 버렸다. 하나님께서는 세계를 창조하셨으며 결코 인간 구원뿐만 아니라 세계구원, 세계변혁을 위하여 예수님을 보내셨다. 그런데도 경건주의 영성은 세계에 대한 무관심을 불러왔다. 이것은 예수 그리스도의 성육신을 부정하는 것이다."자끄 엘륄, 『뒤틀려진 기독교』

둘째, 근본주의

근본주의란 단어는 1920년경 미국에서 시작되었다. 근본주의는 사회 경제적 불안정, 자유주의의 성경비평, 모더니즘에 대항하여 일어났다. 미국의 근본주의적 신학과 신앙에 영향을 받은 한국교회 초기 선교사들을 통해 '복음주의'란 이름으로 한국에 소개되어 정착된 근본주의적 보수주의 신학을 한국교회, 특히 장로교회의 신학 전통으로 자리매김하였다.

기독교사회문제연구소 발표에 의하면 목회자 84.9%, 평신도 92.3%가 근본주의 성향이 있는 것으로 나타났다. 한국종교문화연구소 장석만 연구원은 한국교회는 70~80%가 근본주의자라고 말한다. 배덕만, 『한국개신교 근본주의』 나는 근본주의 교리를 인정한다. 그러나 그것이 성경이 말하려는 내용 전부일 수 없다. 근본주의는 너무 협소하고 이원론적이다.

근본주의는 원래 몇 가지 교리 중심으로 성경을 축소 지향적으로 해석하고 있다. 근본주의는 구원의 의미를 개인화, 내면화시키며, 윤리에서도 대윤리macro ethics 즉 정치, 경제, 교육, 정의 등 세계의 구조적 접근보다 소윤리micro ethics 즉 동성애, 낙태, 술, 담배, 간음, 가정과 같은 작은 윤리에만 관심이 많다.

우리나라의 장로교회는 정교분리를 기본 교리로 확고하게 정립했고, 현실도피적 재림신앙을 신앙형태로 만들어 내었다.

셋째, 세대주의

세대주의 운동은 19세기 영국의 다비J. N. Darby. 1800-1882와 플리머스 브레드랜Plymouth Brethren과 연관된 천 년 운동을 이어받아서 부상하게 되었고 이 믿음은 모든 예언자들이 마침내 성취되는 '마지막 때'에 살고 있다고 주장하면서 수많은 사람의 마음을 사로잡았다. 그들이 믿는 이 예언의 핵심은 예수님이 가까운 시간에 다시 오셔서 참 신자들을 지금의 악한 세상에서 데려가 자신과 함께 있게 한다는 것이다. 이들은 시한부 종말론을 말한다. 우리나라에서 이장림, 조용기는 대표적인 시한부 종말론자들이다.

미국의 온타리오 주 썬더 베이Thunder Bay는 자연의 아름다움이 놀라울 정도다. 그 지역에 사는 많은 세대주의적 그리스도들은 우리가 이 세상이 곧 끝나게 될 '마지막 때'에 살고 있기 때문에 지구를 산성비 같은 것들로 오염시키는 일을 막을 필요가 없다고 말한다. 그런 고민을 하는 것은 '비영적인 것'이며, 심지어 믿음이 부족하다고까지 말한다. 어느 날 갑자기 이 세상을 멈추는 것이 하나님의 의도라면 이런 것들이 문제 될 것이 무엇이란 말인가?

곧 아마겟돈 전쟁이 일어날 것이라면 제너럴 모터스General Motors가 캐나다의 대기에 유해 가스를 계속 뿜어대도 상관이 없다. 오늘날 수많은 그리스도인에게 재림은 현 세상은 파괴될 운명이고 선택받은 소수들만이 천국으로 들려진다는 것이라고 말한다.

세대주의자들은 부활과 예수님의 재림을 말하며 마지막 때를 강조한다. 그러나 그 재림은 현재의 삶을 역동적으로 만드는 것이 아니라, 이 타락한 세상을 떠나 빨리 저 다른 유성으로 가자는 도피주의일 뿐이다. 그러므로 전도만이 유일한 이 땅의 희망이며 그 밖에 모든 문제는 상관할 바 아니라고 말한다.톰 라이트, 『마침내 드러난 하나님나라』

앞에서 말한 대로 경건주의, 근본주의, 세대주의는 사이좋은 보수주의 삼형제로 한국교회에 깊이 침투되었고 거기다 순복음주의의 번영신학까지 가세하여 개인적, 내면적, 내세적, 이원론적 신앙을 강조하는 '실천 없이도 믿기 쉬운 신앙'을 만듦으로 한국교회의 주류를 이루게 되었다.

이들이 강조하는 개인의 회심, 기도, 전도, 성경공부, 선교 열정, 구제는 그리스도인이라면 누구나 실천해야 할 기본적이고 아름다운 덕목이다. 이것들은 결코 부정할 수 없다. 교회는 이런 것들을 적극적으로 권장하고 실천해야 할 것이다. 단지 이들의 잘못은 우주적인 복음을 개인적, 구원 중심적 신앙으로 만들어 버렸다.

"보수주의는 현대적 사고의 위험성에 대한 반작용일 뿐만 아니라, 현대적 사고에 대한 공격이기도 하다. 두 차례의 세계대전과 아우슈비츠를 겪고 난 이후에 인간에 대한 신뢰가 사라져버리게 되면서 보수주의는 더 강화되었다. 하나님이 아닌 인간 자신이 죽어버렸다. 여기에 오로지 초월적인 하나님에 대한 신뢰만이 남아 있다. 이러한 현대 세계의 신뢰 상실은 보수주의가 세력을 확장할 수 있는 하나의 지지기반이다. 비록 보수주의가 건전하고 생산적인 답변을 주지 않음에도 불구하고 말이다. 이는 그들이 현대세계에 대해 철두철미 실망했기 때문이다.

보수주의는 현대세계에서 묵시사상을 확산시키며 세계 멸망에 대한 세상 도피적, 허무주의적 분위기를 널리 유포하면서 도피적 기독교가 되었다. 보수주의자들의 현실 도피적, 허무주의적 묵시사상은 현대세계의 위협적인 자기 파괴를 부추기는 도발적 증상이다."위르겐 몰트만, 『창조 안에 계신 하느님』

이제 교회는 잃어버린 고토故土를 되찾아야 한다. 이 말은 신정주의적 정복을 말하는 것이 아니라, 모든 영역에서 하나님나라의 가치가 침투되어야 할 것을 말한다.

"참된 영성은 우리의 삶 전체를 포괄할 뿐만 아니라 삶의 모든 면을 포괄한다. 그러므로 우리는 모든 전선에서 싸움을 수행해야 한다. 모든 것은 영적 특성을 지닌다."쉐퍼, 『그리스도인의 선언』

"물이 바다를 덮음 같이 여호와를 아는 지식이 세상에 충만하게 할

것임이니라."사 11:9

　이제 우리 그리스도인들은 복음전도와 함께 억눌리고 약한 사람들의 상황이 더 좋아질 수 있는가, 어떻게 하면 인간의 생명과 존엄이 보호될 수 있는가, 어떻게 하면 더 정의롭고 평화로운 세계를 만들 수 있는가에 대하여 관심을 둬야 한다. 왜냐하면, 하나님은 우리에게 이러한 문제에 관심을 두기를 바라고 계시기 때문이다. 아직도 우리나라는 불행하게도 가난한 사람에 대한 문제가 성경의 최대의 관심사인데도 이 문제를 이야기하면 불행하게도 남북한 문제에 관련하여 이데올로기적으로 생각하고 있다. 가난의 문제는 그리스도인이 가져야 하는 특별한 관심사다. 성공회 대천덕신부는 하나님나라는 가난한 사람의 문제부터 시작된다고 말했다. 짐 월리스가 말한 대로 "그리스도인에게 국가 예산의 문제도 영적인 문제다. 예산의 문제도 도덕적 측면에서 기독교적 시각에서 보아야 한다."짐 월리스, 『하나님의 정치』 돈이 어디에 쓰이고 있는가 하는 문제는 그리스도인들에게는 매우 중요한 문제다.

과연 영성과 정치는 함께 갈 수 없는 것인가

　공적 삶을 외면하는 개인적 영성과 영적 관심을 경멸하는 세속적인 영 사이에서 우리는 오랫동안 시달려왔다. 사회적 영향력이 없는 교회, 영혼이 없는 정치 둘 다 문제이다. 센델이 『정의란 무엇인가』에서 말한대로, 우리 그리스도인들은 무엇보다 정치에 도덕적인 가치 논쟁을 할 수 있어야 한다. 우리는 우리가 소중히 여기는 성경적 가치로 이 나라를 세워나가야 한다. 예언자 아모스의 말은 결코 그 시대에만 주어진 것이 아니다.

> 내가 너희 절기들을 미워하여 멸시하며 너희 성회들을 기뻐하지 아니하
> 나니 너희가 내게 번제나 소제를 드릴지라도 내가 받지 아니할 것이요
> 너희의 살진 희생의 화목제도 내가 돌아보지 아니하리라 네 노랫소리를
> 내 앞에서 그칠지어다 네 비파 소리도 내가 듣지 아니하리라 오직 정의
> 를 물 같이, 공의를 마르지 않는 강 같이 흐르게 할지어다. 아모스
> 5:21~24

　많은 사람은 생각하기를 교회는 '부유층 지지', '친미 세력' 보수적
이라고 생각하고 있다. 성경이 과연 그러한 종교인가. 성경적이며 진
정으로 복음주의적 본래의 신앙을 오늘날 왜곡된 상태로부터 구해내
는 방법은 없는가. 나는 개인적인 책임, 생명과 성의 신성, 악의 실
재, 개인적 인격의 중요성, 자녀 양육, 가족의 가치, 무엇보다도 예
수 그리스도와의 절대적 관계 그리고 신구약성경을 양보할 수 없는
가치로 아는 보수주의자다. 우리는 열린 보수, 행동하는 보수가 되어
야 한다. 하지만, 오늘날 한국교회는 사회정의에 관한 성경의 비전을
완전히 무시하고 심지어 그런 비전을 단순히 종북 좌파라는 이름으로
매도한다. 예수님을 모르는 사람들이 이렇게 말한다면 몰라도 성경
을 믿는 사람들이 이렇게 말하는 것은 한마디로 성경에 대한 무지와
불순종이다. "성경을 보수적으로 보라 그러면 당연히 급진적이 될 것
이다."제임스 바, 『근본주의 신학』 우리는 공적인 삶, 즉 정치 속에서 믿음
을 찾아야 한다. 진정한 신앙인이라면 좌우를 막론하고 정의를 실현
하려고 애써야 한다. 우리는 폭력을 미워하며 폭력을 근절하려고 애
써야 한다. 전쟁은 어떠한 명목으로도 정당화될 수 없다. 십자군 전

쟁과 30년 전쟁은 기독교 보수주의자들에 의해 자행된 가장 잔혹한 전쟁으로 역사에 기록되었다. 십자가의 이름으로 얼마나 많은 사람의 피를 흘렸던가?

보수주의자들은 모든 것을 선과 악의 구도 속에서만 바라보며 내 편이 아니면 모두 적이다. 그래서 교회는 세계사에 나타난대로 폭력전쟁을 서슴지 않았다. 미 대통령인 부시이 악의 축을 말한 것은 이 것을 의미한다. 그리하여 내가 선이면 상대는 기어코 죽어야 한다. 그래서 종교전쟁은 가장 비참한 전쟁이 되는 것이다. 콘스탄티누스는 기독교를 승인했지만, 그는 전쟁에 승리하기 위해서 십자가 깃발을 앞세웠다. 전쟁과 십자가가 어찌 함께 갈 수 있는가? 콘스탄티누스는 종교회의까지 명령하고 주재하기도 한다. 그는 기독교에 자유를 주었지만, 기독교와 국가의 관계, 교회와 정치의 관계를 심하게 왜곡시키는 전통을 천 년이 넘는 세월동안 역사 속에 심겨놓았다.자끄 엘륄, 『뒤틀려진 기독교』 콘스탄티누스는 탁월한 정치감각으로 교회를 정치적으로 이용한 중요한 인물이다. 이후 불행하게도 세계교회는 콘스탄티누스주의에 빠지게 되었다.

편을 드시는 하나님

예를 들어 인권의 문제에서 성경은 어떻게 말하고 있는가를 생각할 수 있어야 한다. 이 문제를 중요시하면 좌파가 아니라 하나님의 편이다. 가난한 사람을 옹호하는 것은 부자들이 흔히 주장하는 계급투쟁이 아니다. 가난한 자들에 대한 관심을 두는 것은 성경의 명령이다. 성경에서 가난한 자는 부유한 엘리트와 정치적 세력가와 냉담한 부자들에게 끊임없이 억압을 당하는 자로 등장한다. 이것이 성경에 나타난 것이기도 하지만 오늘의 현실이기도 하다. "인간이 선하지 못하기 때문에 부와 권력에 지나친 독점을 막아 균형을 유지할 강력하고 투명한 시스템이 필요하다."짐 윌리스, 『하나님의 정치』 그것이 민주주의이다. 민주주의는 권력의 독점을 막는다. 민주주의는 가장 성경적인 것은 아니지만, 근사치적으로 성경적인 관점에 부합한다.

교회가 예언자적 소명을 제대로 외치지 못한다면 어떤 사회도 무너질 수밖에 없다. 바로 이것을 성경이 이스라엘 역사를 통하여 보여주고 있지 아니한가! 경제적, 정치적 소외 계층의 존엄성을 누가 지켜줄 것인가. 국가와 지도자의 독선을 누가 제재할 것인가. 하나님은 편을 드시는 분이다. 이것도 좋고 저것도 좋은 하나님이 아니시다. 하나님은 진리의 편이시다. 하나님은 가난한 자의 편이시다. 하나님은 약한 자의 편이시다. 그러므로 우리는 모든 선택에서 어느 것이 하나님의 편인가를 분별할 줄 알아야 한다.

신앙의 개인적 경건과 사회적 책임은 결코 상반된 것이 아니라는 것을 복음주의자들이 1974년 스위스 로잔에서 한자리에 모여 선언했지만, 한국교회는 소귀에 경을 읽는 격이다.

나는 한국교회가 존 스토트, 프란시스 쉐퍼 등 세계의 복음주의자들이 함께 만든 로잔언약을 전하기 위에 젊어서부터 오늘까지 노력해온 사람이다. 빈곤의 문제를 두고 한쪽은 개인의 행동 변화를 추구하고 다른 쪽은 사회 프로그램의 개선을 추구하는 논쟁을 볼 때마다 놀라지 않을 수 없다. 이 둘이 상호 배타적이란 말인가. 빈곤의 문제를 풀려면 이 둘의 노력이 함께 필요하지 아니한가. 우리는 단지 자선 사업만으로 빈곤의 문제를 풀려고 해서는 안 된다. 그러므로 우리는 여기서 정치의 문제를 제기하는 것이다.

믿음은 개인적으로는 자선을, 공적으로는 정의를 낳는다. 하나님의 나라는 단순히 그 사회에 순응하는 것이 아니라 새로운 질서를 투입시키려는 역동적인 나라이다. 하나님나라는 신앙과 정치 모두를 변화시킬 수 있는 강력한 힘이 된다. 보수주의자들의 마음속에는 세상을 지배하려는 신정주의神政主義적 정치 철학이 잠재해 있다. 이것은 마치 이명박 전 대통령이 서울 시장 시절 때 "서울시를 하나님께 바치겠습니다"라는 말과 같고, 같은 교회에 다닌다는 이유로 내각과 비서진에 배치하는 것과 같다. 이러한 신정주의적 사고는 세계를 선악의 구도로 보며 선이 아니면 폭력적 행사도 불사하는 것이다. 이슬람의 보수주의자들과 미국의 보수주의자인 부시G.W. Bush에게서 잘 볼 수 있다. 겉으로는 좋은 신앙을 가진 것 같지만, 신정주의적 사고방식은 정복적 사고방식이다. 그래서 미국 대통령 부시가 이라크와의 전쟁을 선포하면서 "우리는 지금 십자군 전쟁에 나선다"라고 말했다. 역사의 번지수도 모르는 망언이다.

정교분리의 진정한 의미

인류사상에 역사를 남긴 민족들은 대개 건국신화를 가지고 있는데 그 신화들은 그 나라의 종교와 정치의 일치와 조화가 어떻게 된 것을 보여준다. 이것을 우리가 제정일치 또는 정교일치라고 부른다. 이것은 정치의 이상과 실천은 종교의 이상과 실천에 일치할 것을 말한다. 혹은 종교의 사회적 및 도덕적 지지를 받지 못하는 정치는 실패한다는 말도 된다. 이러한 이유로 옛날부터 제정일치의 제도는 보편적인 것이 되었다. 그러나 이 제도의 이상과 목표는 쉽게 성취되지 못하였다. 그리하여 제정일치 제도 아래서도 때로는 종교가 정치를 지배하거나 반대로 정치가 종교를 지배하거나 반대로 정치가 종교를 침범하다가 종교 자체가 타락하거나 정치 자체가 부패한 경우가 많았다.

여러 시대에 여러 곳에서 여러 모양으로 주장되고 적용되어 왔지만, 종교와 정치의 올바른 분리는 실현되지 못하다가 미국의 수정헌법 제1조1791년 인준에서 비로소 종교와 정치의 분리가 이루어지게 되었다. 그러나 미국 헌법에도 "분리"라는 말은 없고 다만 "의회가 국교를 창설하거나 또는 종교의 자유행사를 금하는 어떤 법도 만들 수 없다"고 못 박았을 뿐이다. 그러나 미국헌법의 정교분리 정신을 이어받았다는 현행 우리나라 헌법에는 "종교와 정치는 분리된다"고 되어 있어 엄격한 종교분리를 말하는 인상이다. 현세기에 들어서서 공산주의 나라들이 종교와 정치를 엄격하게 분리시키게 되었는데, 이것은 정치가 종교를 박멸하거나 자멸케 하거나 아니면 종교적 기능의 사회적 무능화를 꾀하는 것이다.

위에서 보는 바와 같이 종교와 정치 관계는 두 가지 형태가 있는데 종교주도형과 정치주도형이다.

종교주도형은 옛 이스라엘 민족의 신정정치神政政治, Theocracy를 예로 들 수 있다. 그 신정은 하나님의 계명을 모법으로 삼고 수시로 전달되는 신탁을 통해 정치를 하는 것이었다. 정치는 계명에 일치해야 하며, 이 계명으로 개인적 및 사회적 이상을 실현시키는 것이었다.

그러나 이 신정은 성공하지 못했다. 왜냐하면, 왕과 관리들과 백성이 이 계명을 바로 지키지 못하였을 때 종교와 정치 사이에는 심한 갈등과 충돌이 생겼고, 종교인이 오히려 박해를 받았기 때문이다. 즉 종교주도형의 신정체제 아래서는 정교일치가 아니고 정교 혼돈이 야기되었던 것이다. 이란의 호메이니의 이슬람 신정도 이와 같은 것이다.

　정치주도형은 로마제국의 콘스탄티누스를 생각해 보면 된다. 그는 강력한 권력을 장기간 행사한 황제였다. 그는 황제로 취임할 때 왕관과 함께 로마 종교의 최고 사제로서 법의, 즉 승복까지 받아 입었던 것이다. 이렇게 하여 그는 로마 제국의 정치와 종교의 두 가지 지배권을 장악하였다.

　그러나 18세기에 들어와서는 기독교의 신학적 인간론을 바탕으로 하여 민주적 정치이론이 나오게 되었다. 신학적 인간론은 모든 사람이 다 하나님의 피조물로서 평등한 것과 또 모든 사람이 다 죄인인 점에서 평등하다는 것이며, 따라서 아무도 날 때부터 남을 지배할 자격을 가지고 태어나지 않았으며, 또 남을 지배할 자격을 가진 사람이 아무도 없다는 말이다. 특히 이러한 성경사상을 뒷받침하여 개혁주의적 사상가들인 존 밀턴John Milton과 존 로크John Locke와 같은 그리스도인들이 국민정부론을 부르짖었다. 즉 왕의 정부가 아니고 국민이 주권자가 된 정부라는 말이다. 아무튼, 이러한 신학사상이 인간의 자유와 평등, 인권 등 현대 민주주의의 기본 신조의 종교적 근거를 제공하였다. 이러한 신학적 민주정치 신조의 최초의 가장 큰 결실은 앞에서 말한 미국의 독립운동과 미국의 혁명이었다.

　정교분리제도의 선구자는 미국이었으나 그 제도의 시행에 있어서는 미국에서도 그동안 어려운 문제들이 많이 생겨 그 해결을 위하여 재판사건이 많았다. 그 결과로 많은 판례를 만들어 가면서 정교분리 원칙의 시행을 계속하고 있다.

정교분리에서도 엄격한 정교분리를 지지하는 종교와 종파는 대개 극단의 보수주의 종교들인데, 이들은 교회가 국가와 정치 밖에 있는 것으로 생각한다. 즉 이원론을 견지하는 것이다. 이러한 이원론적 태도는 과거에 종교의 자유와 관용이 실시되지 못했을 때에 정치 또는 국가가 그들에게 심한 박해를 가했던 역사를 배경으로 하고 있거나 혹은 정치와 국가는 속된 것으로 간주하기 때문이다.

엄격한 정교분리 때문에 자주 교회는 기존질서에 들러리가 되었으며, 너무나 자주 교회는 정치와 야합하고 순응하였다.

엄격한 종교분리를 강조한 루터교회가 2차대전 때 히틀러에 가담한 반면에 개혁주의자인 칼 바르트는 적극적으로 히틀러에 저항했다. 오늘 한국교회는 밖으로는 개혁주의 '개혁주의'는 신학적 표현이며 정치적으로 말하면 '장로교회'를 말한다를 표방하면서 현실은 루터교회와 유사한 기이한 형태를 보여주고 있다. 2014년 10월 30일 개혁주의 요람이라 자부하는 총신대학교에서 학생들이 교회의 부패와 관련한 성명을 발표하고 '개혁주의' 장례식을 한 것은 의미있는 사건이다.

두 왕국론

루터가 말하는 하나님나라와 세상 나라로 구분하는 두 왕국은 구별할 수는 있어도 분리할 수 없다. 하나님나라는 여전이 세상 나라 안에 있기 때문이다. 만약 교회가 역사로부터 도피하고, 이 세계와 정치로부터 떠날 수 있다고 생각한다면 그것은 환상일 뿐이다.

두 왕국이 단지 구별될 뿐만 아니라 서로 분리됨으로써 세상 나라에게 자율성을 허용하게 되었고 그와 함께 다른 세력들에 의해 속박되었다. 칼 뷧, 『교의학』

하나님나라에 대한 두왕국론을 그림으로 보면 다음과 같이 표현할 수 있을 것 같다.

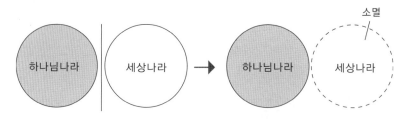

루터주의
하나님나라와 세상나라 분리/소멸설/도피적
산상수훈은 미래의 하나님나라에서/유대인학살에 동조
히틀러 정권에 순응

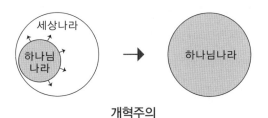

개혁주의
세상 나라 속에 있는 하나님나라/갱신설/개혁적
산상수훈은 현재 삶의 지향점/유대인학살에 투쟁
히틀러정권에 저항

역사학자 버터필드Herbert Butterfield는 말하기를 "종교를 이용해서 정치해서는 안 된다고 말하며 반면에 정치인은 종교의 사명을 바로 인식하고 종교의 소리에 귀를 기울여야 할 것을 말하였다."

그리스도인은 개인의 영혼과 생활을 구원하는 기본적 사명을 가지고 있고 동시에 그 개인들이 살아가고 활동하는 사회와 정치의 상황에 대하여 자연히 관심을 가질 수밖에 없다. 양자가 서로 남의 영역을 존경하고 또 협력하여야 하며 동시에 각자의 영역이 언제나 자유롭고 독립해 있어야 할 것을 말하는 추세다. 오늘날에는 어느 때보다 정치 영역이 크게 확장되었지만, 또한 어느 때보다 종교의 역할을 크게 필요로 하고 있다. 오늘 세계를 파국으로 몰고 가는 가장 어렵고 중대한 문제들이 정치나 경제나 교육만으로 해결되기 어렵게 되었다.

정교분리와 관련하여 원칙에 충실하기 위해 교회가 정치적 발언이나 행위를 일절 하지 않는다고 해서 정치에 관여하지 않는 것이 아니란 점이다. 우리는 흔히 서로 대결하는 정치, 경제 구조와 제도들에 대해 중립을 지키거나 침묵하면 특별한 입장을 취하지 않았기 때문에 정치적 행위를 하지 않았다고 생각한다. 그러나 정치, 경제 현실은 그렇지 않다. 중립이나 침묵은 결과적으로 지배적인 구조와 제도를 지지하는 효과를 낳기 때문이다. 두 가지 측면에서 그렇다.

우선 중립과 침묵을 지키다 보면 자신도 모르는 사이에 지배적인 정치, 경제 질서에 담겨 있는 정당화 논리를 수용하게 될 가능성이 매우 커진다.

현실 정치에선 중립이나 침묵은 항상 지배세력에 힘을 실어주는 실질적 효과를 낳기 때문이다. 특히 민주주의 사회에서는 정치가 다수의 투표와 여론에 의해 결정적으로 움직이기 때문에 더욱 그러하다. 침묵과 중립은 다수와 소수 사이의 기존 판세에 아무런 영향을 미치지 않는다. 그 결과 비록 의도하지 않았을지라도 현재 판세를 굳히는 역할을 한다. 실질적으로 다수 입장을 지지한 것과 똑같은 효과를 낳는다. 그럼에도, 중립 혹은 침묵을 지켰다고 그 결과에 대해 아무런 책임이 없다며 손을 털 수 있을까? "박득훈, 『돈에서 해방된 교회』

그러나 지금 미국을 비롯한 우리나라에서는 정교분리를 교회를 침묵시키기 위한 목적으로 사용되고 있다. 그리스도인들이 국가현안에 대하여 발언할 때 모든 대중매체들은 한결같이 정교분리에 따라 발언이 금지되었다고 아우성을 치고 있다. 그러나 이러한 모습은 우리의 조상이 의도하는 것과는 전혀 다르다. 그런 현상은 역사에 뿌리박은 것이 아니다. 쉐퍼, 『그리스도인의 선언』 그럼에도, 정치에서 종교를 분리시키려고 애쓰고 있으니 안타까운 일이다. 근본적으로 정치, 사회, 법들이 세속화된 것은 그리스도인들의 노력에 의해서가 아니라 교회가 문화의 소금이 되어야 할 의무를 저버렸기 때문이다.

그런데도 보수주의자들은 믿음에서 나오는 필수적인 도덕적, 영적 가치를 공적영역에서 몰아내려고 노력하고 있다.

가족의 가치를 외치는 집단이 저소득층 가정을 무참하게 짓밟아도 좋단 말인가. 가난과 억압으로 가득 찬 우리의 형제인 북한에 대하여 왜 그토록 적대적이여야 하는가. 그것이 성경이 말하는 평화인가. 그것이 어떻게 성경을 믿는 사람들의 생각이라 할 수 있는 일인가. 언제까지 그들을 적으로 삼을 것인가. 언제까지 기 싸움만 하고 있을 것인가. 어떻게 기독교 보수주의자들이 세속적 보수주의자들과 같은 생각을 할 수 있는가. 예수님은 "평화를 만드는 자Peace Maker들이 하나님의 아들이다"라고 말씀하시지 않았는가. 마5:9

하나님나라의 백성인 그리스도인들은 남북의 문제를 힘으로 보다는 평화적으로 화해되기를 원한다. 그것이 우파, 좌파를 막론하고 성경에서 말하는 것이 아닌가. 우리는 여론이나 정치 지도자들을 따르는 것이 아니다. 예수님의 말씀을 절대적으로 받아들이는 사람들에게는 너무도 당연하다. 조중동 신문이 자기들의 이익을 위해 세상을 왜곡하여 본다고 할지라도 그리스도인들은 이 세상을 성경적으로 정직하게 보는 자들이 되어야 한다. 역사상 칼빈, 요한 웨슬리, 요나단 에드워드 등 수많은 복음주의자는 신앙부흥운동을 사회개혁과 결합시켰으며 노예폐지와 남녀평등을 세우지 않았던가. 우리를 통하여 사랑이 널리 퍼지고, 정의가 승리하고, 인권이 옹호되고, 평화가 이루어져야 한다. 반대로 이 비전을 무시한다면 탐욕이 기승을 부리고 이기주의가 이 국가를 갉아먹고 분열이 심화하고 갈등의 골이 깊어져 갈 것이다.

하나님은 개인적이지만 사적이시지 않다

성경이 보여주는 하나님은 매우 역사적이며, 정치적이며, 공적이시다. 하지만, 보수주의자들이 판을 치는 사적 영성의 시대에 공적 하나님의 소리에 귀 기울이는 사람이 극히 드물다. 사적종교, 보수주의 신앙은 공적 영역에 관여하기를 싫어한다. 반대로 권력자들은 하나님을 사적영역에 가두어 버리고 통제하려 한다. 어떻게 이 둘 사이에 정반대의 말이 나올 수 있는가. 오늘 보수주의자들은 하나님의 정치를 선포하기는커녕 사적영역에 머물러 편안하게 살아가려 한다.

놀랍게도 요즘 한국 보수주의에서 놀라운 모순을 발견한다. 이승만 정권 이래 60년 만에 이명박 정권 아래에서 가장 정치적이 되었다는 것은 놀라운 일이다. 국가에 대한 비판보다는 비성경적 정권을 옹호하는 거대한 집단이 되어버렸으니 이 어찌 성경적이라 말할 수 있는가! 이것이 바로 정교분리에 어긋나는 것이다. 교회는 시대의 양심이요 예언자이다. 그러나 성경이 신구약을 막론하고 역사와 정치에 큰 관심이 있다는 것을 직감적으로 알 수 있는 일이다. 너무 좁은 구원의 교리에 매여 있다 보니 큰 그림을 그리지 못하고 있음이 안타까울 뿐이다. 백중현, 『대통령과 종교』

우리는 죽은 다음 세상이 아니라 이 세상에서 하나님을 믿는다는 것이 무엇을 의미하는 것인지 생각해야 한다. 단순히 개인적인 믿음이 아니라 공익을 위한 우리의 책임을 하나님은 말씀하고 계신다. 그리고 중요한 사실은 하나님의 말씀에 비추어보면 우리의 정치가 문제투성이라는 점이다.

예언자들은 누구를 향해 외쳤는가. 예언자들의 청중은 왕과 부자와 종교지도자들이었고 힘있는 자들을 표적으로 삼지 않았는가. 예언자들은 사회를 책임지는 자들에게 가장 큰 책임감을 요구했다. 그렇다면, 예언자들은 누구를 위해 목소리를 높였을까. 과부, 고아, 굶주린 사람, 집 없는 사람, 의지할 곳 없는 사람, 궁지에 몰린 지극히 보잘것없는 사람들을 위해 외쳤다. 하나님이 계급투쟁을 하셨단 말인가. 하나님은 인간의 공익을 위한 것일 뿐이다. 그럼에도, 공익을 외치면 계급투쟁이라고 외치고 좌파라고 쉽게 비난하고 매도하니 이 어찌 된 일인가. 오늘 우리 한국사회와 교회가 그렇게 하고 있다. 불행하게도 우리나라는 세계적으로 이데올로기의 마지막 전투장으로 남아 있다 보니 모든 문제를 이데올로기의 눈으로 보도록 훈련되고 세뇌되어있다. 얼마나 정치인들이 이것을 이용해 왔던가. 지금도 빨갱이 타령을 하고 있으니 얼마나 한심한 노릇인가. 이것이 한국 현대사의 모습이다. 우리는 오늘날 정치에 관해 예언자들의 말을 들어야 한다. 예수님의 말씀을 들어야 한다.

하나님은 개인적이지만 사적이지는 않는다. 개인적으로 하나님을 만나지 않았다면 믿음의 개인적 차원도 없다. 또한, 하나님과의 관계나 구원과 은혜와 용서가 있을 수 없다. 개인적으로 하나님이 없는 신앙은 영적 변화를 일으킬 수 없다. 단지 교양이나 자기개발 수단이지 삶을 바꿀 수는 없다. 그러나 하나님을 사적영역에서 머무르게만 하고 공적 하나님을 부인하는 사람들은 성경적 신앙 자체를 부인하는 것이나 다름없다.

그러나 불행하게도 이것이 한국교회의 현실이 되어 버렸다. 이는 예언자들의 말과 예수님의 말씀을 거부하는 것이나 다름없다. 오로지 사적이기만 한 신앙은 개인적 도덕성과 성적 도덕성 등 소윤리에 집착할 뿐 정의에 대한 성경의 가르침을 망각하는 편협한 종교인으로 전락시킨다. 우리는 믿음을 기껏해야 눈앞의 소원만 들어주는 요술방망이, 물질 만능의 세상에서 잘 살아가기 위한 자기 개발 기술들에 불과한 것으로 여긴다.

이 세계 모든 일의 밑바탕에는 영적 가치, 성경적 가치가 흘러야 한다. 교회를 다니는 것은 괜찮은 동호인의 모임이 아니다.

그리스도인의 투쟁

교회는 무엇보다 예수님의 말씀을 따라 생각하고 이 땅에 성경적 여론을 형성해야 한다. 기독교 인구가 천만이 넘는다면 우리는 세상에 일어나는 일에 나 몰라라 할 수 없는 상황이며 이 정도 숫자가 별 영향을 미치지 못한다는 것은 부끄러운 일이 아닐 수 없다. 미국의 사회학자 로버트 벨라Robert Bellah는 "한 문화의 길은 그 국민의 2%가 새로운 비전을 가질 때 바뀔수 있다"라고 말한다.

또, 우리가 그리스도인으로 반드시 해야 하는 구체적 행동은 가치와 도덕성에 따라 투표하는 것이다. 몇백 년 동안 아니 몇천 년 동안 특별한 극소수 사람들에 의해서 국가적 결정들이 독점되고 있을 때 모든 사람들이 함께 참여하는 보통선거를 이루고자 얼마나 많은 사람이 피를 흘렸던가. 여성들이 투표하게 된 것은 1900년대 와서야 달성된 것이다. 선거가 세상을 바꾸는 데 중요한 역할을 한다고 말할 수 없지만, 민주주의 속에서 믿음의 시민들이 관심을 둬야 할 부분인 것은 분명하다. 그러므로 그리스도인들은 꼭 투표해야 한다. 누가 기독교 가치에 합당한가를 보아야 한다. 교회의 장로라고 성경적 가치와 성경적 세계관을 가진 것으로 생각하는 것은 참으로 유치한 생각이다. 정치의 문제는 일반은총의 차원이지 특별은총의 차원이 아니다. 예수를 믿으면 모두가 공부를 잘하는 것이 아니듯이, 예수를 믿으면 출세가 보장된 것이 아니듯이 장로가 정치하면 잘할 수 있는 것이 보장되어 있지 않다. 우리나라의 역사는 이승만 장로, 김영삼 장로, 이명박 장로 때 보수주의 교회의 열렬한 지지를 받았지만, 그들은 하나님나라 가치를 수호하는 것과는 전혀 다른 사람들이었다. 이것은 세상 사람들도 눈살을 찌푸리게 하는 일이 아닌가. 이 얼마나 무지하고 안타까운 일인가!

그리스도인의 구체적 투쟁은 영국의 국회의원이었던 윌버포스 William Wilberforce 1759-1833에게서 그 예를 볼 수 있다. 윌버포스는 영국의 경제를 좌우하는 노예무역을 폐지하고 노예제도 자체를 폐지하기 위해 탁월한 투쟁을 벌였다. 사람들은 그를 부패한 사회를 개혁한 영국의 양심이라 부른다. 그는 40여 년 이상을 기도와 설득을 통하여 이 큰 일을 이루어 냈다. 나아가서 그리스도인들은 전쟁, 환경, 경제

불균형, 남북문제, 인권, 노동과 실업, 노사관계, 인종문제, 빈곤과 부의 문제, 남녀평등, 낙태존 스토트, 『기독교와 현대 사회 문제와 기독교적 답변』 그리고 짐 윌리스가 말한대로 국가의 예산 문제 등에 대해서도 관심을 가지고 예의 주시해야 한다.

프란시스 쉐퍼는 말한다. "그리스도인들은 위에서 말한 주제들에 대항하여 발언하고 싸울뿐만 아니라 기독교적 대안들이 있다는 것을 보여줘야 한다. 그러나 대안들을 실천에 옮기는 것은 낙태, 안락사, 빈곤과 부의 문제에 국한해서는 안 된다. 대안들은 모든 영역에서 실천되어야 한다. 돈과 시간과 정력에 있어서 극히 값비싼 대가를 치르더라도 꼭 그렇게 하여야 한다." "항상 그리스도인들의 거부는 종교적 범죄가 아니라 정치적 범죄로 간주되었다." 『그리스도인의 선언』 우리의 투쟁은 시민불복종, 불매운동, 소비자 주권운동, 특정 정책 보이코트, 의정감시, 선거 참여 등으로 구체적으로 나타나야 한다.

하나님나라 백성은 예수님의 말씀을 통해 하나님나라의 새로운 질서가 칠흑과 같은 이 땅에 이루어지도록 분투하는 것이다. 우리는 "하나님나라가 임하게 하여 주시옵소서"라고 기도하면서 동시에 하나님의 뜻이 하늘에서 이루어진 것 같이 땅에서 이루어질 것을 위해 분투해야 한다. "하나님나라의 새로운 질서가 세상나라의 낡은 체제를 전복 시키기 위하여 하나님나라 백성인 우리는 이 땅의 모든 영역에서 이 시대의 지배적인 가치와 결탁하지 않고 하나님의 뜻에 복종해야 한다. 그리하여 하나님나라의 새 질서가 이 땅에 새워지도록 거룩하고 복된 명령을 수행하는 자가 되어야할 것이다." 크라우스, 『조직신학』 *

12

하나님나라와 정치(2)

성경은 결코 정치에 대하여 무관심하지 않다는 것을 보여주고 있다. 오히려 잘못된 정치권력을 비판하고 저항할 것을 가르치고 있다. 예수님께서는 정치권력에 대해서 아무 말도 하지 않은 것이 아니라, 오히려 당시 정치권력에 비판적이었고 저항적이었음을 보여준다. 그러므로 하나님나라는 무엇보다 불의한 세상나라의 정치변혁과 갱신을 위해 복되고 거룩한 공격을 감행해야 한다.

라인홀드 니버Reinhold Niebuhr, 본회퍼와 같이 활동했던 폴 레만 Paul Rehmen은 스스로 묻고 스스로 답하기를 "하나님은 지금 무엇을 하고 계시는가, 하나님은 정치하고 계실 것이다"라고 말한 바 있다. 그만큼 세상에서 정치의 역할이 크다는 것을 단적으로 말해준다. 그런 면에서 하나님나라와 정치 또한 깊은 관련성을 갖는다.

과연 그렇다면 성경은 정치에 대해서 무엇이라고 말하는가?

우리는 무엇보다 교회의 역사에 까다로운 문제를 만날 때마다 전통과 신학에만 물을 것이 아니라 하나님의 말씀에 물어야 할 것이다. 그런 면에서 많은 사람들에게 모호한 문제로만 보이는 다섯 구절의 성경을 통해서 하나님나라와 정치문제를 살펴보려고 한다.

앞장에서 살펴본 바와 같이 "그리스도는 정치의 가장 중심적 인물이며, 이는 그분이 죄로 인한 정치의 왜곡을 극복했을 뿐아니라 세상에서 그 부작용을 치유할 수 있기 때문이다. 그러므로 그리스도는 색다른 의미의 정치인이며 교회는 새로운 정치적 공동체의 시발점이다. 그리스도와 그의 교회사역은 항상 강력한 정치적 함의를 가진다." 민종기, 『죄와 정치』

하나님의 것이냐, 가이사의 것이냐

첫째로 마가복음 12장 15절에서 17절까지를 보자.

> 어찌하여 나를 시험하느냐 데나리온 하나를 가져다가 내게 보이라 하시니 가져왔거늘 예수께서 이르시되 이 형상과 이 글이 누구의 것이냐 이르되 가이사의 것이니이다 이에 예수께서 이르시되 가이사의 것은 가이사에게, 하나님의 것은 하나님께 바치라 하시니 그들이 예수께 대하여 매우 놀랍게 여기더라. 마가복음 12:15~17

이 말씀은 주로 현재 상태를 유지하려는 보수주의자들의 태도를 지지하는 성경본문으로 자주 인용됐다. 심지어는 불의를 자행하고 폭력으로 억압하는 정권의 체제유지에 대한 정당성을 확보하고자 동원되기도 했다. 사실 예수님의 이 말씀은 우리가 정치권력에 대해 어떤 태도를 보여야 하는지에 대한 문제에서 중요한 가르침을 주는 것으로 보수주의자나 진보주의자나 함께 생각해볼 필요가 있다. 김세윤

이 말씀을 이해하려면 먼저 상황을 잘 살펴보아야 한다. 그 상황은 바리새인들과 헤롯 당원들이 예수를 시험하고자 가이사에게 세금을 바쳐야 하는지 말아야 할 것인지를 질문하는 것이다. 바리새인들과 헤롯당원들은 정반대의 정치적 견해를 보이고 있다. 헤롯당 사람들은 당시의 로마 정치체제를 인정하고 가이사들을 지지하며 그들로부터 상당한 특권을 누리던 사람들이다. 반면 바리새인들은 율법에 나타난 하나님의 뜻을 철저히 지켜 이스라엘 하나님의 거룩한 백성의 이상을 실현하고자 헌신한 사람들로서 로마의 통치자들을 싫어하는 민족주의자들이었다.

이렇게 상반된 정치적 태도를 표방했던 바리새인들과 헤롯당원들이 연합하여 예수님을 공격하고자 했던 것이다. 예수님 당시의 대제사장, 바리새인, 헤롯당, 그리고 로마당국은 서로 다른 생각을 하는 사람들이었지만 예수님을 죽이는 데는 하나가 되었다.

그들의 질문은 분명히 예수님에게 올가미를 씌우려는 것이었다. 로마황제 가이사의 식민지 사람이었던 유대인들에게 가이사에게 세금을 바치지 말라고 한다면 그것은 가이사의 통치권에 저항하라는 뜻이므로 예수님이 그렇게 말한다면 그는 로마 체제의 반란자로 십자가에 처형될 것이기 때문이다. 반면 예수님이 가이사에게 세금을 바치라고 말한다면 그는 로마황제 가이사를 하나님의 백성인 유대인들 위에 합법적으로 군림하는 왕으로 인정하는 발언을 한 셈으로 바리새인들과 열혈당원들에게는 하나님에 대한 반역자요 매국노로 규탄받게 될 것이다.

유대인들에게 하나님은 그들의 왕이었기 때문이다. 그래서 하나님께서 하나님나라를 맡아 통치하도록 세우신 다윗 가문의 왕이 아닌 이방의 왕을 인정하고 가이사에게 세금을 바치는 것은 십계명의 제1계명을 어기는 것이었다. 즉, "여호와 외에는 다른 신을 섬기지 말라"는 계명을 어기는 것이었다. 바로 이러한 이유로 당시 열혈당원들은 가이사에게 세금 바치기를 결사적으로 반대했던 것이다. 그러므로 예수님께 던져진 이 질문은 예수님을 매우 당혹스럽게 만든다.

예수님의 대답을 정확하게 이해하기 위해 우리가 살펴보아야 할 두 번째 요점은 그 답변의 구조와 강조점이다. 지금까지 그리스도인 대다수는 그것을 "가이사의 것은 가이사에게, 그리고 하나님의 것은 하나님에게 바치라"고 읽으면서 하나의 접속사로 연결된 두 절 가운데 전자에 관심을 집중해 왔다. 그래서 국가의 통치자가 가이사와 같이 흉악한 독재자 일지라도 그의 통치권을 인정하고 순종하고 세금을 내야 하는 것으로 이해했다. 그러나 예수님의 답변을 좀 더 자세히 보면 예수님은 두 절 가운데 "하나님의 것을 하나님께 바치라"를 더 강조하고 있는 것이 분명하다. 그러기 때문에 두 절을 잇는 접속사도 '그리고'로 번역할 것이 아니라. '그러나'로 번역해야 한다. 그러므로 예수님의 답변은 "가이사의 것은 가이사에게, 그러나 하나님의 것은 하나님에게 바치라"고 읽어야 한다. 김세윤, 『하나님나라의 선포와 그리스도인들의 정치적 실존』

셋째로 우리가 살펴야 할 요점은 예수님께서 시험하러 온 자들에게 노동자 하루 품삯에 해당하는 로마의 은전인 데나리온 하나를 가져와 보라고 한 것, 즉 가이사의 화상이 새겨진 은전을 내어 보인 그들에게 이 말을 했다는 사실에 주목해야 한다. 하나님의 백성이라는 의식이 강했던 그들은 이스라엘의 왕이신 하나님을 제쳐놓고 가이사를 인정하는 것은 우상숭배로 보았기 때문에 그의 화상이 새겨진 은전을 꺼렸다. 그래서 20세 이상 유대 남자들은 매년 예루살렘 성전에 바친 반 세겔의 성전세를 헬라의 신상도 새겨져 있지 않고, 로마의 황제상도 새겨져 있지 않은 두로의 세겔로 환전하여 바쳤던 것이다. 특히 이스라엘의 민족주의자들인 열혈당원들은 가이사의 화상이 새겨진 로마의 돈을 만지는 것도 거부하였다. 바로 그들에게 예수님은 말씀하셨다. "가이사의 것은 가이사에게 그러나 하나님의 것은 하나님께 바치라" 이 말은 너희가 가이사를 왕으로 인정하고 그의 통치권 내에서 이룩하고 보장하는 질서와 평화와 안정을 이루고자 하는 충성이 너희에게 있다면 너희는 가이사가 요구하는 세금을 바쳐야 한다는 뜻이 된다.

모든 것이 하나님의 것이다

그러나 예수님은 가이사에게 세금을 바치는 것보다 더 중요한 절대적 요구를 하신다. "하나님께 속한 것은 하나님께 바치라는 것이다." 자끄 엘륄, 『뒤틀려진 기독교』 그런데 생각해 보라 유대인들에게 도대체 창조주 하나님께 속하지 않은 것이 어디에 있는가.

> 예수께서 대답하시되 첫째는 이것이니 이스라엘아 들으라 주 곧 우리 하나님은 유일한 주시라 네 마음을 다하고 목숨을 다하고 뜻을 다하고 힘을 다하여 주 너의 하나님을 사랑하라 하신 것이요. 마가복음 12:29~30

예수님은 우리의 모든 것을 바쳐 하나님을 섬겨야 함을 가르치신 것이다. 우리의 유일한 충성은 오직 하나님뿐이다. 이것은 유대인에게 너무나 당연하였다. 이렇게 가르치신 예수님이 어떻게 종교적 영역이라는 것을 '하나님께 속한 것'으로 설정하거나 '가이사에게 속한 것'을 창조주 하나님 주권의 영역과 독립된 것으로 생각이나 했겠는가. 그러므로 가이사 왕궁에 충성하는 자들이라면 로마에 세금을 내라 그리고 유대인이었던 바리새인들과 헤롯 당원들은 왕이신 하나님께 모든 것을 바치라는 것으로 받아들여질 수밖에 없다.

이렇게 볼 때 예수님은 가이사에게 세금을 바치고 안 바치고의 문제는 질문자들의 결단에 맡기지만, 하나님께 전적으로 헌신하는 것은 모두에게 부과된 절대적 요구임을 가르치고 계신 것이다. 이것이 올가미 질문에 대한 예수님의 답변이다. 우리는 예수님의 답변에서 예수님이 가이사의 왕권에 대해 별로 달가워하지 않았다는 것을 엿볼 수 있다. 여기 성경에 나오는 가이사는 라틴어로는 카이사르, 영어로는 시저Caesar를 말한다. 가이사의 왕권이 하나님께서 세우신 것으로서 하나님의 뜻대로 행사하는 것이 옳은 것이었다면 예수님은 알기 쉬운 말로 가이사에게 세금을 바치라고 말씀하셨을 것이다.

그러나 예수님은 그렇게 하지 않으셨다. 예수님의 답변은 모든 통치자들의 권세는 하나님에게서 왔으므로 폭군에게도 세금을 내고 순종해야 한다는 생각을 지지하지 않는다. 얼핏 예수님의 말씀을 보면 가이사의 것은 가이사에게, 하나님의 것은 하나님께 드리라는 말씀을 이분법적으로 생각할 수도 있다. 그러나 예수님은 가이사의 것은 가이사에게, 하나님의 것은 하나님에게 따로따로 드리라는 것이 아니다.

유대인들에게 있어서 순종할 분은 오직 한 분 하나님밖에 없다. 예수님의 말씀은 분명히 로마제국에 항거하는 반체제적 혁명선언이었다. 김세윤, 『예수의 하나님나라의 선포와 그리스도인들의 정치적 실존』

예수님은 정치적이고 권력 투쟁과 관련되어 있다

둘째로 누가복음 13장 31절에서 32절을 살펴보자.

> 곧 그 때에 어떤 바리새인들이 나아와서 이르되 나가서 여기를 떠나소서 헤롯이 당신을 죽이고자 하나이다 이르시되 너희는 가서 저 여우에게 이르되 오늘과 내일은 내가 귀신을 쫓아내며 병을 고치다가 제삼일에는 완전하여지리라 하라. 누가복음 13:31~32

아마도 일 군의 바리새인들은 잠시 예수님을 동정했었던 것 같다. 예수님의 말씀을 들은 헤롯이 예수님이 어디에 있는지를 안다면 죽일 것이라고 귀 띔 해 준다. 헤롯왕은 이미 예수님을 체포하라는 명령을 내린 상황이다. 우리는 마태복음 2장 예수님의 탄생기사에서 아버지 헤롯이 메시아로 오신 예수님을 죽이려 했던 사실을 알고 있다. 헤롯은 전대미문의 악랄한 통치자였다. 그는 동방 박사들에게서 유대인의 왕이 나실 것이라는 말을 듣고 이 말에 충격을 받아 자기의 왕권에 도전자가 나타나는 것을 알고 긴급회의를 소집했다. 그리고 베들레헴에 있는 어린 예수를 죽이려 했으나 아기 예수가 도망했다는 사실을 알고 2세 이하 아이들을 모두 죽이라고 명령한다.

놀라운 유아 대학살이 일어난 것이다. 유대인의 왕으로 오신 메시아이신 예수님의 존재 자체가 헤롯왕에게는 위협이었다. 이처럼 예수님의 탄생도 정치적이고 권력투쟁과 연관되어 있다.

예수님은 이 세상의 왕들이 여러 가지 모양으로 통치하는 세계 속에서 자신에 의한 하나님나라를 세우려고 오셨다. 그런 의미에서 하나님나라 백성이 된다는 것은 단순히 구원과 경건 이상의 세계질서와 권력관계와의 연관성을 말해주고 있다. 예수님의 탄생은 우리에게 헤롯이 왕이냐 예수가 왕이냐를 선택하라고 말씀하신다. 하나님과 돈을 함께 섬길 수 없듯이 헤롯왕과 예수를 함께 섬길 수 없다. 예수님의 탄생은 당시 정치에 소동을 일으켰다.

예수님이 하나님나라가 다가올 것을 외쳤을 때 어떻게 세상나라의 왕들이 가만히 있겠는가? 이것이 헤롯왕과 예수님과의 첫 번째 대면이었다. 그런데 여기 본문에서 헤롯의 아들 헤롯 안디바스가 등장한다. 그는 여러 아들 중 아버지를 가장 많이 닮은 포악한 아들이었다. 바리새인들은 헤롯이 예수님께서 여기 계신다는 것을 안다면 죽일 것이라고 말한다. 그러나 예수님은 그들의 말을 전혀 듣지 않고 자신의 계획대로 당분간 여기 있겠다고 말한다. 헤롯왕은 세상나라의 왕이다. 예수 그리스도는 하나님나라의 왕이시다.

세상나라는 하나님나라를 이처럼 충돌하고 공격하고 위협한다. 마찬가지로 하나님나라는 세상나라를 비판하고 공격한다. 바리새인들이 헤롯왕의 관할 지역을 피하라는 권고를 들은 예수님은 오히려 헤롯왕을 '저 여우'라고 말한다. 오늘 우리 시대와 관련해 생각해 본다면, 인터넷에서 누리꾼들이 이명박 대통령을 '쥐'에 비유하는 것에 비견해 볼 수 있겠다. 예수님께서 헤롯에 대하여 즉 세상의 왕권에 대해 결코 중립을 취하시지 않는다. '저 여우'라는 말 가운데는 여우의 교활함과 폭력성을 암시하고 있으며 예수님께서 헤롯을 강력한 어조로 비판하고 있는 것을 볼 수 있다. 우리들은 마굿간에서 태어나신 예수님의 탄생을 기념할 때마다 하얀 눈이 내리는 거룩한 밤만을 생각하지만, 헤롯왕이 예수님을 죽이려고 피비린내 나는 끔찍한 유아 대학살이 있었다는 사실도 알아야 한다.

로마의 평화, 예수님의 평화

셋째로 마가복음 10장 42절에서 43절을 살펴보자.

> 예수께서 불러다가 이르시되 이방인의 집권자들이 그들을 임의로 주관하고 그 고관들이 그들에게 권세를 부리는 줄을 너희가 알거니와 너희 중에는 그렇지 않을지니 너희 중에 누구든지 크고자 하는 자는 너희를 섬기는 자가 되고 마가복음 10:42~43

여기 '집권자들'은 바로 로마제국의 통치권자를 가리키며 '고관들' 이란 바로 제국의 지배자들과 그 세력에 빌붙어서 백성을 억압하고 수탈하는 대리 지배계층을 가리킨다. 43절에서 '너희는 그렇게 하지 말라'고 말씀하신다. 예수님은 로마의 통치가 백성을 마음대로 억압하고 함부로 부리고 있다는 것을 말씀하시면서 너희는 그들과는 달라야 한다는 것을 말씀하고 계신다.

세상나라를 통치하는 방법과 하나님나라의 통치원리가 다르다는 것이다. 세상나라는 마음대로 억압과 폭력을 행사하는 것이지만 하나님나라 백성은 섬기는 자가 되어야 할 것을 말씀하신다. 백성과 소통이 되고 백성을 위한 정치가 되어야 할 것이다.

예수님께서는 분명히 로마의 통치 원리에 반대하심을 보여주고 있다. 그리고 대안도 말씀하고 계신다. 예수님은 결코 로마 권력에 수동적이거나 중립적이지 아니하셨다. 예수님은 하나님나라와 세상나라의 다름을 주장하신다. 예수님은 로마적 평화의 지배체제를 부정적으로 보셨으며 거부하신다.클라우스 벵스트,『로마의 평화』 요한복음 14장 27절에서 예수님은 "평안을 너희에게 끼치노니 곧 나의 평안을 너희에게 주노라 내가 너희에게 주는 것은 세상이 주는 것과 같지 아니하니라 너희는 마음에 근심하지도 말고 두려워하지도 말라"고 말씀하신다. 신약성경에는 '평화'라는 말이 자주 등장한다. 그런데 예수님은 세상의 평화와 나의 평화가 다르다고 말씀하고 계신다. 당시의 세상의 평화는 무엇인가. 로마의 평화Pax Romana를 말한다.

과연 로마의 평화는 어떤 것이었는가.

베르길리우스Vergilius Romanus는 아우구스투스 황제 시대를 말하면서 "황금의 시대가 도래했다"고 말한다. 로마시대의 가장 중요한 화두는 평화였다. 로마가 지배하는 곳에는 가장 낮은 것이 가장 높은 것으로 전도되었으며 혼란과 폭동이 사라졌다. 곳곳에 질서가 들어섰으며 법들이 등장했고 신들의 제단이 로마제국 전역에 넘쳤다. 유럽의 전 지역에 로마의 평화가 지배했다. 그 어떠한 전쟁도 이 땅과 도시들을 파괴하지 못했으며 예술과 상업 농업이 발전했고 교역과 무역이 성행했다. 새 도시들이 생겼으며 옛 도시들은 화려하게 꾸며졌다. 또 아리스테이데스Aristeides는 "도시들은 지금 광채와 우아함을 바라고 있으며 온 세상이 유원지처럼 꾸며져 있다"라고 말했다. 천국의 창립자는 로마다. 아우구스투스는 전쟁을 종식하고 평화를 세운 신이요 구원자였다. 소아시아의 어떤 비문에는 "땅과 바다에는 평화가 존재하며 도시에는 질서와 풍요로운 생필품들이 넘치고 모든 선은 성숙하고 충만하며 인간들 또한 미래에 대한 행복한 희망과 현재의 삶에 대한 기쁨을 느꼈다"라고 기록하고 있다. 로마의 원로원은 '아우구스투스 평화제단'을 세우라고 지시했다.

이 평화는 먼저 로마제국의 최고 권력자의 이름을 따 붙였다. '아우구스투스의 평화'Pax Augusta란 이름은 여기에서 비롯되었다. 이러한 맥락에서 우리에게 잘 알려진 로마의 평화Pax Romana란 말이 생겼다. 클라우스 뱅스트Klaus Wengst는 『로마의 평화』에서 이러한 평화를 군사적 측면, 경제적 측면, 정치적 측면, 종교적 측면에서 자세히 기술하고 있다.

예수님께서 바로 로마의 아우구스투스 황제 시절에 태어나셨다. 예수님은 로마의 평화가 어떤 것인지 잘 알고 계셨다. 그런데 예수님은 "평안을 너희에게 끼치노니 곧 나의 평안을 너희에게 주노라 내가 너희에게 주는 것은 세상이 주는 것과 같지 아니하니라 너희는 마음에 근심하지도 말고 두려워하지도 말라" 말씀하신 것이다. 이 본문에는 예수님의 평화와 세상의 평화가 대조되어 나타나 있다. 여기에서 예수님께서는 세상의 평화 즉 로마의 평화가 자신이 말하는 평화와 다름을 분명히 말씀하신다. 당시 세계 사람들은 로마의 평화를 누리고 있었다. 그러나 예수님의 말씀에는 로마의 평화가 거짓된 것임을 분명하게 말씀하고 있다. 아닌게아니라 로마의 평화는 전쟁과 착취를 통한 평화였다. 누구도 로마의 권력에서 항거할 수 없었다.

그것은 전쟁에 의한 정복과 권력집중이 만들어낸 평화였다. 황제의 절대적 권력은 그를 종교적 의미로 격상시켰고 경배의 대상으로까지

만들었다. 황제숭배는 로마평화의 필연적 요소가 되었다. 피지배 국가들이 황제의 안녕을 비는 의식에 참여하지 않는 그 자체로도 근본적으로 정치적 불복종으로 간주하였다. 당시 그리스도인들은 로마의 황제가 주냐, 예수그리스도가 주냐의 무서운 선택 앞에서 예수그리스도가 주님이심을 선포하고 기꺼이 죽어갔다. 이처럼 예수님께서 당시 로마제국의 평화는 잘못되었다고 말씀하신다.

예수님은 오로지 자신만이 줄 수 있는 평화야말로 진정한 평화라고 말씀하신다. 이와 같은 언급은 예수님이 정치에 대하여 어떤 관점을 가졌는가를 우리에게 보여주고 있다. 로마의 평화와 예수님이 말하는 평화와는 전혀 다른 것임을 알 수 있다. 그러기에 예수님은 로마제국을 비판하신 것이다.

로마서 13장은 왕권신수설을 말하고 있는가

네 번째로는 로마서 13장 1절에서 7절까지를 살펴보자.

> 각 사람은 위에 있는 권세들에게 복종하라 권세는 하나님으로부터 나지 않음이 없나니 모든 권세는 다 하나님께서 정하신 바라 그러므로 권세를 거스르는 자는 하나님의 명을 거스름이니 거스르는 자들은 심판을 자취하리라 다스리는 자들은 선한 일에 대하여 두려움이 되지 않고 악한 일에 대하여 되나니 네가 권세를 두려워하지 아니하려느냐 선을 행하라 그리하면 그에게 칭찬을 받으리라 그는 하나님의 사역자가 되어 네게 선을 베푸는 자니라 그러나 네가 악을 행하거든 두려워하라 그가 공연히 칼을 가지지 아니하였으니 곧 하나님의 사역자가 되어 악을 행하는 자에게 진노하심을 따라 보응하는 자니라 그러므로 복종하지 아니

할 수 없으니 진노 때문에 할 것이 아니라 양심을 따라 할 것이라. 로마서 13:1~5

이 본문은 바울 서신에서뿐만 아니라 신약성경 전체를 통틀어 국가 권력에 대한 태도를 가장 분명하게 제시하고 있다고 평가받고 있다. 로마서 13장은 유럽의 역사에서 불의한 절대 권력을 옹호하는 방패막이로, 조건 없는 복종을 강조하는 구실로 해석되어 왔다. 바울이 이 말씀을 통해 전체주의적 국가의 모든 범죄를 재가하고 부추기도록 한 말이라고 생각하는데 익숙해 있다. 만일 그것이 진정한 바울의 견해였다면 그것은 예수님의 견해와는 큰 모순이다. 불행하게도 신약에서 이 말처럼 빈번하게 오용된 말은 거의 없다. 미야타 미쓰오, 『유럽 정신사에 나타난 로마서 13장』 "각 사람은 위에 있는 권세들에 복종하라. 권세는 하나님으로부터 나지 않음이 없나니 모든 권세는 다 하나님께서 정하신 바라 그러므로 권세를 거스르는 자는 하나님의 명을 거스름이니 거스르는 자들은 심판을 자취하리라." 롬13:1~2 이 본문 그 자체로만 얼핏 본다면 로마의 권세에 복종하는 것이 너무도 당연하게 보일 수도 있다. 그러나 모든 잘못된 성경해석과 모든 이단의 근원은 단 하나의 구절을 늘 전체적 맥락에서 분리시켜 절대화시키려 하는 것이다.

이 본문은 여러 왕이 왕권신수설을 주장할 수 있는 근거로 삼는 본문이다. 여러 독재자는 이 본문을 가지고 자기 자신을 옹호했다. 모든 말과 행동은 그 배경 없이 이해할 수 없다. "내가 너를 사랑한다"라는 말도 어느 특정한 배경에서만 이해할 수 있다. 이 말이 용서의 말이 될 수도 있고 사랑의 고백이 될 수 있고 기혼 남자가 기혼 여자에게 하면 불륜의 말이 되기도 한다. 그러므로 성경을 이해하는데 중요한 것은 본문들이 어떤 배경에서 말한 것이며 말하는 자, 듣는 자가 어떤 배경에서 듣느냐가 중요하다. 로마서 13장에 나오는 '권세'는 로마를 가리킨다. 교회와 국가가 서로 다른 역할을 가지고 있다는 것 그리고 그리스도인은 하나님과 국가에 대하여 의무를 지니고 있다는 말은 "가이사의 것은 가이사에게, 하나님의 것은 하나님께 바치라"라는 예수님의 말씀에서 분명히 보여준다. 우리는 앞에서 '권세'에 대하여 살펴본 바 있다. 하나님께서는 권세를 창조하셨다. 하나님께서는 이 세상의 질서를 통해 활동하신다. 그러나 이 권세들이 전체주의적 정치체제를 보일 때 하나님나라를 방해하는 우상 세력이 된다. 가족도 권세 중 하나요 국가도 권세 중 하나다. 자본주의도 하나의 권세. 교회도 권세 중 하나가 되어 버렸다. 권세는 이미 하나님과 적대 관계에 있다. 그 어떤 것도 하나님이 받으셔야 할 경배의 대상이 된다면 그것은 권세가 된다. 그래서 바울은 "우리의 씨름은 정사와 권세와 어둠의 영에 대한 싸움"이라고 말한다.

하나님보다 높은 분은 없다

그런 의미에서 로마서 13장은 정확하고 바르게 이해되어야 한다. 그리스도인들은 국가가 말하는 것들을 복종해야 할 것인가? 국가가 말하는 법들이 자기들의 권력을 지키려는 것인지 시민의 이익을 위하든지 간에 상관없이 복종해야 하는가? 이 본문이 무조건 복종을 말하고 있는가? 이 본문을 사용하여 많은 통치자는 자기들의 주장을 합리화 했다. 예컨데, 그리스도인들이 아돌프 히틀러에게 충성하는 것을 정당화했다. 한 때 박정희 정권의 실세였던 김종필 씨도 이 본문을 가지고 박정희 정권이 하나님의 정권임을 말한 바 있다. 전두환

씨가 군사 쿠데타에 성공하고 난 다음 당시 종교 지도자들이 그것을 합리화하려고 꺼낸 본문이 바로 이 본문이다.

"이 본문은 그렇게 해석해도 좋은 본문인가? 폭력적인 수단으로 잡은 권력을 하나님이 주셨다고 말할 수 있는가? 악한 정권들에 주는 신적 인가를 말하는 구절인가! 성경은 마치 독재정치를 조장하는 책인 것처럼, 그리고 권력가들에게 무조건적 순종을 요구하는 백지 위임장인 것처럼 끊임없이 잘못 이용되어 왔다."미야타 미쓰오, 『국가와 종교, 유럽정신사에서의 로마서 13장』 다행히도 현대사에 들어오면서 보수주의자들에 의해서도 이 본문은 그렇게 해석할 수 없다는 것이 중론이다.박영실, 「바울의 권세에 대한 이해」, 『신학지남』 277호

어쨌든 로마서 13장은 분명하게 그리스도인들이 정권을 사소하게 무시할 수 없다는 것을 보여준다. 그리스도인의 자유가 시민사회의 법까지도 무시하는 자유를 의미한다고 생각하면 큰 오산이다. 창조 전에 있던 혼돈을 극복함으로써 세워진 하나님 창조의 선한 질서가 인간사회에 세워졌다. 국가 권력을 하나님이 세우신 질서로 간주하고 그 유효성을 인정했다. 인간의 이기심과 부패는 질서를 필요로한다. 바울은 이 질서가 하나님에 의해서 세워졌다고 말한다. 왜냐하면, 혼돈과 무질서는 하나님의 적들이기 때문이다.

한 때 기독교인 중 재세례파의 일부인 뮌처Thomas Müntzer는 무정부주의를 표방하며 국가를 혼란에 빠트리려고 한 적이 있다. 그러나 그리스도인들은 무정부주의자가 돼서는 안 된다.자끄 엘륄, 『무정부주의와 기독교』 하나님이 주신 국가의 질서를 반대하는 것은 실제로 하나님의 대적하는 세력들을 지원함으로써 하나님께 반역하는 것이다. 믿는 자나 믿지 않는 자는 마찬가지로 신호등은 지켜야 한다. 그러므로 로마

서 13장은 혼란스러운 시민 생활을 반대하면서 선하고 반듯한 사회의 목적을 위해 개인들의 자유를 제한하고 있다. 권세로서의 국가는 하나님의 권위와 목적을 위해 후원 하는 것일 뿐이다.

그러나 이 본문이 말하는 중요한 또 하나는 그것이 정부의 권세를 상대화하고 있다는 사실이다. 이 세상에서 하나님보다 위에 계신 분은 아무것도 없다. 다스리는 자들이 사회 질서를 위한 하나님의 종들이기 때문에 어떤 정부든 창조자에게 드려야 할 완전하고 절대적인 충성을 시민들에게 요구할 때 그 정부는 그 순간부터 이미 신적인 질서를 거스리거나 또는 하나님의 종이 되기를 거부하는 것이다. 그러므로 더는 그런 정부에 복종할 필요가 없는 것이다. 폴 악트마이어, 『로마서』 모든 주권은 오직 하나님께만 있다. 어떤 권세도 하나님 밖에 있는 것은 없다. 어떤 권력도 하나님 위에 있는 권력은 없다.

권력에 대한 복종은 그리스도인들의 의무이지만 그것은 더 원대한 하나님께 대한 복종 안에서만 행하여져야 한다. 우리는 국가에 대한 순종이 하나님께 대한 순종을 방해하지 않는 범위 안에서 국가를 인정 해야 한다. 국가가 하나님이 명하시는 것을 금한다면 그리스도인들의 의무는 저항하는 것이다. 존 스토트, 『에베소서』 베드로와 사도들이 공회원들에게 말했듯이 사람보다 하나님께 순종하는 것이 마땅하다. 행4:19 칼빈은 『기독교 강요』에서 무슨 일이 있더라도 통치자에게 복종할 것을 매우 길게 강조한다. 칼빈은 「기독교강요, 하」에서 정치와 관련된 내용을 30여 페이지 정도 다루면서 결론적으로 다음과 같이 말한다. "통치자들의 권위에 우리가 마땅히 보여야 할 것은 복종이다. 그러나 다음과 같은 한 가지 예외가 있다는 것을 알고 또한 그것을 최우선으로 지켜야 한다. 곧, 통치자들에게 복종하여야 하지만, 그렇다고 해서 하나님을 향한 순종에서 벗어나는 일이 있어서는 절대로 안 된다. 모든 왕들의 욕망도, 왕들의 모든 명령도, 왕들의 권위의 홀笏도 모두 그분께 복종하고 굴복해야 한다. 사람들에게 복종하는 것이 바로 하나님을 위해서 하는 것인데, 만일 왕들을 만족시키려 하는 나머지 하나님을 거스른다면 이 얼마나 어리석은 짓인가! 그러므로 여호와께서 왕 중의 왕이시니, 그가 그의 거룩하신 입을 여시면 다른 모든 통치자들의 말에 앞서서 오직 그의 말씀을 들어야 하는 것이다. 하나님 다음으로 우리를 다스리는 자들에게 복종해야 한다. 오로지 하나님 안에서만 복종해야 하는 것이다.

만일 통치자들이 하나님을 거스르는 일을 명령하면, 그 명령은 듣지 말아야 한다. 그리고 이때에는 통치자들이 소유한 위엄에 대해서는 전혀 개의할 필요가 없다. 하나님의 고유한 최고의 권세 앞에서 그들의 위엄이 낮아져도 아무런 문제가 없다. 이에 대해서, 다니엘은 왕의 불경한 칙령에 복종하지 않으면서 자기가 왕에 대하여 범죄한 것이 아니라고 대답한다.단6:22-23 왕이 자기의 한계를 넘어서 사람들을 향하여 그릇되게 행하였을 뿐 아니라, 하나님을 대적하여 스스로 뿔을 높임으로써 하나님의 권세를 폐기시켰기 때문이다.

나는 시민들이 하나님의 명령을 지키고자 하면 얼마나 큰 위험에 봉착하게 되는지를 잘 알고 있다. 왕들이 그런 일에 대해서 크게 진노할 것이기 때문이다. 솔로몬은 말하기를, "왕의 진노는 죽음의 사자들과 같다"고 하였다.잠16:14 그러나 하늘의 사자인 베드로가 "사람보다 하나님께 순종하는 것이 마땅하니라"행5:29 선언하였으니, 우리는 경건에서 떠나기보다는 차라리 무엇이든 그대로 견디고 당하면서라도 주님께서 요구하시는 것을 복종 해야 한다는 생각으로 위로를 받

자. 그리고 우리의 용기가 희미해지지 않도록, 바울은 또 다른 말씀으로 우리에게 자극을 주고 있다. 곧 그리스도께서 우리의 구속을 위하여 엄청난 값을 치르시고 우리를 구속하셨으므로 우리는 사람들의 악한 욕망에 종이 되어서는 안 되며, 더욱이 그들의 불경한 태도에 대하여 굴복해서는 더욱 더 안 된다고 가르치고 있다. 고전7:23. 존 칼빈, 「기독교강요, 하」, 620-621

우리 그리스도인들이 잘못된 권력에 대하여 저항할 것은 당연하지 않겠는가!

우리 그리스도인들이 잘못된 권력에 대하여 저항할 것은 당연하지 않겠는가! 그럼에도 "그러나 통치자들이 하나님을 거스르는 일을 명령한다면 그 명령은 듣지 말아야 한다. 통치자들에게 복종해야 하지만, 그렇다고 해서 하나님을 향한 순종에서 벗어나는 일이 있어서는 절대로 안 된다. 모든 왕들의 욕망도, 왕들의 모든 명령도, 왕들의 권위도 모두 그분께 복종하고 굴복해야 한다. 그러나 여호와께서 왕 중의 왕이시니 그가 거룩하신 입을 열면 다른 모든 사람의 말에 앞서서 오직 여호와의 말씀을 들어야 한다. 하나님 다음으로 우리는 우리를 다스리는 자에게 복종해야 한다. 또 칼빈은 통치자가 폭군 노릇을 하면 국가의 고위 당직자들이 그 폭군을 제거 할 수 있다"라고 말했다. 존 칼빈, 「기독교강요」, 생명의말씀사, 620-621; 오스카 쿨만, 「국가와 하나님나라」

복음은 폭군이나 무정부주의자에게 똑같이 적대적이다.

'이 세상 신'들과의 투쟁

마지막으로 우리가 하나님나라와 정치에 대하여 말할 때 권세를 빼놓고는 말할 수 없다. 앞에서 말한 네가지 본문 중에서 가장 큰 주제라 할 수 있다.

우리는 9장 '하나님나라와 권세'에서 이미 살펴 본 바 있다.

> 우리의 씨름은 혈과 육을 상대하는 것이 아니요 통치자들과 권세들과
> 이 어둠의 세상 주관자들과 하늘에 있는 악의 영들을 상대함이라. 에베
> 소서 6:12

여기 나오는 '통치자들과 권세들'은 정치사회적 색체가 짙은 용어다. 진정한 권세는 오직 예수님께만 있지만 타락한 권세는 인간의 전통, 도덕, 종교, 윤리, 정의, 국가, 계급, 사회적 갈등, 민족주의, 자본주의, 여러 사상 그리고 다양한 삶의 양식 등 수 많은 체제 안에서 인간을 노예로 만들고 있다는 사실을 알아야 한다. 예를 들면 유진 피터슨이 '소비자중심교회는 사탄의 교회다'고 말할 때 잘못된 교회의 배후에 권세가 활동하고 있음을 말하는 것이다. 모든 것들이 보이는 것이 사실인 것처럼 보이지만 그 배후에는 인간이 이해할 수 없는 세력들이 활동하고 있는 사실을 우리의 경험과 성경은 분명히 말하고 있다.

처참한 전쟁들 속에 단순한 인간의 투쟁을 넘어 알 수 없는 세력들이 활동하고 있다는 것을 알 수 있다. 돈은 돈이 아니다. 돈이 이 세상을 지배하고 있지 아니한가? 정치는 정치가 아니다. 정치의 배후에는 온갖 말할 수 없는 것들이 혼재되어 정치가 돌아가고 있다. 그런면에서 성경에 말하는 권세는 즉 왕권들과 주권들을 말하는데, 그들은 우리를 예속시키려 으르렁거리며 삼키려하고 있지 아니한가!

마귀가 예수님을 데리고 지극히 높은 산으로 가서 천하 만국과 그 영광

을 보여 가로되 만일 내게 엎드려 경배하면 이 모든 것을 네게 주리라. 예수께서 말씀하시되 사탄아 물러가라 기록되었으되 주 너의 하나님 다만 그를 섬기라 하였느니라. 마태복음 4:8-10

이와 같이 사탄은 천하만국을 지배하고 있다. 만약 교회가 이러한 권세들을 분별하고 저항하고 공격할 수 없다면 다른 어떤 행위도 무의미한 몸짓에 지나지 않을 것이다.

본회퍼가 말한대로 "사탄들이 이 세상의 지배권을 장악했다는 사실과 여기 이처럼 악독한 음모를 꾸미는 것이 바로 어두움의 권세라는 사실을 알고도 이렇게 보고만 있을 것인가?"

권세들은 예수님의 십자가를 통해 이미 패배했다. 이 땅에서 교회가 할 일은 어느 정도 인간들과의 투쟁이 있지만 본질적으로 권세와의 투쟁임을 알아야 한다.

이와같이 권세가 '이 세상의 신'고후4:4으로써 어떻게 세계를 지배하는지를 알아야 한다. 성경 전체적으로 볼 때 정치의 문제를 비롯한 모든 문제에 대하여 교회가 깊은 관심과 저항을 통한 복된 공격을 감행해야 할 것을 이보다 더 크게 말할 수 없다.

영국의 사회학자 에드먼드 버크Edmund Burke는 이렇게 말하였다. "악이 승리하는데 꼭 필요한 것은 선한 사람들이 아무것도 하지 않는 것이다"

우리는 이상에서 신약성경에 나오는, 그동안 문제가 되어 왔던 다섯 가지 성경 본문을 고찰했다. 성경은 결코 정치에 대하여 무관심하지 않고 있다는 것을 알 수 있다. 오히려 잘못된 정치권력을 비판하고 저항할 것을 가르치고 있다. 예수님과 바울은 정치권력에 대해서 아무 말도 하지 않은 것이 아니라, 오히려 당시 정치권력에 비판적이었고 저항적이었음을 보여준다. "어떤 사람들은 예수님과 바울이 정치에 별로 관심이 없는 사람으로 오해하고 있지만, 바울 또한 그리스도인의 정치적 문제에 깊은 관심이 있었다. 바울은 칭의론의 사회적 함의를 '너희는 유대인이나 헬라인이니 종이나 자주자나 남자와 여자나 다 그리스도 안에서 하나이니라'^{갈3:28}에서 명료하게 선언한다. 한마디로 사회 신분적 구별을 없애 버린다. 또한, 빌레몬서에도 분명히 로마제국의 노예제도에 대한 혁명적 발언을 우리에게 보여준다. 하나님의 말씀이 올바르게 선포되지 않는 곳에서는 성경이 기존의 세상적 질서와 기득권 세력을 옹호하고 변호하는데 오용되고 악용되고 있다."^{김세윤, 『그리스도와 가이사』}

"국가가 하나님과 같은 수준에 놓여서는 안 된다. 가이사와 하나님 사이의 동등성에 대한 이야기는 있을 수 없는 말이다."^{오스카 쿨만, 『국가와 하나님나라』}

하나님나라는 하나님께서 실제적으로 다스리고 통치하는 일종의 정치적 실체다. 하나님나라의 전진기지인 교회는 불가피하게 정치적이 될 수밖에 없다. 이 정치는 가난한 자를 위한 정치요, 하나님나라의 통치를 거부하는 사탄의 통치에 맞서 싸우는 전투며, 이 땅에 구체적인 영향력을 미치고 있는 잘못된 세상 나라를 거부하는 실제적인 싸움이다.

또한 천국, 하나님나라는 우리에게 세상 국가보다 더 우월한 충성심을 요구하는 정치적 실재이며, 따라서 현 정치 정책이 하나님나라의 통치를 반대할 때 이를 거부하고 투쟁해야 한다는 것은 너무도 당연한 말이다. ✳

13 하나님나라와 생태계

우리는 오늘의 생태적 파괴와 지구의 위기를 바라보면서 '생태적 회개'를 하도록 요청받고 있다. 생태적 회개란 인간의 생태적 무관심, 개인의 탐욕, 사회적 불의로 말미암아 하나님의 선한 창조가 고통받고 있음을 고백하는 것이다. 자연에 대한 인간중심적 파괴적 삶을 회개해야 한다. 우리는 창조 세계 중 어떤 부분은 선하고 어떤 부분은 악하다는 모든 형태의 이원론을 거부한다. 이런 지배적이고 파괴적인 관계를 죄로 고백하고 특히 하나님의 창조 세계에 대한 파괴를 죄악으로 생각하고 회개해야 한다. 이러한 지구적 위기를 가져온 데에는 사회, 정치, 경제적인 구조 및 제도에 문제가 함께 자리하고 있다는 자각이 있어야 한다.

오늘날 생태계의 문제를 연구하는 수많은 학자들은 이제 우리가 봉착한 문제가 더는 '생태계의 위기'가 아니라 지구가 '살아남느냐 죽느냐'의 문제라고 말한다. 즉 '생존의 문제'는 세계 종말의 문제이다. 차준희, 『최근 구약예언서 이해』 오쇼 라즈니쉬Osho Rajneesh는 "앞으로 지구에서 생명체가 계속 존속해 갈 희망성은 희박하다. 우리는 점점 더 죽음의 벼랑 끝으로 다가가고 있다. 그 도달점이 집단자살a global suicide로

귀속된다는 것은 자명한 사실이다."오쇼 라즈니쉬, 『지구를 살리는 마지막 메시지』고 말했다.

지구의 온난화, 산성비, 대기오염, 프레온 가스의 증가, 유전병 증가, 방사선 오염, 생물재해, 탄산가스 배출, 유해물질의 수출, 열대우림의 파괴, 반도체 산업 등으로 지구는 지금 자살을 향해 가고 있다. 마치 점점 뜨거워지는 물속에 있는 개구리가 서서히 죽어가는 것처럼 생태위기는 우리를 서서히 조여오고 있다. 이것은 과장된 엄살이나 엄포가 아니다.

지난 20세기에 지구 평균 온도가 섭씨 0.6도 상승했는데 한반도는 북반구에 있는 이유로 섭씨 1.6도 상승했다. 한반도 평균 온도가 지구 평균보다 약 2.5배 더 상승했다. 이미 우리나라는 기후 패턴이 아열대 현상으로 바뀌면서 기상예보를 할 수 없는 지경이며 농작물 지도가 변하고 봄 가을이 점점 짧아지고 여름엔 살인적 더위를 현실감 있게 경험하고 있다. 세계가 지금 몸살을 하고 있다. 이렇게 지구에 엄청난 온난화현상이 일어나고 있다. 조금 덥게 살면 되지 않느냐고 생각할지 모르지만 그렇게 되면 남극과 북극에 있는 빙하가 녹기 시작한다. 이것이 녹으면 녹는 것으로 끝나는 것이 아니라 바다의 수면 높이가 올라가게 되고 섬과 해안지대는 물이 넘치게 된다. 아마도 50~100년 후에는 산으로 올라가야 할지도 모른다. 그동안 지구 기후에 적응해서 살았던 동식물들은 사람들보다 더 예민하게 기후에 반응하고 있다. 때아닌 꽃들이 피고 때아닌 철새들이 날아오고 있다.박철수, 『종말이 오고 있다』

기독교는 환경 파괴론자인가

환경전문가들은 이구동성으로 과연 이런 상황에서 우리는 무엇을 해야 할 것인가를 생각해 왔다. 환경전문가들은 그동안 기독교가 생태계의 악화에 주된 원인이라고 공박하고 있다. 전통적 기독교는 생태학적 위기상황을 극복하기 위한 어떠한 대안도 가질 수 없다고 비판한다. 그뿐만 아니라 기독교가 생태계 위기의 주범이라는 비판도 받고 있다. 그런 가운데 생태계의 위기를 극복하기 위하여 많은 사람들이 '자연'이 핵심사상인 동양사상에 관심을 갖게 되었다. 기독교가 생태계 위기의 주범이라는 비판은 대체로 3가지 관점에서 이루어지고 있다. 정원범, 『신학적인 윤리와 현실』

첫째, 기독교는 자연을 비신성화한다.

둘째, 기독교는 너무 인간중심적이고 인간은 모든 만물을 지배하라는 신적 위임을 받았다.

셋째, 기독교는 대체로 자연과 물질을 거룩한 것, 영적인 것에 비하여 낮은 위치에 둔다. 소위 이원론을 말한다는 것이다.

우리는 이와 같은 3가지 공격에 대하여 어떻게 생각할 것인가?

과연 기독교는 생태계의 위기에 대안이 있는가?

위의 지적을 하나하나 살펴보자.

첫째, 기독교는 자연을 비신성화한다는 비판이다.

기독교가 생태계 파괴를 부추겼다고 비판하는 사람들은 기독교가 자연만물 안에 영이 깃들어 있다는 이교적 세계관 즉, 정령숭배와 범신론을 거부했다는 것이다. 기독교가 생태계 위기의 주범이라고 비판하는 린 화이트Lynn White, Jr.는 이렇게 말한다.

"그리스도인들에게 나무 한 그루는 하나의 물리적인 사실에 불과하다. 나무가 신성하다는 개념은 기독교나 서방의 세계에는 완전히 낯선 개념이다. 근 2천 년 동안 기독교의 선교사들은 신성시되는 나무와 자연을 찍어 넘어뜨렸다."

그러나 하나님을 모르는 자들은 자연 속에 정령이 있다고 생각하면서 그 나무들을 우상시했다. 이렇게 기독교는 자연만물 속에 신령이 있다고 생각했던 애니미즘을 무너뜨리고 자연을 비신성화함으로써 과학, 기술발전의 토대를 마련하였으나 동시에 자연만물의 감정과는 관계없이 자연을 이용하고 착취하는 길을 열어놓았다는 것이다. 오늘날 지구환경파괴의 원인은 기술에 있으며, 과학기술의 발달 배경에는 기독교의 자연의 비신성화가 놓여 있다는 것이다.

둘째, 기독교는 인간중심적 구원을 말한다는 것이다.

기독교의 강한 인간중심주의와 인간의 자연 지배 개념이다. 린 화이트에 따르면 "기독교는 이 세상에 있는 어떤 종교보다 인간중심적 종교이다. 자연이란 인간에게 이바지할 것 이외에는 아무런 존재 이유가 없다는 기독교 인간 중심이 결국은 생태계 위기의 원인이 되었다"라고 말한다. 칼 아메리Carl Amery 역시 생태계의 위기의 근본 원인이 창조신앙의 인간중심적 세계관에 있다고 비판한다. 제임스 내쉬 James Nash도 "인간중심주의는 기독교의 신학과 경건의 주된 주범이며 지금도 그러하다. 그리고 인간중심주의는 기독교적인 문화 속에서 환경파괴를 자극하고 일으키는 데 이바지했다"고 지적한다. 그에 의하면 "기독교는 자연의 짐승, 물고기, 새, 풀, 나무 등을 하나님의 축복과 보호에서 배제되었고 자연의 훼손과 파괴는 물론 생태계의 위기를 가져왔다."김균진,『생태학의 위기와 신학』

학승인 법정法頂은 우리나라 불교계를 대표하는 사람중 하나다. 그도 한 심포지엄에서 기독교는 인간중심주의와 인간의 자연 지배를 말하기 때문에 생태계의 위기를 초래하는 주범이라고 말하면서, 불교의 연기론緣起論을 말한다. 연기론은 불교의 핵심적인 교리이다.

예를 들면, 옷깃만 스쳐도 인연이라는 말이 있듯이 세계의 현상과 인간의 삶, 정신세계들이 함께 연결되어 있다는 것이다. 인간은 물론 동물, 식물 등 모든 것이 이런 유기적 관계 즉 인연 가운데 있기 때문에 연기론이야말로 생태계 문제를 해결할 수 있는 유일한 대안이라고 주장한다. 또 그들의 윤회설 관점에서 사람이 죽으면 동물이 될 수 있고, 동물이 죽으면 사람이 될 수 있기 때문에 그들에게는 주장할만한 내용이 된다.

세 번째 비판의 관점은 기독교는 자연과 물질을 영적인 것에 비하여 낮은 위치에 있다고 말한다는 것이다. 기독교가 자연과 물질의 지위를 하락시켰다는 것이다. 인간의 영적본향은 땅이 아니라 하늘이다. 지상에서의 삶은 외국 땅에서의 체류로 이해한다. 그리고 일차적인 신학적 관심사는 하나님과 영혼의 구원이지만 세상, 땅, 인간 이외의 생명체들과 자연은 부차적인 관심사이다. 결국, 기독교는 이러한 영적 동기가 지배적 동기가 되어 생태계를 파괴하는데 기여했다는 것이다.

이상의 비판은 역사적으로 기독교 신학 전통을 생각할 때 근거 없는 이야기가 아니다. 전통적인 기독교는 아무래도 인간중심주의의 특성을 드러냈으며 이원론적 세계관에 의해 자연환경파괴를 부추기는 데 이바지한 측면이 많기 때문이다.

그렇다면, 생태계 문제에 대한 기독교적 대안은 없는가? 성경은 무엇이라고 말하고 있는가? 우선 생태적 위기의 전적인 원인이 기독교에 있다는 생태학계의 비판은 정당한 지적이라고 할 수 없다. 왜냐하면, 생태계의 파괴는 기독교 이전의 고대문명 국가 안에서도 이미 존재해 있었기 때문이다. 고대의 풍요로웠던 메소포타미아, 페르시아, 이집트 등 문명의 보금자리들이 불모지로 변했다. 그것은 외적인 원인도 있었지만, 인구와 자원의 관리능력 부족으로 땅의 생산력이 소모되었고 자원이 고갈되었기 때문이다.

그렇다면, 생태계의 위기에 진정한 원인은 무엇인가. 우리는 기독교가 기독교권에서 환경파괴를 부추기고 정당화하는 데 일정 부분 영향을 미친 사실을 인정하지만, 그 원인이 하나가 아니라 복합적이라고 전제하면서 그 원인들로 '엄청난 인구의 증가', '상업주의와 산업주의의 형태를 띤 확장주의적 자본주의'와 학문에서 '데카르트 R. Descartes의 기계론적 사고방식의 승리' 등을 들 수 있다. 근원적으로 말한다면 생태계의 위기의 근본원인은 하나님 없는 인간의 이기적인 욕망에 있다고 말할 것이다.김균진,『생태학의 위기와 신학』또한, 생태계의 위기는 제국주의적 확장의 결과다. 인간은 필요를 채우려고 하나님이 주신 것을 남용하고 필요 이상으로 정복하고, 돌보기보다는 독재를 꿈꾸며, 자연을 환대를 가지고 자애롭고 정당하게 살피는 데 실패했다.

산과 하늘과 땅들은 인간과 함께 하나님을 찬양한다

그러면 과연 성경은 자연 친화적인 것인가. 대답은 분명하다. 물론 성경 안에는 예컨대 "땅을 정복하고 지배하라"창1:17는 구절이 있는 것이 사실이다. 이 경우 '지배하다'는 말은 자연에 대한 인간의 자기 중심적인 착취나 남용을 위한 면죄부가 아니다. 오히려 성경적 의미의 지배는 피조세계를 선하게 관리해야 할 인간의 책임을 말한다. 어떤 경우이건 인간과 인간, 인간과 자연 관계에서 인간이 마음대로 훼손하고 파괴하고 폭력을 행사해도 된다는 식의 사고는 성경 어디에서도 허용되지 않는다. 자연환경이란 인간의 것이 아니라 하나님의 창조물이기 때문이다.

그러면 성경이 말하는 자연관은 무엇인가?

첫째, 성경 안에서 자연은 하나님을 증거하는 매개물로 등장한다. 다윗은 시편에서 이렇게 노래한다. "하늘이 하나님의 영광을 선포하고 궁창이 그의 손으로 하신 일을 나타내는도다 날은 날에게 말하고 밤은 밤에게 지식을 전하니 언어도 없고 말씀도 없으며 들리는 소리도 없으나 그의 소리가 온 땅에 통하고 그의 말씀이 세상 끝까지 이르도다."시19:1~4

성경은 자연이란 하나님의 영광과 능력을 증거하는 능력이 있음을 증언한다. 사도바울은 말하기를 "이는 하나님을 알 만한 것이 그들 속에 보임이라 하나님께서 이를 그들에게 보이셨느니라 창세로부터 그의 보이지 아니하는 것들 곧 그의 영원하신 능력과 신성이 그가 만드신 만물에 분명히 보여 알려졌나니 그러므로 그들이 핑계하지 못할지니라."롬1:19~20 이처럼 성경은 자연이 하나님을 증거하고 있음을 볼 수 있다. 천지만물은 하나님의 지문이다.

둘째, 자연은 모든 생명을 유지하기 위한 자원이다.

하나님이 자연만물을 창조하신 목적 가운데 하나는 피조물이 다른 피조물들을 떠받치게 하는데 있다. 시편 104편에서 하나님은 들에 짐승들, 새들, 나무들에 갈증들을 해결하게 하려고 샘을 만드셨다. 그는 가축을 위해 풀을 만드시고 새가 둥지를 만들게 하려고 나무를 만드셨으며 야생염소를 위해 산을 만드셨고 오소리를 위해 바위를 만드셨다. 또한, 하나님은 사람의 소용을 위해 채소를 자라게 하시며 식물이 나게 하셨다. 여기서 우리는 자연만물이 인간을 위해서만 창조되었다는 인간중심주의는 성경적이지 않다는 사실을 알 수 있다. 하나님은 모든 것, 인간과 자연을 함께 창조하시고 구원하신다. 또 혈육이 있는 모든 생물을 각기 암수 한 쌍씩 방주로 이끌어 들이라는 하나님의 명령은 노아를 위한 것만은 아니었다.^{창6:19~20} 또한 그 모든 것들이 노아와 함께 구원을 받았다. 어떠한 동물도 하나님 보시기에 하찮거나 무가치하지 않다는 사실이다.

셋째, 성경은 자연을 하나님을 찬양하는 주체로 생각한다.

자연은 하나님을 찬양하는 동료 찬양대다. 성경은 자연을 찬양하는 주체로 묘사하고 있다. 창조주 하나님에 대한 자연의 찬양은 특히 시편에 많이 나타난다.

> 해와 달아 그를 찬양하며 밝은 별들아 다 그를 찬양할지어다 하늘의 하늘도 그를 찬양하며 하늘 위에 있는 물들도 그를 찬양할지어다 그것들이 여호와의 이름을 찬양함은 그가 명령하시므로 지음을 받았음이로다 그가 또 그것들을 영원히 세우시고 폐하지 못할 명령을 정하셨도다 너희 용들과 바다여 땅에서 여호와를 찬양하라 불과 우박과 눈과 안개와 그의 말씀을 따르는 광풍이며 산들과 모든 작은 산과 과수와 모든 백향목이며 짐승과 모든 가축과 기는 것과 나는 새며 세상의 왕들과 모든 백

성들과 고관들과 땅의 모든 재판관들이며 총각과 처녀와 노인과 아이들아 여호와의 이름을 찬양할지어다 그의 이름이 홀로 높으시며 그의 영광이 땅과 하늘 위에 뛰어나심이로다. 시편 148:3~13

이것이 하나님나라의 모습이다.

기독교를 반생태적 종교라고 비판했던 린 화이트까지도 중세의 아시시의 성 프란시스St. Francis of Assisi를 생태학자들의 수호성인이라고 부른다. 프란시스는 모든 피조물에 대한 가족적 연대의식을 가지고 창조주 하나님과 모든 피조물에 대한 찬양을 다음과 같이 노래한다.

지극히 높으시고 온전히 능하시며 한없이 선하신 주여! 모든 찬미와 모든 영광, 모든 영예와 모든 복이 주님의 것이옵니다. 이 모두는 오로지 주님, 지극히 높으신 분만의 것이옵니다. 내 주시여, 주께서 만드신 만물, 저들이 드리는 온갖 찬미는 주의 것이오니, 맨 먼저 내 친애하는 형제 태양, 낮을 끌어오는 이, 주는 그 이를 통해 우리에게 빛을 주시나이다. 그이는 얼마나 아름다운가, 그의 광채가 얼마나 찬란히 빛나는가! 그이는 지극히 높으신 주님의 모상, 내 주시여, 자매인 달과 별, 저들이 드리는 온갖 찬미는 주의 것이옵니다. 주는 하늘에서 저들을 만드셨으니 밝고 귀하고 아름다워라. 내 주시여, 형제인 바람과 대기, 저들이 드리는 온갖 찬미는 주의 것이옵니다. 평온하고 사나운 날씨의 온갖 상태, 주는 친히 창조하신 만물을 저들로 기르시옵니다. 내 주시여, 자매인 물이 드리는 온갖 찬미가 주의 것이오니, 그이는 지극히 유익하고 소중하며 겸손하고 순결하나이다. 내 주시여, 형제인 불이 드리는 온갖 찬미가 주의 것이오니, 주는 그이를 통하여 밤을 밝히시나이다. 그이는 얼마나 아름다운가, 얼마나 활달하던가! 힘과 기운이 넘쳐 흐르는도다. 내 주시여, 자매요 어머니인 땅이 드리는 온갖 찬미가 주의 것이오니, 그이는 지고한 권능으로 우리를 먹이며, 오색화초에서 갖가지 열매를 키우고 있나이다.

이처럼 프란시스는 태양, 달, 별, 바람, 공기, 물, 불 등 자연만물을 형제요 자매로 부를 정도로 만물자체에 대한 우정과 연민과 사랑이 있었다. 꿩, 매미, 양, 쥐, 토끼, 물새, 물고기, 꿀벌, 벌레 등을 보살펴 주고 축복해 주었다. 인간을 잡아먹고 싶어하는 늑대를 형제로 부르면서 늑대를 질책한 다음 양처럼 순하게 만들기도 했는데 늑대는 그 후로 사람이나 짐승을 해치지 않겠다고 맹세하였다고 한다. 이처럼 프란시스가 보여준 자연만물에 대한 애정 어린 관계는 생태학적 감성을 탁월하게 보여준 대표적인 사람임이 틀림없다. 그러나 그는 하나님을 자연과 전적으로 동일시하거나 하나님의 초월적인 차원을 훼손하는 일을 분명히 피했다. 결국, 프란시스는 인간 이외의 피조물들을 형제와 자매로 말하면서 만물을 소유하고 지배하려는 의지로 특징을 이뤄왔던 삶의 방식과는 전혀 다른 세상을 살아가는 또 하나의 삶의 방식을 보여주었다.

넷째, 성경은 자연을 하나님이 즐기시는 대상으로 본다.
하나님이 그가 만드신 피조물을 보고 즐거워하셨다는 사실은 자연의 영역이 인간의 필요를 채워주는 것과 상관없이 중요하고 가치가 있다는 것을 보여준다. 하나님은 자연만물을 인간의 육체적 필요만을 채우게 하려고 창조하지 않으셨다. 하나님은 자연만물이 심미적 가치를 갖도록 창조하셨다. 하나님은 자신뿐만 아니라 그의 피조물들이 그것을 즐기도록 하려는 것이 그분의 뜻이다. 수많은 꽃이 색

깔을 자랑하고 동물들이 뛰어놀며 나비가 날고 별이 빛나고 둥근 달이 있고 아름다운 나무가 있고 푸른 숲이 있고 꼬불꼬불한 강이 있고 바다가 있다. 이 얼마나 아름다운가! 그런 점에서 창조세계의 아름다움을 즐기는 것은 영적 삶의 한 부분이요 영성의 표현이다. 요컨대 자연은 인간욕망 충족을 위한 단순한 이용의 대상, 조작의 대상이 아니다. 그것은 하나님의 능력을 증거하고 찬양하는 존재이며 모든 생명체들이 유지하는 자원이 될 뿐만 아니라 하나님이 즐기시고 모든 피조물들이 함께 즐겨야 하는 미적 가치를 가진 존재이다.

다섯째, 인간은 자연과 함께 구원의 대상이다.
아담의 죄로 말미암아 인간과 자연이 함께 심판을 받았듯이 그리스도 안에서 인간과 자연은 함께 구원에 동참한다.렘7:20

> 피조물이 허무한 데 굴복하는 것은 자기 뜻이 아니요 오직 굴복하게 하시는 이로 말미암음이라 그 바라는 것은 피조물도 썩어짐의 종 노릇 한데서 해방되어 하나님의 자녀들의 영광의 자유에 이르는 것이니라 피조물이 다 이제까지 함께 탄식하며 함께 고통을 겪고 있는 것을 우리가 아느니라. 로마서 8:20~22

우리는 여기서 모든 피조물이 허무해졌다는 점과 인간과 자연이 함께 고통을 겪고 있음을 알 수 있다. 썩어짐에서 해방과 구원을 바라는 것을 볼 수 있다. 세계의 모든 피조물들이 죽음의 종살이에서 하나님 자녀의 영광스런 자유로 해방될 것을 기다리면서 신음하고 있다. 인간의 영혼은 물론 온 세계가 하나님의 구원을 기다리고 있다. 요한계시록은 단지 영혼만이 변화된 새로운 영혼만을 기다리지 않고 하나님이 피조물 안에 계셔서 하나님의 의와 자비가 다스리는 새로운 도시인 새 예루살렘, 죽음과 슬픔과 울부짖음과 고통이 없는 '새 하늘과 새 땅'을 기다린다. 하나님나라의 완성은 인간의 육체와 영혼은 물론 이 땅과 하늘에 있는 모든 것들이 철저히 변화되어 하나님나라를 향해 가고 있다.

안식일, 안식년, 희년의 생태학적 의미

안식일의 휴식은 인간과 동물은 물론 자연에 이르기까지 해방한다. 사람들은 자연을 직접 가공함으로써, 예를 들어 밭을 갈고 씨를 뿌리며 나무를 채취함으로 양식과 땔감과 집과 옷을 얻었다. 따라서 안식일에 쉰다는 것은 논과 밭과 나무들과 동물들도 휴식하고 자신의 생명력을 회복할 수 있도록 내버려 두는 것let it be을 뜻한다. 따라서 안식일의 휴식은 인간을 위한 것일 뿐 아니라 인간에 의하여 가공되는 자연을 위한 것이기도 하다. 그것은 노동으로 지친 인간을 회복시키는 "치료적 의미"를 가질 뿐 아니라 인간에 의하여 가공된 자연을 회복시키는 "생태학적 의미"를 가진다. 안식일에 자연은 인간을 위한 재료나 노동의 장이 아니라 하나님의 창조로 회복된다.

이리하여 인간과 인간, 인간과 동물의 "창조의 사귐"이 회복된다. 인간에 의한 인간의 착취, 인간에 의한 동물의 착취가 중지된다. 모든 인간과 동물이 함께 휴식하며 하나님을 찬양한다.

하나님은 안식일을 "거룩하게" 지킬 것을 명령한다. 그럼 안식일을 거룩하게 지킨다는 것은 무엇을 말하는가?

안식일을 거룩하게 지키는 것은 사람은 물론 모든 동물과 온 자연이 하나님 앞에서 안식하며 그들의 생명을 보호받으며 평화 속에서 그들의 생명력을 회복하도록 하는 데에 있다. 이리하여 하나님이 피조물의 고난에 대한 염려와 고통에서 해방되어 하나님 자신도 휴식하는 데에 있다. 안식일을 거룩하게 지킨다는 것은 단지 종교적인 의식과 형식들을 지키는 데에 있지 않고, 온 피조물의 생명력을 보호하고, 그들이 하나님의 평화 속에서 안식하게 하며, 이리하여 하나님 자신도 평화와 안식을 얻는 데에 있다. 어떤 피조물도 다른 피조물을 파괴하거나 자기를 위하여 희생시켜서는 안 된다. 모든 피조물은 모든 것을 함께 누려야 한다. 동물과 땅도 안식일을 누려야 한다.

안식일의 계명은 안식년의 계명으로 확대된다. 출애굽기 23장 10-11절에 의하면 이스라엘 민족은 칠 년째 되는 해에 땅을 묵혀야 한다. 그 목적은 가난한 자, 힘없는 자들이 생명을 보호해야 할 사회적 관심에 있다 : "칠 년째 되는 해에는 땅을 놀리고 소출을 그대로 두어 너희 백성 중에서 가난한 자들이 먹게 하고 남은 것은 들짐승이 먹게 하여."출23:11 레위기 25장 1-7절의 안식년 계명에서는 사회적 관심보다 생태학적 관심이 전면에 나타나는 것을 볼 수 있다 : "제 칠 년에는 땅으로 쉬어 안식하게 할찌니."레25:4
안식년의 계명은 인간과 동물을 포함한 자연의 행복에 대한 기준이 된다.

"희년"은 안식년의 확대이며, "안식년"은 안식일의 확대이며, "안식일"은 창조의 일곱째 날에서 유래한다. 안식일, 안식년, 희년은 하나님의 창조질서이다. 이 질서를 지킬 때 인간을 포함한 생태계는 평화를 누릴 것이다. 하나님의 창조는 인간을 지향하며 인간만을 그 목적으로 삼는 것이 아니라, 하나님과 모든 피조물의 "안식"을 지향하며 그것을 목적으로 삼고 있다. 그러므로 인간을 창조의 면류관과 창조의 완성으로 보는 인간 중심적 세계관은 인간과 자연이 하나님 앞에서 사귐 속에 있는 구원관을 통하여 수정되어야 한다. 김균진, 『생태학의 위기와 신학』

동물권

왜 동물을 돌봐야 하는가? 우리는 인간의 정의와 평화와 관련된 수많은 요청을 받고 있지만, 동물은 상대적으로 적은 관심을 받는다는 것은 그리 놀랄 일은 아니다.

하지만, 동물 문제는 정의와 연민의 물음에서 떼어낼 수 없다. 데스몬드 투투Desmond Tutu 대주교는 이렇게 쓴 적이 있다.

> 우리는 긴박한 인간의 문제들에 직면해 있지만, 동물에 대한 정의라는 문제를 간과해서는 안 됩니다. 사실 동물에 대한 학대와 약한 사람들에 대한 학대 사이에는 어떤 연관성이 있다는 증거가 늘어나고 있습니다. 예를 들어 우리는 난폭한 살인자들이 흔히 어린 시절에 동물들을 난폭하게 죽였다는 것을 압니다. 우리는 모두 학대 없는 세계의 창조에 관심을 가지고 일해야 합니다.

앤드류 린지Andrew Linzey는 『동물 신학의 탐구』에서 동물권에 대해 논한다. 동물에 대한 폭행과 인간에 대한 폭력 사이에 이러한 연결고리가 있다는 것을 알 수 있다. 너무도 흔히 우리는 동물을 '저 밖'에 있는 존재로, 그리고 동물이 당하는 고통은 인간이 당하는 고통과 매우 다를 것으로 생각한다. 우리는 동물에 대한 학대가 인간에게 만이 아니라 동물에게도 해롭다는 아퀴나스, 로크, 쇼펜하우어, 그리고 칸트와 같은 사람들이 지지하는 증거들을 가지고 있다. 그 중 하나는 인권을 탄압하는 국가들에서는 동물권 역시 심각하게 부인되고 있다는 사실이다.

더욱이 우리는 포유류와 조류들이 최소한 지각이 있는sentient 존재라는 것을 안다. 지각이 있다는 말은 그들이 고통과 기쁨을 느낄 수 있다는 말이다. 우리는 이 생명체들이 고통을 당한다고 하는 것이 인간이 고통을 당한다고 말하는 경우처럼 합리적임을 안다. 동물들은 단지 고통(부정적인 육체적 자극으로서의 고통)을 당할 뿐만 아니라 스트레스, 정신적 충격트라우마, 공포테러, 정신적 타격쇼크, 불길한 예감, 그리고 비통과 같은 정신적 고통 또한 경험한다는 것을 보여주는 전문가들의 과학적 증거들이 속속 드러나고 있다. 이것을 알게 된 이상 우리는 더는 핑계를 할 수 없다. 도스토예프스키가 말 한대로 "인간들이여, 당신들이 동물보다 우월하다고 뽐내지 마십시오. 동물들은 죄를 짓지 않지만, 인간들은 자신의 위대함을 가지고 땅을 더럽히기 때문입니다"고 말한다.

장윤재 교수는 『동물 신학의 탐구』 서문에서 말한다. "우리나라에서 반려견을 키우는 사람이 1,200만 명이나 되는 것으로 추산된다. 국민 4명당 1명이 반려견을 키우고 있다는 말이다. 하지만, 해마다 휴가철이나 연휴가 되면 전국적으로 수만 마리의 반려견들이 한 해 평균 약 10만 마리가 버려진다. 대개 늙고 병든 강아지들이다. 반은 안락사나 자연사로 죽는다. 아무도 책임지지 않는 이 숱한 생명의 죽음을 어찌할 것인가. 동물에 관한 근본적인 인식의 전환이 필요한 때다.

　우리나라는 OECD 국가 중 고아 수출 1위일 뿐만 아니라 유기견 수출도 1위다. OECD 국가 중 버려진 개를 국외로 입양 보내는 나라는 우리나라밖에 없다. 마하트마 간디는 이렇게 말했다. "한 국가의 위대함과 도덕적 진보는 그 나라의 동물이 받는 대우로 가늠할 수 있다." 우리나라는 고양이가 사람을 보고 도망가는 나라는 우리나라밖에 없다는 보도가 사실이 아니길 바란다.

　동물들이 죽어가면서 신음하는 울음소리에서 우리는 그 아벨의 핏 소리를 들어야 한다. 하나님께서는 인류 최초의 살인자 가인에게 "네 아우 아벨이 어디 있느냐"창세기 54:9라고 물으셨다. 하나님은 오늘 우리에게 "네 동료 피조물들을 어디 묻었느냐"고 물으실 것이다."

　사실 동물에 대한 학대와 폭력은 우리나라만의 문제가 아니다. 해마다 세계적으로 500억 마리의 동물이 인간에 의해 죽임을 당한다. 물고기를 빼면 매년 250억 마리의 동물이 인간의 음식이 되기 위해 죽고, 매년 4천만 마리의 동물이 모피가 되려고 죽는다. 먹고 입는 것만이 아니다.

　다음에 열거하는 제품들을 이름을 읽어보고 그들의 공통점이 무엇인가 찾아보라.

　살충제, 부동액, 브레이크액, 표백제, 방취제, 목욕용 발포제, 탈모제, 눈 메이크업, 잉크, 썬텐오일, 손톱 광택제, 마스카라, 헤어스프레이, 페인트, 지퍼 윤활유 등 우리가 일상적으로 사용하는 이 많은 상품의 공통점은 하나같이 모두 동물을 이용한 독성 실험을 거친 것들이라는 점이다.

"동물을 대하는 태도에 관한 한 모든 인간은 나치다"라고 세계적인 동물 윤리학자 피터 싱어Peter Singer는 말했다. 간디는 이렇게 물었다. "왜 사람들은 건물이나 예술작품과 같은 인간의 창조물을 파괴하면 '야만행위'라고 비난하면서 하나님의 창조물을 파괴하면 '진보'라고 치부하는가?" 실로 '문명의 진보'와 '동물의 고통' 사이에는 깊고도 분명한 함수 관계가 있다. 인간의 '진보'는 동물에 대한 '잔인성'과 정비례한다. 그리고 21세기 말에 가면 지구 위에 존재하는 모든 동물의 3분의 2가 인간에 의해 멸종될 것으로 예상한다. 그런데 동물에 대한 폭력과 학대에서 우리가 주목해야 할 사실은 그것이 어쩌다 일어나는 사적인 일이 아니라 조직적이고 제도적인 일이라는 사실이다. 동물 학대는 몇몇 개인의 병리적 현상이 아니다. 동물에 대한 학대는 사회적으로 합법화되고 제도화된 폭력이다. 그것은 우리들의 '의도적인 무지'wilful ignorance 속에서 일어난다. 우리는 보고도 못본 체한다. 듣고도 못 들은 체한다. 살아있고 지각이 있는 존재로서 동물을 보지 못한다. 우리의 언어, 우리의 철학, 우리의 과학, 우리의 종교, 우리의 문화가 그들을 보지 못하도록 가로막고 있기 때문이다.

그래서 동물의 문제는 신앙과 철학과 윤리의 문제다. 인류의 역사는 도덕적 지평의 확대의 역사라 말할 수 있다. 여성에서 흑인으로, 가난한 사람으로, 장애인으로 배려와 책임의 지평이 확장됐다. 린지 Andrew Linzey는 영국 성공회의 신부이며 신학자이고 또한 작가이자 기독교 채식주의자이다. 현재 옥스퍼드대학교 신학부의 교수로 있으며 2006년부터 '옥스퍼드 동물윤리 센터'Oxford Centre for Animal Ethics를 설립해, 동물 문제를 우리 시대의 사회적 의제로, 그리고 신학적 의제로 확실하게 부각시킨 세계적인 학자다. 린지가 말하는 관대함은 단순히 동정심이나 온정주의에서 나온 것이 아니라 '하나님의 권리'와 '하나님의 정의'라는 확고한 신학적 개념에서 나온 것이다. 린지에게 동물권은 동물이 스스로 획득했거나 아니면 인간이 동물에게 부여한 어떤 권리가 아니다. 그것은 창조주이신 하나님이 가지신 고유한 권리다. 그가 성경에서 가장 중요하다고 생각하는 것은 예수님의 삶 안에 계시된 하나님의 자비이다. 하나님의 자비는 특별히 예수님께서 '포도원 주인의 비유'마태복음 20장에 잘 나타난다. 포도원 주인의 비유에 나타난 '하나님의 정의'는 달랐다. 그것은 하나님의 자비에 기초한 정의다. 그것은 업적과 관계없이 필요에 따라 삶의 권리를 보장해주는 은총의 정의다. 가장 약하고 무고한 자를 우선하여 감싸는 적극적 정의다. 린지는 인간과 동물 사이에 차이가 있다는 것을 부정하지 않는다.

"린지는 인간과 동물 사이에 그런 차이가 있다고 해도 그 차이가 과연 우리가 동물을 다루는 데 어떤 근본적인 차이를 만들어내야 하느냐고 반문한다. 인종과 종교와 성과 국적의 차이가 있다고 해서 한 인간이 다른 인간을 착취해도 되는가? 아니라면, 똑같은 논리가 왜 동물에게는 적용되지 말아야 한다는 말인가? 차별의 근거였던 차이를 린지는 도리어 특별한 도덕적 배려의 원리로 뒤집는 것이다.

인간뿐만 아니라 창조 세계의 모든 생명, 특히 인간에 의해 오랫동안 학대받아온 동물들에게도 기쁜 소식, 해방의 소식이 되어야 한다. 새들에게 복음을 설교한 아시시의 성 프란체스코를 기억해보라. 하지만, 기독교 신학은 동물 문제에 관해 아직 걸음마도 떼지 못했다. 기독교 교리는 아직도 인간의 구원만 가르친다. 하지만, 기독교의 구원자가 오직 인간만을 위해 죽었다고 주장하는 교리는 예수 그리스도의 우주적 사랑과 생명을 잘못 이해한 것이다. 사실 예수님의 십자가는 인간에게 생명을 주는 구원이었을 뿐만 아니라, 구약 제사에 의해 희생되어 오던 동물들의 고통을 그치게 한 사건이기도 하다. 신학적으로 린지의 동물신학은 생태신학의 하나지만 기존의 생태신학에 도전한다. 이슈는 '포식'捕食, predation의 문제이다. 먹고 먹힘의 먹이 사슬을 생명 순환의 한 자연스런 요소로 볼 것이냐 아니면 타락한 세계의 하나로 볼 것이냐가 이슈다. 린지에게 중요한 것은 자연의 현재 모습이 아니라 하나님의 은총으로 마지막 날 변할 세계이다. 그에게 자연은 인간과 마찬가지로 하나님의 은총이 없이는 그 자체로 불완전하다."앤드류 린지, 『동물 신학의 탐구』

사실 동물에 대한 서구의 전통적 입장은 유대교와 고대 그리스 전통에서 유래하였고 이 둘은 기독교에 의해 통합되어 전해졌기 때문에 사실 동물의 문제는 곧 기독교 신학의 문제라 할 수 있다. "인류는 동물들의 이름을 짓고 동물을 분류하는 책임을 받았기 때문에 처음부터 동물과 관계를 맺었던 셈이다. C.S.루이스는 그의 저서에서, 동물들의 잠재력을 최대한 개발하기 위해 최선을 다하는 것이 우리 인간에게 주어진 책임이라고 주장했다."레슬리 뉴비긴, 『변화하는 세상 변함 없는 복음』 재인용 린지가 말하듯이 비종교적인 동물권 운동도 종교의 힘이 있어야 한다. 신앙이 바로 서면 도덕적 에너지를 창출한다. 동물권 운동에는 연민compassion이 필요한데 그것이 마음에서 일어나려면 신앙의 힘이 있어야 한다. 타자를 인지하고, 타자의 고통을 상상하며, 자신의 이익에 반하더라도 이타적으로 행동할 수 있는 능력은 종교가 줄 수 있는 선물이다. 린지는 종교에 대해 아주 분명한 메시지를 던졌다. "나는 모든 종교를 윤리적으로 테스트할 수 있는 기준이 하나 있다고 생각합니다. 그것은 한 종교가 우리로 하여금 더욱더 사랑하고, 더욱더 자애롭고, 더욱더 연민하는 삶을 살도록 하는가 혹은 아닌가 입니다." 누구나 공감할 수 있는 말이 아닌가?

또한, 멀리 갈 것도 없이 우리의 조상들은 실생활에서 생명존중 사상을 실천하며 살았다. 까치를 위해 감을 다 따지 않은 '까치밥', 음식을 먹기 전에 조금 떼어내 뭇 생명과 더불어 먹고자 한 '고시래', 콩을 심을 때 세 알을 심어 한 알은 새가 먹고 다른 한 알은 땅속 벌레가 먹게 한 농부의 배려, 길을 나설 때 미리 지팡이로 땅을 쿵쿵 울려 벌레들이 도망하게 한 나그네의 세심한 배려, 하루 수십 리씩 걸어야 하는 소들을 위해 소장수들이 소에게 신겨준 '쇠짚신', 작은 생물이라도 해할까 봐 뜨거운 물도 식혀 버렸던 어머니들의 살뜰한 살림살이, 소가 죽음의 공포를 느끼지 않도록 은어를 사용하며 한순간에 소의 명줄을 끊고자 노력했던 백정들의 우직한 배려, 한 집안에서 더불어 먹고 사는 존재들을 사람이나 짐승을 가리지 않고 모두 생구生口라고 불렀던 포용적인 마음은 우리의 삶과 사상에 면면히 흘러왔던 아름다운 우리 것에 대한 반추이다. 이러한 유사한 내용은 구약에서도 발견할 수 있다. 한때 동물 학대를 정당화하는 데 일조했지만, 올바로 이해하면 오히려 기독교가 동물의 생명을 존중하는 최상의 논거를 제공할 수 있다는 것은 앞에서 안식일–안식년–희년에서도 발견할 수 있다.

생태신학자 프란츠 알트Franz Alt는 만물 안에서 하나님을, 즉 동물과 식물 속에서도 하나님을 인식하는 신비주의자들의 영성이 지금 우리에게 꼭 필요하다고 말하면서, 한 신비주의자의 노래를 소개한다.

> 하나님은 별 속에서 주무시고
> 식물 속에서 향기를 발하시며
> 동물 속에서 꿈꾸시고
> 우리 인간 속에서 깨어나시려 하네

바로 이런 능력을 우리 인간이 회복할 수는 없을까? 그 어느 때보다 우리에게는 바로 이런 생명에 대한 깊은 감수성, 즉 영성이 절실하다. 사람에게 인권이 있다면 동물에게도 생명체로서의 권리, 즉 동물권이 있다. 인권은 동물권으로까지 확대되어야 한다. 우리의 아이들을 생명에 대한 감수성을 가진 인간으로 키워야 한다. 다른 존재를 귀하게 여기며 더불어 살아가려는 마음을 키워줘야 한다. 진정한 영성은 이에 기여할 수 있을 것이다.

식물에 대해서도 헤르만 헤세Hermann Hesse는 "나무는 신성하다. 나무와 이야기하고 나무에 귀 기울일 줄 아는 사람은 진리를 아는 사람이다."라고 했다. 쉴러Fredrich von Schiller도 나무를 칭송하면서 "영웅호걸이나 시인은 허황된 명성밖에 없으니 자신은 진정으로 숲지기가 되고 싶다"고 말했다."신준환,『다시. 나무를 보다』 에리히 프롬도 그의 책 『소유냐, 존재냐』에서 사람들은 산과 들에 핀 꽃을 보면 있는 그대로 보려 하지 않고 꼭 꽃가지를 꺾어 집에 있는 화병에 넣고 싶어 하는데 이것은 소유지향적 인간의 모습이라고 말한다. 성경에서도 별들과 눈과 안개와 산들과 과수와 모든 백향목도 하나님을 찬양하는 주체라고 말한다.시 148: 3-13 그런 면에서 그리스도인들은 식물에 대해서도 관심을 가져야 한다.

기독교의 생태학적 패러다임

기독교와 자연과의 관계에 대해서 정리해보자.

앞에서 우리는 생태학적 위기의 근본원인이 하나님 없는 인간의 이기적 욕망에 있다고 하였다. 일반적으로 말한다면 지구적인 생태계의 위기의 근본적인 원인은 인간중심적인 세계관에 있다고 할 수 있겠다. 이렇게 생태계의 위기의 원인이 자연을 바라보는 근본적인 사고의 틀에 있다면 생태계 위기의 극복이란 그 자연에 대한 패러다임의 극복 없이는 불가능하다는 사실은 자명하다. 그렇다면, 생태학적 패러다임을 어떻게 전환해야 할까. 생태학적 패러다임에 대한 기독교적 입장은 무엇인가.

첫째, 인간중심주의는 성경적인 생태학적 패러다임이 될 수 없다. 왜냐하면, 그것은 인간이 모든 것에 중심에 있다고 생각하고 우주의 모든 자연을 인간가치와 인간의 이익의 관점에서 생각한다면 동식물을 포함한 자연을 경시하고 착취하고 파괴하는 결과를 가져올 수밖에 없기 때문이다. 이 점에 있어서 세속적 인간중심주의와 전통적 기독교 인간중심주의가 책임을 피할 수 없다. 자연과 생명에 대한 인간중심주의는 그것이 필연적으로 인간과 자연에 대한 착취와 파괴를 가져온다는 점에서 생태학적 대안이 될 수 없다.

둘째, 새로운 생태학적 대안으로 떠오르는 생명중심주의 또는 생태중심주의인데 예를 들면 지구가 한 생명체라고 말하는 '가이아 이론'Gaia hypothesis 역시 성경적인 대안이 될 수 없다. '가이아 이론'은 최근에 주목받는 가설인데 지구의 생태계 자체를 모든 생명의 근원이요 지탱자이며 자연 그 자체로 그 본질적인 가치와 권리를 가지고 있다고 본다. 그리하여 자연과 인간을 동등한 가치를 가지고 있다고 말한다. 이렇게 생태계의 모든 실재는 상호연관된 전체의 부분들로서 본질적 가치에서 동등하다고 하는 생명중심주의는 독재적인 인간중심에 대한 이상적인 대안처럼 보인다. 그러나 이것은 초월적인 하나님을 인정하지 않는다는 점에서, 인간의 가치와 다른 생명체의 가치가 같다는 점에서 그리고 인간을 비인격화시키고 인간의 특수한 지위를 무시한다는 점에서 심각한 문제를 제기한다. 특히 인간에게서 인간으로서의 독특한 지위를 예컨대 다른 피조물을 가꾸고 돌봐야 할 책임과 사명을 박탈한다는 것은 인간성을 박탈하는 것이기에 생명중심주의는 생태계의 위기를 극복하기 위한 대안이 될 수 없다.

프란시스 쉐퍼는 "인간은 하나님의 형상대로 지음 받았기 때문에 인격적인 존재로서 자연과는 구별되는 존재이다. 즉 인간은 하나님의 형상이며, 따라서 인간은 창조에 있어서 독특한 위치를 점한다. 그러나 인간은 하나님이 창조하셨다는 의미에서 각종 동물들 나아가서 식물들까지 포함한 다른 모든 피조물과 연합되어 있다"프란시스 쉐퍼, 『오염과 인간의 죽음』고 말한다.

셋째, 생태계의 위기를 극복하기 위한 생태학적 패러다임은 하나님 중심주의다. 하나님을 우주의 중심으로 생각하는 하나님 중심주의는 인간의 가치를 결정하는 절대적 권리를 부여함이 없이, 인간중심적 오만을 허용함이 없이, 인간의 지위를 보존한다. 하나님 중심주의만이 진정한 청지기 직을 부여한다. 그도 그럴 것이 초월적인 하나님을 상정하지 않고 지구에 대한 청지기를 주장하는 것은 자기 자신의 이익을 위한 관리로 전락할 것이기 때문이다. 또 하나님 중심주의는 환경을 착취하는 것을 모순이라고 말한다. 하나님의 피조물을 착취하는 것은 자연에 대한 하나님의 목적을 무시하는 것이 되며, 결국에는 하나님을 무시하는 것이기 때문이다. 하나님 중심주의는 인간 중심주의와 생명 중심주의의 관심사 중 어느 것도 소홀히 여길 수 없다. 인간을 섬기는 자는 자연을 무시하는 경향이 있고 자연을 섬기는 자는 인간을 무시하는 경향이 있다. 그러나 하나님을 섬기는 자는 인간과 자연의 필요에 민감하다. 이처럼 하나님 중심주의는 환경문제에 대한 가장 만족스러운 분석과 가장 현실적인 대답을 제공하는 생태학적 패러다임이라 하겠다.

생태적 회개

TV, 냉장고, 자동차, 컴퓨터 등 소위 하이테크 부품들이 엄청나게 만들어지고 이런 것들이 나날이 증가하고 있다. 누가TV, 냉장고, 자동차를 사용하다가 환경문제가 심각하다고 해서 그것의 사용을 중단하겠는가? 누군가가 자가용을 타고 다니다가 그것이 환경을 크게 오염시킨다는 것을 알고 자동차를 타지 않고 다니는 것을 보았는가? 오히려 더 큰 차, 더 큰TV, 더 큰 냉장고를 원하는 것이 현실이다. 기업이 환경문제 때문에 자기산업을 중지할 수 있겠는가. 더 많은 수출을 위하여 더 큰 국력증강을 위하여 혈안이 되어가고 있지 아니한가. 온 나라가 지금 공사판이 되어가고 있다. 환경이고 뭐고 눈에 보이는 것이 없다. 그저 잘 살기만 하면 된다. 이렇게 해서 땅이 죽어가고 있다. 원자탄을 만드는 데 결정적인 역할을 한 아인슈타인A. Einstein은 죽으면서 "기술에 대한 인간의 도덕의지의 무력함에 한탄한다"라고 말했다.

일본의 환경운동가 나카무라天笠啓祐는 『지구를 파괴하는 범죄자들』

에서 "환경을 파괴하는 원인은 인간이 만들어냈기 때문에 환경을 살리려면 인간을 없애는 방법밖에 없다"라고까지 말한다. 『25시』의 작가인 루마니아의 게오르규C.V. Gheorghiu는 우리가 사는 과학기술 문명의 시대는 구제불능의 시대라고 말한다. "지금 과학물질 문명이 24시를 넘어 이제 구제불능의 시간인 25시다. 기술과 문명은 이제 통제불능의 상태에 있다."

우리는 앞에서 성경적인 대안만이 자연환경을 살릴 수 있다는 것을 보았고 그럼에도, 인간의 탐욕은 계속하여 죽음을 향해 달려가고 있다. 거대한 지구의 수레바퀴를 누가 정지시킬 수 있을 것인가. 우리는 오늘의 생태적 파괴와 지구의 위기를 바라보면서 '생태적 회개'를 하도록 요청받고 있다. 생태적 회개란 인간의 생태적 무관심, 개인의 탐욕, 사회적 불의로 말미암아 하나님의 선한 창조가 고통받고 죽어가고 있음을 고백하는 것이다. 자연에 대한 인간중심적 파괴적 삶을 회개해야 한다. 우리는 창조 세계 중 어떤 부분은 선하고 어떤 부분은 악하다는 모든 형태의 이원론을 거부한다. 이런 지배적이고 파괴적인 관계를 죄로 고백하고 특히 하나님의 창조 세계에 대한 파괴를 죄악으로 생각하고 회개해야 한다. 이러한 지구적 위기를 가져온 데에는 사회, 정치, 경제적인 구조 및 제도에 문제가 함께 자리하고 있다는 자각과 그러기에 이 위기 극복을 위해서는 사회, 정치, 경제적인 자본주의 제도 개혁이 필수적이라는 생각을 하고 환경 적대적인 사회, 정치, 경제적인 활동을 금지하고 통제하고 처벌할 수 있는 국가적이고 국제적인 정책이 수립될 수 있도록 다방면의 노력과 협력을 증진시켜야 할 것이다. 우리는 구체적 변화와 회개를 필요로 한다. 인간과 자연이 서로 연결되어 있다는 상호의존성과 연대성에 대한 근본적 인식, 소비의 절제, 쓰레기의 감소, 포괄적 재활용의 검약, 지구가 감당할 수 있는 능력의 한계에 대한 인식을 반영하는 삶을 살아야 한다. 다른 피조물들의 가치와 권리를 무시하거나 자연에 대한 인간의 권위를 남용하지 않는 겸손을 가지고 우리 자신을 날마다 살피고 회개해야 한다.

하나님은 온 세상 만물을 창조하셨다. 그러나 인간의 죄로 말미암아 인간뿐만 아니라 모든 피조물도 고통받고 있다. 예수 그리스도는 하나님의 나라를 가지고 오셨다. 하나님나라는 예수님의 중보의 피를 통해 인간과 자연을 회복하시고 새롭게 하신다. 우리 그리스도인들은 하나님나라의 구원의 범위가 얼마나 넓고 큰 것인가를 알면서 하나님나라가 온 우주에 이루어지기를 위해 기도하고 행동해야 할 것이다. *

14

하나님나라와 안식일

예수님 당시 유대인들에게 안식일은 매우 중요한 것이었다. 안식일을 지키느냐 못 지키느냐는 죄인과 의인의 판단 기준이 될 정도였다. 그런데 예수님께서는 안식일에 도전하실 뿐 아니라 지키지도 않으셨다. 안식일은 안식년, 희년과 더불어 예수님과 유대인들에게 무슨 의미가 있었으며 하나님나라와 어떤 관계가 있는 것인가?

안식일, 창조의 축제

유대교의 창조론과 기독교의 창조론은 안식일에 대한 이론일 수밖에 없다. 왜냐하면, 하나님은 안식일에, 안식일을 통하여 그의 창조를 완성하며, 사람들은 안식일에, 안식일을 통하여 살고 있고 또 그들이 사는 현실을 하나님의 창조라고 인식하기 때문이다. 안식일은 오로지 시간이 복을 받는다. 안식일은 창조를 그의 참된 미래를 향하여 나아가게 하며, 안식일에 하나님의 세계 구원을 미리 축하한다. 안식일은 시간 속에 있는 영원한 현재이고 장차 올 하나님나라를 미리 맛보는 것이다. 안식일의 계명을 지키는 것이 바벨론 포로 시대 이

후에는 유대인들의 표지가 되었던 것처럼, 창조를 기념하는 안식일은 '자연 세계'와 구별되는 성경적 창조론의 표지가 된다. 안식일은 세계를 창조로 이해하게 하고 성화하고 축복하는 날이다. 위르겐 몰트만, 『창조 안에 계신 하나님』

> 하나님이 지으신 그 모든 것을 보시니 보시기에 심히 좋았더라 저녁이 되고 아침이 되니 이는 여섯째 날이니라. 천지와 만물이 다 이루어지니라. 하나님이 그가 하시던 일을 일곱째 날에 마치시니 그가 하시던 모든 일을 그치고 일곱째 날에 안식하시니라. 하나님이 그 일곱째 날을 복되게 하사 거룩하게 하셨으니 이는 하나님이 그 창조하시며 만드시던 모든 일을 마치시고 그 날에 안식하셨음이니라. 창세기1:31-2:3

특이하게도 기독교의 전통들에서 창조는 대부분 "6일간의 인간의 사역으로만 기술되어 왔다. '일곱째 날'을 통한 창조의 '완성'은 매우 소홀히 다루어지거나 아니면 간과되었다. 그리하여 기독교 신학에서 안식일에 병자를 고침으로써 안식일의 계명을 어긴 예수님과 함께 이스라엘의 안식일 계명은 물론 창조의 안식일도 무효하게 되고 폐기되는 것으로 생각하였다.

안식일에 쉬시는 하나님, 복을 주시고 잔치를 벌이시는 하나님, 자기의 창조를 기뻐하고 이를 통하여 창조를 성화시키는 하나님은 뒤로 물러난다. 이리하여 사람의 삶의 의미는 노동과 활동에 있는 것으로 생각하고 휴식, 잔치, 하나님의 현존에 대한 사람들의 기쁨은 소용없으며 무의미한 것으로 추방되어 버렸다.

그러나 성경에 의하면 창조와 안식일은 함께 있다. 안식일에 대한 인식 없이는 창조 세계에 대한 올바른 이해가 있을 수 없다.

안식일의 기쁨은 먼저 하나님과의 기쁨이다. 그러나 이 기쁨은 인간의 영혼뿐만 아니라 몸도 포함하며, 개인뿐만 아니라 가족과 민족도 포함하며, 사람들뿐만 아니라 동물들도 포함하며, 생물들뿐만 아니라 창조가 말하는 하늘과 땅의 창조하신 전 우주를 포함한다. 그러므로 안식일의 기쁨은 오늘날 점점 늘어나는 생태계의 파괴에 직면하여 많은 사람이 질문하는 '자연과의 평화'를 열어준다. 하나님의 안식일에 대한 경험과 축제 없이는 "자연과의 평화"도 있을 수 없을 것이다. 위르겐 몰트만, 『창조 안에 계신 하느님』

창조신앙의 성경적 전통들을 볼 때 안식일은 엿새 동안의 노동의 날들 다음에 오는 휴식의 날이 아니라, 거꾸로 모든 창조의 사역이 '안식일'에 끝났음을 알아야 한다. 그러므로 안식일은 '창조의 축제'이다. '창조의 축제'는 '완성의 축제', 곧 이 축제를 통하여 이루어지는 '창조의 완성'을 위한 축제이다. 그러므로 창조의 축제로서의 안식일은 이미 구원의 축제가 되고, 모든 창조는 이 구원을 위하여 새 창조를 향하여 가고 있음을 우리는 이해할 수 있다. 창조는 최초의 하나님의 사역의 계시이다. 안식일 또한 하나님의 자기계시이다. 그러므로 창조의 사역들은 안식일을 향하여 진행된다. 창조의 안식일과 함께 이미 영광의 나라, 곧 모든 피조물의 희망과 미래가 시작된다. 창조의 안식일은 '하나님의' 안식일이요 그의 휴식 가운데에서 그의 영원한 영광이 현재가 되기 때문에, 그의 모든 일로부터 사람의 휴식은 하나님의 영광이 담긴 영원한 축제의 전조가 된다.

안식일에는 어떠한 생물도 복을 받지 않고 오직 시간이 복을 받는다. 다시 말하면 일곱째 날이 복을 받는다. 이것은 매우 특이한 일이다. 왜냐하면, 시간은 하나의 대상도 아니고 하나님의 대칭도 아니기 때문이다. 시간은 눈으로 볼 수 없으며, 우리는 시간에 대한 어떠한 상像도 만들 수 없다. 하나님이 시간 곧 일곱째 날을 복을 주셨다는 것은 무엇을 의미하는가? 이 복된 시간을 우리는 어떻게 이해해야 할 것인가?

모든 피조물은 하나님의 휴식 안에서 그들의 휴식에 이른다. 그의 현존하는 임재 속에 복이 있다. 창조자는 피조된 모든 것을 무에서 유를 만드셨다. 그러므로 존재하는 모든 것은 무의 위협을 받고 있다. 그것은 다시 무로 돌아갈 수 있기 때문이다. 그러므로 존재하는 모든 것은 동요하며 위협을 당하지 않는 곳을 찾고 있다. 즉 안식을 찾고 있다. 아우구스티누스가 『고백론』에서 "우리가 당신을 향하여 살도록 지어졌으므로 내가 당신의 품 안에 있기까지 참 안식을 몰랐나이다"라고 고백하였듯이 인간은 하나님을 알기 전까지 동요할 뿐이다. 그러므로 동요하는 인간을 비롯한 모든 피조물이 안식을 찾아 나선다.

하나님께서 안식일을 거룩하게 하시고 복을 주셨다. 왜냐하면, 이 날에 그가 창조하셨고 만든 모든 일들로부터 쉬셨기 때문이다(창 2:3). 여기에서 성경에서 처음으로 "거룩하게 한다"는 말이 나타난다. 이 말은 "택한다", "자기를 위하여 제한하다". "그의 소유물이며 손 댈 수 없는 것으로 선언하다"라는 의미가 있다. 특이하게도 이것은 피조물이나 창조의 영역에 적용되지 않고 시간에, 곧 일곱째 날에 적용된다. 즉 피조물이나 즉 시간, 공간, 물질의 모든 성화는 부분적인이지만, 안식일의 성화는 일곱째 날에 모든 피조물에게 도움이 되며 우주적이다.

아브라함 헤셸Abraham Joshua Heschel은 '안식일은 시간의 성전'이라고 했다. 구약성경에 나오는 안식일, 희년, 유월절은 다 시간과 관계되는 말들이고 사건과 관련된 말이다. 성경에서 거룩이라는 말만큼 신성과 신비와 위엄을 나타내는 말은 없다.아브라함 헤셸,『안식』

안식일, 존재의 날이요 거룩한 날

유대인들이 안식일에 노동 금지법을 엄격하게 지키는 것을 보고 로마인들은 그들을 경멸했다. 위대한 로마 철학자 세네카L.A. Seneca 등 여러 사람이 안식일을 지키는 유대인을 보고 매우 게으른 민족이라고 비아냥거렸다. 또 그 유명한 철학자 아리스토텔레스는 "우리에게 휴식이 필요하다. 왜냐하면, 우리는 쉬지 않고 일할 수 없기 때문이다. 휴식은 목적이 아니고 휴식은 다음 활동을 위해 있어야 하고 새롭게 쓸 힘을 얻기 위해 있어야 하는 것이다"라고 말했다. 실용적으로 옳은 말이다. 에리히 프롬Erich Pinchas Fromm의 말처럼 "현대인의 일요일은 오락의 날이요, 소비의 날이요, 자신으로 도피하는 날이요, '소유 지향적'인 날이 되었다."에리히 프롬,『소유냐 존재냐』75-89 프롬이 이 책에 신구약 성경에 나타난 '소유와 존재'에 관한 글은 탁월하다.

'안식'이란 무엇인가?
도대체 '안식'의 본질은 무엇인가?

"안식일, 안식년, 희년은 안식일의 연장선에서 보아야 한다. 안식일, 안식년, 희년의 궁극적인 본질은 안식에 있다."하워드 요더 『예수의 정치학』, 도널드 크레이빌 『예수가 본 하나님나라』, 위르겐 몰트만, 『창조 안에 계신 하느님』

그러므로 우리는 이 땅에서부터 안식을 끊임없이 추구해야 한다.히 4:9-11

십계명을 바로 이해하려면 각각의 계명을 해석할 때마다 계명을 내린 신이 여호와란 점을 기억하는 것이 중요하다. 하나님은 그 이름에서 밝힌 바와 같이 '스스로 있는 분', '스스로 존재하는 분'이시다. 영어로 'I am who I am'이다.출3:14-15 하나님은 스스로를 '존재'라고 밝힌 다음, 그의 백성을 이집트에서 해방했음을 상기시키면서 그들에게 그분의 속성인 자유를 주기 위한 계약을 맺었다.

"존재의 자유란 '존재물의 자유' 곧 존재인 인간이 그 어떤 사회적, 제도적 제약에서 해방됨으로써 얻을 수 있는 자유가 아니다. 그것은 더 근본적인 것으로 인간이 본질적으로 가진 모든 억압에서 해방되어 비로소 획득되는 자유를 의미한다. 하나의 존재물로서 인간이 가진 본질적 억압은 죄성 또는 죄의 마성魔性이라고 부른다. 이것은 심리적으로 탐욕이고, 존재론적으로는 자신의 그 무엇-됨에 대한 관심이다. 모든 존재 중 오직 인간만이 자신의 '무엇-됨'에 관심을 갖는다. 인간은 태어나면서부터 죽을 때까지 자신의 '무엇-됨'을 부단히 염려하는 존재이다. 그것이 자신의 사회적 지위든, 재산이든, 명예든, 아무튼 인간은 자신이 어떤 존재인가를 말해주는 그 '무엇-됨'을 통해서 자기의 존재를 확인한다. 그러나 인간의 이 '무엇-됨'이란 수시로 변한다. 바로 그 때문에 인간은 한순간 조차 안식할 수 없다.

그렇다면, 안식이란 우리의 관심이 무엇-됨에서 벗어난 상태를 의미한다. 오로지 자신의 '존재'에 관심을 갖고, 자신과 다른 모든 존재물의 '존재'에 대해 놀라워하고 기뻐하는 것을 말한다. 이것이 안식의 존재론적 의미이다. 이때만이 인간은 자신의 무엇-됨으로부터 나오는 모든 걱정, 근심 그리고 불안에서 벗어나 진정한 평안을 맛볼 수 있기 때문이라고 생각한다. 김용규, 『데칼로그』

흔히 가정을 안식처 또는 낙원이라고 부른다. 그러나 가정은 무노동의 장소이기 때문에 안식처나 낙원이 아니다. 누구든 가정에서는 아무 일도 하지 않기 때문에 안식처가 된다고 생각한다면 그는 안식의 의미를 전혀 모르는 것이다. 가정이 안식처인 이유는 가정이란 본질적으로 가족의 '있음' 곧 존재에 관심을 둘 뿐, 그의 무엇-됨에 관심을 두는 곳이 아니기 때문이다. 가정-밖은 그렇지 않다. 가정-밖에서 사람들은 상대의 무엇-됨에 관심을 둘 뿐 그의 '있음'에는 관심을 두지 않는다. 이 때문에 사람들은 가정-밖에서는 자신의 신분의 위치라는 무엇-됨을 알려야 한다. 명함을 부지런히 돌리는 것도 그런 이유에서다. 하지만, 가정에서 그런 일을 하는 사람은 없다.

이런 차이는 어른과 어린아이 사이에서 두드러지게 나타난다. 어른들이 갖는 인간관계는 대부분 상대의 무엇-됨에 관심을 두지만, 어린아이들이 맺는 인간관계는 오히려 상대의 '있음'에 관심을 둔다. 어린아이는 아빠나 엄마의 '있음'에만 관심을 둘 뿐 그의 무엇-됨에는 관심이 없으므로 아이는 아빠가 외출하려고 할 때 울음을 터뜨려 그의 있지-않음을 말리려 할 뿐, 아빠의 사회적 지위나 수입 따위의 무엇-됨을 묻지 않는다. 마찬가지로 아빠도 아이에게 명함을 건네지 않으며, 아이 앞에서는 언제나 안식할 수 있다.

가정은 안식처이며, 가족은 존재의 화신이고, 아들과 딸의 머리를 쓰다듬는 어버이의 손길은 그 자체가 '존재의 언어'이다.

평일이 존재물의 날, 우리의 마음이 존재물에게 종 되어 있는 날이라면, 안식일은 그것에서 해방되어 우리들의 '있음' 자체를 기뻐하며 감사하는 날이다. 안식일은 자유의 날이자 존재의 날이다.

그러나 하나님으로부터 돌아선 인간은 이미 죽었다. 프랑스 철학자 폴 리쾨르Paul Ricoeur는 『악의 상징』에서 성경에 이러한 인간에게는 무엇-됨에 대한 '매혹적 상징'에 대하여 말했다. 그것은 바로 "바람과 우상이다. 바람은 헛되다는 점에서 그리고 우상은 거짓-신이라는 점에서 모두 존재를 상실한 인간의 헛됨을 상징한다."

"사람은 바람 같고, 그의 날은 지나가는 그림자와 같다"시114:4나 "아담의 자녀들은 헛되고 사람들의 자녀들은 거짓되니 저울에 달면 모두 합쳐도 바람보다 가볍다"시62:9또는 "다 헛되어 바람을 잡으려는 것이다"전1:14 등이 바람에 의한 상징이다. 여기에서 바람은 '헛것' '헛됨'의 성격을 잘 표현하고 있다. 특히 이사야 40장 17절에는 "주의 존전에서는 모든 열방은 아무것도 아니라. 그는 그들을 없는 것 같이 여기시느니라"라고 죄인의 '없음의 성격'이 분명히 나타나 있다. 죄인은 이미 '없는 것'이다. 이것이 죄의 일차적 결과인 '사망' 곧 존재론적 무성無性이자 무가치성이다.

그러나 죄의 결과는 단지 '없음의 성격'으로만 그치지 않고 곧바로 이차적 결과가 나타난다. 하나님을 떠난 또는 존재를 상실한 인간실존은 낙원 추방이라는 원초적 분리에서 오는 사망의 느낌, 버림받음의 감정, 쓸모없음에 대한 인식 등을 갖게 된다. 이것이 인간의 실존적 불안감의 정체이다. 이 죽을 것 같은 불안감 때문에 인간은 거짓-신과 같은 우상을 찾게 되는 것이다. 우상이란 실존적 불안감에 시달리는 인간이 '그것을 놓으면 죽고 잡으면 살 것 같은' 절박한 감정으로 스스로 만들어 매달리는 '거짓-신'이다. 우상의 종이 되는 것이 바로 죄의 이차적 결과이다. 예언자 예레미야는 이러한 현상을 "그들이 헛된 것을 따라 헛되이 되었도다"렘2:5라고 표현했다.

누구도 죄에서 벗어날 수 없다는 죄의 숙명성, 누구나 무한한 욕망의 노예가 되어 있다는 죄의 보편성, 바로 이것 때문에 모든 인간은 도저히 안식할 수 없다. 안식이란 앞서 본 것처럼 관심이 인간의 무엇-됨에서 벗어나 오로지 인간들의 '있음 자체'에 대해 놀라워하고 기뻐하는 상태다. 그런데 하나님을 떠난 인간은 존재 상실에서 오는 죽을 것 같은 불안감 탓에 인간들의 무엇-됨을 향한 무한한 욕망에 이미 노예가 되어버려 도저히 안식할 수 없다.

안식은 하나님의 본질이다. 하나님은 자기 충족적이고 자신의 무엇-됨을 향한 욕망이 없어서 그 어떤 것도 필요로 하지 않는다는 의미에서 그분 자신이 안식이다. 인간은 안식을 원하시지만, 그것은 오직 하나님에게로 다시 돌아왔을 때에만 가능하다.

그런데 하나님에게로 다시 돌아온다는 것은 무엇인가? 그것은 죄에서 해방됨 또는 무한한 욕망에서 벗어남이 아니던가! 그렇다면, 인간은 죄에서 해방될 때에만 완전한 안식을 맛볼 수 있다. 인간도 '죄에서 해방시켜 주는 자'라고 자신을 칭한 예수님이 또한 자신을 "안식일의 주인"마12:8이라고 가르친 것이 바로 이런 이유에서이다.

한마디로 안식일은 탐욕의 노예가 된 자기를 부인하는 날이다. 그 그럼으로써 인간의 무엇–됨을 향한 무한한 욕망에서 벗어나는 날이다. 그것이 전부이고 그 밖에는 아무것도 없다!

이 때문에 우리가 일곱 날 중 하루만이라도 인간의 무엇–됨에 대한 무한한 욕망에서 벗어 나왔는가, 그럼으로써 '존재 자체'를 기뻐하며 향유하고 있는가, 단지 이것만이 안식일에 관해 문제가 되는 것이다. 그 밖에 그날 일을 해야 하느냐 하지 말아야 하느냐는 한갓 부질없는 질문이다.

안식일이 오늘날 우리에게 주는 교훈은 생산성주의의 노예가 된 우리의 삶에 대한 태도를 바꾸어야한 다는 것이다. 그래서 안식일이 단지 내일의 싸움을 준비하는 휴식의 날이 아님을 알아야 한다. 그래서 "일요일에 쉬는 것이 모두에게 대항한 권력, 영향력, 지위를 다투는 싸움을 위해, 착취를 위해, 착취당하는 상태를 계속 견디려고 새로운 힘을 축적하려 하는 휴식이라면 그것은 안식일을 지키는 것이 아니다." 안식일은 모든 생산성주의에서 벗어나 단지 존재이신 하나님을 기억하며, 자신을 포함한 모든 사람이 '있음'을 기뻐하고 감사하며, 존재의 자유와 안식을 모든 다른 사람과 함께 나누는 날이다.

출애굽기에는 제4계명이 '안식일을 기억하라'로 되어 있지만, 신명기에는 약간 변형된 표현으로 '안식일을 지켜라'로 되어 있다.

역사적으로 보아도 율법주의 이전의 유대교 안식일은 그저 일하지 않는 날이 결코 아니며, 단념하거나 금욕하는 날은 더더욱 아니었다. 안식일은 곧 기쁨의 날이요, 풍요의 날이다. 포도주와 좋은 음식을 나누며, 서로 쉬면서 함께 있는 것, 그것이 바로 안식일의 결정적 요소이다. 이때 '서로'라는 말이 결코 '우리끼리만'을 의미하는 것은 아니다. "네 문안에 거하는 객이라도"라는 십계명의 본문을 상기해 본다면 그것은 낯선 사람, 가난한 사람, 그 외에도 어려운 모든 사람들, 동물까지도 이 안식일의 기쁨과 풍요에 참여한다. 여기에서 안식일은 개인적인 것에서 사회적인 것으로 확장된다. 안식일의 존재론적인 의미가 이제 사회적 의미를 '더불어' 갖게 된 것이다.

무노동이란 안식일의 의미에서 실로 외형적이고 부차적일 뿐 본질적인 것이 아니다. 손가락 하나 까딱하지 말라는 뜻도 아니고, 금욕, 금식하고 기도하라는 뜻은 더욱 아니다. 설사 우리가 안식일에 쉬어도 그것이 다음날에 열중할 무한한 욕망을 위해서라면 그것은 안식일을 어기는 것이다. 반대로 안식일에 격한 노동을 한다 하더라고 우리의 무한한 욕망을 위한 것이 아니고 굶주린 자에게 먹을 것을 준다든지, 병든 자를 간호하거나 치유해 주는 일은 설사 그것이 고된 노동이라 할지라도 오히려 안식일을 '합당하게' 지내는 것이 된다.

예수님이 안식일에 회당에서 손이 마른 자를 고치며 다음과 같이 말한 것도 이와 같은 뜻이었다. "너희 중 어느 사람이 양 한 마리가 있어 안식일에 구덩이에 빠졌으면 붙잡아내지 않겠느냐 사람이 양보다 얼마나 더 귀하냐 그러므로 안식일에 선을 행하는 것이 옳으니라."마12:11-12 여기에서 "안식을 기억하여 거룩히 지키라"에서 '거룩히 지키라'는 말이 갖는 의미도 분명해진다. 중세의 한 현인은 이렇게 설명했다. "애인과의 만남을 학수고대하는 사람처럼 안식일을 기다리고 또 학수고대 하여라"고 말했다. 아브라함 헤셸, 『안식』

하나님이 존재인 한 우리가 무엇-됨에 대한 염려에서 해방되어 존재 자체의 자유와 안식을 누리는 것, 하나님이 무차별자인 한 자유와 안식을 모든 존재물과 무차별적으로 함께 나누는 것, 하나님이 선 자체인 한 선을 행하는 것, 바로 이런 것들이 안식일을 거룩하게 보내는 것이다. 김용규, 『데칼로그』

이처럼 안식일은 그저 수고를 쉬는 날도 아니요 잃어버린 기력을 회복하기 위한 날이 아니라 안식일은 존재 자체를 위해 있는 날이다. 인간이 짐을 나르는 짐승이 아니듯이 안식일은 그가 하는 일의 능률을 높이려고 있는 날이 아니다. 안식일은 단지 삶의 휴식 시간이거나 삶의 막간이 아니라 삶의 절정이다.

현대인은 갈수록 바빠지면서 안식일을 지키지 못하고 있다. 이것은 우리 문명의 미래에도 어두운 징조다. 하나님이 주신 복된 날 안식의 목적은 어디로 가고 자신의 일로, 소유의 일로 바쁘게만 살지는 않는가? 특히 자본주의가 성과를 향한 끝없는 자기 착취를 하는 것은 안식을 방해하는 중요한 원인이 되고 있다. "오늘의 사회는 자본주의가 만들어 내는 성과사회다. 성과사회의 주체는 스스로 착취하고 가해자인 동시에 피해자이다. 자본주의는 다른 사람을 착취하는 것보다 자기를 착취하는 것이 훨씬 효과적이고 자기 자신이 자발적으로 완전히 망가질 때까지 착취한다. 이처럼 자본주의는 인간을 안식을 누릴 수 없게 한다. 성과사회는 끝없이 자기를 뛰어넘어야 한다는 강박, 자기 자신의 그림자를 추월해야 한다는 파괴적 강박 속에 빠진다. 이것은 오늘날 자본주의는 성과를 위해 자기를 완전히 타버릴 때까지 착취한다. 여기서 자학성이 생겨나며 드물지 않게 자살로까지 치닫는다. 성공적 인간이라는 이상에 유혹당한 사람들의 열망과 실천이

자본주의 시스템 전체의 확대 재생산에 이바지한다. 그러나 그 과정에서 정작 인간 자신은 소진되고 마모된다."한병철,「피로사회」

안식일은 시간이라는 영적인 나라, 시간이라는 경이로운 나라, 시간이라는 하나님나라를 경축하는 날이다. 60년 이전에 우리나라의 초대교회에도 주일을 지키려고 아무리 바쁜 농번기에도 일을 멈추고 그날에는 일상의 복장-노동의 복장을 바꾸어 입고 가장 좋은 옷-하얀 옷을 입고 교회당에 나왔다. 파스칼은『팡세』에서 '존경이라는 것은 나를 불편하게 하는 것이다'라고 정의했다. 존경하는 사람 앞에서 아무렇게나 말하고 행동할 수 없다. 안식일은 하나님을 경축하고 우리의 구원을 감사하고 기뻐하는 날이다. 우리가 창출하는 이익이나 우리가 달성하는 어떤 진리보다 안식일은 귀한 것이다. 외모로만 본다면 평일과 안식일의 시간은 전혀 다를 것이 없다. 안식일이라고 사물이 변하는 것이 아니다.

그러나 사람만이 안식일에 쉬는 것이 아니다. 동물들도 쉬어야 한다. 출애굽기 23장 12절에 "너는 엿새 동안에 네 일을 하고 제 칠 일에는 쉬라 네 소와 나귀가 쉴 것이며 네 계집종의 자식과 나그네가 숨을 돌리리라" 또 이사야 32장 20절에서도 "모든 물 가에 씨를 뿌리고 소와 나귀를 그리로 모는 너희는 복이 있느니라" 우리는 여기에서 인간과 동물은 물론 자연에 이르기까지 하나님이 만든 모든 피조물이 함께 쉬어야 한다는 것을 알 수 있다. "그런 의미에서 안식일을 생태학적 의미가 있다. 그리고 새 하늘과 새 땅에서 하나님께서 모든 세계 만물이 안식할 것이다."김균진,『생태학의 위기와 신학』

하나님께서 엿새 동안 창조하시고 제 칠일에 쉬시면서 그날을 복되게 하시고 거룩하게 구별했다는 말은 무슨 말인가. 하나님께서 피곤하셔서 쉬신 것이 아니다. 하시던 일을 마치시고 뒤돌아 보면서 그 행하신 일이 완전하신 것을 보시고 좋아하셨고 만족히 여기셨다. 그분께서는 자기가 하신 일을 즐기셨다. 마치 높은 산에 올라가 그 정상에서 뒤를 돌아보면서 그 성취감과 그가 걸어온 발자취를 보면서 기쁨과 만족함을 느끼는 것과 같다. 이것이 바로 단순히 쉰다는 의미와는 다른 안식의 의미이다. 거기에는 감사가 있고, 만족이 있고, 쉼이 있고, 기쁨이 있다. 이것이 바로 안식이다.

안식일과 예수님

아브라함 헤셀은 "유대인의 삶은 제7일안식일로 향하는 순례자의 삶이라"고 했다. 그들은 일주일 내내 안식일을 기다리며 산다. 유대인은 안식일을 거룩하게 지킬 뿐만 아니라, 항상 안식일을 기억하며 산다. 안식일이 가까워서야 안식일을 지킬 준비를 하는 것이 아니라, 일주일 내내 안식일을 기억하며 지낸다. 그들의 시간 개념은 안식일 중심이다. 그들은 한 주간 동안 매일 드리는 기도문을 통해서 안식일이 며칠 남았는가를 확인한다.

안식일은 미리미리 준비해야 하며, 뒤늦게 서두르는 것은 금지되어 있다. 그래서 안식일을 준비하는 '예비일'이 있는데, 안식일이 시작되기 전, 다시 말해 금요일 낮이 바로 이 '예비일'이다.눅23:54 유대인들은 '예비일'을 현재의 세상에, 그리고 '안식일'을 다가올 메시아의 시대(그들은 아직도 메시아를 기다리고 있다)에 비유한다. 예비일에 안식일을 준비하지 못한 사람은 안식일을 지킬 자격이 없다. 마찬가지로, 이 땅에서 새로운 세계를 맞이할 준비를 제대로 하지 못한 사람은 영원한 안식에 들어갈 수 없다고 랍비들은 가르친다.

안식일은 금요일에 해가 떨어지면서부터 시작되며, 다음날 첫 별이 나타날 때에 끝난다. 더 정확하게 말하면, 금요일 해지기 18분 전에 시작해서 토요일 해지고 1시간 후까지를 안식일로 지킨다. 안식일이 시작되기 전에 어머니는 적어도 두 개 이상의 촛불을 밝힌다. 안식일 동안의 식사를 위해서는 테이블 위에 자르지 않은 빵 두 개를 올려놓고 덮어 놓는다.

안식일의 근본정신은 쉼에 있다. 따라서 안식일에 일하는 것을 철저하게 금지하고 있다. 그러나 '일'을 어떻게 규정하느냐가 문제다. 어떤 것이 일이고 어떤 것이 일이 아닌지 기준이 필요하다. 성경에는 이런 구체적 기준이 나와 있지 않다. 유대인들은 사람이 하는 '창조적인 행위'를 일로 규정한다. 하나님은 엿새 동안 일창조하시고, 이레째 되는 날 안식하셨으므로 안식일을 창조와 연관해서 해석하는 것이다. 무엇을 만들거나 창조하는 것을 '일'로 규정하고, 그런 것만 금했다. 이런 기준에 따라 랍비들은 다음과 같은 39가지 사항들을 '일'로 규정하고 안식일에 행하지 못하게 했다. 미쉬나, Mishnah

1) 바느질, 2) (밭)가는 일, 3) 농작물을 거두어들이는 일, 4) 곡식단 묶는 일, 5) 타작, 6) 곡식 등을 까부는 일, 7) 곡식이나 거두어들인 것들 가운데서 좋은 것과 버릴 것을 고르는 일, 8) 곡식 등을 가는 일, 9)체질, 10) 반죽, 11) 빵을 굽는 일, 12) 양털 깎는 일, 13) 그것을 빠는 일, 14) 그것을 치는 일, 15) 그것에 물들이는

일, 16) 실을 잣는 일, 17) (실 따위를) 엮는 일, 18) 두 개의 고리를 만드는 일, 19) 두 개의 실을 엮는 일, 20) 두 개의 실을 푸는 일, 21) 묶는 일, 22) 푸는 일, 23) 두 조각을 꿰매는 일, 24) 두 조각을 꿰매기 위해 찢는 일, 25) 사슴을 덫으로 잡는 일, 26) 그것을 도살하는 일, 27) 사슴의 거죽을 벗기는 일, 28) 그것에 소금을 치는 일, 29) 그 가죽을 가공하는 일, 30) 그것을 반반하게 만드는 일, 31) 그것을 자르는 일, 32) 두 글자를 쓰는 일, 33) 두 글자를 쓰려고 두 글자를 지우는 일, 34) (건물을) 짓는 일, 35) 그것을 부수는 일, 36) 불을 끄는 일, 37) 불을 켜는 일, 38) 망치질, 39) 물건을 한 곳에서 다른 곳으로 옮기는 일.

이러한 안식일의 금지 사항들을 공공연하게 어기는 사람들은 우상 숭배자로 여겼으며, 반대로 우상 숭배자라도 안식일을 거룩히 지키면 그 죄를 용서받을 수 있다고 가르쳤다.탈무드

랍비들은 안식일에 걸을 수 있는 거리의 한계를 성을 중심으로 성 밖 동서 남북으로 약 1km까지로 제한하였다.참조. 행1:12 그러나 이 구절은 안식일과는 아무런 관계가 없다. 여행을 하는 것은 안식일의 진정한 의미를 잃게 함으로 금했다.사58:13

예수님이 안식일에 손 마른 사람을 치유하셨던 것이 문제가 된 일이 있다.마12:9-14; 막3:1-6; 눅6:6-11 안식일에 사람을 고쳐 주는 것은 원칙적으로 허락되었다. 다만, 그 사람의 생명이 위험하거나 아니면 긴급한 치료를 요하는 경우에만 치료할 수가 있었다.미쉬나 그러나 예수님은 손 마른 사람이 생명의 위협을 느끼거나 긴급한 치료가 필요하지 않았는데도 그를 안식일에 고쳐 주심으로 바리새인들에게 비난을

받으셨던 것이다.

예수님께서는 바리새인들의 비난에 대하여, 양이 구덩이에 빠졌으면 안식일이라도 그 양을 꺼내 주지 않겠느냐고 반문하시면서, 하물며 안식일에 아픈 사람을 고쳐 주는 것이 무엇이 문제냐고 반박하셨다.마12:11-12 그러나 유대교에서는 안식일에 구덩이에서 양을 들어올려 구해 주는 것을 허락하지 않았다. 다만, 그 동물에게 먹을 것을 준다든지, 아니면 그 동물이 스스로 나올 수 있도록 매트리스 같은 것을 구덩이에 넣어 주도록 했다.

또 한 번은 안식일에 18년 동안 귀신에 잡혀 있던 여자를 고쳐주셨다.눅13:10-17 이때 회당장이 일할 날이 엿새가 있는데 왜 하필이면 안식일에 병을 고쳐 주느냐고 비난하였다. 여기에서도 문제가 된 것은 안식일에 응급 환자가 아닌 사람을 고쳐 주었다는 데 있다.

거기다가 예수님께서 안식일에 베데스다 못 가의 38년 된 병자를 고쳐 주시면서 "일어나 네 자리를 들고 걸어가라"고 말씀하셨다.요5:12 유대인들은 예수님께서 안식일에 해서는 안 되는 일 39가지 가운데 마지막인 물건을 옮기는 일을 어겼다고 예수님을 비난했다.

예수님께서는 한 번도 당시의 유대인들이 지키는 안식일 규정을 부정하거나 폐지해야 한다고 주장하지 않으셨다. 한 번도 고의적으로 안식일을 어기신 적이 없다. 오히려 유대인들이 자기들이 만든 '장로들의 전통', '사람들의 전통', '너희 전통'막7:1-14에 따라 안식일에 병 고치는 일을 금지한 것에 대하여 그것이 안식일 규정의 정신에 어긋난다고 말씀하셨다.

안식일에 제자들이 밀밭 사이를 지나다 이삭을 까먹은 것을 보고 바리새인들이 예수님을 비난한 적이 있다.마12:1-8; 막2:23-28; 눅6:1-5 바리새인들의 눈에는 안식일에 금하는 제자들의 행위가 추수하고,

타작하고, 음식을 만드는 것으로 비쳤던 것이다. 안식일의 참된 의미, 참된 정신을 예수님께서는 이렇게 말씀하셨다.

> 또 이르시되 안식일이 사람을 위하여 있는 것이요 사람이 안식일을 위하여 있는 것이 아니니 이러므로 인자는 안식일에도 주인이니라. 막 2:27-28

랍비들에게서도 똑같은 가르침을 발견할 수 있다. "안식일이 사람을 위하여 있는 것이요 사람이 안식일을 위하여 있는 것이 아니다. 그러므로 안식일의 주인은 사람이다." 예수님과 랍비들은 총론에는 일치하였다. 그러나 안식일의 존재의미를 생각하는 데는 서로 의견을 달리하였다.

그러면, 정통 유대인들은 지금 안식일을 어떻게 지키고 있을까?

이스라엘에서는 안식일이 되면 모든 대중교통 수단이 끊긴다. 관공서는 물론 식당도 열지 않는다. 국영 텔레비전이나 라디오도 나오지 않는다. 정통파 유대인들은 안식일에 글씨도 쓰지 않는다. 만일 회당을 방문해서 랍비의 설교를 받아 적으면 눈총을 받을 것이다. 안식일에 정통파 유대인과 엘리베이터를 함께 타면 친절하게 그 사람을 위해 버튼을 눌러 주어야 한다. 그에게는 버튼을 누르는 것이 허락되어 있지 않기 때문이다. 또한, 자동문을 이용해서도 안 된다. 중앙 난방식 스위치도 작동해서는 안 된다. 그러나 이방인에게 시킬 수는 있다. 가습기도 이용할 수 없다. 집안 청소는 할 수 있다. 그러나 타일로 된 바닥을 걸레질해서는 안 된다. 사다리를 이용해서는 안 된다. 햇빛 가리개도 사용해서는 안 된다. 편지를 열어 볼 수 없다. 초를 켜는 것은 허락된다. 달리기, 게임, 춤은 금한다. 가게의 진열품을 눈으로 볼 수는 있으나, 가격을 물어보아서는 안 된다.

물론 모든 유대인이 다 이렇게 엄격하게 안식일을 지키는 것은 아니다. 유대인들 가운데도 회당에 나가지 않는 사람들도 있다. 오늘날 이스라엘에 사는 유대인들 가운데 1/3 정도만이 율법을 준수하는 유대인들이라고 한다. 그러나 그들이 다 이렇게 엄격하게 율법을 준수하는 것은 아니다. 다만, 정통파 유대인들만이 엄격하게 규율에 따라 살아간다. 이렇게 정통 유대인들은 모든 일을 중지하고 쉼으로 안식일은 다른 날과 구별된 날이 된다. 일상적인 일을 다 중지한다. 세상적인 생각도 다 잊어버린다. 회당에서 기도할 수 있다. 그러나 부족한 것을 구하는 기도는 못 하게 되어 있다. 그런 기도를 하면 '세상적인 것들'에 대하여 생각하게 되기 때문이다. 이는 안식일 정신에 어긋난다. 그래서 기도를 해도, 무엇을 얻기 위한 기도는 하지 않는 것이다.

또 안식일에는 말하는 것도 조심해야 한다. 돈이나 일과 같은 세속적인 것들에 대해서 말하지 말아야 한다. 대화의 소재도 신중하게 택해야 한다. 안식일은 기쁘고 즐거운 날이다. 따라서 슬퍼하거나 울어서도 안 된다. 안식일을 지킴으로 유대인들은 안식일에 새로운 차원의 삶으로 들어가는 경험을 하게 된다. 이진희, 『율법』

이스라엘에 나타난 안식년과 희년

안식일의 연장인 이스라엘에 나타난 안식년과 희년에 대하여 살펴보자.

레위기 25장은 안식년 규정1-7절과 희년 규정8절-55절으로 구성되어 있다.

1-7절은 안식년 법을 규정하는 데 더 오래된 전승인 출애굽기 23장 10-11절땅의 안식을 되풀이하고 있다. 이스라엘 백성들이 약속의 땅에 들어온 시점부터 계산하여 7년마다 순환적으로 땅은 안식년 휴식을 가져야 한다. 희년은 일곱째 안식년의 그다음 해, 즉 50년 되는 해를 가리킨다. 나팔을 불어 땅과 채무 노예들을 동시에 자유롭게 하는 해방의 축제 절기다. 8-12절은 희년이 "너희에게 거룩할 것이다"12절; 참조. 10절라는 사실을 전면에 부각한다. 희년이 이스라엘 백성의 거룩한 품격을 드러내는 표징 중 하나가 된다는 말이다. 13-28절이 희년의 뼈대다. 여기서 이스라엘은 하나의 거대한 가족집단으로 이해되고 있다. 특히 빈번하게 사용되는 "형제", "이웃"이라는 용어가 희년제도의 사회학적 배경을 명료하게 드러낸다. 희년은 하나님이 선물로 주신 땅이요 조상에게는 유산으로 받은 땅에서 가족 구조를 이룬 이스라엘 공동체가 가나안 땅에 계속 정착할 수 있는 토대 구축을 가능케 하는 법이었다. 희년은 이스라엘 공동체에 속한 거류민이나 가난한 자들을 생존할 수 있게 하는 공동체적 돌봄을 법제화하고 예전화 하고 있다. 가난한 자와 신분이 불안정한 경제적 약자인 거류민들에 대한 돌봄과 공동체적 자비 구현을 법과 축제적인 예전이라는 맥락 속에 배치하는 것이다. 따라서 희년은 기쁨의 해로서 나팔요벨을 불어서 그것의 도래를 알릴 말한 50년 주기의 자발적, 사회 변혁적 축제 절기였다.

하지만, 사회학적인 견지에서 보면 그것은 모든 사람에게 나팔을 불어 그것의 도래를 알릴 만한 보편적인 기쁨의 해는 아니었다. 희년은 가난한 자 중심의 축제였기 때문이다. 부자들은 오히려 재산을 상실하고 기득권의 상실을 감수하며 축제에 참여해야 했을 것이다. 하나님의 은혜로 마음이 감동되어 있지 못한 부자들과 지주들은 나사렛 회당의 지주들처럼 예수님의 희년 도래 선포에 거세게 저항할 수밖에 없었을 것이다. 이처럼 희년의 목표는 어떤 이유로든지 파산되어 생존 경계선 밖으로 추방당한 자들을 계약 공동체를 지탱시키는 하나님의 구원 은혜에 수혜자로 재활 복구시키는 것이었다. 이스라엘의 잃어버린 양이었던 삭개오를 아브라함의 자손으로 재활 복구시키는 과정은 이런 희년의 영적인 적용인 셈이었다.눅19장 희년은 법제화된 신적 친절과 자비였던 것이다.

법제화된 이웃 사랑의 중심에는 23절에서 잘 요약되듯이, 땅에 대한 하나님의 배타적 소유권 신앙이 있다. 나봇처럼 왕에게 땅을 빼앗기거나왕상21장; 참조. 겔46:18 빚, 기근, 전쟁 등으로 파산된 이스라엘의 백성들은 자신의 기업의 땅에서 소외되고 이산과 방랑의 삶을 살 수밖에 없을 것이다.룻기

희년이 안식년의 확장레25:1-8, 25-28이었기 때문에, 어떤 땅이 원래의 재산으로 회복되는 것은 원래 매매 거래와 관련된 채무의 탕감이라는 전제 아래서 가능한 일이었다. 이런 규정들을 통해 안식일과 안식년과 희년에서 명령하는 두 가지 특징적인 사건은 땅의 안식휴경과 이스라엘 동포 노예들의 해방, 채무 탕감이었음을 알 수 있다. 그래서 우리가 사회복지라고 부르는 일이 한때 애굽의 노예요 가나안 땅에 들어와서는 약 200년간 거류민 신세를 경험한 이스라엘 백성을 향해 베푸신 하나님의 선행적인 환대와 돌봄을 반영하는 법과 축제 절기 속에서 시행되고 있었던 것이다.

희년 제도의 근저에 깔린 세계관은 확실히 자발적인, 평등주의적인 사회를 지향하고 있다. 그러나 이 평등은 개인의 행복의 총량을 균등하게 배분하거나, 물질적 재화나 용역을 산술적으로 균등하게 배분하는 평등주의적 이데올로기로 각질화되지 않는다. 그러나 한 공동체의 건강하고 평화로운 존립을 해치지 않는 한에서의 개인별, 가족별 재산상의 차이를 인정한다. 구약이 말하는 하나님나라는 두 가지 내용으로 구성되어 있다. 죄 사함을 통한 하나님과의 언약관계 돌입 즉 참여, 하나님의 은혜에 추동되어 이스라엘 백성이 서로에게 기업 무르는 자가 되어 주는 것이다. 결국, 구약과 신약이 말하는 하나님나라는 이런 점에서, 영적인 기업 무르기 즉 죄 사함을 통한 언약 공동체 구성원 자격 획득과 물질적 기업 무르기 즉 물질적인 땅 회복을 통한 희년 사회의 구현을 의미했다.

앞에서 말한 안식년과 희년법은 구약의 다른 성경에서도 나타난다. 레위기를 제외하고 출애굽기 21장 1-11절, 23장 10-11절, 민수기 36장 1-12절, 신명기 15장 1-11절, 열왕기상 6-9장과 21장 1-18절에도 반영되어 나타난다. 그 외에도 예언서 에서는 이사야 37장 30절, 8장 1-14절, 61장 1-2절, 예레미야 32장 1-15절, 34장 8-22절, 에스겔 40장, 46장 16-18절, 다니엘 9장, 아모스 2장 6-8절에도 나타난다.
특히 안식년과 희년에 관한 예언자들의 관심이 컸음을 알 수 있다.

이상에서 보는 바와 같이 구약의 여러 성경에 나타난 것을 보면 안식년과 희년이 얼마나 중요한 주제인가를 알 수 있다. 특히 이사야 61장 1-2절은 누가복음에서 예수님의 취임사에서 인용하신 본문이다.

안식년, 희년의 내용을 네 가지로 요약할 수 있다. 곧 1) 땅의 휴경, 2) 빚 탕감, 3) 노예 해방, 4) 가족 재산의 환원이 그것이다.

예수님과 희년

구약에 나타난 안식일과 함께 안식년과 희년은 예수님이 오신 후에도 계속 이어진다. 예수님께서는 "내가 율법이나 선지자를 폐하려 온 줄로 생각하지 말라. 폐하려 온 것이 아니라 완전하게 하려함이라"마5:17고 말씀하셨다. 예수님께서 구약을 재해석 하시고 구체적으로 적용하시기 위해 오셨음을 말한다.

하워드 요더John Howard Yoder가 『예수 정치학』에서 말한 대로 "희년禧年은 하나님나라의 전조"라고 했듯이 우리가 희년을 모르고 하나님나라를 알 수 없다. 이제 안식일은 안식년과 희년으로 확대되어간다. "

"안식일, 안식년, 희년은 시간 속에서 역사적 시간을 넘어 메시아 시대 곧 하나님나라를 가리킨다. 안식일의 개념은 시간의 거룩성을 나타낸다. 즉 "안식일-안식년-희년으로 이어지는 일련의 시간의 거룩을 논하고 있다."장성길, 『희년, 한국사회, 하나님나라』 그리고 역사의 마지막에 올 안식일이 비로소 "끝이 없는 축제"가 될 것이며, 하나님의 창조의 안식일은 새 창조의 안식일을 전망하며 성취될 것을 미리 보여준다. 실제로 신구약 성경에 나오는 안식일은 구약 80회, 신약 55회, 안식년은 구약에 4회, 희년은 20회가 나오는 것으로 보아 구약의 안식일이 안식년 희년보다 더 중요한 핵심 개념임을 알 수 있다.

예수님은 세 가지 유형의 뒤집혀 지지 않은 나라에 대해 단호하게

"안돼"라고 말했다. 그렇다면, 그의 거꾸로 된 나라는 도대체 어떤 나라일까? 누가복음 4:16-30은 시험 후에 예수님께서 자기 고향인 나사렛에 등장하신다. 예수님의 등장에 고향 사람들이 크게 놀랐다는 점에서는 마태마13:53-58와 마가막6:1-6도 동의하지만, 반면에 누가는 예수님의 고향에서 일어난 이 소동을 굉장히 중요하게 여긴다. 누가복음에는 예수님께서 고향 사람들 앞에서 행한 취임 설교는 새로운 나라의 비밀을 밝혀 준다.

결정적인 순간이 이르렀다. 예수님께서는 고향의 회당에서 앞으로 성큼 나선다. 회당장이 그에게 두루마리를 건넨다. 예수님은 이사야서를 펼친다. 그러나 읽지는 않는다. 기억하고 있는 말씀을 단호하게 인용하신다. 고향 사람들은 자기네 귀를 의심한다. 갈릴리 사람, 목수 요셉의 아들이, 자신은 육신을 입고 온 하나님이며, 기름부음 받은 자라고 선언하고 있는 것이다. 지금 그들 앞에 서 있는 예수님이 오랫동안 기다려 온 메시아라고 선포한다.

이사야 예언서에서 인용한 짧은 구절을 통해 예수님은 자신의 정체와 사명을 간략하게 요약한다.

> 주의 성령이 내게 임하셨으니 이는 가난한 자에게 복음을 전하게 하시려고 내게 기름을 부으시고 나를 보내사 포로 된 자에게 자유를, 눈 먼 자에게 다시 보게 함을 전파하며 눌린 자를 자유롭게 하고, 주의 은혜의 해를 전파하게 하려 하심이라 하였더라. 눅4:18-19

해방을 선언한다. 자유를 준다. 주의 은혜의 해를 선포한다. 이 말들이 유대인들에게 충격을 주었다. 사람들은 예수님이 한 말이 무엇을 의미하는지 알았다. 그들은 오랜 세월 동안 이 말들을 듣고 또 들어 왔다. 해방하고 자유를 주며, 풀어 주고 용서를 베풀며, 회복시켜 준다. 그렇다! 이것들은 바로 메시아의 희망을 담은 이미지들이다. "기름부음 받은 자", 곧 메시아가 어떤 분인지를 보여주는 그림들이다.

예수님께서 이사야서의 구절61:1-2을 인용하면서 세 가지 요소가 강조된다. 첫째, 예수님 자신이 메시아라는 사실을 밝힌다. 둘째, 그의 사명은 가난한 자, 눈먼 자, 노예 된 자, 억압당하는 자들에게 해방의 소식을 전하는 일이다. 셋째, 이 일은 곧 하나님의 은혜의 해를 선포하는 것이다. 이어서 예수님은 다음과 같은 폭탄선언으로 결론을 내린다. "이 성경 말씀은 너희가 듣는 가운데 오늘 이루어졌다." 오늘 당신들 한가운데서 메시아의 오심이 성취되었다. 당신들은 이 일의 살아 있는 증인들이다. 당신들은 지금 그 일이 눈앞에서 이루어지는 것을 보고 있다! 나는 이제 요셉의 어린 아들이 아니다. 나는 메시아다!

그들은 크게 분노하여 예수님을 마을 밖으로 끌고 가 절벽에서 떨어뜨려 죽이려 한다.눅4:29 안식일 문제로도 그들은 예수님을 죽이려 했다. 고향 마을의 한 젊은이에게 이처럼 살기등등한 반응을 보인 까닭은 무엇일까? 그가 말한 무엇이 그들로 하여금 죽이려 했을까?

예수님은 하나님의 통치가 시작되었다고 선포하면서, 하나님께서는 약한 자들에게도 자비를 베푸시고 해방을 선사하신다는 것이다. 이러한 전복적인 선포가 군중을 분노하게 했다.

요더는 『예수의 정치학』에서 "예수님의 취임 설교는 그동안 대체로 영적인 의미를 강조하는 쪽으로 해석됐다. 우리는 보통 예수님이 죄의 노예가 된 사람들을 해방하고, 영적으로 눈먼 자를 보게 하며,

영적인 굴레에 억눌린 사람들에게 자유를 주었다고 생각한다. 이것도 일부 사실이다. 그러나 앞에서 본 바와 같이 구약성경을 보면, 이본문이 구체적인 사회 현실과 깊이 연관되어 있으며 훨씬 폭넓은 의미를 지닌다는 사실을 알 수 있다. 이사야 61장 1,2절에 나타난 '주의 은혜의 해' 즉 이스라엘의 희년을 가리킨다. 따라서 예수님은 자신의 메시아 역할을 희년과 연결하는 것이다. 본질적으로 이 설교는 희년의 선포인 셈이다." 예수님은 사회와 경제를 개혁할 구체적인 프로그램을 주장한 것일까? 이 점에 대해 신약성경 학자들의 의견은 엇갈린다. 그러나 예수님은 자기를 따르는 사람들이 희년을 실천하는 공동체를 세우기 원했다고 보는 견해가 더 유력하다. 그러나 분명한 사실은 희년의 관점에서 보면 예수님이 전파한 사회 비전이 돌연 새로운 의미를 지니게 된다는 점이다. 희년 비전은 해석의 준거틀, 다시 말해 예수님의 사역과 가르침을 새로운 방식으로 보게 해주는 은유를 제공해 준다. 그렇다면, 예수님이 선포했던 희년이란 무엇인가?

"희년은 자체 내에 사회적 혁명을 품고 있다. 그러나 그 혁명은 다른 혁명들과는 완전히 다르다. 일반적으로 혁명은 사회적 사다리의 밑바닥에서 터져 나온다. 착취당한 농민들이 그들이 당한 억압에 분노해서 쇠스랑이나 기관총을 들고 부유한 압제자들을 공격한다. 혁명이 성공하면 그들이 권력을 차지한다. 대체로 많은 혁명이 실패로 끝난다. 오늘 분노를 품고 일어나 성공한 혁명가들이 똑같이 폭력이라는 무기를 휘두름으로써 내일의 압제자가 되어 버릴 때가 많다. 이른바 역성혁명易性革命이다. 그러나 희년은 거꾸로 이루어지는 혁명이다. 여기서는 꼭대기로부터 혁명의 불꽃이 타오른다. 하나님의 은혜가 권좌에 앉아 있는 사람과 부자와 세력가들의 마음을 움직인다. 그래서 그들은 긍휼히 여기는 눈으로 보게 되고, 자연 자원과 인간 자원을 재분배함으로써 희년에 참여한다. 정상에 있는 사람들은 하나님께서 그들에게 값없이 주신 것처럼 그들도 다른 사람들에게 값없이 나누어 주기 시작하고, 이러한 관용을 통해 사회경제적인 피라미드는 평평하게 변한다.

희년 개념에서는 인간이 죄인이요 탐욕스러운 존재임을 분명하게 인정한다. 사회를 통제하지 않고 내버려 두면 경제적인 피라미드가 치솟는다. 50년마다 주기적으로 평평하게 다지고 통제를 가하지 않는다면 밑바닥에 있는 약자들은 짓밟혀 쓰레기가 되어 버린다. 힘없는 이들을 보호하고 지키려면 특별한 규정들을 정해 사회를 통제할 필요가 있다. 이러한 조치가 없다면, 권력과 부는 엘리트 계층에게 집중된다.

희년은, 사회에서 개인의 탐욕과 야망을 통제하고자 마련한 제도적 장치 가운데서도 탁월한 사례다. 자선을 부자들 개개인의 변덕과 의지에만 맡겨 두어서는 안 된다. 개인적으로 내놓는 얼마 안 되는 선물로는 가난한 사람들을 짓밟아 풍요를 유지하는 악한 사회 구조를 바꿀 수 없다. 희년은 정의를 경제활동의 새로운 규칙으로 삼으며, 그렇게 해서 사회생활의 피라미드를 평평하게 한다.”도널드 크레이빌, 『예수가 바라본 하나님 나라』

희년 비전은 개인의 자발성을 억누르지 않는다. 또 집단적 생활을 강요하거나 율법주의적 평등을 주장하지도 않는다. 희년 비전은 개인이 자신의 열망을 마음껏 펼치는 것을 인정한다. 그러나 그것이 쉽사리 통제할 수 없는 상태에 이르게 된다는 사실도 안다. 그러지 않으면 불균형은 심각한 상태에 이르고야 말 것이다. 앞에서 살펴보았듯이, 성경은 이런 식으로 은혜를 제도화하는 것이 우리에 앞서 솔선하여 행하신 하나님의 은혜에 보답하는 일이라고 말한다. 하나님의 은혜가 임하는 곳에서는 경제적인 변화가 이루어진다.

성경의 참 의미를 볼 때, 희년은 영적인 차원과 사회적인 차원을 하나로 통합한다. 희년은 종교와 경제를 하나로 엮어 한 필로 된 천을 짠다. 그 둘을 갈라놓는 것은, 영적인 삶과 경제적인 삶을 하나로 보는 성경적인 진리를 더럽히는 것이다.

이처럼 예수님께서는 나사렛에서 하나님의 희년의 해를 선포했다. 그러나 하나님께서 이스라엘의 역사 속에 이방인을 받아들이셨다는 예수님의 주장은 유대인의 폐부를 찌르고 자존심을 건드렸다. 희년에 허락되는 회복은 유대인만을 위한 것이 아니었다. 이제 예수님의 말씀을 통해 희년은 모든 사람, 곧 이방인에게까지 허락된다. 불온하게도 예수님은 이방인들에게 복수의 말 대신 은혜의 말을 베푼다. 선택받은 백성의 시대는 끝났다. 희년 왕국이 온 인류에게 열린다. 희년 왕국에서는 인종적인 장벽과 편견 따위는 통하지 않는다.

예수님께서는 이방인을 향해 하나님의 복수의 날 대신 우주적인 자비와 용서의 날을 선포했다. 모든 것이 분명하게 드러났다. 그들에게 이방인을 사랑한 사람, 예수님은 거짓 예언자였다. 그리하여 그들은 마을 밖까지 그를 쫓아가 절벽 아래로 떨어뜨려 죽이려 했던 것이다.

다음은 네 가지 사례를 통해 희년이 신약에서 어떻게 나타났는지를 살펴보려 한다.

주기도문

희년에 대한 사례로 주기도문을 들 수 있다.

엄밀히 말해 헬라어 명사 '오페일레마'opheilema는 글자 그대로 금전적 채무를 가리킨다. 따라서 예수는 "우리 아버지여" 하고 시작하는 주기도문에서 막연히 우리를 귀찮게 하거나 우리를 괴롭힌 사람들을 용서하라고 권유하고 계신 것이 아니다. 그는 우리에게 돈을 빚진 사람들의 빚을 탕감해 주라고, 다시 말해 희년을 실천에 옮기라고 말씀하고 계신 것이다.

예수님께서 자주 사용하신 말씀으로 희년이라는 의미를 가진 '아피에미'aphiemi라는 동사 "면제하다, 내보내다, 해방하다, 탕감하다"와 같이 금전적 채무의 면제와 탕감을 말하는 물질적인 면만을 강조하는 것으로만 사용하는 것을 피하려고 마태복음 기자는 그 의미와 쓰임새의 차이를 분명히 하고 포괄적으로 사용하기 위하여 '용서'의 의미로도 사용하고 있다. "너희가 사람의 잘못을 용서하면 너희 하늘 아버지께서도 너희 잘못을 용서하려니와, 너희가 사람의 잘못을 용서하지 아니하면 너희 아버지께서도 너희 잘못을 용서하지 아니하시리라" 여기 사용된 단어는 용서를 의미하는 파랍토마paraptoma다.마 6:14-15

"여기서 주기도문은 진정한 의미의 희년 기도라 할 수 있다. "너희가 하나님께 진 빚이 탕감될 것이기에(바로 이것이 복음, 곧 기쁨 소식이다), 신실한 백성들 또한 이스라엘의 가난한 자들을 속박하고 있는 모든 빚을 탕감하게 될 그런 때가 올 것이다." 예수님은 희년의 실천과 하나님의 은혜 사이에 엄밀한 등식 관계를 설정하고 있다. 그는 결코 율법주의적이지 않으며 아무 주저 없이 창녀처럼 천한 사람을 용서하는 분이지만, 이 한 가지 사항에 대해서는 엄하기 그지없다. 곧 "오직 은혜를 실천하는 자만이 은혜를 받을 수 있다. 너희가 서로 용서aphesis를 실천하지 않으면 너희를 향한 하나님의 용서aphesis 또한 무의미한 것이 되고 말 것이다."존 하워드 요더,『예수의 정치학』

용서하지 않는 종의 비유

이 비유에서도 '주기도문'에 표현된 등식의 엄밀한 논리가 그대로 드러난다. 곧 '은혜롭지 못한 사람은 은혜를 누리지 못한다'는 것이다. 예수님께서는 용서에 대하여 여러 번 강조하여 말씀하신다.

> 너희가 사람의 과실을 용서하면 너희 천부께서도 너희 과실을 용서하시
> 려니와 너희가 사람의 과실을 용서하지 아니하면 너희 아버지께서도 너
> 희 과실을 용서하지 아니하시리라. 마태복음 6:14-15

베드로는 궁금하였던지 예수님께 우리가 형제에게 몇 번이나 용서해야 하는지를 묻는다.

> 그때에 베드로가 나아와 가로되 주여 형제가 내게 죄를 범하면 몇 번이
> 나 용서하여 주리이까 일곱 번까지 하오리이까. 예수께서 가라사대 네
> 게 이르노니 일곱 번뿐 아니라 일흔 번씩 일곱 번이라도 할지니라. 마태
> 복음 18:23-35

베드로는 완전수인 숫자 7을 생각하며 일곱 번의 용서면 충분하리라 생각하고 일곱 번 용서 하면 됩니까라고 묻는다. 그러나 예수님께서는 70×7번 즉 490번이라도 용서하라 말씀하신다. 이어서 예수님께서 베드로의 질문에 답하시면서 '용서하지 않는 종의 비유'를 말

씀하신다. 여기에서 예수님께서는 희년을 의미하는 동사 '아피에미'aphiemi를 사용하신다.

임금이 용서하지 않는 불의한 종의 빚을 면제해 주는 탕감과 용서를 말한다.

"애석하게도 이 비유는 그 본래의 사회적 정황에서 분리되어 대개 형제와 자매를 용서하는 이에게 베풀어지는 하나님의 죄 용서를 다소 오싹한 그림으로 묘사하는 것처럼 간주되어 왔다. 사실 이 비유에 등장하는 비극적인 주인공은 실재 인물이었다. 그는 갈릴리의 농부로서 예수님의 제자들 역시 그의 이름을 잘 알고 있었을 것이다." 예수님의 설교를 듣고 있던 다른 모든 사람들과 마찬가지로 그 역시 일만 달란트 엄청난 빚을 탕감받은 희년 선포의 덕을 본 사람으로서, 은혜의 수혜자의 한 사람이었다. 일만 달란트라는 엄청난 액수의 빚이 모두 탕감되었다. 우리는 이 액수에 놀라서는 안 된다. 이 숫자는 왕에게 진 빚을 도저히 갚을 수 없는 그 사람의 막다른 상황을 표현하고 있다.

달란트는 예수님 당시에 사용하는 가장 큰 화폐 단위였는데 만 10,000은 수를 세는 가장 큰 단위로 이때 사용한 헬라어 무리오이murioi는 "셀 수 없거나 헤아릴 수 없는" 것을 표현하는 형용사로도 사용한다. 현재의 통화가치로 일만 달란트를 환산해 보면 개인이 150,000년을 일해야 벌 수 있는 액수이다.이승열, 『잊혀진 희년의 회복』 현실적으로 개인이 이런 큰 빚을지는 것은 불가능하다. 예수님은 이 헤아릴 수 없는 엄청난 빚의 액수를 과장하여 표현하심으로써 은혜와 용서의 크기가 얼마나 큰가를 말씀하신 것이다. "용서할 줄 모르는 종"의 비유가 처한 상황이 바로 이런 것이었다. 예수님은 늘어나는 빚에 시달리는 가난한 농부와 그 직접적 여파로 재산을 상실하고 자유를 잃어 버리는 일 사이의 관계를 묘사하고 있는 것이다.

희년이 선포되면서 그 종은 이제 왕의 앞에 서고 왕은 그의 빚을 탕감해 준다. 본문에 따르면, 왕은 그를 풀어 주고 그의 빚을 탕감해 준다. 다시금 aphiemi가 쓰였다 이야기가 여기서 끝났더라면 매우 흐뭇한 이야기가 되었을 것이다. 하지만, 예수님께서 이 말씀을 들려 주신 것은 그의 동료 유대인들, 심지어 가장 가난한 사람들조차도 희년을 실천하는 것을 거부한 그런 때였다. 이 비유의 나머지 부분에는 이처럼 희년이 거부되는 상황에 대한 씁쓸한 실망감이 반영되어 있다. 계속되는 이야기에서 희년 선포에 의해 해방된 이 종은 자기에게 100일 동안 일하면 갚을 수 있는 백 데나리온의 적은 액수를 빚진 동료를 만난다. 하지만, 자신이 일만 달란트의 희년의 큰 빚을 탕감 받은 사람이면서도 그는 그것도 매우 적은 빚 탕감을 동료에게 하지 않았다. 그는 동료를 붙잡고 말한다. "빚진 돈을 갚으라." 결국 동료들의 비난에 직면한 그는 체포되어 왕 앞에 끌려간다. 동정심도 없고 감사함도 없는 이 사람에게 다시는 희년은 적용되지 않는다. 왕의 명령에 따라 빚 변제를 위해 그는 아내와 자녀들과 함께 팔려가게 될 것이다. 이 땅에서 희년을 실천하기를 거부하는 즉 빚 탕감과 용서하지 않는 자들에게 신적인 희년이란 있을 수 없는 것이다.

불의한 재물로 친구를 삼으라

또한 제자들에게 이르시되 어떤 부자에게 청지기가 있는데 그가 주인의 소유를 낭비한다는 말이 그 주인에게 들린지라. 주인이 그를 불러 이르되 내가 네게 대하여 들은 이 말이 어찌 됨이냐 네가 보던 일을 셈하라 청지기 직무를 계속하지 못하리라 하니 청지기가 속으로 이르되 주인이 내 직분을 빼앗으니 내가 무엇을 할까 땅을 파자니 힘이 없고 빌어 먹자니 부끄럽구나. 내가 할 일을 알았도다 이렇게 하면 직분을 빼앗긴 후에 사람들이 나를 자기 집으로 영접하리라 하고 주인에게 빚진 자를 일일이 불러다가 먼저 온 자에게 이르되 네가 내 주인에게 얼마나 빚졌느냐. 말하되 기름 백 말이니이다 이르되 여기 네 증서를 가지고 빨리 앉아 오십이라 쓰라 하고 또 다른 이에게 이르되 너는 얼마나 빚졌느냐 이르되 밀 백 석이니이다 이르되 여기 네 증서를 가지고 팔십이라 쓰라 하였는지라. 주인이 이 옳지 않은 청지기가 일을 지혜 있게 하였으므로 칭찬하였으니 이 세대의 아들들이 자기 시대에 있어서는 빛의 아들들보다 더 지혜로움이니라. 내가 너희에게 말하노니 불의의 재물로 친구를 사귀라 그리하면 그 재물이 없어질 때에 그들이 너희를 영주할 처소로 영접하리라. 누가복음 16:1-9

용서할 줄 모르는 종의 비유는 성경 해석상 가장 난제 중 하나로 '해석의 십자가'라고 부르기도 한다. 이 비유 역시 예수님 당시의 농부들의 상황에서 출발한다.눅16:1-12 헤롯 대왕과 그 아들들, 그리고 로마 정복자들의 요구로 당시 유대인들은 농토를 대부분 빼앗겼다. 세금을 바치려면 자기 소유를 저당 잡혀야 했던 이들은 이 때문에 종과 별반 다를 바 없는 신세로 전락하고 말았다. 기름으로나 밀로나, 똑같은 종류의 물건으로 그들이 주인에게 바쳐야 했던 의무량은 종종 그들이 거둔 수확의 절반 혹은 그 이상을 넘기도 했다.

"농부들의 상황을 더욱 악화시키는 또 다른 것이 있었다. 바로 부재지주 제도였다. 또 상하 관계로 엮인 중간 단계의 청지기들이 주인과 계약을 맺고 빚을 받는 역할을 담당하였다. 이들은 소작농들에게 그 자체로도 무거운 짐이었던 임차료, 빚, 그리고 세금을 정상적인 액수보다 훨씬 웃도는 액수를 마치 세리들처럼 마음대로 징수하였다. 하지만, 잘못이 있는 쪽은 언제나 가난한 자들이었다. 청지기들은 언제나 조작된 정보를 주인에게 제시했기 때문에 소작농들은 어찌해 볼 도리가 없었다."하워드 요더, 『예수의 정치학』 이렇게 청지기는 몇 년 안에 예수님께서 "불의한 재물"이라 비난했던 그런 많은 재산을 축적할 수 있었다. 반면 청지기는 진정한 의미의 부요함, 곧 이웃으로부터 우정과 존경을 잃게 되었다. 지금 우리가 다루는 이 비유는 주인이 청지기의 정직하지 못한 태도를 어떻게 발견하게 되었는가를 보여준다. 자기가 맡은 소작인들을 당시의 통상적인 빚으로 만족하지 못한 청지기는 주인 모르게 허위로 기재한 장부를 보여주고 주인의 재산을 횡령하고 있었다. 그러나 주인으로부터 그의 속임수가 발각되었고 그는 양심의 가책을 느꼈다. 그는 주인으로부터 횡령한 돈을 도저히 갚을 수 없다는 사실을 알았다. 청지기는 해고당할 상황에 놓였다. 하지만, 적어도 소작인들의 빚을 부풀려 더해 놓았던 돈을 받아서는 안 되겠다고 생각하였다. 어차피 쫓겨날 몸이니 마지막으로 이웃에게 좋은 일이나 하자 생각했다. 그래서 그는 소작인들이 자기에게 갚아야 할 빚 중 거짓으로 부풀린 부분을 본래 액수대로 탕감시켜 주었다. 주인은 청지기가 어떻게 빚진 자들을 만나 단숨에 그들의 빚을 정당한 액수로 탕감해 주었는가를 묘사한다. 기름 백 말 대신 오십 말, 밀 백석 대신 팔십 석과 같은 식이다. 기름 100말은 100바트를 말하는데 이만큼의 기름을 짜내려면 올리브 나무 146 그루가 필요했다. 밀 백석도 우리나라 쌀 한 가마니 기준으로 343 가마니가 드는 돈이다. 그런데 이것을 50%씩이나 탕감해 주었으니 얼마나 큰 돈인가! 청지기는 이웃 소작인들에게 누적된 빚을 탕감해 줌으로 그는 진정한 부를 획득하였다. 즉 주인은 이 옳지 않은 청지기가 지혜 있게 행동하는 것을 보고 칭찬했다.눅16:8 지금까지 청지기는 이웃으로부터 적대감과 미움을 받았지만, 이제부터 같은 이웃으로 함께 살아가며 사랑과 존경을 받게 될 것이며 나아가, 영원한 하나님나라에 들어갈 것이다.눅16:9 예수님은 이 비유의 결론으로 "불의한 재물로 친구를 사귀라"고 말씀하신다. 내가 선포하는 희년을 실천하라는 것이다. 너희에게 빚진 자들을 자유롭게 하라. 하나님나라에 합당한 자가 되지 못하게 하는 속박의 굴레에서 자유하라는 것이다. "불의한 재물"은 단지 재물만이 아니라 모든 좋은 것들까지 포함한다. 우리들 또한 이 땅에서 불의한 재물을 소유한 사람들이 아닌가! 즉 부정한 방법으로, 남의 어려움을 보지 않고 수단 방법을 가리지 않고 얻은 것들을 말한다. 예수님께서는 지금도 우리를 향해 "불의한 재물로 친구를 사귀라" 말씀 하신다. 그때 우리도 주님께 칭찬받는 사람이 될 것이고 이웃으로부터 칭찬도 받을 것이다.

"용서하지 못하는 종의 비유"에서 주도권을 잡은 분은 하나님이었다. 하나님께서 먼저 사람의 빚을 탕감해 주고서 그 사람이 용서하는 삶의 모습을 보이리라 기대하셨다.

불의한 청지기의 비유에서는 청지기가 먼저 행동을 취한다. 그가 먼저 메시아의 부름에 순종하여 하나님과 자기에게 빚진 자들의 빚을 탕감해 줌으로서 희년을 실천한 것이다. 그래서 예수님은 은혜의 손길을 받기도 전, 먼저 빚 탕감을 실천하는 이 지혜로운 청지기를 칭찬하신 것이다. 이 사람은 하나님나라의 삶이 무엇인지를 알게 되었고 예수님과 이웃으로부터 칭찬을 받았다.

따라서 '용서하지 못하는 종'과 '불의한 재물' 이 두 비유는 나사렛 회당 설교, 주기도문, 산상수훈에서 이미 선포되었던 희년 정신을 다시금 확인해 준다. 예수님께서 선포한 것은 모세의 안식일 규정을 따른 희년이었다. 빚을 탕감하고, 빚을 갚지 못해 종으로 전락한 빚진 자들을 해방함으로서 이스라엘의 사회적 문제를 해결하는 희년인 것이다. 이러한 희년의 실천은 취사선택의 문제가 아니었다. 이는 하나님나라를 위한 선결 과정에 속한 것이었다. 이 길에 들어서기를 거부하는 사람들은 하나님 나라에 들어갈 수 없다. 우리가 성경을 볼 때 당시의 시대적 배경과 상황을 모르면 엉뚱하게 다른 해석을 할 수 있다는 사실을 유의해야 한다.

부자 청년

우리가 보게 될 예수님과 부자 청년과의 대화, 이어지는 제자들과 대화가 특별한 사람에게만 적용된다는 잘못된 생각을 뿌리째 뽑아 버려야 한다. 예수님은 대부분 이런 파격적인 말씀을 하셨다는 사실을 알아야 한다.

> 예수께서 길에 나가실쌔 한 사람이 달려와서 꿇어 앉아 묻자오되 선한 선생님이여 내가 무엇을 하여야 영생을 얻으리이까. 예수께서 이르시되 네가 어찌하여 나를 선하다 일컫느냐 하나님 한 분 외에는 선한 이가 없느니라. 네가 계명을 아나니 살인하지 말라, 간음하지 말라, 도적질하지 말라, 거짓 증거하지 말라, 속여 취하지 말라, 네 부모를 공경하라 하였느니라. 여짜오되 선생님이여 이것은 내가 어려서부터 다 지키었나이다. 예수께서 그를 보시고 사랑하사 가라사대 네게 오히려 한 가지 부족

한 것이 있으니 가서 네 있는 것을 다 팔아 가난한 자들을 주라 그리하면 하늘에서 보화가 네게 있으리라 그리고 와서 나를 좇으라 하시니 그 사람은 재물이 많은 고로 이 말씀을 인하여 슬픈 기색을 띠고 근심하며 가니라. 마가복음 10:17-22

부자 청년은 예수님께 인생에 가장 중요한 질문을 했다. 그러나 결국은 부자 청년이 "재물이 많은 고로 슬픈 기색을 하며 근심하며 떠났다." 여기 '재물'은 헬라어로 '끄떼마'로 토지를 말한다. 사도행전 2장 45절에 나오는 '재산'도 끄떼마이다. 그러므로 부자 청년은 땅을 많이 가졌기 때문에 가난한 사람에게 나누어 줄 수 없었다. 예수님께서 부자 청년에게 회당이나 성전에 바치라고 말씀하시지 않고 특별히 "가난한 자들에게 주라" 하신 것을 유념해야 한다. 그 청년은 재물이냐? 하나님이냐? 선택 앞에서 결국 재물을 선택한 것이다. 결국, 슬퍼하며 근심하면서 떠난 것이다. 그는 종교의식을 잘 지켰으나 결국 하나님의 백성은 아니다. 예수님은 종교의식을 잘 지키는 것과 영생 즉 하나님나라에 들어가는 문제에 대하여 지금까지의 생각을 뒤집어 버린 것이다. 이 말씀은 나와 상관없는 것이 아니라 나와 밀접한 관계가 있는 사건이다. 이와 같은 해석은 희년법과 연결된다.

이어 부자 청년이 슬퍼하고 근심하며 돌아간 다음 예수님은 제자들에게 말씀하신 대목이다. 돈을 많이 가진 사람은 하나님나라에 들어갈 수 없다. 예수님의 가르침을 듣고 부자 청년은 충격을 받고 슬퍼하며 떠나갔다.22절 그는 간절히 하나님나라를 원했지만 부를 포기할 수 없었다. 이 둘 사이에서 화해할 수 없는 갈등 관계다. 그만큼 그에게는 재물이 중요했다. 그는 영생과 현세의 재물을 둘 다 가지고 싶었을 것이다.

> 예수께서 둘러 보시고 제자들에게 이르시되 재물이 있는 자는 하나님의 나라에 들어가기가 심히 어렵도다 하시니 제자들이 그 말씀에 놀라는지라 예수께서 다시 대답하여 이르시되 얘들아 하나님의 나라에 들어가기가 얼마나 어려운지 낙타가 바늘귀로 나가는 것이 부자가 하나님의 나라에 들어가는 것보다 쉬우니라 하시니 제자들이 매우 놀라 서로 말하되 그런즉 누가 구원을 얻을 수 있는가 하니 예수께서 그들을 보시며 이르시되 사람으로는 할 수 없으되 하나님으로는 그렇지 아니하니 하나님으로서는 다 하실 수 있느니라. 마가복음10:23-27

부자 청년과 예수님의 만남은 특별한 만남이었다. 뒤이어 예수님은 제자들과의 대화에서 부자 청년의 문제를 보편화시키고 있다. 하나님과 재물을 동시에 섬길 수 없다. 재물을 섬기는 사람은 하나님을 유일신으로 섬기는 사람이 아니다. 그러한 사람은 누구를 불문하고 예수님의 제자가 될 수 없다. 예수님은 "재물이 있는 자는 하나님의 나라에 들어가기가 심히 어렵도다" how hard it is!, 막10:23 이 말씀은 부자가 구원받기 심히 어렵다는 뜻이다. 아마도 부자들은 이 말씀을 좋아하지 않을 것이다. 그러나 이 말씀은 예수님의 말씀이다. 이 말씀을 거절하려면 신자이기를 포기해야 한다. "부자 청년에게만 특별히 적용되는 예외적인 요구가 아니라 모든 믿는 자들에게 공통적인 요구다."는 사실을 알아야 한다. 양용의, 『마가복음』, 크레이그A. 에반스, 『마가 복음』 교회 안에는 구원받지 못할 가능성이 훨씬 더 많은 부자들이 많다. 그저 예수님만 믿으면 누구나 쉽게 구원을 얻는다고 가르치는 목사들이 많다. 그러나 예수님께서는 분명하게 말씀하신다. 부자는 하나님나라에 들어가기 심히 어렵다고! 이 말씀을 듣고 제자들은 놀라고 당황스러워 했다.막10:24 놀람은 예상하지 못한 것에 대한 반응이다. 제자들은 아마도 구약에서 말하는 것처럼 부자들이 구원받기 쉽다고 생각했을 것이다.

재물을 축적한 사람은 하나님의 율법을 지키는 대신 재물을 택한 사람들이다. 그렇게 그들은 하나님보다 재물을 더 사랑한다는 것을 보여 주었다. 그들이 과연 구원받을까? 당연히 매우 어렵지 않겠는가!

예수님을 믿으면 물질의 복을 받는다는 생각이 한국교회에 깊이 뿌리를 내리고 있다. 많은 사람이 예수님의 말씀을 듣고 놀란 제자들과 비슷한 생각에 사로잡혀 있다. 이처럼 물질적인 복음에 사로잡힌 사람들은 예수님의 말씀을 듣고 놀라야 한다. 예수님을 믿으면 반드시 물질의 복을 받게 되는 것은 아니다. 빅터 클리진의 말대로『누가 예수님을 믿으면 잘 산다 했는가』? 예수님을 따르는 길은 오히려 예수님과 함께 십자가에 못 박히러 가는 길이다. 십자가의 길은 거부하고 재물의 복을 받으려고 예수님을 믿으려는 자들이 있다. 그들은 교회당에 가고 예배에 참석하고 집사나 장로가 될 수도 있고, 목사가 될 수도 있다. 그러나 하나님나라에 들어가는 것은 심히 어렵다.

부자가 얼마나 하나님나라에 들어가기 어려운지 예수님께서는 비유를 통해 더욱 분명하게 말씀하신다. "낙타가 바늘귀로 나가는 것이 부자가 하나님의 나라에 들어가는 것보다 쉬우니라."막10:25 낙타는 바늘귀를 통과할 수 없다. 낙타가 바늘귀로 통과한다는 표현은 "불가능하다"는 뜻이다. 신학자들은 이런저런 이유로 이 말씀을 쉽게 만들려고 이런저런 이유를 대며 애를 써왔다. 또 많은 목사나 교인은 부자 청년의 이야기는 전혀 나와 상관없는 말씀이라고 생각하는 것 같다. 특별한 부자에게만 해당한다고 생각한다. 그러나 부자라면 모두 여기에 해당한다. 오늘날에도 먹을 것과 마실 것, 집이 있는 사람은 모두 부자다. 가난한 자를 도울 재물이 있는 사람은 모두 부자다. "우리의 신앙이 하나님의 눈에 어떻게 보이는지, 신앙이 있는지 없는지를 재물을 통해 정확하게exactly, 수학적으로mathmatically으로 아신다. 부자는 그가 가진 재물이 얼마가 되든 간에 가난한 이웃에 대해 배려해야 한다는 사실을 알아야 한다. 사람은 항상 다른 사람에 비해 부유하기 마련이다. 신자들은 재물을 드리는 행위를 통해 돈의 신이 폐위되었음을 보여 줘야 한다." 앙드레 비엘레, 『칼빈의 사회적 휴먼니즘』, 55-56

제자들은 예수님의 말씀을 듣고 구원이 어렵다는 것을 알게 되었다. 예수님의 말씀대로라면 도대체 누가 하나님나라에 들어갈 수 있단 말인가? 부자가 구원받는 것이 낙타가 바늘귀를 통과하는 것처럼 불가능하다면 가난한 자도 구원받는 것은 절대 쉽지 않다.

예수님께서는 제자들이 바르게 이해했음을 확인하셨다. "사람으로는 할 수 없다." 막10:27 부자이든 가난한 자이든 스스로 하나님나라에 들어가는 것은 불가능하다. 부유함은 구원의 장애물이지만, 그렇다고 가난이 구원의 조건은 아니다. 부유하든지 가난하든지 사람의 능력으로 구원받는 것은 불가능하다. 그러나 구원받는 사람이 없는 것은 아니다. 왜냐하면, 하나님께는 얼마든지 구원할 수 있기 때문이다. "하나님은 누구든지 다 구원 하실 수 있느니라." 막10:27 구원할 수 있는 이유는 사람에게 있지 않고 오로지 하나님의 능력에 있다. 구원을 받기 불가능한 부자가 불의한 재물을 포기할 수 있도록 변화시키는 능력이 하나님께 있기 때문이다.

사람은 하나님의 능력으로 어떠한 변화를 받아 하나님나라에 들어갈 수 있는가? 하나님의 능력은 사람을 변화시켜 예수님과 복음을 위하여 집이나 형제나 자매나 어머니나 아버지나 자식이나 전토를 버릴 수 있게 한다.막10:29 하나님의 구원 능력은 우리로 하여금, 집이나 토지, 가족마저도 복음을 따르도록 포기할 수 있게 하신다. 성령님은 불의한 재산을 처분하여 가난한 자들에게 나누어 줄 수 있도록 우리를 감동시키신다. 성령이 충만하면 할 수 있다. 이것이 현실적으로 불가능하다고 말한다면, 그는 예수님의 말씀을 어긴 것이고, 또 하나님은 하실 수 있다는 믿음을 버린 것이다. 재물을 팔아 가난한 자들에게 주고 예수님을 따르면 하나님나라 들어갈 수 있다는 복음의 말씀은 부자들을 위한 것임에도 불구하고 부자들은 받아들이지 않는다. 오히려 가난한 자들이 먼저 받아들인다. "가난한 자는 복이 있나니 천국이 저희 것임이요."마5:3 교회는 가난한 자들이 먼저 받아들이는 복음을 포기하지 말아야 한다. 가난한 자들의 눈물을 닦아주고 부자들이 심히 슬퍼하고 고민하게 하여야 한다. 그렇지 않다면 하나님나라의 복음이 아니다. 우리는 부자 청년과의 대화와 제자들과의 대화가 하나라는 사실을 알아야 한다. 부자 청년과의 대화와 제자들과의 대화를 따로따로 보면 잘못된 해석을 할 수 있다.

　"예수님께서 전하신 복음을 왜곡하지 말아야 한다. 부자들이나 권력자들이 좋아하는 방식으로 부드럽게 만드는 것도 그쳐야 한다. 재물을 섬기는 자는 하나님나라 복음을 받아들일 수 없다. 복음은 인간의 본성에 어긋나는 것임을 알아야 한다. 이러한 복음은 교회의 문턱을 높인다. 이러한 복음을 전하면 교회가 문을 닫아야 할지도 모른다. 영혼을 상실하고 물질을 숭배하는 교회는 이제는 예수님의 교회가 아니다. 그렇게 해서 발생하는 가짜 교회는 짝퉁교회에 불과하다. 이런 짝퉁교회로 성장하느니 차라리 찾는 사람이 적더라도 명품 교회로 남아 있어야 한다. 진짜는 값비싼 것이다. 싸구려 짝퉁교회의 성공을 부러워할 필요는 전혀 없다. 우리가 다니는 교회에서 예배를 마치고 나면 부자들이 슬픈 기색을 띠고 근심하며 가는가? 아니면 양심의 가책을 덜고 기뻐하며 가는가? 팔리지 않는 예수님의 명품 복음을 포기하고, 물질주의 짝퉁 복음을 전하지는 않는가? 이러한 복음은 값비싼 복음이다. 우리는 모든 것을 팔아 그 복음을 사야 한다. 이것을 값싸게 만드는 복음은 가짜 복음일 수밖에 없다." 신현우, 『메시아 예수의 복음』, 237-245

이상에서 신약성경에 예수님이 말씀하시는 희년이 구약성경에서부터 어떻게 이어져 왔으며 적용되었는지를 살펴보았다.

초대교회, 희년공동체

표준교회인 초대교회는 어떠한 공동체였는가? 성령이 충만한 희년 공동체였다.

> 사람마다 두려워하는데 사도들로 말미암아 기사와 표적이 많이 나타나니 믿는 사람이 다 함께 있어 모든 물건을 서로 통용하고 또 재산과 소유를 팔아 각 사람의 필요를 따라 나눠 주며 날마다 마음을 같이하여 성전에 모이기를 힘쓰고 집에서 떡을 떼며 기쁨과 순전한 마음으로 음식을 먹고 하나님을 찬미하며 또 온 백성에게 칭송을 받으니 주께서 구원 받는 사람을 날마다 더하게 하시니라. 행2:43-47

이 본문은 오순절 성령강림의 직접적인 결과를 보도한다. 예수님을 머리로 모시고 예수님의 통치를 받는 하나님나라의 전위부대와 거점인 교회가 탄생한 것이다. 베드로와 열한 사도의 오순절 설교는 사도들의 권위는 하늘을 찌를 듯 높아졌다. 경건한 두려움이 사람들을 지배하기 시작했다. 사도들의 손을 통한 기사와 표적은 모인 사람들의 마음속에 하나님의 통치를 생동감 있게 체험하게 하는 현장이었다. 그래서 성령님을 선물로 받고 예수님이 하나님의 보좌 우편에 앉아 교회와 세상을 다스리고 계심을 확신하는 성도들이 전투적인 사랑의 공동체라는 진지 구축에 참여하기에 이른다.

이 전투적인 사랑 공동체의 탄생 과정을 자세히 살펴보자.

첫째, 믿는 사람들이 다 함께 있었다.44절 '함께 있음'의 위력은 아무리 강조해도 지나치지 않다. 초대교회 성도들은 사도들의 가르침과 영적 지도 아래서 공동체 생활을 시작했다. 가족 같은 공동체가 탄생한 것이다. 둘째, 모든 물건을 서로 통용했다.44절 그래서 땅과 소유를 팔아 각 사람의 필요에 따라 나눠 주었다.45절 돈과 재물이 더는 그들에게 신적 위력을 발휘하지 못했던 것이다. 넷째, 그들은 회중적 공 예배에만 몰두한 것이 아니라 안온하고 가족적인 친밀함이 지배하는 공동체인 집을 중심으로 모여 공동식사를 했다.46절 "떡을 떼며"라는 표현은 성만찬을 말한다. 예수님의 죽음의 의미를 기억하며 나누는 성만찬을 한 것이다. 그들은 하나님을 찬미하며, 국외자들인 예루살렘 백성들에게 호감과 칭찬을 받는 공동체가 되었다. 그래서 주님께서 구원받는 사람의 숫자를 날마다 더하셨다.47절 이런 공동체의 일원으로 신앙생활을 하는 것을 그리스도의 몸에 접목되었다고 말한다. 이것이 바로 예수 그리스도라는 줄기에 붙어 있는 포도나무 가지의 모습이다. 예수 그리스도의 몸 된 공동체에 친밀하게 접

촉된 가지만이 결실한다.

'신 코이노니아'라는 말은 성도들이 다양한 차원 즉 영적, 물질적 차원을 서로 나누는 사랑과 섬김의 교제를 의미한다. 이것은 유무상통하는 공동체이며 가족과 같은 친밀함과 돌봄과 책임감과 의무로 결속된 공동체다. 구원받은 신자가 이런 공동체에 소속되지 않으면 성령 충만을 유지할 수 없다.

본문이 말하는 초대교회의 공동체생활은 초대교회 시대의 한때에만 있었던 초자연적인 일회적 사건이라고 주장하는 사람들이 있다. 그렇지 않다! 이 사건은 성령 충만한 개인들과 공동체 안에서 언제나 실현될 수 있는 삶의 모습이다. 성령님이 지배하는 공동체는 물질까지 포함하는 나눔의 공동체다. 표준적인 성령 경험 안의 어느 시점에서든지 반드시 실현될 수 있는 공동체의 모습이다. 이 단계를 거쳐야만 우리는 초대교회다운 교회를 세울 수 있다. 초대교회로 돌아가자는 구호는 이런 총체적 유무상통의 공동체를 이루어 이 땅에 예수님의 통치권을 확증하자는 것이다. 이러한 성령 충만한 공동체는 엄청난 영적 흡인력을 드러낸다. 하루에 삼천 명씩 제자의 수가 증가하기도 한다. 표적과 기사를 일으키는 엄청난 카리스마와 더불어 유무상통의 역동적인 잔치 같은 교제는 주변 세계를 뒤흔들고 전복시키는 변화의 에너지를 발산한다.

이처럼 초대교회에서 일어난 성령님의 교제는 말과 혀로만 나누는 사랑이 아니라 지갑을 열어젖힌 교제였다. 초대교회는 집에서 탄생해 성전을 통해 확장되고 다시 집을 통해 내실 있는 성장을 기했다. 오순절 성령은 집에서 기도하던 제자들을 덮쳤다. 가족과 같은 친밀한 공동체가 초대교회의 모태가 되었는데 이제 초대교회 그리스도인들의 활동 무대는 집을 벗어나 성전으로 확대되었다. 성전은 예루살렘 당국자들과 일반 백성들에게 복음의 본질이 무엇인지를 유감없이 증거하는 공적 무대였다. 46절에 따르면, 그들은 날마다 마음을 같이하여 성전에 모였다. 그들은 "집에서" 성령 받고, "성전에서" 예배드리고 집회했다. 예루살렘 성전을 접수해 버린 것이다. 그리고 그들은 다시 집으로 돌아와 떡을 떼며 공동체적인 식사를 통해 가족 공동체적 친밀감을 고양하고 바깥 세계를 향한 증언 공동체로서의 담력을 함양해 갔다. 예루살렘 성전은 AD 70년에 로마군에 의해 훼파되었다.

이처럼 45-46절은 초대교회가 어떤 점에서 전투적 아가페 공동체였는지를 잘 보여준다. 초대교회의 그리스도인들은 세상 사람들이 가장 귀하게 여겨 하나님과 동급으로 숭배하는 돈, 재산, 동산, 부동산을 공동체의 필요를 위해 기꺼이 내놓았다. 희년이 성취된 것이다. 성령님은 자연 즉 양심의 공감 능력을 훨씬 넘어가는 강도로 다른 사람의 필요를 예민하게 느끼는 마음을 각각의 성도 안에 심어 주신 것이다. 성령 충만한 마음은 막걸리 한 잔 마시고 취하고 컬컬했던 마음이 묘해지고 격양되는 상태가 아니라, 자신의 지갑을 열어 다른 사람의 필요를 채우는 데 쓸 공동체적 자산을 만들 만큼 자유해지는 상태다. 성령 충만한 마음은 신성불가침처럼 여겨졌던 사유재산을 하나님께 바쳐 이웃을 사랑할 정도로까지 활짝 열린 마음이다. 오늘날 돈은 전 세계 기독교인들에게 거의 하나님 자리를 차지하고 있는 것처럼 보인다. 아무도 돈의 힘에 초연한 척할 수 없다. 돈을 경멸하는 사람도 돈의 힘은 인정해야 한다. 그러나 돈을 하나님처럼 숭배하는 일을 그치고 하나님 사랑과 이웃 사랑을 위해 돈을 순교시킬 줄 알아야 한다. 어떻게 그런 일이 가능할까? 하나님의 성령님에 강력하게 사로잡힐 때에만 가능하다. 그때 돈은 하나님 사랑과 이웃 사랑 앞에 제 본분을 다하는 유순한 종이 될 수 있다.

사유재산 신성불가침 제도를 상대화시킬 만큼 강력한 성령님의 감동에 사로잡혀 전투적 아가페 공동체는 돈을 신으로 숭배하는마6:22 집단과 조직을 초토화해 버림으로써 그것을 구원한다. 그래서 성령 충만한 공동체의 사랑을 전투적인 사랑이라고 부른다. 전투적인 사랑의 특징은 전투에서 진 사람까지도 구원하는 사랑이다. 자신들의 동산과 부동산을 공동체의 필요를 위해 내놓고 자기 재산을 아무 대가 없이 양도하는 이 엄청난 담대함과 자유는 성령님이 창조해 주신 자유요 사랑의 능력이다. 이것은 성령님의 강권적인 설복으로 가능한 일이지 강제적인 법이나 이념으로 가능한 일이 아니다. 한국교회가 진정한 성령 충만을 경험하면 반드시 이 단계에 도달할 수 있다. 이 단계를 거치지 않고 가면 어떻게 될까? 3루를 밟지 않고 홈으로 바로 질주하는 야구선수와 같이 하나님나라에 들어가지 못하고 아웃된다. 만일 우리가 돈의 신을 숭배하는 데 속박당해 우리 재물을 가지고도 헐벗은 형제·자매를 도울 힘이 일어나지 않는다면, 우리가 받은 구원은 진정한 구원이 아닌가 의심해 보아야 한다.요일3:16-18

성령 충만한 사람은 자신의 충만함을 물질적으로 표현하게 마련이다. 성령 충만한 상태는 영으로 표현되지 않고 물질과 육체로 표현된다는 것이다. 영과 육은 변증법적인 순환관계를 이루며 서로를 표현한다. 성령 충만할수록 물질로부터 자유해 진다. 성령 충만할수록 내가 가진 물질, 계급, 기득권을 강하게 부인하고 그것들을 주님께 바칠 수 있는 자유 함이 더 커진다. 개개인이 이것을 경험해야 한다. 이것은 집단정신이나 이데올로기의 이름으로 개인의 양심을 강압하거나 위협해서 실현할 수 있는 일이 아니기 때문이다. _{김회권,『사도행전』} 바로 초대 교회야말로 성령님이 충만한 희년 공동체였다!

교회가 먼저 실천하자

우리가 예수 그리스도를 주와 구세주로 고백하여 구원을 받아도 이 땅의 질서를 순식간에 박차고 영적인 천국으로 직행하거나 순간 이동 하지 않는다. 상당히 긴 시간 동안 세상의 질서 안에서 살아야 한다. 기독교 구원은 이 세상으로부터의 도피, 정치적 책임과 시민적 의무의 방기나 그것으로부터의 도피가 아니다. 하나님나라 운동은 인류사의 마지막 단계에 가서야 꽃필 수 있는 종말론적 사랑, 우애를 앞당겨 맛보고 실천하는 운동이다. 그것은 정책적 특혜나 여론을 통해 일시에 기독교적 영향력을 행사할 수 있는 고관대작의 자리를 기독교인들이 차지하는 운동이 아니며, 특정 도시를 하나님께 봉헌하겠다고 선언하는 조야한 선교 열정의 방출도 아니다. 그것은 성경적 진리를 일반인들이 알아들을 수 있게 실천하는 운동이며 그리스도인들의 자기 희생적 이웃사랑과 기독교적 영성 실천을 통해서만 가능한 것이다.

"성경적 진리가 한국 사회 일반에 통용되는 진리임을 증명하기 위해서는 먼저 교회 공동체 안에서 실험해 보고 실증해 보는 일이 중요하다. 따라서 현 단계의 하나님나라 운동은, 참 감람나무인 이스라엘에 접목된 돌 감람나무인 이방 교회인 한국 교회가 먼저 희년을 교회 안에서 실천하는 것이다. 교회 안에서 빈부 격차가 형제 우애와 돌봄의 계기가 되고, 사회적 신분 차이가 적대의 담벼락으로 더 이상

기능하지 못할 때, 세상은 교회 안에 역사하는 진리에 비상한 관심을 쏟을 것이다. 교회가 모세오경과 공관복음서, 바울서신과 사도행전이 묘사하는 물질적 영적 유무상통의 신 코이노니아를 실현할 때, 성경의 진리가 세상을 설득할 수 있을 것이다. 특히 오늘날은 교회가 자본주의와의 투쟁이야말로 가장 긴급한 투쟁이다.

한국 교회가 개발해 낼 수 있는 희년의 중간 공리는 많다. 토지공개념 전파와 확산, 토지공개념을 제도화하기 위한 입법 운동 추진, 토지신탁제도를 도입하여 기본적인 생계문제를 해결할 수 있는 터전을 확보하는 운동, 삶의 조건^{땅, 생산수단}이 없는 사람들에게 직장을 만들어 나누는 일, 빚 탕감 운동, 장학 운동, 집 지어주기 운동, 생계비가 없어 돈을 빌려야 하는 사람들에게 이자 없이 돈을 빌려 주는 마이크로크레디트 운동, 기독교적 자애로 운영하는 의료보험 운동, 장발장 은행 등 얼마든지 중간 공리들을 개발할 수 있다. 대한민국의 영토와 헌법으로 결속된 계약 공동체 구성원들의 사회적 결속과 유대를 위한 모든 공의롭고 자비로운 인격적, 사회적, 법적 실천들이 시작될 수 있다. 그것은 곧 대한민국의 헌법에 나오는 행복 추구권이며 의식주의 기본적, 인간의 존엄을 지키는 인권 차원의 기본권이 충족되는 세상을 만들기 위한 노력이다. 그것은 해방, 청지기, 은혜, 나눔의 가치와 실천으로 표현되는 모든 행동들이다. 외국인 노동자, 북한 동포 그리고 제 3세계의 굶주리는 사람들도 희년 실천의 궁극적 수혜자가 될 것이다. 이러면 주거 나누기, 식량 나누기, 안정된 수입을 보장하는 일터 나누기가 희년 운동의 중추가 될 것이다. 우리나라가 이런 희년을 구현하는 언약 공동체로 거듭나려면 서로가 서로에게 빚 탕감자가 되어 주는 것, 기업 무르는 자가 되어 주는 개인적 실천이 체계적으로 누적되어야 할 것이다.

  결국, 희년 운동은 성령님에 감화 감동된 그리스도인, 신神바람에
휩쓸린 개인들이 주도하는 운동인 셈이다. 교회의 실천을 통해 검증
된 성경적 진리는 반드시 외부로 파급력을 갖게 될 것이다. 그럴 때
한국 교회의 하나님나라 운동은 고착된 기득권 권력을 견제하고 가
난한 자들의 인권을 보장하는 법과 제도를 구축하는 운동을 벌일 수
있고, 그리하여 장애인과 외국인 등 사회·경제적 약자들의 아우성이
들리지 않는 나라, 가난한 자들에게 복음이 전파되는 나라를 건설
할 수 있을 것이다. 물론 이 과정에서 이런 법과 제도를 운영할 참다
운 그리스도인을 만들어 내는 일의 중요성은 조금도 훼손되어서는
안 될 것이다. 개인적 회심이나 구원을 무시하는 사회선교는 뿌리 없
는 나무처럼 생명력을 갖지 못한다. 법과 제도의 성경적 변화와 더불
어 기독교적 영성과 덕을 갖춘 인물들을 사회 각 분야에 파견하여 신
적 인애와 정의를 구현할 법과 제도를 운영하게 하는 일은 이 시대의
한국교회에 매우 중요한 것이다. 김회권, 『희년, 한국사회, 하나님나라』 이것이
새 하늘과 새 땅에서 이루어질 안식일의 전주곡이다! ✽

15 하나님나라와 교회

하나님나라는 구름 속이나 인간의 마음속에만 머물러 있는 것이 아니라, 교회를 매개로 이 땅에 등장하는 것이다. 무엇보다 새롭고 거룩한 하나님의 백성은 세계사의 잘못된 길에 서 있는 모든 사람의 희망이 되어야 한다. 교회는 변화된 삶을 살며, 변화를 일으키는 새로운 집단으로서 세계를 동요시키고 전복하며 하나님의 혁명을 선포하며 촉진하는 새로운 하나님의 백성 공동체로 등장해야 한다. 교회 공동체가 주위의 지배적 질서나 계급사회의 바다에 함몰된다면 교회는 세계를 변혁하고 해방하는 하나님나라의 증인 역할을 포기하는 것이나 다름없다. 새 미래, 여명의 아침, 더 밝은 빛을 발하지 못하는 불구의 신세를 면치 못하게 된다.

교회는 앞에서 여러번 말한 대로 하나님나라의 대표요, 전진기지요, 대조사회요, 모델이다. "예수님께서 창조한 새로운 사회의 일반적인 명칭이 '교회'이다. 우리가 '교회'란 이름을 사용할 때 예배를 위한 모임이나 예배를 위해 모이는 사람의 집단, 심지어는 예배드리는 장소로 '교회'를 생각하거나 교회의 조직을 말할 때도 사용하고 있다. 그러나 교회는 한 단위로, 한 민족으로 모이고, 그분의 이름으로 그분의 뜻을 이루려고 모이는 하나님의 백성이다. 교회가 신실하게 서 있다면 그 존재 자체가 사회적으로 새로울 뿐만 아니라 또한 사회 변혁을 위한 가장 강력한 도구요 전투적 집단이 된다."하워드 요더, 『근원적 혁명』

이처럼 하나님나라와 교회는 매우 중요한 상관관계가 있다. 그럼에도, 대부분의 목사와 교인들이 교회와 하나님나라의 관계에 대하여 잘 모르는 것이 현실이다. 그렇게 되면 교회의 역할에 대하여 무지할 수밖에 없으며 이 점을 놓친다면 교회가 무엇을 지향하는지도 잘 모를 수밖에 없다. 사실 교회 안에서 '하나님나라'란 단어 자체를 자주 사용하지 않는 것이 현실이다. 교회 안에서 하나님나라에 대한 설교를 거의 듣지 못하고 있지 아니한가! 또 듣는다 할지라도 하나님나라에 대한 전반적인 이해가 거의 없는 상황이다. 교회는 단지 교인들이 함께 모여 예배드리고 기도하고 섬기는 곳, "내게 강 같은 평화"를 찬양하는 곳만은 아니다.

성령 충만의 공동체

최초의 교회는 예수님께서 부활하신 이후 성령님이 충만한 공동체로 시작하였다. 하나님나라의 현재적 활동으로써 성령님이 교회 안에서 새 창조를 시작한다. 우리는 사도행전에 등장하는 교회의 탄생이 성령 충만한 사람들로부터 시작되었음을 볼 수 있다. 교회는 오순절에 태어난 성령님의 피조물이다. 그러므로 하나님나라 백성은 성령 충만한 자가 되어야 한다. 성령이 충만하다는 말은 나의 혈과 육이 죽고 하나님의 통치로 충만하다는 말이다.

성령님의 충만은 자기 정신으로 사는 것이 아니라 하나님의 뜻으로 사는 것이다. 성령님으로 사는 사람은 취한 사람들이다. 자기 정신의 본질은 이기심, 탐욕, 교만, 과도한 경쟁심이다. 마르크스의 공산주의 사상에 취해도 사람이 변하고 삶이 변한다. 20세기에 수많은 젊은이가 마르크스 사상에 취해 생명을 걸고 혁명에 참여한 것을 보라. 한 사람의 사상도 이렇게 영향력을 미치는데 창조의 영이신 성령님이 우리 안에 계신다면 어떠하겠는가. 또 우리나라에서도 6, 70년대 많은 청년이 직업을 갖지 못하고 감옥에 가는 것도 불사하고 모든 사회적 혜택을 거절하고 부정과 독재에 당당히 맞서 싸우지 않았던가. 그들의 이러한 행동을 볼 때 진리를 가졌다는 우리는 얼마나 부끄러운 일인가!

하나님나라의 백성이 되고자 하는 자는 성령 충만한 사람이어야 한다. 성령 충만은 단지 기적을 보거나 말하는 것으로 제한되지 않는다. 물론 우리는 하나님이 허락해 주시면 방언도 신유의 은사도 가질 수 있다. 교회는 은사 공동체이기 때문이다. 초대교회 공동체의 역사는 과거에 일회적으로 일어났던 사건만은 아니다. 오늘날 우리에게도 충격적으로 성령님의 임재가 있을 때 초대 교회 역사가 일어날 수 있다는 확신을 갖고 기도하자. 우리가 그것을 사모하며 기도하자. 그러나 무엇보다 성령 충만은 윤리적 변화를 필연적으로 가지고 온다는 사실을 분명히 알아야 할 것이다. 성령 충만한 사람은 하나님나라의 새 질서에 편입된 새사람이 된다. 그리하여 교회는 예수님의 말씀처럼 "세상에 불을 지르는" 공동체가 되어야 한다. "내가 불을 땅에 던지러 왔노니 이 불이 이미 붙었으면 내가 무엇을 원하리오."눅12:49

하나님나라는 교회 공동체의 모든 물질적 수단으로 형제를 후원하고 돕는 일에 사용하는 형제적 친교가 토대다.행2:43~47 교회는 자신을 넘어서 하나님나라를 지향하며 교회의 활동이나 하나님나라에 대한 기다림을 통하여 정치경제적 위기와 사회적 경쟁으로 분열된 세상에 희망이 되어야 한다. 또 교회 공동체는 돈의 신, 맘몬이 세상과 교회를 지배한다는 사실을 주목하고 인간을 속이며 노예로 삼고 부자유하게 하는 인간의 적이 맘몬임을 폭로해야 한다. 공동체 구성원들은 침묵하는 수동적 위치에 있는 것이 아니라 하나님의 말씀에 귀 기울이고 함께 토론하는 공동체여야 한다. 하나님나라의 공동체는 우리의 모든 삶을 변혁하는 능력이 교회 공동체 안에서 훈련되어야 한다. 교회는 하나님나라의 선구자이며 그리스도의 증인이고 사랑이 역사 하는 세력이다. 교회 공동체라고 해서 아직은 참된 질서에 완전한 모델은 아니다. 교회는 아직도 주위 사회와 마찬가지로 탐욕과 이기심과 같은 불행 속에 있다. "너희가 빛을 사람에게 비추어 너희의 착한 행실을 보고 하늘에 계신 하나님께 영광을 돌리라."마5:16 이 명령은 개인뿐만 아니라 교회공동체에 주어진 명령이다. 이 말씀을 실천하는 자에게 필연적으로 고난과 박해가 뒤따른다.

> 자녀이면 또한 후사 곧 하나님의 후사요 그리스도와 함께 한 후사니 우리가 그와 함께 영광을 받기 위하여 고난도 함께 받아야 될 것이니라. 생각건대, 현재의 고난은 장차 우리에게 나타날 영광과 족히 비교할 수 없도다. 로마서 8: 17-18

> 무릇 그리스도 예수 안에서 경건하게 살고자 하는 자는 핍박을 받으리라. 디모데후서 3:12

교회는 미래적인 하나님나라에의 참여와 그 나라의 시작이다. 그러므로 하나님나라 공동체인 교회는 세상과 다름으로 말해야 한다. 교회는 누룩처럼 삶 전체에 침투하여 새로움의 효소로 작용해야 한다. 이제 하나님나라가 삶의 모든 영역에서 전면에 드러난다. 세상의 빛과 소금이 되도록 부름받은 교회 공동체는 하나님나라를 위하여 주변 세계에서 헌신하고 아낌없이 내어주도록 해야 한다. 자비롭고 평화로운 세계를 이룩하고 화해를 가져오고 사랑을 실천하는 것이 예수님의 약속과 명령에 따라 세상나라에서 이루어야 할 교회 공동체의 일이다.

교회는 하나님나라의 새 가족

교회는 하나님나라의 새 가족일 뿐만 아니라 코이노니아 공동체다. 교회는 서로서로 함께 하는 공동체다. 교회에서 교인들이 서로 함께 하는 것은 중요한 일이다. 교회는 무슨 동호인의 모임이 아니다. 동호인의 모임이라 할지라도 그들 또한 목표와 질서를 가지고 하나가 된다. 그러나 교회는 '예수님을 중재자로' 성령님으로 하나 된 공동체다. 본회퍼, 『신자의 공동생활』 교회는 하나님의 말씀으로 훈련된 제자들의 모임이다. 교회는 하나님의 말씀으로 서로 사랑 안에서 서로 책망하고 권면하고 격려하며 세워주며 훈련하는 곳이다. 교회는 신앙의 못자리다. 즉 우리는 교회 안에서 신앙이 일깨워지고 성숙해져 간다. 올바른 교회는 예수 그리스도를 주로 고백하고 진심으로 그리스도의 말씀으로 살고 그분의 이름을 높이며 한 집에서 모여 예배하며 나누며 기도하고 성경을 공부하며 새로운 공동체로 태어나도록 항상 준비해야 한다. 이것이 사도행전에서 말한 표준교회의 모습이다. 신약성경적인 시각에 의하면 새로운 공동체 생활 없이는 새로운 삶을 시작할 수 없다. 교회는 성령님 안에서 결합한 하나님의 가족이며 부활과 말씀에 의해 인도되는 하나님의 가족이다. 인간의 모든 약점과 불완전함 속에서도 교회 공동체는 새로운 첫 걸음을 내딛으며 가족처럼 함께 사는 공동체다. 교회 공동체는 코이노니아 공동체다. 신약 성경에는 '서로'라는 낱말이 많이 자주 나온다. 로핑크는 이 말은 신약 성경에서 가장 아름다운 언어라고 했다.G 로핑크, 『예수는 어떤 공동체를 원했나?』

서로 우애하고 존경하기를 서로 먼저하라 롬12:10

서로 마음을 같이하여라 롬12:16　　　서로 받아들이라 롬15:7

서로 충고하라 롬15:14　　　　　　　서로 기다리라 고전11:33

서로 거룩한 입맞춤으로 인사하라 롬16:16

서로 같이 걱정하라 고전12:25　　　서로 사랑으로 섬기라 갈5:13

서로 짐을 져 주라 갈6:2　　　　　　서로 위로하라 살전5:11

서로 세우라 살전 5:11　　　　　　　서로 화목하게 지내라 살전5:13

서로 선을 행하라 살전5:15　　　　　서로 사랑으로 참아 주라 엡4:2

서로 친절하고 자비로운 사람이 되라 엡4:32

서로 순종하라 엡5:21　　　　　　　서로 용서하라 골3:13

서로 죄를 고백하라 약5:16　　　　　서로 위해 기도하라 약5:16

서로 마음으로 뜨겁게 사랑하라 벧전1:22

서로 대접하라 벧전4:9　　　　　　　서로 겸손으로 대하라 벧전5:5

　　그럼에도 불구하고 교회의 친교 안에는 긴장된 공존이 있으며 이 공존 안에서 대립이 일어나기도 한다. 그러나 서로 용서하며 서로 부족함을 받아주고 감당해야 한다. 『주기도문』의 저자인 토머스 왓슨은 용서하지 않는 사람도 믿지 않는 자처럼 지옥에 갈 수 있다"고 말했다. 이처럼 교회는 '서로' 마음을 같이하여, 세워주고 사랑하는 공동체다.

교회 공동체는 유대인이나 이방인이나 할 것 없이 모든 인종과 모든 민족이 만나 하나 된 하나님의 백성이며 이 공동체는 그리스도 안에서 하나님의 사랑을 안다는 사실에서 다른 인류와 구별된다. 하나님의 교회는 모든 차별의 장벽이 없는 세계다. 그래서 교회 공동체 안에는 부자도, 가난한 자들도, 배운 사람도, 배우지 못한 사람도, 시골 사람도, 도시 사람들도, 건강한 사람들도, 병든 자도, 세관원이나 창녀도, 경상도 사람도, 전라도 사람도 그리스도 안에서 모두 하나가 된다. 이것이 하나님나라 공동체인 교회의 모습이다.

"너희는 유대인이나 헬라인이나 종이나 자유인이나 남자나 여자나 다 그리스도 예수 안에서 하나이니라"갈3:28 라고 바울은 선포한다. 이 말씀은 당시 사회로는 받아들일 수 없는 충격적인 것이다. 교회 공동체는 세상에서 통용하는 관계가 아니라 성령님 안에서 모든 차별이 없는 성령님의 공동체로 태어나는 것이다. 그러므로 스스로 교회 공동체는 예수님의 말씀에 순종함으로써 대조사회를 이루며, 그 자체만으로도 일반적인 세계 개혁에 온갖 설계를 내세우는 것보다 풍부한 공격 효과를 갖는다. 그러므로 우리에게 필요한 것은 존 브라이트 J. Bright가 말한 대로 "교회가 교회 되게 하는 것이다."존 브라이트, 『하나님나라』

교회는 새로운 국제적 하나님 백성으로 모든 인종, 계급, 민족들이 함께 만난다. 교회는 인류의 운명을 결정하는 국제적 모임이다. 교회를 통해 하나님나라는 그 백성과 함께 세상으로 침입한다. 그리스도의 공동체인 교회는 세상나라 백성과는 전혀 다른 모습으로 특별한 백성으로 등장한다. 교회는 하나님의 백성으로서 세계 역사를 뚫고 하나님에 의해 지시된 세계 완성을 향해 고유한 길을 간다. 하나님의 교회는 어떤 사회적 공동체보다 우선한다. 그러므로 교회는 우리의 최우선 관심거리가 되어야 하며 물질과 시간과 헌신이 필요하다. 이렇게 교회는 하나님의 소유물이며 하나님나라의 전위부대로써 거룩한 백성으로 살아가야 한다.

예수님은 제자들에게 심지어 자기 가족과의 단호한 결별을 요구하신다. 예수님의 뜻과 다르면 혈육의 가족이라도 헤어지라고 말씀하신다. 이 얼마나 혁명적이며 급진적인 요구인가! 예수님을 따르려는 자는 자기 가족까지도 해체하고 스스로 하나님의 가족 공동체에 편입된다. 이것이 대조사회이다. 이렇게 하여 예수님을 따르는 사람들은 모든 소유, 모든 관계를 버리고 하나님의 새 가족이 된다. 그러므로 그리스도의 공동체는 이 세상의 모든 가족과 결별을 선언한다. 이처럼 교회는 새로운 가족이다. 피는 물보다 강하지만 피보다 강한 것은 교회 공동체이다.

무릇 내게 오는 자가 자기 부모와 처자와 형제와 자매와 더욱이 자기 목숨까지 미워하지 아니하면 능히 내 제자가 되지 못하고 누구든지 자기 십자가를 지고 나를 따르지 않는 자도 능히 내 제자가 되지 못하리라. 누가복음 14:26~27

때에 예수의 모친과 동생들이 와서 밖에 서서 사람을 보내어 예수를 부르니 무리가 예수를 둘러앉았다가 여짜오되 보소서 당신의 모친과 동생들과 누이들이 밖에서 찾나이다 대답하시되 누가 내 모친이며 동생들이냐 하시고 둘러앉은 자들을 둘러보시며 가라사대 내 모친과 내 동생들을 보라 누구든지 하나님의 뜻대로 하는 자는 내 형제요 자매요 모친이니라. 마가복음 3:31-35

이리하여 하나님의 공동체는 옛 사람의 생활에서 벗어나 하나님의 질서를 가진 하나님나라의 대기실로 옮겨진다. 그럼에도, 오늘의 교회는 일요일에 한 시간 동안 예배드리는 것으로 축소되고 크게 왜곡되어 있다. 신자들은 서로 모르면서 인사도 없고, 말도 건네지 않고 나란히 앉아있다. 그리스도인들이 서로 하나 되는 형제적 친교는 하나의 이상이 아니라 하나님에 의해 예수 그리스도 안에서 성령님을 통해 형성된 새로운 현실이다. 교회 안에 있는 그리스도인들은 다른 인간관계와는 다른 관계, 곧 성령님을 매개로 한 새로운 관계로 나아간다. 특별히 사회 주변에서 밀려난 사람들, 가난한 사람들, 중독된 사람들, 삶의 절망에 빠진 사람들, 병에 고통받는 자들, 의지할 데 없는 자들, 노인들에 대하여 끊임없는 도움을 우선하여 실천해야 한다. 이러한 치유 공동체는 더 나아가 고통받는 정치, 경제, 사회 등 모든 것을 치유하는 공동체가 되어야 한다. 예수님이 말씀하신 치유의 뜻은 단지 고통받는 개인만이 아니라 그들을 둘러싼 주위 세계까지 포함한다는 것에 유의해야 한다.

하나님나라는 죄와 탐욕과 이기심과 죽음으로부터 해방하고 자유하는 공동체다. 예수님은 우리에게 무엇을 빼앗고자 오신 것이 아니라 훨씬 더 크고 좋은 것, 생명과 자유를 주시려고 오셨다. 우리가 주님을 믿을 때 살맛 나고 기쁘고, 풍성함과 감사함으로 나아갈 수 있으며, 그때 우리는 진정한 하나님의 가족공동체 일원이 된다.

하나님나라의 전진기지

교회는 하나님나라의 증인으로 부르심을 받았다.

그러므로 우리가 앞에서 말한 가난한 자의 문제, 자본주의 문제, 정치적 문제, 환경 문제, 인권문제, 통일 문제 등 모든 세계 문제에 모범을 보이고 해결하기 위해 교회가 세계문제에 큰 관심을 갖고 복된 공격을 감행해야 한다.

성령님의 피조물인 교회는 도래하는 하나님나라의 대표요, 거점이요, 전위 부대다. 교회로부터 하나님나라는 시작되는 것이고 이 땅에 하나님나라가 이루어지도록 기도할 뿐만 아니라 뜻이 하늘에서 이루어진 것 같이 땅에서도 이루어지기를 분투하고 노력해야 한다. 그러므로 현존하는 교회를 통해 하나님나라를 볼 수 있어야 한다. 교회는 하나님나라의 본보기로서, 모델하우스와 같이 많은 사람에게 전시된다. 하나님 백성의 아름다운 모습을 보고 사람들이 감동하게 해야 한다. 그러므로 사회 구원으로 승화되지 못한 개인 구원은 상상할 수 없다. 내세주의적이며 지극히 개인주의적인 수준의 구원 개념은 성경에서 족보를 찾을 수 없는 지극히 미신적이고 기복적인 구원 개념이다. 예수님의 경우처럼 자신 속에 확고부동한 하나님나라가 시작되었다면, 그런 개인 구원은 세계 변혁의 구원으로 승화될 수밖에 없다.

너희는 세상의 소금이니 소금이 만일 그 맛을 잃으면 무엇으로 짜게 하리오 후에는 아무 쓸데없어 다만 밖에 버려져 사람에게 밟힐 뿐이니라 너희는 세상의 빛이라 산 위에 있는 동네가 숨겨지지 못할 것이요 사람이 등불을 켜서 말 아래에 두지 아니하고 등경 위에 두나니 이러므로 집 안 모든 사람에게 비치느니라 이같이 너희 빛이 사람 앞에 비치게 하여 그들로 너희 착한 행실을 보고 하늘에 계신 너희 아버지께 영광을 돌리게 하라. 마태복음 5:13~16

교회는 어둠 속의 빛이요 썩어가는 세상 속의 소금이다. 교회는 세상을 위한 교회다. 교회는 교회 자체로는 아무 의미가 없다. 교회는 자신이 하나님의 뜻에 복종할 뿐만 아니라 이 땅에 하나님의 뜻을 펼쳐가는 특별한 백성의 모임이다. 교회는 세상과 구별되어야 한다. "We are in the world, not of the world." 요17장 교회가 그 빛을 발산하지 못한다면 등불은 반드시 꺼지고야 말 것이다. 교회는 말로 증거할 뿐 아니라 행동에 의한 증거를 통해서 하나님의 증인이 되도록 촉구된다. 그런데도 한국교회는 "맛을 잃고 무엇으로 짜게 하리오. 그 이후에는 아무 쓸데없어 다만 밖에 버려져 사람에게 밟힐 뿐이니라" 마5:13~16고 하신 예수님의 말씀이 예언처럼 이루어진 것 같은 모습이다.

교회는 바야흐로 산 위에 있는 도시다. 그러기에 누구나 볼 수 있는 산 위에 자리한 도시가 숨겨져 있을 수 없다. 산 위의 도시에서 찬란한 빛을 세상 사람들에게 보여주기 위하여 교회가 회복되고 새로워져야 한다.

교회는 변화된 삶을 살며 변화를 일으키는 새로운 집단으로서 세계를 동요시키고 전복하며 하나님나라의 혁명을 선포하며 촉진하는 새로운 하나님의 백성으로 등장해야 한다. 그런데 한국교회는 어떠한가? 세상과 다른 점이 별로 없다. 교회는 폴 리쾨르가 말한 대로 "촛불이 녹아 빛을 발하듯, 소금이 녹는 아픔 속에서 소금이 되듯" 자신을 비우고 희생하는 공동체가 될 때 진정한 교회가 될 수 있다. 과연 빛과 소금은 어디에 있는가!

신학자 예레미야스Joachim Jeremias는 그의 『신약신학』에서 "예수님의 활동에서 유일한 희망은 하나님나라 백성의 모임이다"라고 말했다. 교회는 십자가에 달리신 분의 죽음과 부활과 더불어 성령님의 능력 안에 근거한 새로운 백성이다.

교회 공동체는 일상생활과 관련되고 일상생활을 지배해야 한다. 우리는 가정에서부터 교회, 세상의 직업 속에서 하나님의 백성으로 살아야 한다. 교회 공동체는 단지 일요일에 예배 모임만으로 끝나는 그런 공동체가 아니다. 이 새로운 집단은 거짓과 폭력적 지배와 경쟁 속에 있는 주변 세계와 구별된다.

이 교회 공동체는 모든 인류보다 앞서 목표를 향해 나아가며 앞장 서 세계적인 차원에서 하나님나라를 선포한다. 교회는 예수님의 부활과 예수님의 재림 사이에서 산다. 교회는 하나님나라의 완성을 기대하며 성령님의 역사와 그리스도의 현존을 통해 충만해지고 하나님의 희망 속에서 오늘을 사는 것이다. 사도 바울의 교회론에는 '그리스도의 몸'이란 개념이 중심적인 의미가 있다. 성령님을 통해 형성된 그리스도의 몸은 그리스도인들의 개별적인 존재보다 앞서 있고 우위에 있다. 예수님은 지금 어디 계신가? 하나님의 우편에 앉아 계시며 높여진 그리스도는 왕으로서 세계를 통치하신다. 그의 공동체 안에서 성령님의 은사들과 함께 현존한다. 교회는 하나님의 선물인 교인들의 은사들을 결합하고 세워져 간다. 그리스도 공동체는 은사 공동체이다. 이 공동체 안에서는 교권을 가진 사람들이 아니라 영적 능력을 갖추고 교회에 헌신하는 영적인 사람들이 주도한다. 모든 그리스도인은 그가 하나님으로부터 받은 은사를 가지고 공동체 안에서 한 분 주님을 섬긴다.

교회를 단순히 모이는 장소로만 생각하고 교회의 목적과 공동체성에 대하여는 관심이 없는 사람들이 있다. 교회는 예배당도 아니고 교육관도 아니고 더구나 성전도 아니다. 예수님의 이름으로 두세 사람이 모이는 곳이면 교회다. 교회는 예수님께서 자기의 뒤를 따르도록 제자들을 부르시고 이 세상 나라에서 하나님나라의 증인으로 선택하신 공동체이다.

분명히 하나님나라의 교회는 언제나 한 백성, 한 하나님의 백성이지 개인으로 하나님을 믿는 인간들의 영혼에만 머물러 있다는 생각은 성경에서 찾아볼 수 없다. 그리스도를 주로 믿는 교인들은 교회 공동체 안에 있어야 한다. 요사이 '가나안' 교인'안 나가'를 거꾸로 한 말이다들이 많이 생기는 것은 일단 교회론에 문제가 있지만, 왜 교회를 안 나가는지를 검토해야 할 것이다.양희송, 『가나안 성도, 교회밖 신앙』 가나안교인이 백 만여명이나 된다는데, 이것은 교회의 심각한 병리현상을 보여준다. 목사들은 교인들의 몸부림과 목메인 울음소리를 들어야 할 것이다. 낡은 체제를 벗어버리고 새로운 하나님나라의 질서 안에서 자신을 재편한 자들이다. 과연 나 자신이 하나님의 복음 속에서 회개한 자인지 물어야 한다. 은총과 심판으로 다가오는 하나님의 나라는 먼저 낡은 인간과 낡은 체제에 충격을 준다. 이 충격 앞에서 새 세계로 돌아서느냐 아니면 옛 질서에 집착하고 안주할 것인가를 결단해야 한다. 한국교회가 무기력한 것은 교회가 회개하지 못한 사람들의 집단이 되었기 때문이다.

우리는 교회에 오래 다닌다고 하나님의 백성이라고 생각하면 큰 착각이다. 예수님은 회개의 필요성을 처음부터 분명히 밝히셨다. "너희는 이 세대를 본받지 말고 오직 마음을 새롭게 함으로 변화를 받아 하나님의 선하시고 기뻐하시고 온전하신 뜻이 무엇인지 분별할 수 있어야 한다."롬12:2 하나님의 새 질서는 우리가 지금까지 대하던 모든 것과는 뿌리부터 다르므로 하나님나라의 질서에 들어가려면 영적으로 개조되어야 한다. 우리의 선택사항은 간단하다. 하나님의 통치에 나 자신을 넘겨주어 그의 통치에 충성할 것인지 그렇지 않을 것인지를 행동으로 보여주어야 한다.

짐 월리스는 "진정한 회개는 기존질서에 위험스럽게 보일 수 있다. 성경적 회개는 우리가 인간존재의 모든 권위에서 자신을 하나님께 굴복시키는 것이다"라고 말한다. 누구든지 그리스도와 연합하면 새로운 세상에 속한다. 옛것은 지나가고 새 질서가 시작된다.짐 월리스, 『회심』

> 그런즉 누구든지 그리스도 안에 있으면 새로운 피조물이라 이전 것은
> 지나갔으니 보라 새것이 되었도다. 고린도후서 5:17

스스로 갱신하는 교회

한국교회는 지금 젊은 사람들을 중심으로 한 새로운 기운이 감돌고 있고 선교 현장과 시민단체에서 활동하고 있으며 교단 교류도 예

전보다 훨씬 많아지고 있다. 그러나 불행하게도 오히려 성장주의와 성공주의를 향해 치닫고 있다.

한국교회는 숫적으로나 열심으로 세계적으로 인정받고 있지만, 성경이 말하는 올바른 지식은 없다. 말씀이 없는 열심은 대제사장과 서기관, 바리새인과 같이 진리이신 예수님을 죽인다. 열심만 있다고 좋은 것이 아니다. 롬10:2

"내 백성이 지식이 없으므로 망하는도다." 호4:6 열심이 올바른 말씀과 함께 가야 한다. 그때 진정한 열심이 된다. 한국교회는 사영리 수준의 설교들로 채워지고 있고 장경동 목사 같은 사람들이 한국교회의 인기를 받고 있다. 너무도 가볍고 피상적이지 않는가! 대형교회들의 부자세습들도 심각하거니와 개교회주의에서 벗어나지 못하는 현실 또한 문제이다. 한국교회는 사회의 복합적이고 강력한 쟁점들을 다룰만한 신학적 훈련이나 소양이 빠져 있다. 신학자 한스 큉이 말한 대로 "어떻게 이 마지막 시대에 교회가 세속 권력을 장악, 유지하고 정책적 계략과 음모를 꾸미는 그런 수단에 안주할 수 있는가! 어떻게 현세적 영달과 호사를 누리고, 좌지우지 높은 자리를 할당하며, 현세적 칭호와 훈장을 수여하려는가! 어떻게 현세의 재물과 황금을 필요 이상으로 쌓으려 할 수 있는가! 어떻게 현세의 권력과 제휴하고 세속의 결사, 정당, 문화기구나 경제적, 사회적 압력단체와 쉽게 결합하며, 특정한 경제, 사회, 정치, 철학, 이념 체계에 무비판적, 무조건 영합할 수 있는가! 어떻게 고통, 멸시, 비방, 박해를 피할 수 있는가! 어떻게 십자가의 길 대신에 넓은 길을 걸으려 하는가! 이 마지막 시대에 자신이 인간에게, 원수에게, 그리고 세계에 대한 온몸을 바쳐 존재한다는 사실을 간과하는 교회는 그 존엄성과 타당성을 그리고 존재 가치를 잃게 될 것이다." 한스 큉, 『교회란 무엇인가』

교회는 새로운 공동체로서 항상 자기 비판적 태도를 통하여 변혁하고 해방하는 하나님의 증인으로 부름 받았다. 하지만, 교회 공동체는 주변세계 질서와 지배적인 이데올로기에 적응하려는 항구적인 유혹 가운데 있다. 그러므로 자신의 사회적 삶에 대한 자기비판과 검토와 더불어 지배 계급 체제의 속박 속에서 해방되려면 주변 사회 경제와 사회 정치에 대한 문제를 부단하게 제기해야 하며 저항해야 한다. 크라우스, 『조직신학』

참된 교회는 부단히 자신을 바라보며 회개를 통한 자기갱신을 추구해야 한다.

교회 갱신은 주님이 교회에 부여한 과제인 동시에 주님이 교회에 주신 가능성이다. 이러한 교회 갱신에도 장애물이 존재한다. 무관심, 교회의 상황을 환상적으로 평가하는 것, 교회의 자기만족, 태만한 전통주의, 피상적인 교회론과 협소하거나 세속화된 교회론, 패배주의적 절망 등이 바로 이러한 장애물들이다. 갱신되지 않은 교회로 말미암아 당하는 고난, 교회를 악에서 구원해 달라는 기도, 참여를 통한 건설적인 교회 비판, 주님을 위한 열망과 사랑만이 갱신의 의지를 거듭 새롭게 할 수 있다.

진정한 갱신이라면 파괴와 정죄, 금지에 머물러서는 안 된다. 진정한 갱신은 오히려 본질을 적극적으로 새롭게 형성하는 것이다.

교회는 또한 약해지고, 비방받으며, 마비되고, 박해받을 수 있으며, 심지어는 외적으로 없어질 수도 있다. 그러나 "음부의 권세가 이기지 못하리라."마16:18 교회는 결코 죽음의 세력에 굴복하지 않을 것이다. 교회는 파멸되지 않을 것이다. 하나님의 성실하심은 교회에 영속성과 연속성이 선사 되었다. 개별 교회는 약하고 죄를 짓는 존재지만, 하나님에 의해 생명을 보존 받게 될 것이다. 교회는 교만과 욕망에 사로잡힐 수도 있다. 또한, 교회는 무질서하고 사나워질 수 있으며, 타락하고 모욕을 당할 수도 있다. 교회는 여러 가지 측면에서 변질하고 예수님으로부터 멀어질 수도 있다. 그러나 "볼지어다 내가 세상 끝 날까지 너희와 항상 함께 있으리라."마28:20 높여지신 주님께서는 교회를 도우시고 지키면서 교제하실 것이다. 교회는 죄의 힘에 굴복되지 않을 것이다. 교회는 결코 혼돈에 빠지지 않을 것이다. 하나님의 자비하심으로 교회에는 불변성이 보증되었다. 교회는 죄와 오류에도 불구하고 하나님에 의해 은혜 속에서 보존될 것이다. 교회는 하나님이 세우신 공동체로 절대 무너지지 않을 것이다.

우리는 이런 확신을 하고 몸부림치며 회개하고 갱신해야 한다.

그리하여 항상 표준교회인 초대교회로 돌아갈 수 있는 공동체가 되어야 한다!

하나님나라와 교회의 관계에 대하여 심층적으로 연구해온 하워드 스나이더Howard A. Snyder는 교회 갱신의 명제를 다음과 같이 정리하고 있다. 하워드 스나이더, 『해방하는 교회』

첫째, 오늘날 교회의 근본적인 위기는 하나님 말씀의 위기다. 교회는 말씀의 역동성을 온전히 되살려 내어야 한다. 교회는 하나님과 하나님나라가 무엇인가에 대한 의식을 회복해야만 한다.

둘째, 교회는 본질적으로 하나님나라 백성의 공동체로서, 일차적으로 조직이나 제도나 프로그램이나 건물이 아니다.

셋째, 교회를 하나님나라의 백성의 공동체요 하나님나라의 대행기관으로 경험해 보지 못한다면, 그 구원은 불충분하며 온전히 성경적이라고 할 수 없다.

넷째, 교회가 할 수 있는 가장 역동적이고 예언자적인 일은 무엇보다 예배하는 공동체와 섬기는 공동체 그리고 사귐의 공동체가 되는 데서 출발한다.

다섯째, 교회가 가난한 자들에게 관심을 기울이고 그들과 자신을 동일시한다면, 이는 하나님나라에 대한 충성의 확실한 표지이며, 근본적인 갱신의 징조다.

여섯째, 생명력 있고 성경에 충실한 교회는 하나님나라에 반하여 작동하는 사회의 양상 및 추세들과 긴장 관계 속에서 사는 대항 공동체이다. 신실한 교회는 세상적 힘에 대항하여 싸운다. 그런 교회는 가시적으로 그리스도와 닮은, 하나님나라 중심적인 삶을 산다.

쿼 바디스Quo Vadis 한국교회여!

지금 한국교회는 어디로 가고 있는가? 오늘날 세계는 극도의 아노미anomy현상에 처해 있다. 전통적 가치관의 급격한 붕괴와 다양한 가치관의 유입, 급속한 물질문명의 발전과 이에 미치지 못하는 저급한 정신적 수준이 날로 확대되고, 산업화와 증대되는 생태계 파괴로 말미암은 정신적 고향 상실과 무의미의 증가로 정신적 윤리적 혼란이 점차 사회의 저변에 폭넓게 스며들고 있다.

이러한 때에 교회는 대조사회로서 이 세계의 한복판에서 세상의 소금과 빛의 역할을 감당해야 한다. 만약 교회가 세상과 자신을 분리시키려 한다든지 거꾸로 사회와 자신을 일치시키려 한다면 교회가 존재해야 할 의미는 사라지는 것이다. 그렇게 되면 교회는 세상 안에서 세상과 대면하며 감당해야 할 자신의 가치와 목표를 상실하고 변종이 되거나 종교의 잔해로 머물고 말 것이다. 우리는 지금 이런 위기 앞에 서 있다. 한국교회에서 뜻있는 사람들이라면 한국교회가 존망의 위기에 처해있다는 말에 공감할 것이다.

미국 일간 월 스트리트저널WSJ은 2015년 1월 3일자 보도에서 세계적으로 교회당이 폐쇄되고 있는 현실을 보도했다. 네덜란드, 영국, 덴마크, 독일 등지에서 몇 년 사이에 수천 곳의 교회당이 상가, 체육시설, 술집, 서점, 서커스 훈련학교, 여성의류 패션상점, 슈퍼마켓, 꽃가게 등으로 전환되고 있으며, 이것은 개신교나 가톨릭교회나 마찬가지라고 종교학자들은 말한다고 보도했다. 미국에서도 2000년-2010년 사이에 5,000여곳의 교회당이 새로 생겼지만 신자가 오히려 3%가 줄어 머지않아 유럽과 같은 추세가 일어날 것으로 전망하고 있다.

한국교회라고 여기에서 제외될 수 있겠는가? 남의 일 같은가?

지금 하나님나라가 세상나라에 대한 복된 공격은 커녕 오히려 세상나라에 의해 하나님나라가 무차별적으로 공격당하는 안타까운 현실이다. 하나님나라의 전진 기지인 교회는 모든 영역에서 성경적 세계관과 하나님나라 관점에서 볼 줄 아는 제자들이 정치, 경제, 사회, 노동, 교육, 환경, 예술, 학문 등 여러 분야에서 국가적으로 아니 세계적으로 훌륭한 그리스도인 인재들이 나오기를 바란다. 이러한 제자들이 나오지 않는다면 세계의 모든 영역은 세상나라의 독무대가 될지도 모를 상황이다.

교회는 신학적 실체이면서 사회적 실체요 윤리적 실체이기도 하다.

교회가 아무리 이 세상과는 상관없다고 말해도 교회는 세상 안에 존재함으로써 사회적 윤리적 실체임을 드러낸다. 그러므로 교회는 사회 안에서 윤리적 규범과 행동 목표를 제시하고 스스로 모범적인 모임으로 대조사회로서 사명을 다해야 한다. 특히 오늘날과 같은 인간성 파괴, 윤리적 규범의 혼란 그리고 극도의 물질주의와 이기주의를 대적할 수 있으려면 교회는 더한층 자신의 윤리적 삶의 근거를 확고하게 해야 할 것이다. 313년 콘스탄티누스 이전만 하더라도 대조사회로서의 기능을 감당했던 교회가 교회권력이 상층부로 이동하면서부터 지배 이데올로기에 편입되고, 근래에 와선 자본주의 발전에 편승하여 이집트의 고깃가마를 선호힘으로써 교회는 윤리적 혼란의 방파제가 되기보다는 오히려 그들과 똑같은 사람들이 되어가고 있다. 사실상 한국교회는 기득권에 혈안이 되어 있고 탐욕적이 되었다. 새미래, 여명의 아침, 더 밝은 빛을 발하지 못하는 불구의 신세를 면치 못하는 상황이다.

교회는 이 세상의 한복판에서 하나님나라가 무엇인가를 보여 주도록 부름을 받았다. 그럼에도 불구하고 사실상 한국의 보수 교회는 성경이 말하는 하나님나라 진리를 보수한 것이 아니라, 자끄 엘륄이 말하듯이 주류적 지배 이데올로기의 포로가 되었다. 즉 일본 강점기 때는 친일 기독교, 반공독재시대는 반공독재 옹호 기독교, 신자유주의 무한경쟁 시대에는 신자유주의적 기독교가 교회와의 연결 고리를 강하게 붙들고 보수하고 있다. 기독교 정당을 대표하는 후보가 대통령이 되고 장관이 되고 사장이 된다고 해서 하나님나라의 다스림이 그 영역에 자동으로 관철된다고 생각하는 것이야말로 큰 착각이다. 우리나라 인구의 60퍼센트 이상이 교회에 다녀야 하나님나라가 왕성해질 것이라고 믿어서도 곤란하다. 하나님나라 운동은 국가나 학교나 기업의 운영 원리에 획기적인 변화를 요구하는 것이지, 단순히 기독교적 가치를 밖으로 표방하는데 머물지 않기 때문이다.

이러한 가운데, 소위 한국의 보수적 교회들은 중립적 무풍지대에 머물며 보수적인 기득권 세력의 요새를 엄호하는 형국이다. 터질 듯한 위기감으로 더욱 격해지고 사나워지는 민심의 파도를 읽지 못하고 있다. 이리하여 한국교회는 민심으로부터 멀어져 버렸다.

억울하고 원통한 눈물이 얼마나 더 쏟아져야 한국교회가 철이 들 것인가? 억울하게 흘린 눈물과 희생은 정의를 요구하는 아벨의 피이다. 구원과 해방을 호소하는 아우성이다. 이 핏빛 아우성에 한국교회는 어떻게 응답할 것인가? 아벨의 부르짖음은, 아벨의 피보다 더 낫게 말하는 그리스도의 '피'가 흘러내릴 때에야 멈춰지지 않겠는가?김회권, 『청년설교 1』

폴란드 출신 셍키에비치Sienkiewcz,Henry는 『쿠오바디스』를 쓴 작가이자 자신의 조국 폴란드의 해방운동과 국제 적십자 구호활동을 하다가 죽었다. 정의와 진리가 결국은 승리한다는 믿음으로 프랑스로부터 독립 투쟁을 하는 백성을 격려하기 위해 이 작품을 썼다. 그러나 이 작품은 네로Nero의 치하에서 초대교회가 얼마나 큰 박해를 받았는지를 중심으로 한 내용이다. 이 작품은 1905년 노벨문학상을 받은 작품으로 영화화됨으로써 20세기 최고의 흥행영화가 되었다. 베드로, 바울, 네로, 세네카, 비니키우스등 10여 명의 실재 인물들이 등장하는 이 소설은 초대교회가 어떻게 핍박을 받았는가를 보여 줄 뿐만 아니라 비록 픽션이지만, 당시 로마의 풍속, 종교, 오락, 주택, 의복, 보석 등을 잘 보여 주고 있다.

이 작품에 '쿠오바디스 도미네' 라는 말이 나온다. 로마에서 모든 기독교인이 핍박받는 상황에서 베드로와 바울도 활동하고 있었다. 기독교를 대표하는 두 사람과 비니키우스와 리지아와의 사랑에 초점이 맞추어졌다. 예수님의 수제자인 베드로 주위에 있는 교인들은 베드로에게 더 큰 일을 위해 로마를 탈출할 것을 강권한다. 마침내 베드로는 로마를 탈출하기로 마음을 잡았다. 그리고 새벽 미명에 로마를 떠나 천천히 걸어가고 있었다. 해가 밝을 무렵 환한 광채가 베드로에게 이르자 베드로는 갑자기 무릎을 꿇었다. 예수님이 환상으로 나타나신 것이다. 베드로는 지금 로마를 탈출하기 위해 가고 있는데 예수님께서는 자기와는 반대로 로마를 향해 오고 계시지 않는가. 이에 깜짝 놀란 베드로는 무릎을 꿇고 예수님을 향해 신음하듯이 "주여, 어디로 가시나이까"Quo Vadis Domine라고 외친다. 베드로는 "네가 돌아가서 죽지 않으면 내가 다시 십자가에 못 박혀야 한다"는 음성을 듣는다. 이에 베드로는 즉시 일어나 로마를 향하여 걸음을 옮겼고 몇 년 설교와 전도를 하다가 결국 로마군에 잡혀 죽게 된다.

이 모습 속에 오늘의 한국교회가 투영되어 있지 아니한가? 한국교회는 다시 예수님을 못 박으려 하는가? 한국교회는 로마를 떠나는 베드로 앞에 말씀하고 계시는 예수님의 음성이 들리지 않는가? 사데 교회와 같이 "내가 네 행위를 아노니 네가 살았다 하는 이름은 가졌으나 죽은" 교회는 아닌가?계 3:1)

여기에 한국교회는 응답해야 한다!
이웃의 피눈물을 외면하고 못 본체 하는 한국교회는 민심과 멀리 떨어진 자기만의 수구집단으로 전락하고 있으니 얼마나 안타까운 일인가! 부끄럽게도 한국교회는 믿지 않는 사람들에게 호감을 주지 못하고 있다. 통계에 의하면 종교 호감도에서 천주교, 불교, 개신교 순서로 나타난다. 이것은 한국교회가 사람들에게 관심의 대상이 되지 못하고 있다는 엄숙한 현실을 보여주고 있다.

그렇지 않아도 한국교회는 개독교라 불린 지 오래고 잡상인이나 해충이라 부른다니 참으로 충격적이 아닐 수 없다. 교회가 세상을 걱정하고 그들을 위해 도움을 주는 곳이 되어야 하는데 세상이 교회를 걱정하는 현실이라니! 목사가 되려 했던 반 고흐Vincent van Gogh, 1853-1900는 19세기 말 당시 네델란드의 부패한 교회의 모습을 보면서 〈별이 빛나는 밤에〉를 그렸다.

빈센트 반 고흐, 〈별이 빛나는 밤에〉 1889, 미국 뉴욕 현대미술관

화면의 위쪽 2/3부분은 노랑색과 청색으로 되어 있는데 노랑색은 하나님의 사랑을 상징하고, 청색은 하나님의 무한하심을 상징한다. 그리고 화면의 아래 1/3 부분은 교회를 중심으로 세상을 그리고 있다. 세상에는 어느 정도 하나님의 사랑과 하나님의 무한하심이 약간 반사되어 있지만 그림의 정 중앙에 위치한 교회당은 빛을 발산하지 못하는 검정색으로 그리고 있다. 하나님은 분명 살아 계시지만 교회는 부패와 타락했다고 말한다.스카이 제서니, 「하나님을 팝니다」, 42-43, 74-75

쿠오바디스 한국교회여!

하나님이여, 한국교회와 지도자들을 떠나지 마시고 성령님을 보내셔서 스스로 갱신과 옛 구조를 허물어뜨리는 변화를 경험하게 하옵소서. 이 땅의 하나님나라의 교회가 세상나라의 질서를 역전시키며 전복시키는 하나님의 크신 도구가 될 수 있도록 회복을 허락하옵소서. 한국교회가 철저하게 회개하는 역사가 일어나 세상나라와는 다른 대조사회를 이루어 이 땅을 변화시키는 대안사회가 될 수 있도록 하여 주시고, 하나님나라의 전진기지가 되게 하여 주옵소서. 우리의 큰 희망인 '새 하늘과 새 땅'에 대한 흔들림 없는 비전을 가지고 하나님이 원하시는 정의와 샬롬, 안식의 세계를 이 땅에 이루어 갈 수 있는 능력을 주옵소서! 아멘 *

16 하나님나라와 새 하늘과 새 땅

성경은 위대한 미래의 모습을 보여준다. 우리는 미래를 가만히 앉아 기다리고만 있을 것이 아니라, 능동적이며 적극적으로 기다려야 한다. 무기 제조업자에게 평화의 도구를 만들라고 지금 외쳐야 한다. 정의가 이 땅에 가득 차도록 지금 노력해야 한다. 하나님 백성의 공동체인 교회는 복종을 통해 적극적으로 일할 때 새 예루살렘의 삶을 준비하는 것이다.

지금 고통받는 자들을 위해 시간과 몸을 바쳐라. 지금 마음이 상한 자를 위로하라. 지금 내 형제 자매를 사랑하라. 지금 굶주린 자들을 먹이라. 지금 바로 이것을 행함으로 하나님 영광의 빛을 조금이라도 경험할 수 있다. 주님께서 그분의 때에 이루어질 것이라는 우리의 확신과 희망은 오늘 우리가 그리스도의 제자답게 살기를 요청받고 있다. 그렇다고 우리에게 자랑 할 것이 있는가? "우리가 주님께 명령 받은 것을 다 행한 후에라도 우리는 무익한 종이라 우리가 해야 할 일을 한 것 뿐이라"눅17:10 고백해야 할 것이다.

하워드 요더는 "역사와 인간의 노력은 하나님의 계획 안에서만 이해될 수 있다. 삶을 궁극적 목표에서 볼 수 없다면 인간의 노력은 아무런 의미도 없을 뿐만 아니라, 엄격하게 말하면 역사도 존재하지 않는다. 종말eschaton 혹은 최후의 사건은 오늘의 삶에 의미를 부여하며,

그렇지 않다면 삶은 아무 의미가 없게 된다. 희망은 현재의 절망에 도전하고, 그것에 의미를 부여하는 아직은 보이지 않는 목표에 따라 현재의 위치를 정의한다. 이것이 기독교 종말론이 의미하는 것이다."하워드 요더, 『근원적 혁명』 이와같이 기독교에 있어서 종말론eschatology은 단지 세계의 끝에 관한 문제가 아니라 인간의 목적과 삶의 의미에 관한 중대한 주제다. 영어의 단어 'end'는 종말과 목적이라는 두 가지 의미를 가지고 있다. 인간이 자신의 삶과 고통의 의미를 알지 못한다면 절망할 정도로 답답한 일이다. 수많은 사람들이 역사에 관심을 갖고, 의미가 있을 것이라 생각하는 것은 그저 한가하고 호사스런 취미만은 아니다. 이는 하나님께서 과거 역사 속에서 일해 오셨고 계속해서 우리 가운데서 활동하신다는 약속에 대한 확신으로부터 필연적으로 생겨나는 관심이다.

사람이 죽으면 어떻게 되는가? 어디로 가는가? 이 문제는 한국교회에서 매우 중요한 주제다. 한국 보수주의 교회가 종말에 대한 관심이 많으면서도 그 오해가 너무 크기 때문이다. 기독교 종말론에는 개인적 종말론과 역사적 종말론으로 나눈다. 개인적 종말론은 지금 우리가 죽으면 어떻게 될 것인가 하는 문제를 다룬다. 먼저 개인적 종말론에 대하여 살펴보자. 개인적 종말론과 역사적 종말론 사이를 "중간상태"라 부른다. 중간상태는 여러 가지 견해로 나누어 지지만, 여기서는 다섯가지 견해를 살펴보기로 한다.

개인적 종말론과 중간상태

첫째 영혼불멸설이다. 초대교회에서 가장 큰 위험은 영지주의였다. 영지주의는 영혼과 육체의 이원론적 인간을 가르킨다. 인간의 본질은 몸에 있는 것이 아니라 영혼에 있다는 것이다. 몸은 물질적이다. 그러므로 이들은 영혼이 육체의 감옥에 갇혀 있다고 말한다.

영지주의에 반하여 초대교회는 몸의 부활을 고백하였다. 사도신경의 "몸이 다시 사는 것"은 몸과 영혼이 부활을 통하여 온전한 하나의 인간이 되는 것을 말한다.

영혼불멸설은 지구 위에 있는 거의 모든 종교의 공통된 사상이라고 말할 수 있다. 이것은 한국의 전통종교들은 물론 민속 신앙에서도 발견된다. 유교의 조상 제사도 영혼의 불멸을 전제한다. 그런데 놀랍게도 한국교회는 예배시간에는 사도신경을 통하여 "몸이 다시 사는 것", 곧 몸의 부활을 고백하면서도 장례식에서 많은 목사들은 거의 예외 없이 영혼불멸을 설교함으로써 장례식에 참여한 가족들의 마음을 위로하려 한다. 어쩌면 성경에 대한 무지에서 온 것일까. 이러한 설교는 교인들에게는 잘못이요, 성경이 말하는 희망을 파괴하는 것이다.

영혼불멸설을 가장 체계 있게 기술한 가장 최초의 인물은 플라톤으로 알려져 있다. 영혼불멸설에서 죽음은 생명의 충격적인 끝이나 파괴가 아니라 육체로부터 영혼의 분리와 해방이며 영혼만의 구원을 말한다. 죽음 후 영혼은 육체의 감옥을 벗어나 영원한 신의 세계로 돌아가며 육체 없이 존재한다고 말한다.

플라톤은 죽음이 슬프고 경악스러운 것이 아니라 축제와 같은 것으로 생각했다. 소크라테스가 죽음 앞에서 태연하게 죽은 것과 예수님께서 죽음 앞에서 말할 수 없는 괴로움과 고통을 보이신 것은 바로 이 영혼불멸설과 관련된다.

영혼불멸설은 영혼과 육체, 차안과 피안의 이원론에 근거하기 때문에 인간의 물질적이며 육체적인 현실과 차안의 구체적인 현실을 경시하거나 천시하는 잘못된 사고방식과 삶의 태도를 조장한다는 것에 대해서 앞에서 강조했다.

기독교 신앙은 영혼불멸설이 아니라 몸과 영혼이 결합하는 부활 신앙이다. 부활 신앙 안에도 영혼이 불멸하기 때문에 영혼불멸을 말하는 것도 맞지 않으냐고 말할 수 있을지 모르지만, 영혼불멸설과 부활 신앙은 전혀 다른 것이다. 사도신경 마지막 구절에서 그 당시 그리스-로마 문화권 속에 보편화 되어 있던 영혼불멸을 고백하지 않고, 죽은 자들의 부활을 고백한 것은 결코 우연이 아니고 성경의 확신을 말하는 것이다.

둘째, 연옥설이다. 연옥설은 가톨릭교회와 개신교회의 신학 토론에서 아직 극복되지 않은 어려운 장벽으로 남아 있다. "연옥"이란 정화의 장소 또는 정화하는 불이라는 뜻이 있다. 이것은 죽은 자들이 아직 씻지 못한 죄로부터 정화되기 위하여 머무는 불이 타는 장소를 가리킨다. 연옥설에 대한 가장 고전적인 성경의 근거는 고린도전서 3:10~15에 둔다. 연옥설은 1336년 교황 베네딕트 12세의 교설을 통하여 가톨릭교회의 공적 교리가 되었다. 이 세상에 사는 그리스도인들의 삶이 끊임없는 참회와 성화의 과정인 것처럼 죽은 자들의 영혼도 연옥의 불 속에서 참회하며 죄에 대한 벌을 받고 정화된다는 것이다. 연옥설을 가장 격렬하게 비판한 사람들은 종교개혁가들이다. 이들은 연옥이란 하나님의 조건 없는 은혜와 절대적 사랑에 모순된다고 말한다. 죽음 후에도 하나님의 죄 용서가 있다면 그것은 하나님의 조건 없는 은혜와 사랑으로 가능한 것이지, 인간이 연옥에서 벌을 받음으로써 또한, 살아 있는 사람들이 죽은 사람들을 위하여 하나님에게 바치는 기도나 헌물의 업적을 통해서 구원할 수 있다는 것은 있을 수 없다. 재미있는 것은 연옥설이 영혼불멸설에 근거한다는 사실이다. 연옥설은 몸 없는 영혼의 계속적 존속을 의미한다. 이처럼 연옥설은 구원이 인간의 공로로 가능하다는 것을 말하는 것이며 그것도 다른 사람의 공로로 구원을 얻을 수 있다는 것은 비성경적이라고 말할 수밖에 없다. 연옥설은 실제로 헌금 또는 헌물로 연옥에 있는 사람들의 죄를 경감 하거나 천국으로 갈 수 있다는 미혹으로 중세 가톨릭교회가 부패하는 동기가 되었고 결국 개신교의 탄생을 불러왔다.

셋째, 수면설이다. 루터를 비롯한 많은 학자들도 죽은 자들의 상태를 시간과 공간의 제약을 벗어나 의식과 지각이 없는 깊은 잠으로 생각한다. 우리가 밤에 시계 소리를 듣지만 얼마나 오랫동안 잠을 잤는지 알지 못하는 것처럼 죽음 속에서는 수천 년이 이보다 더 빨리 지나갈 것을 말한다. 하나님 앞에서는 시간의 계산이 없기 때문에 그 분 앞에서는 천 년이 하루 같고 하루가 천 년 같다. 중간 상태를 수면의 상태로 보는 견해는 성경적으로 상당한 근거를 가진다. 예를 들면 회당장 야이로의 딸이 죽었을 때 예수님께서는 "그 아이는 죽은 것이 아니라 자고 있다.막5:39" 또 죽은 나사로를 살리시면서 "잠들었다" 말씀하신다.요11:11 누가도 스데반의 죽음을 잠자는 상태에 들어가는 것으로 말한다.행7:60 죽음에서 부활한 예수님은 "잠자는 자들의 첫열매"고전15:20다. 신약성경의 잠의 표상은 구약성경에 그 뿌리를 가진다. 구약성경에도 죽은 자들을 "잠자는 자들"로 생각 한다. 모세는 죽은 다음 그의 조상들과 함께 "잠든 것이다."신31:16 "다윗은 수한이 차서 조상들과 함께 잘 것이다."삼하7:12 이와 같이 죽음을 잠의 유비로 사용하는 것은 죽음을 통하여 무無로 돌아가는 것이 아니라 그리스도의 주권과 사귐 속으로 들어가며 마지막 부활이 일어날 때까지 그리스도 안에서 잠자는 상태에 있다는 것이다.

넷째, 멸절설이다. 반 데 리유G. Vanderleeuw는 멸절설을 주장했다. 멸절설은 사람이 죽을 때 영혼과 육체가 함께 완전히 없어져 버린다고 말한다. 그러나 인간은 부활할 때 새 생명을 얻게 되는데 이것은 하나님의 놀라운 행위로 얼마든지 가능하다는 것이다. 그러므로 우리의 현재 생명과 부활의 생명 사이에 계속성이 없다고 말한다. 하나님께서는 우리를 무에서 유로 만드신 것처럼 인간의 죽음으로 인간은 멸절되었으나 "하나님은 죽은 자를 살리시며 없는 것 가운데서 있는 것으로 부르시는" 분은롬4:17 인간이 죽음을 통해 완전히 멸절되고 파괴된 생명 속에서 완전히 새로운 생명을 창조하신다는 것이다. 이러한 멸절설에 대하여 비판적 학자들은 루터교 신학자인 폴 알트하우스Paul Althaus이다. 알트하우스는 영혼은 몸이 없이도 독립적이고 연속된 존재가 된다고 가정하고 있기 때문에 배격돼야 하며 또한 이 점에서 플라톤의 철학이 가미되어 있다고 말한다. 멸절설은 매우 개인주의적인 것으로 다른 사람들과의 교제보다는 개인적 복만을 강조하게 되고 우주적 구속, 하나님 나라의 도래, 교회의 완성 등과 같은 것을 무시하게 되어버린다는 것이다.

다섯째, 그리스도와 함께 하는 안식기이다. 나는 개인적으로 이 견해가 성경적이라고 본다. 한국교회는 많은 교인들은 죽으면 곧 바로 천당, 천국으로 가는 것으로 아는 사람들이 대부분이다. 그러나 놀랍게도 성경은 벌카우워 G.C Bercouwer 등 복음주의 신학자들은 "우리가 죽은 다음에 어떻게 될지에 대하여 '속삭이듯 말할 뿐' 성경이 일관된 대답을 주지 않는다고 말한다. 여기서 '속삭이듯 말한다'는 말은 성경이 중간상태에 대하여 분명하게 말하지 않는다는 뜻이다. 그렇다고 우리가 중간 상태에 대하여 연구할 필요가 없다는 말은 아니다.

죽은 자의 몸의 부활은 언제 일어날 것인가? 시간의 끝 즉 종말에 일어난다. 요한계시록 20장 14절이 종말의 승리 즉 "사망이 불못에 던지워 질것이다"라고 말하고 있는 것은 죽음이 사라질 것을 말하는 것이다. 또 고린도전서 15장 26절에서도 "맨 나중에 멸망 받을 원수는 사망이니라"고 말한다. 여기서 오스카 쿨만Oscar Cullmann의 설명을 들어보자.

개개인의 죽음 후에 즉시 몸이 변화하지 않는다. 그리스도 안에서 죽은 자는 아직도 시간 안에 존재하고 있으며 그들도 역시 종말을 기다리고 있다. 계시록에 의하면 제단에 있는 순교자들이 "어느 때까지 심판하실 것 입니까?" 부르짖고 있다.6:10 또 "오늘 너는 나와 함께 낙원에 있으리라."눅23:48는 예수님께서 십자가 위에서 하신 말씀이나, "나사로가 아브라함의 품에 곧 들어갔다"눅16:22는 부자의 비유나 또는 "나는 떠나서 그리스도와 함께 있기를 원하노라"빌1:23 말씀들이 죽은 후 곧 바로 몸이 부활한다는 주장의 근거로 여겨지고 있으나 결코 합당한 주장이 아니다. 위의 말씀 중 어디서도 몸의 부활에 대한 말씀을 찾아 볼 수 없다. 이와같은 은유images들은 종말 전에 그리스도 안에서 죽은 자들의 상태 곧 산자와 같이 죽은 자들에게 주어질 그 중간 상태에 대하여 말하고 있다. 이 모든 은유는 그리스도와 특별히 가까이 있다는 것을 말하고 있을 뿐이다. 바울이 가장 많이 쓰는 은유는 "잔다"는 말이다. 비록 죽은 자들이 아직 몸을 갖지 못하고 '잠자는' 상태에 있을 지라도고후5:8~10 그럼에도 불구하고 죽은 자들은 그리스도와 가까이 있다는 것을 말한다.

예수님의 십자가와 부활 이후 사망은 그 두려움과 쏘는 것을 잃었다. 사망이 궁극적인 대적으로 머물러 있을지라도 이 사망은 이제 아무런 궁극적인 의미를 갖지 못한다. 왜냐하면 그리스도 안에 있는 자는 진실로 지금 곧 부활의 권세 곧 성령님의 품에 거하기 때문이다. 그러므로 이 중간 상태에서도 그리스도께서 가까이 계신다는 위대한 사실에 대하여 우리는 확신을 가지고 평안을 누려야 한다. 예수님께서 이 땅에서 부활하신 날 이후 지금 살아 있는 우리는 성령님 안에 있다. 우리가 아는대로 성령님은 생명의 권세다. 사망은 성령님을 대적하지 못한다. 무서운 죽음에 저버림, 하나님으로부터의 이탈은 이제 존재하지 않는다.

지금 우리는 살아 있는 자도 기다리고 있고, 죽은 자도 기다린다. 물론 시간의 리듬rhythm은 죽은 자에게 있어서는 산 자와 다른 것이다. 성경의 부활 소망은 헬라적인 영혼불멸과는 전혀 다르다는 것을 우리는 알아야 한다.오스카 쿨만,『영혼불멸과 죽은 자의 부활』

특히 요한복음 14장 1-3절은 목사들이 장례식 때 자주 인용하는 본문으로 죽으면 곧 바로 천국-하나님나라로 가는 것으로 유가족들을 위로하려고 한다. 그들은 거할 곳, 혹은 처소를 바로 완성된 하나님나라로서의 천국이라고 말하며 죽은 신자가 죽자마자 바로 천국으로 들어간다고 설교한다. 그러나 14장 전체에서 목사들이 천국을 가리

킨다고 여겨지는 '거처들'거할 곳들, mone: 요 14:2, 23에 두 번 사용, 혹은 '처
소'topos: 14:2, 3에 두 번 사용의 뜻은 최종적인 안식처를 말하는 것이 아니
라 죽은 성도가 몸의 부활을 통해 완전히 영광스럽게 변화되기 이전
의 중간대기 장소를 가리키는 말로 보는 것이 더 적절한 이해다. '거
처'란 다른 곳으로 가게 되는 긴 여정에서 일시적으로 멈추는 장소를
말한다. 14장 전체 본문에서 예수님께서 "이 땅을 떠나 내가 다시 거
처를 만든 다음 다시 오리라"는 말씀은 지금 신자가 죽으면 소위 천
당이나 천국으로 간다는 말씀이 아니다. 이 본문의 뜻은 예수님께
서 이 땅을 떠나신 후 보혜사 성령님을 보내시고 우리를 고아와 같이
버려두지 않을 것을 말씀하심에 있다.요14:16-18 '여기서 말하는 처소
들, 혹은 거처는 차라리 유대교 회당과 성전이라는 신앙모태를 잃어
버린 초기 이스라엘 그리스도인들에게 교회를 가리키는 용어로 보
인다. 교회는 그리스도의 영이 계신 곳이며 곧 하나님 아버지가 함께
하시는 거처였다. 신자들은 고아처럼 유기되지 않고 교회라는 새 거
처, 처소 안에서 하나님과 그리스도와 함께 거하게 될 것이라는 약속
인 것이다. 성령님께서 교회 안에 계셔서 신자들에게 "모든 것을 가
르치시고 그분께서 하신 말씀을 생각나게 하실 것이다."요14:26 그러
므로 요한복음 14장 1-3절을 인용하여 신자가 죽으면 곧바로 천국-
하나님나라로 직행한다는 설교는 그 동기의 순수성에도 불구하고 다
소 지나친 해석으로 보인다. 이 주제는 이후에 나오는 소멸설과 갱신
설에서 다룬다.

결국 요한복음 14장 1-3절은 요한복음 14장을 전체로 볼 때 그 뜻
이 명확해 진다. 영육 통일체에서만 인간은 완전한 것이다. 성경이
말하는 중심적인 희망은 영혼이 단순히 계속 영원히 존재 한다고 하

는 헬라 이원론이 아니라 육체의 부활에 있다. 성경은 인간이 죽을 때 그 곳이 어느 곳이 됐든 하나님의 사랑과 은혜가 충만한 곳이라고 말한다. 그러나 아직 부활의 몸이 없기 때문에 완전한 구원은 아니다. 우리 주님께서 다시 오실 때까지 잠정적 기간이라고 보아야 할 것이다. 김세윤, 『요한복음』; 레온 모리스, 『요한복음』; 그랜트 오스본, 『요한복음주석』; 거라드 S. 슬로얀 『요한복음주석』; 톰 라이트, 『마침내 드러난 하나님나라』

참고로 성경이 말하는 중간상태의 이론은 아니지만, 많은 종교와 사람들이 관심을 갖고 있는 윤회설이다. 윤회설은 고대 종교들과 민속신앙들에 나타나는 거의 공통적 현상이다. 이 현상은 고대 이집트의 종교와 가나안 종교는 물론 그리스 철학과 로마의 종교 사상에서 또 힌두교, 불교 등에서 광범위하게 나타난다. 윤회설은 두 가지 형태로 나타나는데, 첫째 죽은 자의 영혼이 그의 친족이나 부족의 구성원 속에서 다시 태어난다고 믿는 형태와, 둘째 영혼이 식물이나 동물 혹은 벌레 속에서 완전히 변형된다고 믿는 형태로 나타난다. 윤회설은 철저한 인과응보에 근거하고 있다. 악하게 살면 그 결과로 다음의 삶에서 그만큼 고통스럽게 살게 되고, 선하게 살면 그만큼 행복하게 살게 된다는 것이다. 여기에는 행위와 그 결과에 엄격한 법칙이 있을 뿐 용서가 없다. 인간이 자신의 능력으로 이룰 수 있는 업적이 그의 장래를 결정한다. 그는 자기를 왕자로 만들 수도 있고 구더기로 만들 수도 있다. 그는 홀로 자기 삶을 책임져야 한다. 그가 행한 모든 악한 행위는 용서받거나 잊히지 않고, 다음의 삶에서 철저히 보응을 받는다.

이 다섯 가지 견해 중 윤회설을 제외하고는 약간씩은 성경의 지지를 받고 있다. 신약성경의 여러 증언에 따르면 "수면설"이 좀 더 성경적인 견해로 보이나 이 견해로도 개인적 종말론의 신비를 다 설명하기는 힘들어 보인다. 결국 하나의 학설만 가지고는 죽음 이후 그리고 '새 하늘과 새 땅'이 세워지기 전에 죽은 성도의 존재가 어떤 상태에 있는지를 설명하는데 그 어떤 학설로도 어렵다. 따라서 교회사에 나타난 여러 학설들 중 하나를 교조적으로 취하기보다는 참고자료로 간주하고 성경의 보다 더 복합적이고 미묘한 증언에 귀를 기울이는 것이 좋다고 본다.

역사적 종말론우주적 종말론

지금까지 개인이 죽으면 그 이후 어떻게 될 것인가를 살펴보았다. 이제 우리는 역사의 종말론 또는 우주적 종말론이 무엇인가를 살펴본다. 사람은 죽음으로 모든 것이 끝장나 버리는가? 그러나 성경은 매우 분명하게 죽음 이후의 삶 그 이후 삶에 대하여 확실하게 증언하고 있다. 그것은 바로 '새 하늘과 새 땅'의 비전이다.

새 하늘과 새 땅의 비전은 오늘날 인간의 죄와 어둠 속에 갇힌 세계의 눈으로만 보면 실현 가능성이 전혀 없어 보인다. 그러나 하나님은 무에서 유를 창조하시며, 죽은 자를 살리시는 분이시다.롬4:17 인간의 죄로 말미암은 절망적인 상황도 하나님의 선한 의지와 능력과 목적 앞에서 한계가 될 수 없다. 하나님은 하나님이시기 때문이다. 하나님은 그의 약속을 영원히 기억하시면서 그것을 지킬 것이다. 하나님은 악을 선으로 만드시는 분이시다. 인간은 어떤 힘으로도 결코 하나님나라를 만들 수 없다. 인간은 스스로 구원할 수 없다.

그렇다면, 우리의 미래에 과연 희망은 있는가. 온갖 죄악과 탐욕과 그리고 이기심과 좌절로 가득 차있는 이 세상에 희망이 있는가? 성경은 분명하고 단호하게 희망이 있다고 말한다. 그것이 바로 하나님나라의 미래인 '새 하늘과 새 땅'이다. 이 말은 인간에게 미래가 있음을 보여주는 강력한 희망의 메타포metaphor이다. 우리는 십자가에 달리신 분의 부활을 회상하면서 앞을 바라보는 신앙 그리고 희망과 기대에 차서 그의 도래를 대망하는 삶을 산다. 그리스도의 부활과 승천 사건 이후의 역사는 예수님의 다시 오심의 지연이며 회개를 위한 하나님의 인내를 드러내기 위한 시간이다.롬2:3~5

반드시 도래할 궁극적 승리, 그리스도의 우주적 영광 그리고 새로운 창조에 대한 확신과 희망을 품도록 우리는 다시 태어났다. "부활과 재림의 희망은 새로운 현실 이해를 가진다. 교회 공동체는 온 세상을 위해, 만인을 위해, 모든 그리스도인을 위해 그리고 자신을 위해 희망하는 존재다. 희망만큼 우리의 생각과 행동들의 강력한 동기가 되는 것은 없다."크라우스, 『조직신학』

희망의 근거, 부활과 재림

신앙과 희망은 하나님이 그 도래 가운데서 말씀하신 약속에 근거해 있다. 하나님의 말씀은 새로운 삶의 보이지 않는 근거와 기원이며 십자가에 달리신 분의 부활을 통해 이미 성취된 미래적인 하나님나라의 완성에 대한 약속이다. 그러므로 그리스도인의 공동체는 희망 안에서 기다리며 서둘러 가도록 촉구된다. 그러나 그 기다림은 수동적 태도가 아니라 긴장 속에서 살펴보고 망을 보고 서둘러 마중 가는 것이다. 희망하는 사람들은 인간들과 각종 세력, 이데올로기들과 다른 우상들을 향하지 않고 인내와 신념을 지니고 해방자와 구원자를 기다린다. 왜냐하면, 희망하기보다는 상실감을 품고 절망하는 것은 예수 그리스도를 부정하는 것과 같기 때문이다. 그리스도를 희망하는 사람들은 더는 주어진 현실에 만족할 수 없고 그 현실에 고난 당하며 그 현실 속에서 항거하기 시작한다.크라우스, 『조직신학』

부활과 재림의 희망은 교회 공동체 안에서 그리고 정치와 사회 안에서 새로운 기동력을 보여주는 변혁의 힘이다. 우리의 시선은 미래를 향해 있다. 어떤 사람들은 그리스도의 재림을 정신적으로만 생각하는 사람들이 있다. 이런 생각의 배후에는 하나님나라의 현실적인 역사에 대한 경시와 이 나라가 완성하려는 피조세계의 경멸이 숨기어 있다. 이러한 생각을 하는 사람들은 앞에서 말한 플라톤적 이원론자들이다. 역사에 대한 포기와 세계의 부정은 예수님의 재림을 부정하는 것이다. 신약성경은 하나님의 날을 기다리며 그날을 향해 서둘러 가는 삶이 되도록 전향적이며 종말론적인 방향성을 보여준다. 시간의 저편에서가 아니라 하나님의 새로운 창조에 의해 눈으로 보지 못하고 귀로 듣지 못하고 마음으로 생각지 못했던 그리고 인간의 감각으로 나타낼 수 없고 파악할 수 없는 완성이 이루어진다.고전2:9 현재 세계의 철저하고 전체적인 변혁과 갱신의 희망이 모든 인간의 삶에 신체적 측면, 심리적 측면, 정신적 측면, 사회적 측면에서 나타난다. 그것은 빈곤과 곤경, 질병과 불행, 억압과 착취가 최종적으로 그리고 궁극적으로 제거되고 다양한 형태의 죽음의 세력이 다시는 작용하지 않는 새 하늘과 새 땅에 대한 희망이다. 성경에 의하면 인간 세계는 한 마디로 죄와 죽음의 세계이다. 그것은 죄로 말미암아 파멸할 수밖에 없다. 그것은 이미 죽음이다.

그럼에도 불구하고 성경은 하나님이 이 세상을 사랑하시고 구원하는 행동에 대하여 이야기한다. 인간은 하나님께 불성실하지만, 하나님은 인간에 대해 그의 성실하신 언약을 지키실 것이다. 그러므로 하나님은 이 세계를 포기하지 않고 언젠가 그것을 완성할 것이다. 기독교 종말론은 성경이 말하는 하나님의 창조에 근거하여 새로운 종말을 세계의 완성으로 파악한다. 만물이 하나님으로 말미암아 있게 되었다. 따라서 만물이 하나님이 구원하시는 역사에 참여한다. 만물의 시작이 하나님께 있으므로 만물의 종말도 하나님께 있다. 만물이 그의 사랑의 의지 가운데서 시작되었기 때문에 만물의 마지막도 그의 사랑의 의지 가운데 이루어질 것이다. 하나님의 아들이 인간의 몸을 입고 이 세상에 들어왔다는 것은 이 세계가 어떤 상황에 있든지 이 세계를 포기하지 않으시며 구원하고자 하신다는 하나님의 궁극적 선언이다. 김균진, 『종말론』 예수님의 성육신은 이 세계에 대한 하나님의 철저한 개입이요 긍정이다.

하나님 없는 인간은 끝까지 몸을 탐하면서 몸을 천한 것으로 보지만 하나님이 몸을 입고 세상에 오셨다. 그것은 유한성과 허무성에 묶여 있는 세계를 하나님이 끝까지 포기하지 않으신다는 것을 보여준다. 몸도 하나님의 것이요 몸이 상징하는 물질의 영역도 하나님의 것이다. 예수 그리스도의 삶과 죽음과 부활은 이 세계에 대한 하나님의 궁극적인 구원 행위요 이것을 통하여 하나님나라가 시작된다.

그분의 삶과 죽음과 부활을 통하여 하나님나라가 역사의 미래에서 현재로 앞당겨 일어난다. 이것이 하나님나라의 현재성을 말하는 것이요 그렇기 때문에 희망 속에서 오늘을 사는 것이다. 그의 부활을 통하여 죽음의 세력을 극복하고 새 창조와 새 생명의 세계가 시작되었다. 지금 이 세계는 죽음의 세력 탓에 만물이 고통과 신음 속에 있지만 죽음의 세력은 예수 그리스도의 부활을 통하여 극복된다. 그의 부활을 통하여 어둠 속에 빛의 세계가, 죽음의 세계 속에 생명의 세계가, 썩어 없어질 것에서 영원히 썩지 않을 것이 된다. 예수님의 부활은 새로운 생명의 부활이며 옛 상태의 부패와 타락의 콘크리트를 뚫고 올라오는 새싹이다. 하나님은 그의 아들 그리스도의 삶과 죽음과 부활을 통하여 시작하는 그의 구원의 역사를 결코 포기할 수 없다. 만일 그가 포기한다면 그가 하나님 되심을 포기하는 것이다.

새 하늘과 새 땅

기독교 종말론은 '새 하늘과 새 땅'에 대한 약속에 근거하며 그것을 하나님이 창조하신 세계의 완성으로 본다. 이사야는 "내가 새 하늘과 새 땅을 창조하나니 이전 것은 기억되거나 마음에 생각나지 아니할 것이라"사65:17고 말했고 바울은 그리스도께서 모든 통치와 권위와 권력을 폐하시고 그 나라를 하나님께 바치며 하나님이 만유 안에서 만유가 되시며 만유를 통치하실 미래를 말한다.엡4:6 요한계시록도 이미 이사야가 예언하였고 예수 그리스도를 통하여 시작된 새 하늘과 새 땅을 다시 한번 약속한다. "또 내가 새 하늘과 새 땅을 보니 처음 하늘과 처음 땅이 없어졌고 바다도 다시 있지 않더라"계21:1 이러한 약속에 근거하여 기독교의 종말은 역사의 모든 좌절과 절망을 넘어서서 세계의 완성을 세계의 종말로 표현한다. 궁극적으로 하나님의 능력을 통하여 그의 나라가 완성될 때 인간과 그의 세계는 완전에 도달할 것이다. 새 하늘과 새 땅은 인간이 이룬 것이 아니라 하나님이 이루신 것으로 하늘로부터 내려온다.계21:2 그러므로 인간에 의한 역사의 진보주의나 역사의 진화론을 신뢰하지 않는다.

역사의 종말을 태초에 있었던 창조로 돌아가는 것으로 생각하는 사람들이 있다. 그들은 죄와 죽음이 없는 순수한 상태, 원래의 상태로 회복이 역사의 종말이라 생각한다. 하나님은 태초에 죄와 죽음이 없는 완전한 세계, 곧 파라다이스를 창조하셨다는 것이다. 이처럼 구원의 드라마에서 종말은 완전하고 완성된 태초의 상태 에덴동산으로 돌아가는 것으로 생각한다. 이 점에서 알파와 오메가, 시작과 끝이 같다. 하나님이 역사의 알파와 오메가시다. 여기에서 세계사는 곧 태초에 있었던 이상향으로 돌아가는 원운동이라 생각하게 된다. 그러나 이러한 생각은 성경이 말하는 바른 창조신앙에 관련되기보다 불교, 힌두교 등 다른 종교에서 볼 수 있는 순환론적인 영겁회귀永劫回歸의 신화M.Eliade와 관련된다. 위르겐 몰트만, 『오시는 하나님』 이러한 사고방식은 기독교 신학에 오랫동안 영향을 주어왔다. 그리하여 역사의 마지막은 시작에 연관되어 있다고 말한다. 과연 성경이 말하는 구원의 드라마는 시작으로부터 출발하여 시작으로 되돌아가는 것인가? 역사의 목적이 과거의 시작으로 돌아가는 것에 불과하다면 그런 의미에서 역사의 알파와 오메가, 태초와 종말이 같다면 엄밀한 의미에서 새로움이란 역사에 있을 수 없다. 새로운 것이 있다 할지라도 그것은 과거에 있었던 것으로 되돌아가는 하나의 계기에 불과하다. 그러나 역사의 마지막 곧 종말에 이루어지는 모든 것은 태초에 있었던 것의 단순한 회복 그 이상이다!

이러한 희망에 대하여 요한계시록에 나오는 '새 하늘과 새 땅', 또는 '새 예루살렘'의 표상에서 발견할 수 있다. 역사의 종말은 '새 하늘과 새 땅'이다. 그것은 새로운 창조의 세계이다. 따라서 기독교 종말론은 새로움을 지향한다. 물론 태초의 창조된 하늘과 땅이 없어져 버리고 우리가 전혀 모르는 새 하늘과 새 땅으로 대체되는 것은 아니다. 결코, 새 하늘과 새 땅이 다른 행성으로 이전하는 것이 아니라 하나님이 창조하신 우리의 선조들로부터 지금 우리가 사는 이 땅에서 영원히 살 것이다. 새 창조는 옛 창조, 곧 이전의 하늘과 이전의 땅을 전제하며 그 속에서 일어난다. 그것은 소위 태초에 있었던 완전한 상태로의 회복이 아니라 모든 사물의 새로운 변화이다.김균진,『종말론』

하나님께서 이 세상의 모든 것을 새롭게 변화시킬 것이다. "보아라 내가 모든 것을 새롭게 하노라."계21:5 그러나 이전 것들이 사라진다는 것은 태초에 창조된 이 세계가 폐기되어 없어져 버리는 것이 아니라 그것이 새로운 형태로 변화됨을 말한다.

첫째, 장차 올 세계를 올바르게 이해하기 위하여 새 하늘과 새 땅의 교리는 중요하다. 어떤 찬송들은 우리가 마치 죽은 후 영화스러워져 저 우주 귀퉁이 별나라 영묘한 하늘에서 영원히 산다고 노래하고 있다. '나의 예수여 내가 당신을 사랑하나이다. 영광과 무한한 즐거움의 저택 안에서 당신을 찬양하나이다. 저렇게 찬란한 하늘에서.' 그러나 이러한 묘사는 성경적 종말론에 근거한 것은 아니다. 정말로 우주의 어느 곳에서 하얀 세마포 옷을 입고 하프를 연주하면서 살 것인가? 천국을 보고 왔다는 사람들의 일치된 견해는 "천국이란 마치 잘 꾸며진 최고급 자동차와 좋은 나무들이 심기어 있는 화려한 집과 같다"라고 말한다.필시 콜라,『내가 본 천국』; 토마스 주남,『천국은 확실히 있다』 얼마나 유치하며 빈약하며 세상적인가!

그러나 성경은 하나님께서 새 하늘과 새 땅을 창조하실 것이며 그 땅에서 우리는 영화롭게 부활한 육체를 가지고 서로 사랑하며 아름다운 사회를 이루며 하나님을 사랑할 것이라고 말한다. 하나님이 계시는 곳이 바로 하늘이기 때문에 우리는 새 땅에 있으면서도 하늘에 있는 것이다. 왜냐하면, 하늘과 땅이 더는 나누어져 있지 않고 하나가 되기 때문이다. 하늘에 있는 것이나 땅에 있는 것이나 그리스도 안에서 통일되게 하려 하심이라. 엡1:19

둘째, 새 하늘과 새 땅에 관한 교리는 하나님의 구원 계획의 충만함과 다양성을 올바로 이해하는 데 중요한 역할을 한다. 창세기에 나타난 대로 태초에 하나님이 하늘과 땅을 지으셨다. 그러나 인간의 타락으로 말미암아 창조세계에 저주가 선포되었다. 사랑의 하나님은 죄의 결과로 말미암아 저주 아래 놓인 창조 세계를 구원하시고자 그의 아들을 이 세상에 보내셨다. 또 그리스도의 사역은 단순히 인간들만을 구원하는 데 그치지 않고 이 땅의 모든 것을 다 구원한다. 그리스도의 사역이란 이 모든 창조 세계를 죄의 영향력으로부터 구해내는 것을 의미한다. 그러므로 하나님의 구원계획을 우주적 차원에서 보려면 우리는 새 하늘과 새 땅에 대한 분명한 가르침과 교리를 정립해야 한다.

셋째, 새 하늘과 새 땅의 교리가 중요한 것은 구약의 예언과 밀접한 연관이 있기 때문이다. 이러한 예언들은 우리에게 미래의 어느 날에 땅이 현재보다 더 풍성한 곡식들을 낼 것이며, 사막에 장미가 피어나고, 산들이 달콤한 포도주를 낼 것이라고 말한다. 그때에 우는 소리가 땅 위에서 끊어질 것이요 하나님 백성의 날들이 마치 나무의 풍성한 열매들과 같다고 예언한다. 그때에 이리와 양들이 함께 거하며 하나님의 거룩한 높은 곳에서 해가 됨도 없고 상함도 없을 것이다. 왜 냐하면, 물이 바다를 덮음같이 여호와를 아는 지식이 세상에 충만할 것이기 때문이다. 사11:9

우리가 여기에서 다시 짚고 넘어갈 것은 새 하늘과 새 땅은 현재의 땅과 전혀 다른 땅이 아니라 현재의 땅이 새롭게 되어 나타난 환경이 라는 것이다. 이사야서 65장 17절과 요한계시록 21장 2절은 새 하늘 과 새 땅에 대해 말하고 있다. 우리가 의문을 갖는 것은 과연 현재의 우주는 완전히 소멸하고 현재의 우주와는 다른 별개의 새로운 우주 가 도래할 것인가 인데, 그러나 앞서 말한 대로 새 하늘과 새 땅은 새 롭게 된 현재의 우주와 근본적으로 같되 오직 새롭게 정화되고 갱신 된 상태를 말하는 것이다. 이 말들을 구체적으로 살펴보자.

소멸이냐, 갱신이냐

종말론은 소멸설과 갱신설로 크게 나누어진다. 소멸설은 현존하는 우주 만물이 완전히 파괴되어 무로 돌아간 후 다시 창조된다는 것이 고, 갱신설은 현존하는 우주 만물이 없어지지 않고 하나님의 신비로 운 능력으로 새롭게 된다는 것을 의미한다. 개혁주의는 우주 소멸의 입장보다는 우주가 새롭게 갱신된다는 것이 성경적으로 옳다고 말한 다. 안토니 후크마, 『개혁주의 종말론』; 김균진, 『종말론』; 리차드 마우, 『미래의 천국과 현 재의 문화』; 리챠드 보쿔, 『요한계시록 신학』; 이필찬, 『요한계시록 어떻게 읽을 것인가』

먼저 루터주의의 소멸설 주장에 대하여 살펴보자.
이레네우스로부터 시작하여 아우구스티누스와 대 그레고리와 토마스 아퀴나스와 중세기 전체의 신학을 거쳐 오늘의 가톨릭 교의학에까지 갱신설은 명백한 이론이다. 이에 반하여 루터 교회 정통주의 신학은 갱신이 아니라 소멸이 세계의 마지막 운명이라고 말한다.

이들이 주장하는 소멸설의 내용은 무엇인가?

최후의 심판 다음에는 이 세계의 완전한 종말이 등장한다. 천사들과 사람들 외에, 이 세계에 속한 모든 것이 불로 타버릴 것이며 무無로 돌아간다. 세계의 변화가 아니라, 세계의 모든 실체가 완전히 중지된다. 성경적 근거로서 베드로후서 3장 12절이 제시된다.

"이 세계의 모습은 사라질 것이다."고전7:31 믿는 자들은 "이 세계"시간의 세력들과 억압에서 믿음을 통하여 해방될 것이다. 그들은 "이 세계"시간의 감옥의 궁극적 파괴를 말한다.

"17세기 루터교회 신학자들은 "이 세계"시간의 지나감 만을 생각한 것이 아니라, 지상의 창조의 폐기를 생각하였다. 이 세계는 하늘과 땅으로서 창조되었다. 그러나 멸망한 자들에게는 하늘과 지옥만이 남을 것이다. 땅은 떨어져서 완전히 소멸할 것이다. 소멸은 세계의 무신적 형식의 파괴를 뜻할 뿐 아니라, 글자 그대로 무로부터 창조의 반대인 무로의 돌아감, 곧 창조의 취소를 뜻한다."고 말한다.위르겐 몰트만, 『오시는 하나님』

재창조냐 갱신이냐에서 어느 것을 택하느냐에 따라 세계관과 우주관이 판이하게 갈라진다. 세상을 보는 눈과 세상을 살아가는 방식이 전혀 달라진다. 안토니 후크마Anthony Hoekema는 『개혁주의 종말론』에서 갱신설이 타당한 이유를 다음과 같이 네 가지로 말한다.

첫째, 베드로후서 3장 13절과 요한계시록 21장 21절에서 '새로운'

이라고 말할 때 사용하는 헬라어는 'neos'가 아니라 'kainos'임을 주목할 필요가 있다. 'neos'는 시간과 기원에 있어서 전혀 새로운 종류라는 뜻이고 'kainos'는 질적으로 새롭다는 뜻이다. 그러므로 '새 하늘과 새 땅'이라는 의미는 현재의 하늘과 땅과 전혀 다른 우주의 출현이 아니라, 현재의 우주와 동질이지만 영화롭게 갱신된 우주를 말하고 있다.

둘째, 완전소멸보다 갱신이론을 주장하는 또 하나의 이유는 로마서 8장에 나타난 바울의 주장에 근거를 둔다. "피조물이 허무한데 굴복하는 것은 자기 뜻이 아니요 오직 굴복하게 하시는 이로 말미암음이라. 그 바라는 것은 피조물도 썩어짐의 종노릇 한 데서 해방되어 하나님의 자녀들의 영광의 자유에 이르는 것이니라. 피조물이 다 이제까지 함께 탄식하며 함께 고통을 겪고 있는 것을 우리가 아느니라."롬8:20-22 여기서 바울은 장차 종말에 현재의 창조 세계가 최초의 창조 모습대로 되는 것이 아니라 허무와 모든 부패로부터 해방과 자유를 얻게 될 것을 말한다.

갱신이론을 주장하는 세 번째 이유는 현재의 육체와 부활의 육체 사이에는 연속성과 불연속성이 있기 때문이다. 비록 현재의 육체와 부활의 육체가 다르다 할지라도 엄연히 연속성이 있다. 그러나 부활한 몸은 영체spiritual body라는 점에서 다르다. 마치 예수님의 부활하신 후의 모습처럼 그때 모두가 서로 누구인지 알아볼 것이다. 그리스도와 함께 부활한 사람은 전혀 새로운 인종이 아니라 바로 이 땅 위에 살았던 하나님의 백성이기 때문이다. 이러한 유추적 방법을 통해 볼 때 새 하늘과 새 땅은 현재와 전혀 다른 것이 아니라 놀랍게도 새롭게 변한 현재의 땅이다.

네 번째, 소멸이론보다 갱신이론을 받아들이는 이유는 만일 하나님께서 우주를 완전 소멸시켜야 한다면 결과적으로 이 땅에서 사탄이 승리한다는 말이 되기 때문이다. 다시 설명하자면 사탄이 현재의 우주와 창조질서를 치명적으로 부패와 타락시키는 데 성공했기 때문에 현재의 창조 세계는 치유 불가능한 상태에 빠졌으며 하나님은 병든 세계를 고칠 수 없어 결국 완전히 소멸하게 된다는 결론이 나오게 된다. 그러나 하나님나라는 이 땅에 이루어지며 다른 행성으로 이주하는 것이 아니다.

소멸설을 주장하는 휴거신학은 그리스도인들은 기적같이 이 악한 세상으로부터 다른 행성으로 옮겨질 것이라고 주장한다. 이런 신학은 종종 영지주의적인 성격을 띠면서 사적인 이원론직 영성으로 기울어지고 정치적으로는 자유방임적 정적주의로 기우는 경향을 띤다.톰 라이트, 『마침내 드러난 하나님 나라』

사탄은 이미 예수 그리스도께서 오심으로 패배하였고 세상의 종말에 완전히 패배할 것이다. 사탄의 결정적 패배의 클라이막스는 하나님께서 사탄이 그토록 죽음과 부패시키려고 했던 바로 이 땅을 새롭게 하시고 사탄의 악한 음모가 이 땅에서부터 완전히 제거하실 그때다. 후크마는 말하기를 "예수 그리스도께서 강림하실 때 우리가 들어갈 세상은 다른 세상이 아니다. 그 세상은 바로 이 세상, 이 하늘, 이 땅이다. 그러나 새롭게 된 곳이다. 구원이 펼쳐질 장소는 바로 이 산림들, 이 들판들, 이 도시들, 이 시장바닥들, 이 세상 사람들 속에서다. 비록 현재는 전쟁터와 같아 아직 성취되지 않는 완성의 땅을 향해 소리 지르며 다투기도 하며 슬퍼하나, 그때는 모든 장소와 배경들은 승리의 들판이요, 추수의 밭들이며 그 밭들에 눈물로 뿌려졌던 씨앗들이 영원한 곡식단들이 되어 창고에 들여질 것이다."안토니 후크마, 『개혁주의 종말론』

이리가 어린양과 함께 살며

이사야 60장은 마지막 때의 일을 자세히 묘사하고 있다. 거기서 거룩한 성 예루살렘은 상업의 중심지로서 상업 활동에 필요한 배들이 드나들며 낙타들이 금향과 유향을 가지고 미디안과 에바와 스바로부터 온다.사60:6 그 도성에는 양과 숫양들이 있다.사60:7 은과 금을 실은 다시스의 배들이 그 도성의 항구에 들어온다.사60:13 동물, 식물, 광물, 이 모든 것이 새 예루살렘에 들어온다.

왜 우리는 새 하늘과 새 땅, 새 예루살렘에 영혼을 가진 것들만이 참여하리라 생각하는가.리처드 마우, 『미래의 천국과 현재의 문화』 이사야는 분명히 그런 생각에 동의하지 않는다. 그는 거룩한 도성에 많은 동물이 살 것이라는 생각에 아무런 문제를 느끼지 않는다. 이사야는 여호와를 아는 지식이 세상에 충만할 그날에 동물들이 서로 어울려 지내고 인간과 동물들이 사이좋게 지낼 것을 묘사한다.

> 그때에 이리가 어린 양과 함께 살며 표범이 어린 염소와 함께 누우며 송아지와 어린 사자와 살진 짐승이 함께 있어 어린 아이에게 끌리며, 암소와 곰이 함께 먹으며 그것들의 새끼가 함께 엎드리며 사자가 소처럼 풀을 먹을 것이며, 젖 먹는 아이가 독사의 구멍에서 장난하며 젖 뗀 어린 아이가 독사의 굴에 손을 넣을 것이라. 이사야 11:6-8

영광스러운 미래에 주님께서는 인간들 간에, 동물들 간에, 동물들과 인간들 간에 투쟁을 제거하실 것이며, 이전의 자기의 먹이였던 것들과 함께 평화롭게 살 것이다. 거기는 강자도 없고 약자도 없다. 주님의 평화와 샬롬의 도래는 광범위한 의미가 있다. 주님을 아는 지식이 충만하여 모든 피조물들 사이에 적대감과 증오심이 추방될 것이다. 하나님의 사랑과 의가 죄의 저주에 영향을 받았던 모든 것을 치유할 것이다. 약육강식의 세계 종말을 고할 것이다. 또 이사야 60장에 언급된 동물들은 일차적으로 상업적인 재화의 수단으로 중요한 것이다. 양들과 송아지는 사고팔 수 있는 것들이다. 낙타는 짐을 부리는 동물로 사막의 배이다. 고대의 국가들은 짐승들을 경쟁력과 기동력, 부와 명성을 표현하는 재물로 소유했다. 그러나 이제 이러한 동물들이 항해하는 배들, 재목, 귀금속과 나란히 변혁된 성, 새 예루살렘에 모여든다. 계21:14 이렇게 이방 문화의 많은 것이 장차 어떻게 될 것인가 하는 점에 대해 우리는 매우 놀랄만한 결론에 이르게 된다. 이러한 모든 것이 새 예루살렘에서 사용하고자 거기로 모여든다. 거기에는 그동안의 문명의 이기들과 학문이 새롭게 될 것이며 내가 좋아하는 축구도 할 것이지만 프로 축구는 없을 것이다.

거기에는 가짜 참기름도 없을 것이며 음란 비디오도 없을 것이다. 어떤 기자가 대 신학자 칼 바르트 집에서 인터뷰하고 난 다음 계단으로 내려오면서 칼빈과 모차르트의 초상화가 나란히 걸려 있는 것을 보고 왜 여기에 모차르트가 걸려 있느냐 물었다. 그때 바르트는 대답하기를 하나님나라에는 모차르트의 음악도 울려 퍼질 것이라고 말했다. 매우 의미심장한 말이다. 이처럼 모든 것이 하나님의 영광을 위하여 새로워질 것이다. 전쟁 때 사용되는 칼과 창이 쟁기와 낫으로 변화될 것이다.

> 그들의 칼을 쳐서 보습을 만들고 그들의 창을 쳐서 낫을 만들 것이며 이 나라와 저 나라가 다시는 칼을 들고 서로 치지 아니하며 다시는 전쟁을 연습하지 아니하리라. 이사야 2:4

하나님은 인간의 반역도구들을 우상 숭배적으로 신뢰하는 것을 미워하신다. 계22:2 하나님께서 지금의 모든 것이 왜곡되어 사용되었기 때문에 미워하시는 것이다. 알버트 월텃, 『창조 타락 구속』 그러나 종말에 하나님께서 이 모든 것을 새롭게 하실 것이다. 그의 선한 피조물을 변혁시키고자 그분은 그의 피조물의 반역과 우상숭배를 제거하실 것이다. 새 예루살렘은 지상의 국가들로부터 모인 수많은 보석과 금속으로 장식될 것이며 만국의 영광과 존재가 새 예루살렘 도성으로 들어올 것이다. 이점에 대하여 요한계시록 21장 10-20절은 호화롭고 상세하게 묘사하고 있다. 이것은 문자적 표현이 아니라 새 예루살렘의 완전함과 아름다움을 상징한다.

새 예루살렘

요한계시록 21장 1절부터 22장 5절에 기록된 십자가에 달린 예수님의 뒤를 따라 로마의 정치적 지배에 대항하여 싸우며 순교를 마다하지 않는 그리스도인들을 격려하기 위하여 밧모 섬의 요한은 이 책을 쓴 것이다. 하나님의 도시 새 예루살렘은 새 창조의 중심이다. 나는 여기에서 정치적 종말론과 우주적 종말론의 전망 속에서 이 본문을 살펴 보고자 한다.

최초의 그리스도인들에게 지상의 예루살렘은 상반되는 두 가지 의미를 가지고 있었다.

예루살렘은 예수님이 십자가의 처형을 당한 도시였으며, 부활의 날 무덤에서 살아나신 장소였다. 예루살렘은 메시아를 거부하는 무신적 세력들의 테러의 장소요, 음모의 장소였다. 그곳에서 예수님은 유대교 통치자들의 판결을 받지 않았더라도 로마의 점령 세력인 본디오 빌라도 총독에게 고문을 당하였으며 십자가 형벌을 통하여 살해되었을 것이다. 최초의 그리스도인들에게 있어서 "예루살렘"과 "로마"는 적대적인 세력으로서 서로 대립할 수 밖에 없었다. 예루살렘은 예수님의 고난과 치욕의 장소였다.

그러나 예루살렘은 "희망의 장소"이기도 하였다. 예수님께서는 남자 제자들이 도망갔을 때 십자가 주변을 떠나지 아니한 여자들에게 먼저 나타나시고. "그가 여기에 있지 않다. 그는 살아나셨다"마28:6는 부활의 메시지를 막달라 마리아를 비롯한 여자들이 받았다. 예수님의 부활은 명백히 메시아의 표징이었다. 그러므로 도망간 제자들이 여자들로부터 이 메시지를 들었을 때, 그들은 다른 장소로 피신하여 안전을 도모할 수 있었음에도 불구하고 오히려 예루살렘으로 돌아왔다. 그들은 예루살렘으로 돌아온다면 로마인들에 의해 처형될 것이며 자신의 백성들에게 거부당할 것도 미리 알고 있었다. 그들은 예수님과 같은 운명을 맞을 각오가 되어 있었다. 예수님의 부활에 대한 역사적으로 확실한 증거는 무엇보다 빈 무덤이 아니라, 죽음을 각오한 제자들이 보여준 이 놀라운 전향이었다.위르겐 몰트만,『오시는 하나님』

왜 그들은 예루살렘으로 돌아왔는가? 예언자들의 약속에 의하면 메시아는 예루살렘에 나타나실 것이며, 그리하여 시온으로부터 이스라엘을 다시 세우고 법과 정의를 백성들과 땅 위에 가져올 것이기 때문이다. "구원하시는 분이 시온에서 오사 야곱에게서 경건하지 않은 것을 제거하실 것이다."롬11:26 최초의 공동체는 메시아의 왕국, 새 예루살렘에서 기다렸다.

그러나 기원후 70년 로마인들에 의해 예루살렘과 성전이 산산조각으로 파괴되었을 때 초대교회 공동체의 지상적 중심도 함께 파괴되었다. 성전에 대한 예수님의 비판과 성전 파괴에 대한 스데반의 예언이 이루어진 셈이다. 이와 더불어 잃어버린 지상의 예루살렘에 대한 슬픔 대신에 하늘의 예루살렘에 대한 묵시문학적 희망슥12:1-14; 토빗 14:4-7; 제4에스라 8:52외이 점점 더 강력하게 등장하였다.

하늘의 새 예루살렘은 그들이 희망하는 세계의 새 창조의 상징이 되었으며, 하나님의 거할 곳으로, 로마는 이 세계의 무신적 도시들에 대한 정반대의 상징이 되었다.

> 힘센 음성으로 외쳐 가로되 무너졌도다 무너졌도다. 큰 성 바벨론이여 귀신의 처소와 각종 더러운 영의 모이는 곳과 각종 더럽고 가증한 새의 모이는 곳이 되었도다. 그 음행의 진노의 포도주를 인하여 만국이 무너졌으며 또 땅의 왕들이 그로 더불어 음행하였으며 땅의 상고들도 그 사치의 세력을 인하여 치부하였도다 하더라. 요한계시록 18: 2-3

큰 성 바벨론이 무너질 것을 말하고 있다. 계 16-18-19

이와 대조적으로 21장 10절, 11절에서 하늘에서 내려온 새 예루살렘이 있을 것을 대조적으로 말하고 있다.

> 성령으로 나를 데리고 크고 높은 산으로 올라가 하나님께로부터 하늘에서 내려오는 거룩한 성 예루살렘을 보이니 하나님의 영광이 있으매 그 성의 빛이 지극히 귀한 보석 같고 벽옥과 수정같이 맑더라.

도시는 인간의 만든 작품이요 최고의 업적이다. 그것은 인간이 자율성을 획득하고 의지와 지성을 행사하려는 인간의 위대한 시도를 대표한다. 인간의 자기 실현의 사회학적이고 영적인 표현이 곧 도시다. 그것의 한 상징이 바벨탑이다. 바벨론은 다른 모든 도시들의 표상이다. 도시 바벨론은 인간의 저주 받을 행동의 모든 것이 집중되어 있다. 우리가 비록 시골에 살지라도 도시의 부속품에 불과하다. 도시는 계속 시골을 침투해 들어간다. 바벨론에 내려질 심판은 최후의 심판이다. 예수님께서 십자가에 못박히심으로 그 권세는 깨뜨려진다.골 2:14-15 바벨론은 이미 심판 받은 권세 중 하나다. 이 땅의 모든 도시는 바벨론으로 대표되며, 이 땅의 모든 구원은 새 예루살렘으로 대표된다. 새 예루살렘은 바벨론과는 정반대다.자끄 엘륄,『머리둘 곳 없던 예수』

성경적으로 볼때 새 예루살렘은 종말의 때에 이루어질 것이다. 그러나 어떠한 인간적인 노력에 의해서가 아니라 하나님의 창조물이다. 역사의 연장이 아니라 역사의 면류관을 씌우는 이 행위는 역사와 단절을 말한다. 인간의 반항까지도 스스로 짐지시고 그것들을 변화시키시고 그것들을 다시 만드신다. 이것이 인간을 위한 하나님의 새 예루살렘의 창조적 의미이다.

세계도시 로마는 여신 로마라 불리지 않고 "거대한 창녀"라 불린다.계17:1 이 창녀가 지상의 왕들을 다스리며계17:18 그의 광채와 힘과 부를 가지고 민족들을 그릇된 방향으로 인도한다. 그것은 "음행과 지상의 모든 잔학의 어머니"이다. 그것은 하나님을 모욕하는 것으로 가득 찬 다홍색 짐승 위에 앉아 있으며, 온 세계를 취하게 하는 "금으로 된 잔"렘51:7을 손에 들고 있으며, 그 자신이 성도들과 예수의 증인들의 피로 취해 있다.계17:6 그는 "지하에서 나온 짐승"이요, 세계를 지배하는 도시이다.

하나님의 도시 "새 예루살렘"도 여성으로 상징된다. "어린 양의 신부"다.계19:7, 21:2 그의 선행자는 메시아를 낳았고 광야에서 그를 용 앞에서 보호하는 하늘의 여성이다.계12:2 이하 이 여성은 "태양으로 옷을 입고 있으며, 그의 발아래에는 달을, 머리 위에는 열두 개의 별이 달린 왕관"을 쓰고 있다. 그는 예수님과 그리스도인들의 어머니요, 지상의 이스라엘이며, "위에 있는 예루살렘"이다.

요한계시록은 로마를 성전이 파괴된 기원후 70년 이후부터 "바빌로니아"라 부르기도 했는데, 로마의 무신적인 세계지배욕은 바빌로니아의 탑, 즉 바벨탑 건축을 상징하며, 신바빌로니아가 기원전 587년에 그렇게 한 것처럼 기원후 70년에 로마가 하나님의 도시와 성전을 파괴하였기 때문이다. 로마의 세계 통치는 하나님의 세계통수의 사탄적 모방이다. 그러나 대 도시 로마는 멸망할 수밖에 없으며, 하나님의 도시인 새 예루살렘이 그 자리에 대신 등장할 것이다. 요한계시록은 "바빌로니아"와 "새 예루살렘"의 대조되는 이미지들을 비교함으로써 이것을 분명하게 보여준다.

새 예루살렘은 어린 양의 순수한 신부계21:2요 로마는 지상의 왕들과 음행한 음녀다.계17:2 여기서 "민족들"은 빛 가운데 다니며, 지상의 왕들은 "그의 영광을 그들 속으로 가져온다."계21:24 로마에서는 "음녀가 지상의 왕들을 다스리며"계17:18 "상인들이 지상의 지배자들이다."계18:23 신부의 영광은 "하나님의 영광"이지만계21:23 로마의 영

광은 그의 왕국을 착취함으로써 얻은 "부"다.계18:17

그러나 신부는 그 안에 "생명의 물"을 가지고 있다.계22:1 음녀는 "그의 포도주를 통하여 민족들을 취하게" 한다.계18:3 새 예루살렘에는 "생명과 구원"이 있고계22:1,2 로마에는 "피와 죽음"이 있다.계17:6, 18:24 로마와 같이 하나님의 도시는 보석과 진주의 광채 속에서 빛난다.계21:18-21 음녀가 그의 이름을 이마에 새긴 것처럼, 새 예루살렘에서 사람들은 "하나님의 이름을 그들의 이마"에 새기고 다닌다.계22:4 그들의 이름은 "생명의 책"에 기록되어 있으나,계21:27 바빌로니아의 적대자들의 이름은 "생명의 책에 기록되어 있지 않다."계17:8 바빌로니아와 로마는 사탄들이 거하는 곳임에 반하여, 새 예루살렘은 참 하나님이 거하시는 곳이다.계18:1-3

여기에 우리는 로마의 신정적神政的 세계 지배욕에 대항하는 사람들이 가진 희망의 반대상을 가지고 있으며, 이 상은 로마의 광채를 공급받고 있다. 바벨탑은 하늘을 무너뜨리고자 하는 무신적인 인간들의 시도였다. 이에 반하여 하나님의 도시는 하늘에서 땅으로 내려오며 하나님의 임재를 바라는 인간의 소원을 하나님의 은혜를 통하여 성취한다. 이처럼 요한계시록에서 새 예루살렘은 많은 차원에서 타락에서 회복된 로마로 나타난다.위르겐 몰트만,『오시는 하나님』 "하나님의 도시"인 새 예루살렘은 마호메트가 말하는 파라다이스가 아니라, 거룩한 도시며, 우주적 성전이기도 하다.

바벨론	새 예루살렘
땅의 왕들이 더불어 음행을 행했던 음녀 (17:2)	어린 양의 아내, 거룩한 신부(21:2, 9)
바벨론의 영광은 그의 제국을 착취한 것이다(17:4, 18:12-13, 16)	그 광채는 하나님의 영광이다(21:11-12)

바벨론은 나라들을 더럽히고 기만한다 (17:2, 18:3, 19:2)	나라들은 하나님의 영광인 그 빛에 의해 걸어다닌다(21:24)
바벨론은 땅의 왕들을 지배한다(17:18)	땅의 왕들이 그들의 영광을 새 예루살렘으로 가지고 들어 온다(21:24)
바벨론의 사치스러운 부는 모든 세상으로부터 얻은 것이다(18:12-17)	땅의 왕들이 그들의 나라들의 영광과 존귀를 새 예루살렘으로 가지고 들어 온다 (21:26)
바벨론은 가증한 것들과 부정한 거들과 미혹케 하는 것들로 충만하다(17:4, 5, 5:18-23)	속된 것이나 가증한 일 또는 거짓말 하는 자는 새 예루살렘에서 제외된다(21:27)
바벨론은 술로 나라들을 취하게 한다 (14:8, 17:2, 18:3)	생명수와 생명나무가 나라들을 치료하기 위해 있다(21:6, 22:1-2)
살육자의 피(17:6, 18:24)	생명과 치료(22:1-2)
하나님의 백성이 바벨론으로부터 나오라고 요구 받는다(18:4)	하나님의 백성이 새 예루살렘으로 들어가도록 요구 받는다(22:140)

이필찬, 『요한계시록 어떻게 읽을것인가』

하나님의 도시는 완전한 '도시'다. 에덴동산의 삶의 충만함과 아름다움이 다시 돌아온다. 그러나 그것은 다시 얻은 파라다이스 이상의 것이다. 완전한 도시로서 그곳은 성경에 의하면 최초의 도시 건축가인 가인창4:17이 유목을 하는 동생 아벨을 죽이면서 시작된 인간 도시의 역사를 성취시킨다. 새 예루살렘은 에덴동산을 그 안에 포함하며,제22:1 이하 문화와 자연의 완전한 조화를 나타낸다. 이리하여 그곳은 또한 지상의 자연과 인간의 역사를 성취시킨다. 하나님의 도시는 자연 안에 거하며, 자연은 하나님의 도시 안에 거한다. 많은 민족에게 있어서 '도시'는 폴리스의 이상이었다.

옛 예루살렘은 새로운 성전이 주요 관심사임과 비교하면, 하나님의 도시는 아무 성전도 가지고 있지 않다. 하나님의 도시는 제사가 없는 도시다. 그렇다고 하여 그것은 "세속도시"는 아니다. 새 예루살렘은 하나님의 특별한 집으로서의 성전이 필요하지 않다. 온 도시가 하나님과 그리스도의 직접적 임재로 가득하기 때문이다. 하나님의 도시는 하나님의 영광의 임재를 위한 도시다.계21:22 옛 성전은 거룩한 것과 속된 것을 분리하기 위하여 언제나 제한된 장소에 서 있는 반면, 종말론적인 하나님의 도시에서는 이 분리가 없어진다. 하나님의 임재는 편만하며, 모든 공간적 한계를 넘어선다. 이 하늘의 예루살렘은 놀랍게도 입방체의 형태를 보이고 있다. 마치 구약 성전의 지성소와 같이 폭과 길이와 높이가 똑같다.계21:16 새 예루살렘과 하늘과 땅의 새 창조에 대한 비전은 무엇보다 가장 핵심적인 것은 직접적이고 편만하고 영원한 하나님과 그리스도와 성령님의 임재다.

종말론적인 하나님의 언약은 모든 나라를 언약의 민족으로 만들 것이며, "모든 민족이 주님 앞으로 와서 경배할 것이다."계15:4 그러나 회개하지 않는 죄인들은 새 예루살렘에 이를 수 없다. 바빌로니아의 무신적 세력에 참여하고 그것에 집착하는 자는 하나님의 거룩한 도시에 들어갈 수 없다. 이것은 로마의 부도덕성을 뜻할 뿐만 아니라, 이 세계도시의 정치적, 경제적 마귀들을 뜻하며, 부도덕성은 그들의 귀결이다. 하나님의 백성에게서 우리는 다음과 같은 상을 본다. 새 예루살렘은 성곽과 도시의 문을 형성한다. 거룩한 도시 자체는 하나님의 새로운 언약의 백성들에게 항상 열려 있다. 세계적인 권력 로마의 우상들에게 저항하던 이스라엘과 교회의 남녀 순교자들이 이 도시 안에서 어린 양 그리스도와 함께 다스린다.

하나님의 영광은 빛나는 광채와 그의 무한한 아름다움에 있다. 보석과 진주와 수정은 그 아름다움을 통하여 그의 빛을 반사하며, 이 아름다움은 신적인 빛 속에서 빛나기 시작한다. 모든 추한 것은 하나님의 도시의 아름다움에 의하여 없어진다. 하나님께서 직접 임재하심은 모든 것 속에 스며들어 빛나게 하는 빛의 원천이다. 투명하게 빛나는 빛은 모든 것 속에 스며드는 하나님의 현존을 나타낸다. 수없이 많고 현란한 신적인 빛의 반사들은 풍요로움과 하나님의 현존하는 영광 속에서 피조물들의 영원한 참여를 보여준다.

하나님의 영원한 임재의 거룩과 영광은 창조 전체와 모든 피조물들의 종말론적 목적을 나타낸다. 이로써 우주적 종말론은 신학적 차원과 미학적 차원을 가진다.

"하나님의 보좌"에 대한 이야기는 그 당시 정치적 지배 형식을 고려할 때, 새 예루살렘의 상像을 하나의 정치적인 상像으로 만든다. 황제들의 보좌와 비교할 때, 하나님의 보좌의 특징은 모든 사람이 그 앞에 나아갈 수 있으며 천상의 궁정은 호위병들에 의하여 둘러싸여 있지 않다. 거룩한 도시에 들어오는 모든 사람은 보좌에 직접 나아갈 수 있다. 여기에는 그와 함께 다스리는 특별한 제사장들이나 왕들이 없다. 그를 섬기는 모든 사람은 영원히 그와 함께 다스린다.제22:3,5 이것은 하나님의 통치와 인간의 자유와 화해로 생각될 수 있다. 서로 나눔과 권능을 통한 다스림은 폭력을 통하여 굴복시키는 로마 황제의 권력과는 반대되는 모습을 보여준다. 하나님의 종말론적인 권능의 특징은 억압과 굴복에 있지 않고, 신적인 생명의 현존은 피조물의 생명의 무한한 원천이 되며 피조물의 영원한 생명이 된다.위르겐 몰트만, 『오시는 하나님』

내가 들으니 보좌에서 큰 음성이 나서 가로되 보라 하나님의 장막이 사람들과 함께 있으매 하나님이 저희와 함께 거하시리니. 저희는 하나님의 백성이 되고 하나님은 친히 저희와 함께 계셔서 모든 눈물을 그 눈에서 씻기시매 다시 사망이 없고 애통하는 것이나 곡하는 것이나 아픈 것이 다시 있지 아니하리니 처음 것들이 다 지나갔음이러라. 요한계시록 21:3-4

요한계시록의 마지막 비전들은 하늘에서 땅으로 내려 온다. 그리하여 "저희는 하나님의 백성이 되고 하나님은 친히 저희와 함께 계시는" 마침내 하나님의 언약이 성취된다!

생명수와 생명나무

또 저가 수정같이 맑은 생명수의 강을 내게 보이니 하나님과 및 어린 양의 보좌로부터 나서 길 가운데로 흐르더라. 강 좌우에 생명나무가 있어 열두 가지 실과를 맺히되 달마다 그 실과를 맺히고 그 나무 잎사귀들은 만국을 치료하기 위하여 있더라. 요한계시록 22:1-2

요한계시록 22장 1~2절에 생명의 풍성함과 완성에 대한 묘사가 나타나는데, 이러한 묘사가 하나님과 어린 양이 연결되어 있다. '보좌로부터 흘러나오는 생명수의 강'에 대한 환상 진술은 성전 문지방 밑에서 흘러나오는 생수에 대해 언급하는 에스겔 47장 1절과 예루살렘에서 솟아나 흘러나오는 생수에 대해 언급하는 스가랴 14장 8절과 비슷한 모습이다. 요한계시록 22장 1~2절의 이러한 묘사는 '하나님의 현존'을 묘사한다. 이러한 묘사를 통해 요한계시록 저자는 하나님이 '생명'의 근거가 되심을 제시하고 있다. 하나님의 현존에 예수 그리스도가 함께 참여함으로써 그리스도의 신적 권위가 나타나는데서 그리스도의 신적인 본성이 묘사된다.

새 창조 사건을 통해 하나님이 성취하는 구원 완성이 요한계시록 22장 1~5절에서 예고된다. 생명수의 강이 하나님과 어린 양의 보좌로부터 흘러나온다는 표상表象을 통하여 생명의 신적 기원이 표현되고 생명에 대한 그리스도론적인 표상이 제공된다. 요한계시록 저자는 생명수의 강에 대한 표상을 통해 생명이 가지는 신적인 관련을 제시한다. 이 신적인 관련 속에서 '생명수'가 흘러가는 곳에 생명의 역사가 일어난다는 사실이 묘사된다.참조, 제22:2 길 가운데로 흘러가는 '생명수의 강' 좌우에 있는 생명나무는 종말에 있을 생명의 풍성함을 묘사한다.

이 생명수의 강 좌우에 "생명나무가 있어 열두 가지 열매를 맺되 달다마 그 열매를 맺고 그 나무 잎사귀들은 만국을 치료하기 위해 있더라"제22:2에서 생명수의 강이 내포하는 '생명의 풍성함'을 은유적으로 나타낸다. 생명나무가 다달이 열매를 맺는다는 묘사를 통해서 에스겔 47장 12절에서 처럼 신적인 생명의 풍성함과 생명 구원의 완성을 나타낸다.참조 창2:10, 슥14:8 이러한 구원 완성은 '치료하는 잎'에 대한 묘사를 통해서 더 구체화된다. 요한계시록에서 '치유' 모티브는 하나님의 구원 활동이 완성된 것을 묘사하는 것이 이채롭다.

'새 창조'에 대한 요한계시록의 묘사는 이사야 65장 17절참조, 66:22과 마태복음 3장 16절참조 막1:10에 나타나는 불완전한 구원의 모습이 아니라 하나님의 구원이 완전하게 이루어진 것을 묘사하고 있다. "귀 있는 자는 성령이 교회들에게 하시는 말씀을 들을지어다. 이기는 그에게는 내가 하나님의 낙원에 있는 생명나무의 열매를 주어 먹게 하리라"는 요한계시록 2장 7절의 성취를 22장 2절에서 볼 수 있다. 생명나무의 열매가 현재 주어져 있다는 것을 암시함으로써 2장 7절에 나타난 예언의 성취를 묘사한다. 요한계시록 22장 3~5절에서 생명 구원과 그 풍성함이 구원 완성에 대한 전망으로 나타난다. 생명의 풍성함과 그 완성이 새예루살렘에 대한 묘사로 더욱 구체적으로 나타난다.

> 다시 저주가 없으며 하나님과 그 어린 양의 보좌가 그 가운데 있으리니 그의 종들이 그를 섬기며 그의 얼굴을 볼 터이요. 그의 이름도 그들의 이마에 있으리라 다시 밤이 없겠고 등불과 햇빛이 쓸 데 없으니 이는 주 하나님이 그들에게 비치심이라 그들이 세세토록 왕노릇 하리로다. 요한계시록 22:3-5

3절에서 "다시 저주가 없으며"란 말에서 '저주'와 함께 사용되면서 종말적인 생명 축복의 형태를 나타낸다. 저주는 "저주 받는 것"을 의미하는데, 생명수의 강에서 시작된 생명으로 인하여 이제 이 저주가 다시는 없다는 것이다. 아담의 범죄로 인해, 아담 안에서 모든 인간에게 지워진 저주의 굴레가 어린 양이 이루는 생명 역사로 인하여 사라진다. 빛이 어둠에 비치면 어둠이 빛을 이기지 못한다. 그러므로 생명의 빛으로 오신 그리스도의 역사 속에서 저주는 물러간다. 하나님의 통치가 이루어지는 곳에는 저주가 없다. 이 구절은 "사람이 그 가운데서 살며 다시는 저주가 있지 아니하리니 예루살렘이 평안히 서리로라"슥14:11라는 구약성경 예언의 성취로 나타난다. "다시 저주가 없으며"22:3a란 말의 근거가 22장 3절에 주어진다. 다른 어떤 이유가 아니라, "하나님과 그 어린 양의 보좌가 그 가운데" 있기 때문에 새 예루살렘에는 다시 저주가 없다. '하나님과 그 어린 양의 보좌'22:3

는 하나님의 통치권을 나타낸다. 하나님의 통치가 이루어지는 곳인 하나님나라에서는 모든 어둠과 저주가 물러가고 빛과 생명의 역사가 시작된다. 배재욱, 『요한계시록에 나타난 생명』

마침내 이 세상나라의 상징인 로마의 통치는 끝나고 새 예루살렘에서 하나님과 어린양의 보좌에서 세세토록 왕노릇 할 것이다!

새 하늘과 새 땅에서 이루어질 안식일

이 세상에 대한 사탄의 통치가 끝나는 종말에 하나님의 통치가 이루어지면 그것은 태초의 창조가 회복된다. 아니, 옛 창조의 회복을 넘어, 옛 창조보다 더 완벽한 창조가 이루어지는 것이다. 그러므로 그때는 당연히 죄와 죽음이 완전히 제거된 하나님의 생명으로 충만할 때가 될 것이다. 그때는 첫 창조 때와는 다른 그 이상의 진정한 안식이 있게 된다. 따라서 안식은 종말에 있을 하나님나라의 구원의 예표이며 안식일을 지키는 일은 생명의 충만함에 대한 희망이기도 하다. 예수님의 치유가 특별히 안식일에 있었던 것은 사탄의 죄와 죽음의 통치가 극복되고 하나님의 구원 통치가 회복되어 드디어 진정한 안식이 찾아온다는 것을 극적으로 보여주는 것이다. 이것은 진정한 안식을 가져 올 하나님나라가 벌써 시작되어 죽음이 극복되고 생명이 일으켜지는 것을 시위하고자 하는 것이다. 이처럼 예수님의 오심으로 하나님나라가 이미 시작되었으나 그것은 더욱 크고 완전한 하나님나라 곧 안식일을 지향한다. 김세윤, 『복음이란 무엇인가』

끝은 시작보다 훨씬 더 크다. 끝을 "창조의 완성"이라 부른다면,

태초의 창조는 이 빛 속에서 "완성되지 않은" 창조로 시작된 창조다. "매우 좋다"는 이 말은 헬라적 의미에서 완전하며 미래가 없다는 것을 말하지 않고, 오히려 히브리적 의미에서 합목적적이며, 창조자의 뜻에 따른다는 것을 말한다. 새 창조의 안식일은 "매우 좋다"는 것 이상의 것이다. 창조의 안식일은 거룩하다. 그것은 미래에 올 창조의 영광을 가리킨다. 안식일은 태초의 창조 안에 세워진 완성에 대한 미래의 약속이다.

창조의 시작과 완성의 차이는 무엇이며, "이전의 하늘과 이전의 땅"과 "새 하늘과 새 땅"을 구별하는 것은 무엇인가? 태초의 창조는 창조의 "완성"^{창2:2}을 하나님의 안식일에서 발견한다. 하나님은 그의 모든 창조물을 쉬게 하고 복을 주신다. 엿새 동안의 모든 날은 일곱째 날을 가리키고 있으며, 모든 피조물은 창조주의 잔치를 위하여 창조되었고 이 잔치에서 복을 받는다. 창조 세계는 "새 예루살렘"에서 하나님의 임재의 본향이 되려고, 새롭게 창조된다.^{사65장; 겔 37장; 계21장} 이처럼 첫 안식일은 이 현재와 미래의 세계를 하나로 연결한다.

매주 그리고 해마다 오는 안식일은 종말론적 완성된 안식일을 지향한다. 안식일은 약속과 성취, 시작과 완성이 관련된다. 안식일은 하나님께서 그동안 안식하지 못하신 것을 끝내는 것을 의미할 뿐 아니라, 긍정적인 의미에서 그것은 종말의 완성과 하나님 자신의 영원한 영광과 영원한 평화를 의미한다. 그러므로 하나님께서 안식일에 큰 관심을 가지고 계신다. 시편 132편에서 안식일과 하나님의 임재가 결합한 것을 다음과 같이 보여준다.

주께서 시온을 택하시고 자기 거처를 삼고자 이르시기를 이는 내가 영원히 쉴 곳이라. 나는 내가 여기 거주할 것은 이를 원하였음이로다. 시편 132:13-14

구약성경은 유리하는 법궤를 회상하면서 언제나 다시금 "이스라엘 백성 한가운데" 있는 하나님의 임재를 말한다. 겔43:7 그러므로 이스라엘은 포로생활 가운데서도 하나님의 임재를 가까이 느낄 수 있었다. 바벨론 포로 이후 이스라엘은 무엇보다 안식일을 거룩하게 지키는 율법을 강조하게 되었다. 예루살렘에 있는 파괴된 성전 대신에 안식일이 "시간 속에 있는 성전"으로 등장한다. 아브라함 헤셀, 『안식』 하나님의 공간적 임재가 시간적 임재로 바뀐다.

예수님께서는 그들에게 하나님의 안식일과 하나님의 임재를 성취하는 신적 안식메누하을 전하려고 그들을 부르신다.

수고하고 무거운 짐 진 자들아 다 내게로 오라 내가 너희를 쉬게 하리라 나는 마음이 온유하고 겸손하니 나의 멍에를 메고 내게 배우라 그러면 너희 마음이 쉼을 얻으리니 이는 내 멍에는 쉽고 내 짐은 가벼움이라 하시니라. 마태복음 11:28-30

그러므로 부활절 이후의 교회 공동체에서 새 창조에 있을 하나님의 보편적 임재는 십자가에 달리신 예수님 안에서 성령님의 임재를 통하여 앞당겨온다. 죄의 용서와 죄의 세력으로부터 해방을 통하여 인간은 다시금 하나님의 영이 거하시는 그릇이 되며, 하나님께서 초대교회 안에 거하실 때 새 창조에 대한 희망으로 가득 차게 되었다.

그리고 마침내 새 하늘과 새 땅에서 안식일이 이루어진다.

영원한 기쁨의 잔치

"우리가 다 그의 충만한 데서 받으니 은혜 위에 은혜러라."요1:16 그리스도 안에 생생하게 거하시는 하나님의 충만함엡3:19에서 볼 때, 우리는 거룩하신 하나님에 대한 전통적 이미지들, 하나님의 본질에 대한 딱딱한 조직신학적인 이미지들을 뛰어넘어 모든 피조물이 하나님과 사귐 속에서 감사하며 찬양하며 노래하며 춤추며 기뻐하며 즐거워하는 것에 대해 더 깊이 이해해야 한다.

"우리가 하나님의 충만하심을 알려면 도덕론적 개념과 존재론적 개념을 버리고 미학적 차원을 받아들이는 것이 나을 것이다. 하나님의 생명의 충만함은 신적인 생명의 한없는 충만함이다. 하나님의 충만은 끝없이 창조적으로 자신을 나타내는 삶이요, 죽은 것과 없어질 것들을 살리는 넘침이요, 살아 움직이는 모든 것이 삶의 힘과 삶의 즐거움을 얻는 생명이요, 생동하는 모든 피조물이 큰 기쁨과 큰 환호와 함께 맥박치는 삶의 원천이다. 하나님의 충만하심은 피조물의 수없이 다양한 빛 속에서 반사되어 나오는 빛이다. 하나님의 영광은 그분의 위엄 속에서 나타나지 않고, 오히려 하나님의 생명이 충만하게 넘치는 곳에서 나타난다."위르겐 몰트만, 『오시는 하나님』

하나님의 영광은 영원한 기쁨의 잔치다. 그러므로 복음서에서 하나님의 기쁨은 언제나 혼인 잔치에 비유된다 "네 주인의 즐거움에 참여할지어다"마25:21 예수님을 따르는 사람들은 혼인 잔치에 참여한 사람들이다.막2:19 ; 마9:15 ; 눅5:34 그들은 하나님나라에 속한 사람들이기 때문이다. 요한계시록 19장 7절에서 창조의 완성은 "어린 양의 혼인" 으로 상징되며 19장 9절은 "어린양의 혼인 잔치"를 말하고 있다. 요한계시록 21장 2절에도 "또 내가 보매 거룩한 성 새 예루살렘이 하나님께로부터 하늘에서 내려오니 그 예비한 것이 신부가 남편을 위하여 단장한 것 같더라."라고 말한다.

"혼인잔치는 잔치 중의 잔치이다. 잔치는 풍성함, 만족, 기쁨, 사랑 등을 상징한다. 예수님은 하나님나라를 혼인잔치로 비유하셨다. 특히 종말의 구원을 시온에 펼쳐질 메시아적 잔치로사25:6, 33:20 그리는 전통을 따른 것이다. 예수님께서 말씀하시는 혼인 잔치는 무엇보다 하나님의 무한한 부요에 참여하는 것을 말하려는 것이다.

그것은 또 하나님나라가 하나님의 무한한 자원을 통해 이루어지는 삶이요, 하나님의 신성에 참여하는 삶. 신적 생명 곧 인간에게 죽음을 가져다주는 피조물의 제한성을 극복하는 영생을 말한다. 그것은 시간의 길이만 아니라 질적으로 다른 생명을 사는 것이다."김세윤, 『복음이란 무엇인가』

초대교회부터 시작된 복음의 선포는 "큰 기쁨의 좋은 소식"눅2:10으로 표현된다. 그리스도의 오심은 하나님나라의 도래며, 이에 대한 사람들의 첫 반응은 큰 기쁨이었다.

그리스도의 부활은 죽음의 세력의 극복이요, 영원한 신적 풍성한 생명을 살게 한다. 부활하신 예수님에 대한 사람들의 첫 반응은 말할 수 없는 부활의 기쁨이었다. 성경은 이것을 은혜charis라고 부른다. 은혜charis에 대한 반응은 기쁨chara 이다. 이 기쁨은 참된 믿음 속에서만 나온다. 신적인 기쁨의 삶은 단순히 "죽음 다음의" 피안의 삶이 아니라, 이미 여기에서 깨어남과 다시 태어남이요, 이 땅에서 역동적으로 새로운 삶을 살게 하는 힘을 준다.

죽을 수밖에 없는 운명을 가진 인간에게 모든 관심의 초점은 무엇보다 죽음이다. 죽음이 끝이라면 모든 삶의 기쁨은 전도서 기자가 말한 대로 "헛되고 헛된 것이다." 그러나 우리의 생명이 하나님의 충만 속에 있다면 그것은 신적인 삶이요 부활의 삶 속에서 우리 가운데 나타난다. 그러므로 그리스도인들에게 그리스도의 부활은 그때부터 개방된 하나님의 충만이요, 기쁨은 부활의 환호였다.

우리가 부활로부터 "은혜 위에 은혜"를 받을 뿐만 아니라, 우리가 지금 여기에서 신적인 생명을 살게 된다면 삶은 이미 여기서 부터 변화되며 잔치의 삶으로 바뀌게 될 것이다.

프랑스에 있는 루브르박물관에 전시된 르네상스 시대 파울로 베르네제Paolo Vernese가 그린 세계 최대 '가나의 혼인 잔치' 그림을 소개하려 한다. 이 그림은 예수님 당시 있었던 가나 혼인잔치를 르네상스 당대의 인물과 풍속으로 그린 그림이다. 이 그림은 박물관의 그 유명한 모나리자 그림 앞 맞은편에 가로 6.69미터 세로 9.9미터의 그림으로 이탈리아 여러 지방에서 녹색, 백색, 옅은 주홍색의 대리석으로 된 대형 건물 앞에서 벌어진 잔치를 그린다. 이 그림은 예수님을 중심으로 옆에 마리아를 비롯한 무려 80여 명의 축하객이 함께 야외에서 혼인 잔치를 벌이는 장면이다. 여기에 나오는 한 사람 한 사람들은 마치 사진으로 찍은 듯 세밀하게 묘사되어 있다. 여기에는 흑색, 백색, 귀족, 하인, 여성들, 남자들 그리고 파란 하늘에 나는 새와 개, 고양이 등 여섯 종류의 동물들, 그야말로 하나님이 창조하신 만물들이 등장한다.

사람들은 모두가 파란색, 진홍색, 녹색, 하늘색의 번쩍거리는 비단 의상을 입고 잔치에 나오는 음식과 포도주를 맛보며 즐거운 대화를 나누고 있다. 거기다 악사는 아름다운 음악을 들려주고 있다. 이 그림애는 베르네제의 놀라운 상상력과 웅대함, 아름다움과 기쁨이 넘쳐 흐르고 있다.

내가 이 그림을 좋아하는 이유는 웅장하고 화려한 새 하늘과 새 땅에 있을 혼인 잔치를 상상할 수 있기 때문이다. 나는 이 그림이 아주 좋아 2,000조각 퍼즐로 맞추어 우리 집에 걸어 놓았다.

파올로 베로네세, 〈가나의 혼인잔치〉 1562, 프랑스 루브르박물관

누가복음 15장에는 탕자의 비유가 나온다. 아버지는 돌아온 탕자를 위해 큰 잔치를 벌인다. 동네 사람들과 함께 큰 잔치를 벌이고 풍악과 춤추는 소리가 울려 퍼진다. 여기 "풍악과 춤추는 소리"는 성

경에 단 한 번 나오는데 헬라 원어로는 심포니Symphony와 오케스트라Ochestra를 말한다. 오늘날 사용하는 심포니와 오케스트라의 어원이 여기서 나온다. 아버지는 큰 아들과 둘째 아들에게 "우리가 즐거워하고 기뻐하자"고 말씀하신다. 이 잔치를 상상해 보라!

이처럼 새 하늘과 새 땅에 있을 영원한 기쁨의 잔치는 하나님의 충만하심과 풍성하심과 모든 피조물이 함께 환호하는 기쁨 속에 있을 것이다. 앞에서 말한 대로 하나님을 조직신학적으로만 본다면 하나님의 충만을 바르게 파악할 수 없을 것이다. 인간의 모든 유비analogy가 적절하지 못하다는 것을 인정하면서 우리는 하나님의 생명의 충만은 무한히 풍요로운 하나님의 상상력 속에 있다고 말할 수 있다. 하나님의 상상력으로부터 우리의 충만한 삶이 만들어진다. 창조가 갱신되고 영화롭게 될 때 "해와 달과 별들과 바다와 땅과 불과 우박과 모든 산과 과수와 짐승과 모든 가축과 새와 세상의 왕들과 모든 백성들과 총각과 처녀와 노인과 아이들"시148:3-13이 함께하는 하나님이 베푸시는 잔치에 환상적인 노래와 풍요로운 시와 아름다운 춤과 함께 웅장한 심포니와 오케스트라가가 울려 퍼질 것이다. 하나님께서는 만물이 함께 웃고 즐거워하는 창조가 완성된 모습을 보시며 황홀해하시고 기뻐하시기 때문이다. 그래서 우리가 영원히 하나님의 잔치에 참여할 것이다.

이와같이 성경은 우리에게 위대한 미래의 모습을 보여주고 있다. 그렇다고 우리는 가만히 앉아 기다리고만 있을 것인가?
우리는 단지 수동적이고 소극적으로가 아니라 능동적이며 적극적으로 기다려야 한다. 무기 제조업자에게 평화의 도구를 만들라고 지금 외쳐야 한다. 우리는 칼을 쳐서 쟁기를 만들게 될 도성을 지금 추구해야 한다. 정의가 이 땅에 가득 차도록 지금 노력해야 한다. 하나님 백성의 공동체, 즉 교회는 복종을 통해 적극적으로 일할 때 우리는 새 예루살렘의 삶을 준비하는 것이다. 이때 하나님이 창조하신 새 도시 예루살렘이 교회를 대신한다.

지금 고통받는 자들을 위해 시간과 몸을 바쳐라. 지금 마음이 상한 자를 위로하라. 지금 내 형제 자매를 사랑하라. 지금 굶주린 자들을 먹이라. 지금 바로 이것을 행함으로 하나님 영광의 빛을 조금이라도 경험할 수 있다. 주님께서 그분의 때에 이루어질 것이라는 우리의 확신과 희망은 오늘 우리가 그리스도의 제자답게 살기를 요청받고 있다. 리차드 마우, 『미래의 천국과 현재의 문화』 그렇다고 우리에게 자랑 할 것이 있는가? "우리가 주님께 명령 받은 것을 다 행한 후에라도 우리는 무익한 종이라 우리가 해야 할 일을 한 것 뿐이라"눅17:10 고백해야 할 것이다.

오직 하나님께 영광을! Soli Deo Gloria! *

에필로그

새는 알을 깨고 나온다. 알은 곧 세계다.
태어나려고 하는 사람은 하나의 세계를 파괴하지 않으면 안 된다.
그 새는 신을 향해 날아간다.

헤르만 헤세 『데미안』

놀랍게도 2000년 기독 교회사나 120년 한국교회사에서 하나님나라는 거의 주목받지 못한 성경의 핵심교리다.

1974년 영국의 존 스토트가 주도한 세계 복음주의자들이 모인 스위스 로잔 세계대회에서 마이클 그린Michael Green은 이렇게 반문했다. "여러분, 하나님나라에 대해 얼마나 들어보셨습니까?" 그리고 이렇게 대답했다. "별로 들어보지 못했습니다." 또, 에버딘 대학교의 하워드 마샬. Haward Marshall은 "나는 지난 16년 동안 구체적으로 하나님나라를 주제로 한 설교를 들어본 기억이 두 번밖에 없습니다. 예수님의 가르침의 주제가 하나님나라고 신약학자들이 너나없이 동의하고 있기 때문에 이런 침묵은 충격적이었습니다."고 말했다. 예수님께서 하신 첫 말씀은 하나님나라였고, 또한 부활하신 이후 마지막 제자들에게 40일 동안 하나님나라를 가르치셨다. 또 바울은 사도행전 마지막에서 하나

님나라에 대하여 가르쳤다. ^{행28:31}

나의 신앙 여정

성경의 최대 메시지인 하나님나라를 찾기까지 나의 신앙 여정을 말하고 싶다. 나는 고등학교 때부터 교회를 열심히 다녔다. 고3 때에도 주일을 지키려고 저녁 12시가 되기를 기다려 공부를 했다. 그러나 그러한 열심에도 시간이 갈수록 의문이 생겼다. 성경이 진리라면 교회에 열심히 다니고, 성경을 공부하고, 봉사하는 것이, 그리고 밑도 끝도 없이 회개하라 하고, 주일에는 아무것도 해서는 안 된다, 예수 믿으면 천당 간다는 등 이런 것들이 진리일까 하는 의문이었다. 진리가 어떻게 교회를 잘 다니고, 기도하고, 헌금을 하고, 봉사하고, 전도하는 것으로 끝날 수 있을까? 이것이 진리일까? 인간은 삶의 문제, 죽음의 문제를 풀어야만 행복할 수 있는 신비한 존재다. 그러나 동시에 인간은 태어나면서 사회적, 정치적 존재가 아닌가? 이런 의문 속에서도 그저 열심히 교회에 다녔다. 내가 다니는 교회는 우리나라에서도 알 만한 큰 교회였다.

그러나 나는 많은 시간이 흐르면서 하나님나라에 대한 설교를 듣거나 성경을 공부해본 적이 없었다. 신학교에서도 하나님나라를 배우는 시간이 있었지만 별로 감동적으로 다가오지 않았다. 다른 사람들에게 좀 깊이 있는 신앙에 관한 질문을 하면, 신앙생활을 하다 보면 천천히 알게 된다는 것이 고작 대답의 전부였다. 아마 오늘날의 대부분의 교회도 이와 마찬가지일 것이다.

내가 만난 예수님은 죄 용서를 받고 천국에 갈 수 있도록 십자가에 죽으신 분이며, 열심히 봉사하는 것이 신앙생활의 전부였다. 물론 이 것도 큰 것이다. 그러나 나는 예수님이 내 생각을 뒤집을 만한 혁명적 인 메시지를 전한 분이라는 말을 듣지 못했다. 나는 점점 시간이 가면서 평신도로 성경을 읽을 때마다, 목사로서 예수님의 말씀을 설교할 때마다 내가 지금 믿는 것이 예수님이 말씀하신 것과는 다른 복음이라는 사실을 발견할 수 있었다. 놀랍게도 어느 때부터인가 예수님의 혁명적 이미지가 서서히 드러나기 시작했다. 왜 그렇게 오랜 시간이 걸렸던 것일까? 그렇게 많은 갈등이 있었던 것일까? 왜 아무도 그런 말을 해주지 않은 것일까? 과연 예수님께서 일부러 하나님나라의 메시지를 분명히 드러나지 않는 비밀로 만드셨단 말인가? 그래도 늦게라도 하나님나라에 대하여 알게되었고 이전의 좁은 틀에 갇혀 있는 신앙에서 하나님나라를 알고 이 땅에서 살아 갈 수 있으니, 이 얼마나 행복한가.

지금은 알게 되었다. 물론 계속 추구 중이다. 예수님께서 말씀하신 하나님나라는 놀라운 것이었다. 예수님은 새로운 종교를 만들려고 오신 분이 아니다. 그분의 목표는 새로운 세계를 만들 수 있는 정치적, 사회적, 종교적, 지성적, 영적 혁명이었다. 세상을 전복하는 혁명적 복음이었다. 예수님이 말씀하시는 하나님나라는 우리를 구원하실 뿐만 아니라 일상생활을 하는 방법, 돈을 벌고 쓰는 방법, 가난한 자를 대하는 방법, 사랑하는 방법 그리고 정치, 경제, 학문, 노동 등 실용적인 교훈을 담고 있었다. 또한, 예수님의 메시지는 광고, 환경 문제, 폭력, 결혼, 자녀양육, 동물, 식물 보호하기, 행복과 평화추구 및 인종화해와 같은 세계에서 일어나는 모든 문제를 다루고 있다는 사실을 알게 되었다. 무엇이 행복이며, 어떻게 사는 것이 훌륭한 인간이라는 것도 알게 되었다. 나는 예수님께서 말씀하신 하나님나라가 무엇인지 알게 되면서 구름에 가렸던 성경의 비밀이 점점 환하게 벗겨지는 놀라운 경험을 하기 시작했다!

오랫동안 교회를 다녔지만 예수님이 그렇게 자주 말씀하신 하나님나라에 대하여 거의 들어보지 못했다는 것이 이상한 일이 아닌가? 또한, 예수님의 말씀이 그렇게 급진적이며 혁명적이라는 사실도 몰랐다.

예수님은 초등학생에게 하나님나라를 가르치셨다.

나는 이제야 알았다. 성경에서 하나님나라를 모르고서 성경의 광활한 지평을 알 수 없다는 사실을 알았다. 예수님께서 하나님나라 복음을 전하실 때 초신자든 오랫동안 신앙을 하는 사람들이든 구별 없이 산상수훈을 비롯한 수많은 가르침을 주시지 않았는가! 고수들이 바둑을 가르칠 때 처음부터 초보자이든 오랫동안 바둑을 한 사람이든 어린아이든 어른이든 고수 바둑을 가르친다. 나는 이제야 예수님이라면 하나님나라를 유치부 초등부부터 가르치셨을 것이라는 사실을 알았다. 나는 실제로 한 청년을 전도하게 되었고 그 이후 2년여에 걸쳐 하나님나라를 중심으로 성경 공부와 성경에 관한 책을 통해 집중적으로 가르쳤는데 놀랍게도 그의 생각이 변하고 삶이 급진적으로 바뀌는 모습을 보았다.

요즘 목사들의 설교를 듣다 보면 나의 지나온 신앙 편력이 생각난다. 교회에서 목사들이 설교하거나 성경을 가르치면서도 하나님나라의 총체적 이해를 하고 가르치는 경우가 안타깝게도 거의 드물다는 사실이다. 하나님나라의 전체적 그림을 아는 사람은 언제든지 하나님나라를 언급할 수밖에 없다. 신구약 성경의 구절구절들은 하나님나라를 그리는 퍼즐 맞추기나 다름없다. 성경의 어떤 구절도 하나님나라의 시각에서 보지 않으면 이해할 수 없다. 하나님나라는 자기 소유, 자기 목숨을 걸고서라도 살 만한 무한한 가치가 있다는 사실도 알았다. 예수님께서는 하나님나라가 감춰진 것이라고 말씀하셨다. 그것은 열심히 찾아야 얻을 수 있다. 우리가 하나님나라를 발견하고 감격하며 기뻐한 적이 과연 있는가!

　신구약성경의 주제는 하나님나라다. 하나님 창조의 목적이 하나님나라요, 예수님께서는 몸소 하나님나리로 오셨다. 예수님처럼 자신 속에 확고한 하나님나라가 시작되었다면 그러한 개인구원은 나아가 세계변혁의 구원으로 승화될 수밖에 없다. 세계사를 인도하는 이념인 자유, 정의, 사랑, 해방, 평화, 희망, 풍요 같은 표현들은 예수님의 인격과 그분의 '몸소 하나님나라'에 대한 분석적 개념일 뿐이다. 하나님나라의 복음이 이렇게 폭넓은 지평이 있다는 사실이 얼마나 충격적이며 놀라운 일인가! 이것이 진리가 아니고 무엇이겠는가!
　하나님나라를 모르고 어찌 성경을 안다고 말할 수 있으며 복음을 알고 믿음을 가졌다고 말할 수 있을까?

　하나님나라는 진리의 총체성을 가르쳐준다. 진리는 우리의 삶 속에서 모든 것과 관련되어 있다. 그것은 신앙이 세례를 받고, 교회에 다니고, 헌금을 내고, 봉사하는 것보다 훨씬 이상이라는 것을 말한다. 오늘날 한국교회는 복음이 개인적이고 내면적이며 오늘의 사회와는 아무 상관이 없는 것이라고 가르친다. 같은 성경을 보면서 이렇게 다를 수 있다는 사실이 놀랍다.

칼릴 지브란Kahlil Gibran은 그의 시집 『모래 물거품』에서 이렇게 썼다.

> 백 년마다 한 번씩
> 나사렛 예수와
> 기독교인들의 예수는 삼나무 숲 속에서 만납니다
> 그들은 오래도록 이야기를 나눕니다
> 언제나 나사렛 예수는
> 이렇게 말하며 사라져 갑니다
> 나의 친구여,
> 우리가 결코 일치할 수 없음이
> 참으로 두려운 일입니다

예수님과 예수님을 따르는 사람들이 일치하지 못함을 안타까워하는 시다. 간디Gandhi는 "예수님이 가르치신 것을 그리스도인들만 모른다."라고 했다. 참으로 이상한 일이지 않은가? 많은 훌륭한 그리스도인들이 간디를 전도하기 위해 애를 썼다. 그러나 간디는 거절했다. 왜냐하면, 교리에 충실하다는 그리스도인들에게서 예수님의 모습을 발견할 수 없었기 때문이다.

진리는 위험한 것이다

자끄 엘륄Jacque Ellul도 그의 명저 『뒤틀려진 기독교』에서 "실천이야말로 삶과 진리의 결정적인 기준"이라고 말한다.

남아공에서 그리스도인들이 예배 드리러 갈 때 성경을 가방에 넣고 다니는데 그 가방에는 "The Bible is dangerous"라고 쓰여 있다고 한다. 그렇다! 성경은 위험한 책이다. 성경의 말씀은 사람을 전혀 딴 사람으로 만들고 새로운 세계를 만드는 혁명적이고, 역동적인 사람으로 만들기 때문이다.

우리나라의 국회의원 중 절반 이상이 그리스도인들이고 여당에 더 많다고 한다. 후안 카를로스 오르티즈가 『제자입니까』에서 말한 대로 한국교회는 "성장하는 교회가 아니라 살찐 교회다." 미국의 사회학자 로버트 벨라Robert Bellah는 "한 나라는 국민의 2%가 새로운 비전을 가질 때 바뀔 수 있다"고 말했다. 문제는 교인 수를 늘리는 것이 중요한 것이 아니라 세상과 타협하지 않는 소수의 하나님나라를 살아가는 제자들이 얼마나 있는가 하는 문제다. 초대교회의 타협하지 않는 소수의 무리가 대제국 로마를 정복하지 않았는가.

예수님은 우리를 단순히 "소금과 빛"이라고 말씀하시지 않고 "세상의" 또는 "세상 안에서" 소금과 빛이라고 하셨다. 썩어져 가고 어둠 속에 있는'이 세상 속에서 '빛과 소금이 되라고 하신다. 교회가 이 세상에서 숨길 수 없는 빛을 발해야 하고 썩어가는 이 세상 속에서 녹는 아픔을 가지고 소금이 될 것을 말하고 계신다. 그런데 지금 소금이 어디 있는가?

니콜라스 월터스토프Nicholas Wolterstorff가 『정의와 평화가 입맞출 때까지』에서 말한 대로 한국교회는 "도피적 기독교가 아니라 세계 형성적 기독교world-formative Christianity가 되어야 한다.".

한국교회는 이 땅에 소금과 빛으로서 세계를 전복하는 거룩하고 복된 혁명에 참여해야 하지 않겠는가! 교회는 우리 개인뿐만 아니라 정치, 경제, 사회, 문화, 환경, 교육, 학문, 노동, 스포츠, 예술 등 모든

분야에 하나님의 통치가 하나님나라를 이 땅에 근사치적으로 이루어
지도록 기도하며 노력해야 하는 공동체이다.

예수님의 얼굴

예수님의 얼굴에 대하여 생각해 본다.

우리가 자주 사용하는 '얼굴'의 어원은 얼+꼴의 합성어로 '얼'은
정신을 말하고 '꼴'은 모습 또는 형상을 말하는데 얼굴은 그 사람의
혼과 정신이 얼굴에 나타나는 것을 말한다. 모든 오감은 우리가 '얼
굴'이라 부르는 몸 중에 가장 잘 보이는 곳에 요약된다. 사람의 얼굴
에는 그 사람 전체의 인격이 집약적으로 표현된다.

과연 예수님의 얼굴은 어떻게 생겼을까?

육신으로 오신 예수님의 얼굴에 대한 관심은 그리스도인이라면 너
무도 당연하다. 아닌게아니라 2000년 동안 많은 사람은 예수님의 얼
굴에 관심을 가졌다. 지금까지 예수님은 서양인의 얼굴로 그려져 왔
다.

사진기는 1826년 프랑스의 화가 요셉 니엡스1765-1833가 발명했기
때문에 2000년 전에는 사진이란 당연히 있을 수 없다. 오직 예수님에
대한 얼굴은 화가들의 상상력으로 그렸을 뿐 예수님의 얼굴을 본 사
람은 아무도 없다. 예수님의 얼굴에 대한 최초의 관심은 기독교를 공
격한 켈수스Celsus가 '예수는 작고 못생겼다'고 말한 이후 초기 변증가
였던 저스틴 마터Justin Martyr도 '주목할 만한 아름다움이 없었다' 말했
다. 그러나 200여 년이 지나고 제롬과 아우구스티누스는 예수님의
얼굴과 몸을 이상적으로 말하기 시작했다. 어쨌든 초기 기독교에서

예수님의 얼굴은 일관적이지 않았다.

서양인의 얼굴   동양인의얼굴

   예수님의 얼굴은 르네상스 시대에 와서 서양인의 모습으로 그려지기 시작했고 오늘 우리가 보는 예수님의 얼굴이 정형화되었다. 그 이후 지금의 서양인의 모습을 한 예수님의 얼굴을 다르게 그린다는 것은 일종의 신성모독으로 여겨질 정도가 되었다. 아닌게아니라 가톨릭의 흑인 조지 스톨링스George Stallings 대주교는 예수님이 유색인종이라고 했다가 교황청으로부터 파문을 당하기도 했다.
   예수님의 얼굴은 이목구비가 거의 완전한 모습으로 그려져 있다. 얼굴의 눈과 코, 입 등 모든 모습이 가장 잘생긴 모습으로 모자이크한 것처럼 완벽하다. 영화 벤허에 나오는 찰톤 헤스톤처럼 잘 생겼고 만나보고 싶은 매력적인 사람으로 보인다. 근엄하고 귀족적이고 거기다가 후광까지 두루고 있어 누구도 감히 근접할 수 없는 모습이다.

   그런데 2006년 6월 5일 영국 BBC방송 자료사진에 의하면, 고고학자들이 컴퓨터그래픽을 이용해 재현한 예수의 얼굴은 "넓고 투박한 농부의 얼굴에 짙은 황록색 피부, 툭 튀어나온 코, 짧은 고수머리를 한 전형적인 유대인 농부의 얼굴"이다.

과학기술 잡지 「포퓰러 머커닉스Popular Mechanics」는 이스라엘과 영국의 법 인류학자와 컴퓨터 프로그래머들이 재현한 예수의 얼굴을 표지에 실었다고 CNN 인터넷판이 보도했다.

예수는 키 153㎝ 정도에 몸무게는 약 50㎏인 것으로 추정됐다. 서양인의 모습을 한 긴 머리에 밝은 피부색, 우아한 모습으로 그린 기존 예수님의 이미지와는 많이 다른 모습이다.

영국 의학자 리처드 니브 연구팀은 1세기경 이스라엘인 유골을 토대로 컴퓨터 프로그램과 인조피부, 진흙 등을 사용해 당시 유대인의 모습에 관한 모든 지식도 총동원하여 얼굴을 재현했다고 밝혔다.

연구팀은 최근 이스라엘 예루살렘 부근에서 도로공사 중 발견된 1세기 30대 내외 유대인들의 두개골 중 가장 표준적인 형태를 골라 첨단 법의학 기법과 컴퓨터로 실제 얼굴을 복원했다고 한다.

이 그림은 이스라엘에서 예수님이 살았을 당시 30세 내외의 표준 청년의 두개골을 발견하여 복원한 것이다. 연구팀은 얼굴 형태는 두개골에 따라 결정되기 때문에 이러한 복원 기법은 생전의 모습을 추정하는 적절하고 과학적 방법이라고 한다. 예수의 얼굴을 제작한 PD는 "예수의 실제 두개골을 토대로 그린 것이 아니므로 실제 예수의 얼굴은 아니지만, 예수의 모습을 추정하는 출발점이 될 수 있을 것"이라고 말했다.

사도 바울이 말한 남자의 짧은 머리는 고린도전서11:24에 나온다.

"만일 남자에게 긴 머리가 있으면 자기에게 부끄러움이 되는 것을 본성이 너희에게 깨우치지 아니하느냐"라고 기록한 구절이 근거가

됐다고 한다. 그때 당시 남자는 짧은 머리를 하였고 여자는 긴 머리를 하였다.

   동양인으로 보이는 예수님의 얼굴을 본 기독교 신자들은 큰 충격을 받았다. 그러나 미국 샌타크루즈 캘리포니아대 앨리슨 갤로웨이 교수는 "이 얼굴이 과거 많은 위대한 화가들의 작품들보다 진실에 가까울 것"이라고 평가했다.

   이 그림에 의하면 복음서가 말하는 예수님은 술보, 먹보, 창녀들과 함께 식사하고 가난한 사람들, 세리들과 어울리는 모습과 어울린다. 불학 무식하고 거룩하지도 않고 산적 같은 느낌도 든다. 어떤 사람은 체 게바라같이 생겼다고 했다. 언제 어디서나 화도 잘 낼 수 있는 모습이다. 예수님은 복음서가 말하는 대로 이모나 삼촌같이 마음씨 좋은 분은 아니다. 그의 말씀은 확신에 가득 차 있었고 하늘과 땅을 진동하는 말이었으며 제자들을 자주 책망하시고, 감히 성전에서 재물을 흩어버리시는가 하면 환전 판을 뒤집어엎어 버리시는 불과 같은 성격을 가진 분이다. 예수님은 미친 사람이라는 말도 들었다. 아닌 게아니라 틀림없이 미친 사람이었다. 예수님은 가난하고 힘없는 사람들에게 한없는 긍휼과 사랑을 보이셨으나 당시 기득권자들인 헤롯당, 바리새인, 부자들에게는 저주와 분노에 가득 찬 말씀을 하셨다는 것을 복음서는 말해주고 있다. 이런 모습은 복음서에 분명하게 나오는 예수님의 모습이지만 우리의 착시錯視로 예수님의 진정한 얼굴과 다른 모습을 보고 있지는 아니한가?

   예수님의 얼굴에 관한 성경 말씀은 유일하게 이사야 53장에 나타난다. 이 본문을 구약학자인 에드워드 영Edward Young은 '십자가 앞에서 그린 그림'이라 했다.

> "우리의 전한 것을 누가 믿었느뇨 여호와의 팔이 뉘게 나타났느뇨 그는 주 앞에서 자라나기를 연한 순 같고 마른 땅에서 나온 줄기 같아서 고운 모양도 없고 풍채도 없은즉 우리의 보기에 흠모할 만한 아름다운 것이 없도다. 그는 멸시를 받아서 사람에게 싫어 버린 바 되었으며 간고를 많이 겪었으며 질고를 아는 자라 마치 사람들에게 얼굴을 가리우고 보지 않음을 받는 자 같아서 멸시를 당하였고 우리도 그를 귀히 여기지 아니하였도다."사53:1-3

이사야서 42~53장의 '고난받는 종의 노래' 중 마지막 장인 53장은 메시아 예언으로 우리에게 친숙한 내용이며 한 글자 한 구절이 매우 중요한 의미가 있다.

그런데도 유독 1절-3절의 본문은 빼놓고 본다. 위의 본문에서 보는 바와 같이 오실 메시아는 몸이 약하다, 고운 모양이 없다, 풍채도 없다, 그러므로 사람들이 볼 때 흠모할 것이 없다는 내용을 담고 있다. 그런 그의 종같은 모습에서 우리는 그를 메사아로써 읽고 싶지 않을 것이 당연하다. "우리의 전한 것을 누가 믿었느뇨"에서 여기 '우리'는 바로 우리를 말하고 있지 아니한가?

두 그림 중에서 누가 성경이 말하는 예수님의 모습과 닮았다고 생각하는가?

그동안 우리에게 예수님의 이미지가 잘못된 선입관념으로 물들어 있는 것은 아닌가?

이미지는 매우 중요하다. "이미지는 무엇보다 상상력을 불러일으키며 행동하게 하는 힘이 있다."유평균 외, 『이미지』 우리가 예수님에 대하여 어떤 이미지를 가지고 있느냐에 따라 우리의 상상력과 행동이 달라진다. 그런 의미에서 우리는 예수님의 이미지를 바꿔야 할 필요가 있다. 복음서에 나타난 예수님의 얼굴을 볼 때 서양인으로 묘사된 예수상은 성경과는 다른 조금은 비현실적으로 보인다. 저렇게 잘 생기고 근엄한 모습으로 분노와 저주를 퍼부으시며 오늘날도 마찬가지지만 창녀와 가난 한자들과 식사를 함께한다는 것은 잘 어울릴 것 같지 않다. 반면, 동양인의 모습으로 보이는 예수상은 성경에서 말하는 모습과 비슷한 모습을 보여주고 있지 않은가? 실제로 예수님은 서양인이 아니라 동양인이다.

나에게 예수님의 얼굴은 어떤 모습인가?

한국 정치사와 사회운동에 길이 남을 70-80년대 운동권의 대부였던 리영희 선생은 한국교회를 향하여 "지구 상의 50개 최대 교회 가운데 한국교회가 홀로 23개를 차지한다는 사실이 과연 우리 국민에게 축복인지 저주인지 분간할 수 없다…. 나는 종교가 미신화하거나 건강한 사고를 병들게 하는 아편적 성분이 치사량으로 함유된 것을 자주 본다…. 나는 예수님의 얼굴을 보고 싶다."라고 말했다. 리영희, 『대화』

한국교회가 이 땅에 예수님의 전권대사고후5:20로서, 예수님의 향기고후2:15를 발함으로써 예수님의 편지고후3:3가 되어 예수님의 얼굴고후4:6을 보여 주어야 하지 않겠는가! 우리는 예수님에 대한 그동안의 그릇된 이미지를 바꾸어야 한다. 그렇지 않으면 예수님을 바로 안다고 할 수 없다.

내가 불을 던지러 왔노라

예수님은 김삿갓처럼 유유방랑하는 시인이나 사회문제 평론가가 아니라 수많은 인파를 몰고 다니는 분이셨다. 그분의 곁에는 항상 그분을 죽이려는 사람들로 둘러싸여 있었으며, 로마와 대제사장이 보낸 정보원들의 감시망 속에 있었다는 사실을 기억해야 한다.

세상 말로 한다면 그분은 아직 세상을 알까 말까 하는 애송이 청년이었다. 우리가 아는 대로 그분의 말씀에는 정치적 음모를 시사하는 말씀은 찾아볼 수 없다. 오히려 고통받고 가난한 자, 병든 자들, 소외된 자들에 관심을 두셨고 인간 마음을 뿌리째 바꾸는 말씀이었지만 그럼에도 당시 사람들에게는 종교적이고 정치적으로 전복적인 뜻을 담고 있었다는 것을 당시의 사람들은 누구나 알고 있었다. 그분은 33세의 나이로 죽을 수밖에 없었다. 지금도 우리가 그분의 모습대로 산다면 제 명을 다하지 못할 것이 분명하다. 그분의 말씀은 조용하였으나 천지를 진동하는 뇌성이었고, 그분의 말씀은 격렬하였으나 많은 사람을 살리는 말씀이었다. 모든 세기를 이어가며 그분의 말씀을 듣는 자는 삶이 뒤집혀 지고, 혁명적인 사람이 되는 놀라운 역사가 있었다. "그 사람이 말하는 것처럼 말한 사람은 이때까지 없다."요 7:46

예수님은 "내가 불을 땅에 던지러 왔노라."고 하셨다.눅12:49 그렇다! 내 마음에 불을 지르고 세상에 불을 지르러 오셨다! 타오르게 하고 변화하게 하는 불, 결코 사그라들지 않는 성령의 불을! 예수님을 만난 사람은 성령이 충만하여 불덩어리처럼 살아야 한다. 우리는 본회퍼가 『그리스도론』에서 말한 대로 "결국, 인간이 예수를 만나는 방법은 두 가지 가능성밖에 없다. 내가 예수를 죽이든지 예수가 나를 죽이든지 둘 중의 하나뿐이다."

우리는 지금 그분을 만나야 한다!

질문과 나눔

여기에 실린 〈하나님나라〉를 위한 토론 문제들은 세밀한 내용을 살피는 공부가 아니라 전체적인 내용을 살펴보고 자유롭게 토론을 위한 문제들입니다. 토론을 위하여 김회권 교수의 〈요약과 평가〉를 읽으면 도움이 될 것입니다. 〈질문과 나눔〉은 1년 정도 매주 한번, 한 장을 두 번 정도 나누어 1년 동안 나누면 좋을 것입니다. 이 문제들을 통하여 하나님나라를 정리하고 더욱 알고 하나님나라를 살기 바랍니다. 토론 문제가 많아 리더는 지혜롭게 진행하시기 바랍니다.

프롤로그

1. 성경의 최대 주제는 무엇이라 생각합니까? 한국교회는 하나님나라에 대하여 가르치고 있습니까? 왜 가르치지 않는다고 생각합니까?
2. 헬라 이원론은 무엇이며 한국교회와 어떤 관련이 있습니까?
3. 구원주의란 무엇입니까?
4. 영광의 메시아와 고난의 메시아는 어떤 뜻입니까? 한국교회의 현실과 관련하여 생각해 보세요.

1장. 하나님나라와 유토피아

1. 유토피아란 무엇이며 유토피스트는 어떤 사람들을 말합니까? 혹 당신은 유토피스트가 아닙니까? 유토피아는 어떤 사람들이 주장했습니까?

2. 하나님나라와 유토피아니즘이 어떤 점이 같고 다릅니까? 비교해 보세요. 유토피아니즘의 긍정적인 부분은 무엇입니까?

3. 유토피아와 하나님나라의 중요한 차이점은 인간관에서 어떻게 다릅니까? 유토피아를 추구하는 사람들은 잘못된 사람들입니까?

4. 하나님나라는 언제 시작되었습니까?

5. 하나님나라를 하나님께서 직접 통치하고 다스리신다면 우리는 아무것도 할 필요가 없습니까? 우리가 해야 할 것이 있다면 어떤 이유에서 할 수 있습니까?

2장. 복음이란 무엇인가?

1. 창세기 2~3장에 나오는 선악과는 어떤 주제를 우리에게 제기하고 있습니까?

2. 창세기 2장 15~17절에 하나님께서 말씀하시는 내용은 우리에게 어떤 의미가 있습니까? 또 창세기 3장 3~5절에서 뱀은 어떤 내용의 말을 했습니까?

3. '결코 죽지 아니하리라', '하나님처럼 되리라'는 뱀의 말은 어떤 의미를 가지고 있습니까?

4. 나함(Naham)의 하나님은 어떤 하나님이십니까?

5. 죄와 죽음에 빠진 인간을 위한 하나님의 대안은 첫째는 '십자가에 못박힌 그리스도'와 둘째는 '부활하신 주'로 크게 두 가지로 나눌 수 있는데 그 내용에 대하여 살펴 보세요.

6. 복음(유앙겔리온)이란 어떤 뜻입니까?

7. 고난은 그리스도를 따르는 사람들에게 왜 오는 것입니까?

8. 누가복음 15장에 나오는 '탕자의 비유'에 나타난 하나님은 어떤 분이십니까?

3장. 하나님나라와 회개(1)

1. 하나님나라 국적을 가지려면 어떻게 해야 합니까?

2. 회개란 무엇인지 나누어 보세요. 회개가 아닌 것은 무엇입니까?

3. 복음을 믿을 때 복음의 내용이 무엇인지 알아야 회개할 수 있습니다. 회개는 일생에 한 번 일어납니까? 아니면 여러 번 일어납니까?

4. 일곱 가지 회개의 내용을 한 가지 한 가지 서로 나누어 보세요. 이외에도 우리가 해야 할 회개의 주제는 없습니까?

5. 회개는 인간적으로 불가능합니다. 그렇다면, 어떻게 해야 합니까?

6. 한국교회가 강조하는 회개와 성경이 말하는 회개의 내용에는 어떤 차이가 있습니까?

4장. 하나님나라와 회개(2)

1. 사랑의교회 옥한흠 목사의 설교내용을 보면서 어떤 생각을 하십니까?

2. 당신은 언제 회개했다고 생각하십니까? 회개의 내용은 어떤 것입니까? 어떤 계기로 회개했습니까?

3. 율법 체험이란 무엇입니까? 회개에 필요한 3가지 요소는 무엇입니까?

4. 회개와 기도가 어떤 관련이 있습니까?

5. 초대교회의 3B 회개를 보면서 어떤 생각을 했습니까?

6. 콘스탄티누스 황제에 대하여 어떻게 알고 있었습니까?

5장. 믿음이란 무엇인가?

1. 복음을 안다고 해도 믿음이 없으면 한낱 이론에 불과합니다. 그런 의미에서 믿음은 무엇이라고 생각하십니까?
2. 나에게 '엘리에셀'은 무엇입니까?(있었습니까?)
3. 나에게 '하갈과 이스마엘'은 무엇입니까?
4. 하나님께서 이삭을 죽여 바치라고 하셨을 때, 아브라함의 태도는 어땠습니까? 아브라함의 신앙에서 우리가 배울 것은 무엇입니까?
5. 아브라함이 이삭을 데리고 모리아 산에 오를 때와 내려올 때 외관상으로는 똑같아 보입니다. 무엇이 달라졌습니까?
6 아브라함은 하나님나라와 어떤 관련이 있습니까?

6장. 이미 시작된 하나님나라

1. 하나님나라가 '지금 여기에'(here and now) 있다는 말을 어떻게 생각합니까?
2. 하나님나라, 천국, 천당은 어떤 차이가 있는지 비교해 보십시오.
3. 우리나라 찬송가에 하나님나라, 천국, 천당이 어떻게 나타나 있는지 살펴보고 어떻게 생각하는지 나누어 보세요?
4. '몸소 하나님나라'(Auto basileia)란 무엇을 말하고 있습니까?
5. 예수님께서 중풍병자의 죄를 용서한 것은 무엇을 의미합니까?
6. 성경에는 예수님께서 귀신을 쫓아내는 장면이 여러 번 나오는 데 하나님나라와 관련해서 어떻게 이해해야 합니까?
7. 하나님나라가 '감추인 보화', '진주'와 같다고 했는데, 과연 나에게 하나님나라는 어떤 것입니까? 빌립보서 3장 7~9절과 비교하면

서 함께 생각해 보십시오.

8. '하나님나라는 세계를 재창조한다'는 말은 무슨 뜻입니까?

7장. 미래에 완성될 하나님나라

1. 그리스도인이라면 재림에 대하여 당연하게 생각하고 있겠지만, 재림신앙에 대한 올바른 이해와 잘못된 이해는 우리의 삶에 어떤 영향을 미칠까요?

2. 하나님나라를 사는 것과 고난은 무슨 상관이 있을까요?

3. 겨자씨 비유와 누룩의 비유로 알 수 있는 것은 무엇입니까?

4. 예수님께서 하나님나라와 관련해 많은 비유로 말씀하셨는데 그동안 비유를 어떻게 이해했습니까?

5. 특히 '므나의 비유'가 주는 메시지는 무엇입니까?

8장. 하나님나라와 사탄의 활동

1. 주님께서 가르쳐주신 기도는 크게 2부분으로 나누어집니다.
주기도문이 말하는 메시지가 무엇인지 간단하게 나누어 보세요.

2. 신정론神正論은 무엇을 말하며 하나님이 통치하고 계신다면 왜 악이 여전히 활개를 치고 있습니까?

3. 사탄은 우리에게 어떤 모습으로 다가옵니까? 각자의 경험을 함께 나누어 보십시오.

4. 우리는 사탄의 세력이 내 안에, 이 세상 안에 준동하고 있을 때 어떻게 해야 할까요?

5. 사탄의 활동이 나와 세계를 지배하고 있습니다. 이런 가운데 하나님나라는 성장하고 있습니까?

6. 오스카 쿨만이 말한 'V-day'와 D-day'에 대하여 설명해 보세요.

9장. 하나님나라와 권세

1. 성경 해석을 역사의 한 지점에서 고정되어 버린다고 생각하는 경향이 있습니다. 그러나 놀랍게도 성경은 시간의 흐름 속에서 계속 연구를 통해서 원래 쓰인 의도들과 그 내용의 이해가 더 밝혀지는 경우가 많이 있습니다. 그런 내용 중 20세기에 들어와 획기적으로 발견된 것은 무슨 주제입니까?

2. 권세가 의미하는 바가 무엇입니까?

3. 권세가 교회까지 침투했다고 말합니다. 어떻게 생각합니까?

4. 권세를 이해하기 위하여 우리가 완전 무장해야 한다고 성경은 말합니다. 에베소서 6장 10-18절을 중심으로 나누어 보세요.

5. 개인적인 축사와 사회적 축사가 무엇인가요? 이런 기도를 해본 적이 있습니까?

10장. 하나님나라와 가난한 자

1. 그리스도인들은 왜 가난한 자에 관심을 가져야 합니까?

2. 성경이 말하는 가난한 자의 이중적 의미에 대하여 나누어 보세요.

3. 그리스도인이 부자가 되는 것은 잘못된 일입니까? 그리스도인 부자는 어떻게 살아야 합니까?

4. 막스 베버가 쓴 『프로테스탄트 윤리와 자본주의 정신』에서 개신교와 자본주의가 어떤 상관이 있는지 살펴보세요.

5. 현재 가난의 구조적인 문제는 무엇보다 자본주의에 있습니다. 산업자본주의와 금융자본주의는 어떻게 다릅니까? 오늘의 금융자본주의에 이르기까지 과정은 어떠합니까?

6. 왜 그리스도인들이 자본주의에 관심을 가져야 하며 그리스도인이 해야 할 일은 무엇인지 나누어 보세요.

11장. 하나님나라와 정치(1)

1. 정치란 무엇이며 '넓은 의미의 정치'와 '좁은 의미의 정치'에 대해서 살펴보고 성경은 어떤 정치를 말하는지 나누어 보세요.

2. 복음전도와 사회활동 간에 어떤 관계가 있습니까? 어떠한 관계가 바람직하다고 생각하십니까? 그리스도인들은 사회와 무관하고 정치와 무관하게 살아갈 수 있습니까?

3. 십자군 전쟁, 30년 전쟁 등은 종교전쟁입니다. 왜 종교가 사랑과 평화를 말하면서 이런 전쟁을 일으킬까요?

4. 30년 전쟁의 결과로 나타난 계몽주의는 인간의 이성을 강조하는데 기독교 신학에 어떤 영향을 미치게 되었습니까? 30년 전쟁의 결과로 계몽주의와 함께 교회 안에는 경건주의가 발생하는 원인이 되었습니다. 경건주의란 무엇이며 한국교회에 미친 영향은 무엇입니까?

5. 한국교회의 보수주의 3형제란 무엇이며 그것들이 생겨난 동기와 긍정적인 부분과 부정적인 부분을 살펴보세요.

6. 진정한 의미의 정교분리는 무엇일까요?

7. 한국 보수주의 교회는 독재정권을 제외하고는 해방 이후 줄곧 정교유착의 시대를 살아왔습니다. 한국교회는 겉으로는 정교분리를 말하면서도 실제로는 한국정치에 가장 영향력 있는 거대한 집단을 이루고 있습니다. 어떻게 생각하십니까?

8. 루터는 하나님나라와 세상 나라를 구분하여 두 왕국을 주장했습니다. 루터가 말한 두 왕국론과 개혁주의가 말하는 두 왕국론은 어떤 차이가 있습니까?

9. 영국의 국회의원이었던 윌리엄 윌버포스와 미국 인권운동가인 마틴 루터 킹에 알아보고 나누어 보세요. 그들의 행동은 성경적입니

까?

12장. 하나님나라와 정치(2)

1. 이 장에서는 신약성경에 나오는 5개의 본문을 중심으로 교회와 정
치가 어떻게 관련되어 있는지를 살펴봅니다. 첫째는 마가복음 12
장 15~17절까지 동전에 관한 주제입니다. 이 본문을 살펴보고 함
께 나누어 보세요.

2. 누가복음 13장 31~32절에서 예수님께서 헤롯을 여우라고 말씀하
신 것에 대해서 어떻게 생각하세요?

3. 마가복음 10장 42~43절에서 권력의 문제에 대해서 말하고 있는데
어떻게 생각하세요?

4. 로마서 13장 1~7절은 역사적으로 왕권신수설을 옹호하는 구절로
인용되어 왔습니다. 우리나라에서도 박정희, 전두환 대통령 시절
에 이 구절을 인용하면서 자신의 정권을 옹호했습니다. 이 본문이
독재 정권을 옹호하는 본문이 될 수 있습니까?

5. 권세－이 세상의 신들의 문제는 9장에서 다룬 주제입니다. 권세는
모든 영역에서 활동하고 있습니다. 권세가 어떻게 이 세계를 지배
하고 있습니까?

13장. 하나님나라와 생태계

1. 오늘날 생태계의 문제는 매우 심각합니다. 왜 생태계 문제가 심각
한 주제입니까?

2. 많은 세계적 전문가들은 기독교가 환경 파괴의 주범이라고 말하
고 있습니다. 그들의 비판은 무엇입니까? 그들의 비판은 어디까
지 타당한가요?

3. 성경은 생태계 파괴의 원인이 될 수 없으며, 오히려 생태계의 보전을 위한 사상적 배경을 가지고 있습니다. 그 사상의 내용은 무엇입니까?

4. 안식일, 안식년, 희년이 가진 생태학적 의미는 무엇입니까?

5. 성경에서 동물권에 대해 말하고 있습니다. 동물권의 성경적 근거는 무엇입니까? 식물을 보호하는 것에 대해서는 어떻게 생각하세요?

6. 성경이 말하는 생태학적 패러다임은 무엇입니까?

7. 생태계의 문제는 지구의 멸망을 재촉하고 있으며, 실제로 그러한 사태가 올지도 모릅니다. 그리스도인들이 생태계 보호를 위하여 구체적으로 어떤 일들을 할 수 있을까요?

14장. 하나님나라와 안식일

1. 성경에서 안식은 매우 중요한 주제입니다. 안식일은 하나님의 창조 목적이자 인간의 목적이며 하나님나라가 궁극적으로 이루어질 때의 모습이기도 합니다. 안식일은 언제부터 시작되었으며 왜 창조의 축제일이 되었습니까?

2. 안식의 의미에 대해서 함께 나누어 보세요.

3. 오늘날 안식일을 지키는 데 가장 크게 방해되는 것은 무엇이라 생각하세요?

4. 안식일에 대한 예수님의 태도는 어떠하셨습니까? 우리가 가질 안식일에 대한 태도는 어떠해야 합니까? 안식일은 폐지되었습니까?

5. 레위기 25장에는 안식년과 희년의 내용이 기록되어 있고 이를 지키라고 말씀하십니다. 안식년과 희년은 무엇입니까? 신약에 와서 안식일과 안식년과 희년은 어떤 관계입니까?

6. 누가복음 4장 18~19절에는 예수님께서 희년을 선포하시며 공적으로 등장하십니다. 그 내용에 대해서 살펴보세요.

7. 희년이 갖는 오늘날의 의미는 무엇일까요? 교회가 해야 할 일이 무엇입니까?

8. 신약성경 공관복음서에 나타난 주기도문, 용서하지 않는 종의 비유, 불의한 청지기의 비유, 부자 청년에 대한 몇 가지 희년적 본문에 대해서 함께 나누어 보세요.

9. 사도행전 2장 43~47절에 나타난 초대교회는 어떤 공동체였습니까?

10. 희년을 실천하는 것은 교회부터 해야 하며, 이것이 본보기가 되어 사회적으로 영향을 미쳐야 하는 데 그러한 구체적 실천에는 어떤 것들이 있습니까?

15장. 하나님나라와 교회

1. 지금까지 우리는 교회를 어떻게 알고 있었습니까? 성경이 말하는 교회는 어떤 교회일까요?

2. 교회는 하나님나라의 새 가족입니다. 새 가족의 의미는 무엇입니까?

3. 교회는 하나님나라의 대표요, 전진기지입니다. 한국교회가 어떻게 하는 것이 하나님나라의 전진기지 역할을 하고 있다고 생각하십니까?

4. 교회는 성령님이 만든 공동체이지만, 또한 교회는 부족한 인간들이 만든 공동체입니다. 교회 안에서도 인간관계의 문제나 부패가 있을 수밖에 없습니다. 이럴 때 교회는 어떻게 해야 할까요?

5. 한국교회가 스스로 갱신하기 위해서 무엇을 해야 합니까?

6. 현재 한국 개신교는 종교 호감도 조사에서 가톨릭, 불교에 이어 3
번째입니다. 이러한 민심이탈에 대해서 우리가 무엇을 해야 할까
요?

16장. 하나님나라와 새 하늘과 새 땅

1. 성경은 종말 즉 끝이 있다고 말합니다. 종말은 개인적인 종말과 우
주적 종말이 있습니다. 종말의 문제는 왜 중요합니까?

2. 기독교 역사, 놀랍게도 오늘날 한국교회에서도 이단적인 영지주
의와 플라톤의 이원론의 영향은 심대합니다. 이들이 말하는 영과
몸의 분리, 영혼불멸설은 성경과 왜 배치되고 어떤 문제를 일으킵
니까?

3. 성경이 말하는 종말론은 무엇이며, 장례식에서 많이 사용하는 요
한복음 14장 1-3절을 함께 나누어 보세요.

4. 성경은 직선적 역사관으로 세계의 시작과 끝이 있다고 말합니다.
성경의 종말론은 우리 삶을 비관적으로 만드는 것이 아니라 오히
려 신자들의 희망입니다. 왜 종말이 그리스도인에게 희망일 수 있
습니까? 그 희망은 오늘 우리의 삶에 어떤 영향을 줄까요?

5. 역사의 종말에 있을 새 하늘과 새 땅이 갖는 중요성은 무엇입니까?

6. 성경은 세계와 우주의 종말을 말하는데, 대체로 보수주의자들은
지금 우리가 살고 있는 이 땅을 떠나 어디론가 다른 유성으로 갈 것
이라고 말합니다. 어떻게 생각 하나요? 소멸설과 갱신설에 대해서
어떻게 생각하는지 나누어 보세요.

8. '이리와 어린양이 함께 살며'라는 이사야서에 나타난 메타포는 새
하늘과 새 땅이 어떤 곳인지를 상징적으로 잘 표현해 주고 있습니
다. 어떤 내용이 담겨 있는지 살펴보세요.

9. 새 하늘과 새 땅에서 이루어질 안식에 대하여 생각해 보세요.

10. 새 하늘과 새 땅에 있을 새로운 세계를 잔치에 비유하고 있습니다. 예수님께서는 이 땅에 계실 때, 잔치 비유를 많이 언급하실 뿐만 아니라 잔치를 벌이셨습니다. 새 하늘과 새 땅에서의 잔치는 어떤 잔치일까요?

에필로그

1. 지금까지 신앙 여정을 서로 나누어 보세요. 지금 나의 신앙은 어떻습니까?

2. 예수님은 하나님나라를 초등학생에게도 가르쳤다고 생각하는데 어떻게 생각합니까?

3. 왜 진리를 알고 성경을 아는 것이 위험한 것입니까?

4. 내가 생각하는 예수님의 이미지는 무엇입니까? 지금까지 이 책을 끝내면서 하나님나라가 무엇인지 또 예수님의 이미지가 어떻게 바뀌었는지 나누어 보세요. 하나님나라에 대하여 더 알고 싶은 내용에 대해서도 나누어 보세요.

5. 본회퍼가 『그리스도론』에서 '결국 인간이 예수님을 만나는 방법은 두 가지 가능성밖에 없다. 내가 예수를 죽이든지. 예수가 나를 죽이든지 둘 중에 하나뿐이다'라는 말을 어떻게 생각하세요?

요약과 평가

김회권 목사
서울대, 미 프린스톤대 신학대학원(Ph.D.)
숭실대 인문대 기독교학과 교수, 하나님나라신학연구소 소장

이 책은 성경과 기독교신앙에서 하나님나라가 차지하는 압도적 중요성을 선포하는 프롤로그와 하나님나라에 대한 성경적 증언과 하나님나라와 기독교신앙의 상관성을 주제적으로 분석한 열 여섯장의 본론, 그리고 하나님나라를 발견하기까지 저자가 거쳐온 신학적, 신앙적 편력을 고백한 에필로그로 구성되어 있다. 이 책은 하나님나라에 대한 신약성서의 증언의 순차적 전개를 존중하는 성서신학적 노작이면서도 동시에 하나님나라와 기독교신앙의 중심주제들을 적절히 상관시키는 조직신학적, 기독교윤리학 노작이다. 저자는 창세기로부터 시작하여 공관복음서에 나타난 지중해 일대의 그레코로만Greco-Roman 문명권을 향해 파죽지세로 확장되는 하나님나라의 궤적을 증언하는 바울서신과 사도행전을 거쳐, 하나님나라의 완성을 겨냥하는 요한계시록에서 하나님나라복음의 역동적 행로추적을 마감한다. 이 책은 '하나님나라'라는 주제를 중심으로 신약성경을 통독하는 돕는 아주 유용한 나침반 교과서다. 저자는 중요한 명제를 선언하거나 주장할

때마다 적절한 성경 말씀을 제시할 뿐만 아니라 2천 년 교회사를 통해 검증된 정통신학자들의 신학적 통찰을 적확하게 인용하거나 인증함으로써 자신의 논지를 뒷받침하고 있다.

2009년 초판을 대폭적으로 수정 증보한 이 책은 2009년 판본보다 훨씬 더 독자 친화적이다. 초판 독자들이 제기한 질문들을 거의 총망라하여 답변을 제시하려는 듯한 자세로 저자는 초판의 속보다운 글의 행보를 완보로 조정하고 있다. 어떤 논리의 비약이나 견강부회적인 논변에 치우치지 않은 성실한 글쓰기를 보여주고 있다. 전체적으로 2015년 판본은 주제적 응집성, 유기적 통일성, 그리고 논리적 전진감 등에서 2009년 판본보다 더 독자 친화적이고 가독성도 높아졌다. 특히 이 책에 처음 등장한 각장의 단락별 소제목들은 주제별 색인역할을 한다. 마지막으로 질문과 나눔은 교회나 선교단체에서 이 책을 갖고 하나님나라 총론 공부를 시작할 때 소그룹에서 사용할 수 있는 유용한 자료가 될 것이다.

분명히 이 책은 하나님나라라는 중심주제로 연주되는 소나타 같은 다소 반복적이면서도 동시에 전진감 넘치는 책이다. 또한 냉정한 논증문체와 목회자의 구두 선포적인 설교어체가 교대로 책의 흐름을 끌어가고 있다. 그래서 이따금씩 이 책은 같은 주제를 비슷한 방식으로 되풀이하거나 유사한 논리를 병렬시킬 때도 있다. 어떤 때는 저자 자신의 아젠다를 일방적으로 제시하고 논의를 진척시키는가하면 어떤 때에는 독자들이 이미 갖고 있는 선입견, 혹은 오해를 교정하려는 교도적 논조를 띠기도 하며 또 다른 때에는 주류의견으로 받아들여지고 있으나 저자가 논박하려고 하며 심지어는 여러 가지 견해를 소개만 하고 저자 자신의 원주제로 되돌아가는 경우가 있다. 이런 경우 독자들은 각장에서 펼쳐지는 저자의 중심논지와 논거를 알기를 원한다. 각 장는 반드시 저자의 중심논지가 있으며, 그 중심논지는 기존의 그릇된 혹은 불충분한 관점을 대체하는 저자 자신의 명제문으로 나타난다. 그 중심논지를 뒷받침하는 논거는 성경증언, 교회사의 정통신학자들의 관점, 그리고 신앙실천상에서 검증된 사례와 상식 등에서 찾아진다. 우리는 요약과 평가를 통해 독자들이 이 책의 두께에 압도되지 않고 이 책을 독파해내는 것을 약간이나마 돕기를 원한다.

먼저 이 책은 목차에서 잘 드러나듯이, 하나님나라를 중심으로 기독교신앙의 핵심주제들을 통섭하고 있다. 기독교신앙의 핵심주제는 기독교신앙의 입문과 관련된 주제(기독교인이 되는 과정)를 다루는 1-5장과 기독교신앙실천 과제를 다루는 10-16장, 그리고 하나님나라 복음을 발견하기까지 거쳐온 저자의 신앙적, 신학적 편력을 진술한 에필로그로 나뉜다. 그 한 복판(6-9장)에 총론에서 개괄되었던 하나님나라가 자세히 다뤄지고 있다. 1장 총론 다음에 다뤄지는 주제들은 복음, 회개, 믿음이다. 6-9장 이후 신앙실천론에서는 가난한 자(기독교영성과 윤리), 정치, 생태계, 안식일, 교회, 새 하늘과 새 땅 종말론을 다룬다. 2009년 초판과 비교해 볼 때, 2장 복음이란 무엇인가? 10장 하나님 나라와 가난한 자, 11장 하나님나라와 정치(1), 13장 하나님나라와 생태계, 16장 하나님나라와 새 하늘과 새 땅, 그리고 에필로그가 전면 개정되었다. 이 외에도 14장 하나님나라와 안식일, 15장 하나님나라와 교회도 상당히 개정되거나 보완되었다. 초판의 10장 교회가 이번에는 15장 하나님나라와 교회로 재배치되었고, 초판의 4장 복음이란 무엇인가?는 이번에 2장으로 전진배치되었다.

앞서 말했지만, 이 대폭적인 수정, 증보의 방향은 독자친화적 가독성 제고, 독자들의 예상질문에 대한 응답의도, 논거제시 보충, 그리고 논지명료화였다. 따라서 2009년 초판에 비하여 결정적으로 중요하게 바뀐 저자의 신앙노선이나 신학적 견해는 없는 셈이다.

저자서문에서 저자는 하나님나라는 성경의 최대 주제이며 예수님의 핵심 메시지라고 선포한다. 예수님의 하나님나라는 세계전복적 급진성을 갖고 인간역사 속으로 침투해 오는데 한국교회가 이 하나님나라 복음을 망각하고 기복주의와 성장주의에 몰입하고 있음을 개탄한다. 저자는 십자가에 달린 주 예수 그리스도의 하나님 나라 대신에 영광의 주만을 믿고 천당가려는 한국기독교의 구원주의, 기복주의적 승리주의, 소비자중심주의가 하나님나라 복음을 밀어내버렸다고 진단한다. 그러면서도 하나님나라는 교회를 통하여 이루어진다고 말함으로써 분명한 개혁주의 신학 노선을 견지한다. 하나님나라의 전위 조직인 교회는 정치, 경제, 사회, 문화 등 모든 영역에서 하나님나라 운동을 전개하도록 부름 받고 있다는 것이다. 저자는 이 책에서 성경이 말하는 하나님나라의 이론과 기본적인 방향과 아울러 한국교회가 나아가야 할 실천적인 방향까지 제시하고자 한다.

1장. 하나님나라와 유토피아는 기독교신앙의 핵심인 하나님나라 신앙과 유토피아니즘의 차이점을 잘 부각시킨다. 현세질서가 불완전하고 급격한 변화를 겪지 않으면 도저히 인간이 살 수 없는 곳이라고 말하는 점과 기존 가치체계를 전복시키려고 한다는 점에서 기독교의 하나님나라 사상과 유토피아니즘은 유사해 보인다. 그러나 저자는 양자의 결정적인 차이점을 지적한다. 첫째, 유토피아는 합리주의와 이성주의에 근거를 두고 있으나 하나님나라는 초월적 계시에 바탕하고 있다. 둘째, 유토피아는 합리적 사색이나 학문적 추구로 이루어진다고 말하지만 하나님나라는 인간으로는 이룰 수 없다. 셋째, 유토피아는 평등을 지향하지만 하나님나라는 샬롬과 평화를 추구한다. 넷째, 유토피아 주장자들은 인간이 선하다는 전제에서 출발하지만 하나님나라에서는 인간이 악하다는 것을 전제로 시작한다. 다음으로, 저자는 통계(신약 222회의 하나님나라 등 모두 259회)를 들어 하나님나라가 성경의 가장 큰 주제임을 역설하며 하나님나라는 예수님과 함께 이미 시작되었다고 선포한다. 저자는 1장 결론에서 그리스도인들은 이 땅에 유토피아가 아니라 하나님나라 건설에 부름받았음을 역설한다. 다만 그리스도인의 실천을 강조하면 그것이 인간의 힘으로 이상적인 하나님나라를 구축하려는 유사유토피아즘으로 보일 수 있다는 점을 인정한다. 그럼에도 불구하고 그리스도인들은 도래하는 하나님나라에 대해 혁명적 순종을 통해 이 땅에 하나님나라를 세우려는 하나님을 믿고 순종해야 함을 강조한다

2장. 복음이란 무엇인가?는 공관복음서에 기대어 하나님나라의 복음을 설명하려는 초판과 달리 창세기 1-4장을 심층적으로 분석하여 죄의 본질을 먼저 밝힌 후에 하나님의 대안인 하나님의 복음을 제시한다. 2장의 서두는 죄론인 셈이다. 죄는 하나님의 절대적 속성인 자유를 강탈하려는 인간의 반역이다. 인간은 하나님의 자유를 강탈하여 하나님처럼 절대자유를 누리려고 하다가 죄와 죽음의 함정에 빠져버렸다. 인간의 이 치명적 실존위기에 대한 하나님의 응답이 하나님의 복음이다. 1500년 이상 장구한 구약역사에 대한 선이해 없는 사람에게도, 즉 자신의 죄성, 자유를 쟁취하기 위해 하나님의 법을 위반

해 본 죄인의 고뇌를 아는 사람들에게도 공관복음서에 선포되는 예수님의 복음은 하나님의 복음으로 영접될 수 있다는 것이다.

여기서 3-4장의 회개론보다 인간의 죄와 실존적 참상을 먼저 보여줌으로써 복음을 제시한 셈이다. 저자는 하나님나라가 복음이 되려면 회개해야 함을 강조한다. 즉 하나님나라에 들어가려면 회개해야 할 뿐만 아니라 복음을 믿어야 한다는 점을 강조한다. 그런데 이 복음을 알려면 하나님의 진노를 먼저 알아야 하기에 죄론을 먼저 다룬다. 죄의 모습은 죄의 세 가지 결과를 통해 구체적으로 나타난다. 첫째는 잘못된 종교, 둘째는 탐욕, 정욕, 교만, 자기애, 그리고 셋째는 죽음이다. 복음은 이런 삼중적인 죄악의 결과 아래 속박된 인간들에게 선포된 기쁜 소식이다. 사61:1~2; 롬1:2~4 저자는 여기서 복음의 두 가지 구성요소를 말한다. 첫째는 십자가에 못 박히신 그리스도이다. 롬3:21~26 수치스러운 십자가 죽음에서 하나님의 구원이 이뤄진다고 주장하는 십자가 복음은 거리끼는 것이요 미련한 것이다. 둘째는 부활하신 주다. 예수님이 십자가에 못 박혀 돌아가심으로 '그리스도, 메시야' 되심과 같이 예수님께서 부활하심으로 '주'가 되셨다. 여기서 독자들은 저자가 공관복음서에 나타난 하나님나라를 논할 때에 비해 바울 서신의 하나님나라 논의가 다소 어렵게 느껴질 수도 있다. 그 이유는 바울의 십자가 복음이 어떤 점에서 공관복음서의 하나님나라 복음과 연결되는지에 대한 보다 정교한 설명이 제시되어 있지 않기 때문일 것이다. 바울의 죄용서의 복음은 로마서 8장 3~11에 따르면 하나님 율법의 요구를 충족시키는 순종을 창조하는 복음이다. 바울이 말하는 구원은 하나님의 통치에 복종하는 데 필요한 준비일 뿐이다. 독자들은 아마도 여기서 로마서의 이신칭의 복음과 공관복음서의 하나님나라 복음의 관계를 좀 더 명료하게 설명해 주었으면

하고 기대할 수도 있을 것이다.

이런 아쉬움에도 저자는 이 장에서 복음을 믿는 행위를 잘 예해例解한다. 복음을 믿는다는 말은 관념적인 명제나 사실에 대한 수긍, 동의, 인지가 아니라 주가 되신 예수 그리스도에 대한 총체적인 인격위탁을 의미한다. 즉 복음을 믿는다는 것은 주 예수 그리스도에 대한 충성과 헌신을 의미한다. 저자는 어느 시대건 거짓 주들의 충성요구 앞에 사는 그리스도인들에게 복음을 믿는 길, 곧 십자가에 달린 예수 그리스도를 주라고 고백하는 길이 고난의 길임을 주장한다. 복음을 믿으라는 요구는 예수 그리스도에게 매일의 삶을 통한 순종과 충성을 바치라는 말이다.

3장. 하나님나라와 회개(1)에서는 공관복음서들을 통해 도래하는 하나님나라에 대한 인간의 마땅한 반응은 회개여야함을 논증하고 있다. 회개는 총체적, 근본적, 전인적 그리고 자발적인 순종의 부르심이다. 하나님나라는 세상나라와 충돌하는 나라이기 때문에 하나님나라에 들어가는 길은 회개하는 길밖에 없다.막1:15 회개는 가족, 차별, 권력, 돈, 사랑, 가난한 자에 대한 태도 등 여섯 가지 면에서 근본적인 태도전환을 가리킨다. 회개는 급진적이고 혁명적 삶으로의 전향이다. 이렇게 재정의된 회개 이해에 기대어 저자는 독자들에게 "정녕 회개했는가?"라고 묻는다.

4장. 하나님나라와 회개(2)는 회개 없이 구원 없음을 강조한다. 3장의 회개 논의를 심화시키는 이 장은 회개가 인간의 죄를 단죄하는 하나님의 율법의 찌르는 위력을 체험하는 데서 시작됨을 강조한다. 회개는 의식적이고 의도적인 행위임을 강조한 후 회개의 진정성을 검증하기 위한 세 가지 회개의 중심요소들을 제시한다. 첫째, 지적인 요소다. 율법 기준으로 볼 때 자신이 얼마나 무능하고 철저하게 난파당한 죄인인가를 지적으로 자각하는 율법 경험이 있어야 한다.롬7:9 둘째, 감정적 요소다. 죄를 미워하고 죄짓는 자신에게 슬픔을 느껴야 한다.시편6:1~7 셋째, 의지적 요소다. 단순히 죄를 인식하고 내가 잘못했다는 생각에 그치지 않고 거기에서 마음을 바꾸고 변화되어 열매를 맺는 단계를 말한다.욜2:13 요약하면 회개는 하나님께 항복하는 행위다. 저자는 이런 회개가 기도하는 시간에 일어난다고 말한다. 이 점은 좀 더 보완될 수 있는 여지기 있다. 회개는 기도를 통해 촉발될 수 있지만, 기도만 해서는 회개의 열매를 맺을 수 없다. 실제적인 손해를 감수하는 행위, 자신의 경제적 기득권을 해칠 수 있으나 사회정의를 실현하는 법들을 제정하는 일에 참여하는 것 등 구체적인 실천을 통해 회개가 일어날 수 있을 것이다. 그런데 초판 독자들의 질문에 대한 응답으로 회개의 합당한 열매를 맺지 못한 사례로 기독교를 공인한 로마제국의 콘스탄틴 황제의 사례를 인증한다. 콘스탄틴은 초대교회의 회개의 3가지 표지인 3B(신념belief, 행동behavior, 소속belonging)의 변화를 거치지 않은 채 그리스도인으로 행세하며 교회의 사람이 되었다는 점을 지적한다. 결국 저자는 회개란 충성과 헌신의 대상을 공공연히 바꾸는 매우 위험하고 고난초래적인 과정이었음을 역설한다.

5장. 믿음이란 무엇인가는 4장에서 부정적으로 예증된 거짓 믿음과 다른, 성경의 표준적 믿음을 예해하기 위해 창세기 12~22장과 로마서 4장에 근거하여 아브라함의 믿음을 자세히 분석한다. 주제적으로 2장으로 전진배치된 '복음이란 무엇인가?'와 자연스럽게 연결되는 5장은 2장의 마지막 단락, "복음을 믿으라"의 문제의식을 되울려 주고 있다. 회개하는 행위는 옛 삶의 방식을 버리는 소극적인 자세가 아니라 예수님이 보여주는 삶의 길, 자기부인의 길을 진리로 받아들이고 행위로 표현하는 행위, 즉 복음을 믿고 받아들이는 행위로 완성된다.

저자는 무엇보다도 먼저 믿음은 하나님나라의 입장권이라고 단언한다. 저자는 이 논지를 예해하기 위해 아브라함의 발자취를 추적하는데 아브라함의 믿음의 절정을 창세기 15장에서라기보다는 이삭을 번제단에 바치는 창세기 22장의 모리야 산 번제사건에서 발견한다는 점에서 로마서 4장의 바울보다 야고보서 2장의 야고보에 가깝다. 결론적으로 저자는 아브라함 믿음의 진수는 성취되지 않는 하나님의 약속을 의심과 불확실성 속에서 붙들고 그 실현을 앙망하고 그 앙망을 행동으로 기꺼이 표현했다는 데 있었다고 말한다. 오직 하나님의 약속을 신뢰하며 기존의 현실 이해(엘리에셀이 나의 약속의 자녀일까? 이스마엘이 나의 약속의 자손일까?)를 뒤집어엎으며 사는 것이 바로 믿음이라는 것이다. 저자는 하나님나라를 믿으라고 할 때 하나님나라가 의심의 대상이 될 수 있으며 그 도래 가능성이 불확실성 속에 탐색될 것임을 인정한다는 점에서 목회자적 동정심을 보여준다. 마치 아브라함이 25년간 불확실성과 의심 속에서 수용되고 확증된 이삭에 대한 약속을 믿는 것처럼 하나님나라에 대한 믿음이 필요하다는 것이다.

6장. 이미 시작된 하나님나라는 믿음의 대상이 되는 하나님나라에 대한 본격적 탐구다. 마치 아브라함에게 이삭이 태어나는 것을 믿고 기다리듯이 신약시대 이후의 성도들은 나사렛 예수와 함께 이 땅에 원형을 드러낸 하나님나라의 완성을 믿도록 부름받았다. 저자는 공관복음서에 기대어 몸소 하나님나라인 예수님과 함께 하나님나라가 땅에 도래했다는 사실을 강조한다. 첫째, 하나님나라는 예수님의 복음 전파 속에 나타난다.눅4:16~22 나사렛 예수의 치유, 해방의 사역이 복음이다. 그 사역이 하나님의 통치가 개시되었음을 공포한다. 둘째, 악한 자사탄가 정복된 상황에서 하나님나라가 나타난다. 그러나 아직 사탄의 세력이 세상 모든 영역에서 완전히 파멸된 것이 아니라 여러 가지 파괴적인 세력들로 분화되어 이 세상 모든 영역 안에서 아직도 준동하고 있다. 하나님나라가 세상나라에 침투하여 피조세계를 가득 채울 마지막 때에야 모든 적대세력들이 정복될 것이다. 그런 의미에서 성도는 이미already와 아직not yet 사이를 살고 있다. 셋째, 하나님나라의 삶을 현재 향유하는 곳에 하나님나라가 나타난다. 여리고의 세리장 삭개오에게 임한 구원이 오늘날의 구원경험 속에 임한 하나님나라의 생생한 예다.눅19:9 저자는 비교할 수 없는 무한한 가치를 의미하는 하나님나라는 감춰져 있지만, 이 땅에 건설되고 있는 나라임을 강조한다. 하나님나라는 종말에 가서 온전히 그 실체가 드러날 우주적 변화와 혁명이다. 곧 낡은 세계에 대한 재창조다. 그리하여 완성될 하나님나라는 내적으로나 외적으로나 제한이 없는 삶과 세계의 모든 영역에 걸친 변혁과 격변을 가지고 올 것이다. 이런 점에서 하나님나라는 현재의 구원경험에 다 포착될 수 없는 더 큰 전체다.

7장. 미래에 완성될 하나님나라는 예수 그리스도의 재림을 통해 완성될 하나님나라를 다룬다. 이 장은 공관복음서의 하나님나라 비유들을 통해 미래에 완성될 하나님나라를 다룬다. 하나님나라의 완성

시점까지 유예된 대기 시간에 성도들은 고난을 거쳐야만 하나님나라에 들어가게 된다. 고난은 이 세상 통치권을 벗어날 때 오는 고난이며 이 세상 질서를 거부하고 배척할 때 초래되는 창조적 고난이다. 겨자씨와 누룩의 비유마13:31~33, 추수의 비유막4:26~29, 가라지와 알곡 비유마13:24~30; 36~43, 열 처녀의 비유마25:1~13, 므나의 비유눅19:11~27; 마25:14~30 등은 이런 미래적 하나님나라의 임박하고도 예기치 않은 도래에 깨어있을 것을 가르치는 비유들이다. 여기서 깨어있다는 말이 중요하다. 예수님의 재림에 대한 확신 때문에 이 지상역사의 모든 영역, 즉 정치, 경제, 사회, 교육, 문화 등에 거룩한 소요와 변혁을 일으키는 가운데서의 깨어있음의 재림대망이다. 그러면서도 저자는 이 현실변혁적 참여에 매몰되어 하나님나라의 미래성을 결코 놓쳐서는 안 된다는 점을 역설한다.

8장. 하나님나라와 사탄의 활동은 하나님나라의 도래를 막고 방해하는 사탄의 적극적인 활동을 다룬다. 사탄은 우주적 기원을 가진 하나님의 대적자로서 정사, 권세, 보좌, 주관 등 영적 하위세력들을 자신의 반역에 가담시켜 종처럼 부린다. 하나님나라는 무주공산의 빈 땅에 선포되는 것이 아니라 하나님께 이미 대항하여 반역의 요새를 구축한 영적 하위세력자들을 향해 선포된다. 하나님나라는 당신에게 반역하고 저항하는 영적 세력들의 본거지인 현재의 낡은 세계로 공세적으로 진입한다. 어떻게 하나님의 아들 예수는 악의 세력들을 무장해제시키고 이기셨나? 하나님의 본체시나 하나님과 동등 됨을 찬탈하지 아니하고 종의 형체를 취하고 죽기까지 하나님께 순종함으로써 나사렛 예수는 하나님에 대한 오만한 반역을 생명력으로 삼는 사탄을 궤멸시켰다. 예수의 십자가상의 죽음을 통해 드러난 순종은 하나님께 불순종하는 사탄의 근거를 소멸시킴으로써 사탄의 세력을 무력화시켰다. 이미 결정적인 승리는 거두셨다. D-day가 도래했다. 그러나 아직 완전한 승리(V-day)를 확증 짓기 위한 잔여전투가 남아있다. V-day까지 이르는 잔여전투를 치르면서 교회와 그리스도인들은 현재에도 활동하고 있는 사탄의 세력을 적극적으로 대적해야 한다. 왜냐하면, 사탄의 활동이 확실히 하나님나라의 도래를 지연시키기 때문이다. 사탄과의 잔여전투는 그리스도인들 사이에 병발하는 누가 크냐는 논쟁을 통해 교회 안에서도 일어날 수 있다.눅22:31~32 저자는 악의 외견상 자유로운 활동 때문에 신정론 문제가 발생한다는 것을 인정한다. 선하시고 정의로운 주님이 이 세상을 창조하셨다면 악과 사탄은 어디에서 기원하고 있는가? 저자는 이 신정론의 문제를 해결하려고 하기보다는 하나님의 정의에 대해 품어지는 의심의 일면적 정당성을 인정하며 그 해결을 종말론적인 시점까지 유보한다. 불행하게도 신정론의 문제를 제기하는 사탄의 권세는 예수님의 재림으로 일어날 하나님나라의 완성시점까지는 미해결 문제로 남을 것이다. 그렇지만, 저자는 그리스도의 승리와 이에 근거한 성도들의 승리는 기정사실임을 강조한다. 아울러 마가복음 4:30-32 겨자씨 비유나 누가복음 13:20-21의 가루 서말에 넣은 누룩비유가 가리키듯이 사탄의 집요한 저항과 방해책동에도 불구하고 지금도 성장하고 있다는 사실을 강조한다. 2000년 동안 서유럽 기독교문명권이 향도해온 문명사적 진보(인권, 노예제도 폐지, 복지국가, 자본주의 극복)는 하나님나라가 분명히 성장하고 있음을 보여준다는 것이다.

따라서 저자는 비록 성도들이 오는 시대와 악한 시대의 긴장을 온몸에 느끼면서 살지만, 하나님나라가 마침내 승리할 것이라는 확신에서는 패배하지 않는다는 점을 강조한다.

9장. 하나님나라와 권세는 하나님나라의 사회윤리적 차원을 다룬다. 헨드리쿠스 벌코프Hendrickus Berhof, 케어드G.B Caird, 맥그리거 G.H.C MacGreger, 마르쿠스 바르트, 월터 윙크, 하워드 요더, 자끄 엘륄, 마르바 던 등의 연구에 바탕하여 저자는 그동안 한국교회의 주류로 자리 잡은 개인적이고 내면적 신앙의 한계를 하나님나라 신앙으로 극복한다. 성경에 나오는 정사와 권세, 보좌와 주관들(혹은 왕권들, 주권들, 통치자들)이라는 비의에 찬 말들은 사탄의 봉건제국에 속한 봉신과 제후들로서 지상의 각 영역에 자리를 잡고 하나님나라에 대항하는 반역적 자율세력들을 지칭한다. 이들은 영적 세력이면서 동시에 현실적인 임자몸을 갖고 악을 행하고 하나님나라에 대항한다. 그것은 한 나라일 수도 있고 기업체일 수도 있고 심지어 부패한 교회 모양을 띨 수도 있다. 이것들은 한때는 전무후무한 전제군주나 대학살적 정복자, 전체주의 체제의 총통 등을 통해 자신을 드러냈지만, 현대에는 경제, 정치, 미디어, 각종제도, 이미지, 이데올로기, 기술, TV, 돈, 각종체제, 경쟁 등을 통해 자신의 지배력을 휘두른다. 저자는 1974년 로잔언약의 한 선언에 기반을 두어 이런 악한 사탄의 대리자로 군림하는 악의 위계질서적 세력들이 교회까지 침투했다고 말한다. "우리는 교회를 넘어뜨리고 세계복음화라는 교회의 사명을 좌절시키려고 애쓰는 정사와 악의 권세들과 끊임없는 영적 싸움을 하고 있다는 사실을 믿는다." 아울러 유진 피터슨의 말을 빌려, "소비자 중심 교회는 사탄의 교회다"라고 말한다. 고객 중심의 상업형 대형교회가 경청해야 할 경고다.

저자는 그리스도는 세상 권세를 무장해제시킨 승리하신 '주主'이시므로, 교회는 사탄이 역사하기 쉬운 사회질서를 변혁시켜 하나님나라의 질서에 접근하는 사회질서를 만드는 데 앞장서야 한다고 강조한다. 성도들이 개인에게 들어온 귀신을 구축하는 개인적 축사기도뿐만 아니라 사회구조 속에 역사 하는 사탄의 권세를 몰아내는 사회적 축사기도도 해야 한다고 말한다. 물론 저자가 여기서 사회적 축사기도의 예를 들지는 않으나 이 책의 논지에 비추어 볼 때 그것은 사회의 제도, 법, 관습 등에 잠입하여 활동하는 사회적 귀신들을 위한 사회적 축사기도를 의미할 것이다. 악한 법을 몰아내고 선한 법을 제정하는 것이 대표적인 사회적 축사기도일 것이다. 이 장의 마지막 부분에서 저자는 사탄의 권세와의 투쟁을 위해 성도의 영적 완전 무장을 촉구한다. 특히 기도는 악한 영적 권세들과 맞붙는 우리의 필수불가결한 수단이다. "오직 기도만이 우리 자신과 권세와 정사들을 제어하는 힘이다. 기도 없는 사회적 행동은 영혼이 없고, 행동 없는 기도는 온전성이 없다. 하나님나라는 기도를 통해 앞으로 나간다."

10장. 하나님나라와 가난한 자는 하나님나라를 믿고 그 나라에 이미 참여한 성도들에게 부과된 현실적 과업들을 다루는 10-15장의 첫 장이다. 이 여섯 장 전체에 걸쳐서 후렴처럼 반복되는 저자의 경고는 현재 한국기독교가 실존적인 내면구원종교, 미래주의 천국관, 도피주의 천국관, 이원론으로 전락될 위기에 처해 있음을 지적한다. 10장은 가난한 자에 대한 성경의 현저한 관심을 환기시키며 예수님은 가난한 자의 편이라고 단도직입적으로 말함으로써마25:40,45; 눅4:16~21 그리스도인들이 가난한 자에 대해 관심을 둬야 하는 이유를 설명하고 있다. 그 이유는 가난한 자들은 창조주 하나님의 특별한 감찰과 돌봄의 대상이기 때문이다.잠14:31; 19:17 저자는 "가난한 자는 복이 있나니 하나님나라가 저희 것임이요"눅6:20~21; 마5:3라는 산상수훈 구절을 강해하면서 가난한 자가 누구를 가리키는가에 대한 자세한 논의를 전개한다. 여기서 가난한 자의 신학적 가치와 그 양면성과 동일성을 논한다. 저자는 이 산상수훈 구절에 대한 추상적 영해적 주석도 반대하고, 정치이데올로기 좌파적 해석도 경계한다. 가난의 이중성(물질적으로 가난, 영적으로 겸비하고 하나님 의존적인 가난)을 충족시키려면 물질적으로 가난한 자일뿐만 아니라 자신의 영적 궁핍을 깨닫고 하나님께 겸손한 자가 되어야 한다. 그러면서도 저자는 물질적인 의미의 가난한 자에 대한 우선적 관심에 더욱 치중함으로써 가난에 대한 기독교 사회윤리적 성찰들을 보여준다. 저자는 "가난을 위한 치료책은 사회주의 길이다"라고 천명한 19세기 화란 개혁신학자 아브라함 카이퍼의 말을 인용하여 가난한 자에 대한 신학적 편애를 말하면 좌파요 빨갱이라고 매도하는 한국교회 일각의 무사유적 몰신학적 행태를 비판한다. 저자가 말하는 사회주의는 '사회민주주의'를 말하는데 그것이 사회민주주의가 성경적으로 부합하다는 의미에서 말하는 것이 아니라 하나님나라 질서에 근사치적인 질서임을 강조하기 위함이라고 덧붙인다. 가난한 자의 문제야말로 한국교회의 시급한 문제라고 진단하며 한국교회의 신앙적 기독교윤리적 관심전향을 강조한다. 마지막으로 저자는 2009년 판본에는 없는 네 단락을 추가하고 있는데 그것은 네 가지 주장을 담고 있다. 첫째, 흔히 알려진 것과는 달리 개신교는 자본주의를 배태시키지도 않았고 그것을 신적 질서라고 재가하지도 않는다. 둘째, 자본주의의 가장 악마적 폐해가 2008년 미국발 금융위기 때 발생했는데 자본주의를 하나님나라와 공존가능한 이상적인 기독교적 사회체제라고 보는 것은 틀렸다. 셋째, 한국교회의 가장 큰 병폐는 돈에 의해 지배되는 맘모니즘의 만연이다. 넷째, 자본주의 자체를 구조적으로 변혁시키지 않고는 가난의 문제를 해결할 수 없다. 한국교회와 그리스도인들이 가난한 자들을 항구적으로 구조적으로 양산하는 자본주의를 하나님나라의 질서에 부합한 체제로 바꾸는 데 동참하지 않으면, 돌들(무신론자, 비그리스도인들)이 소리지를 것이다.

11장. 하나님나라와 정치(1)는 2009년 판본에는 '하나님나라와 정치(2)'의 내용을 담고 있다. 2009년 판본의 '하나님나라와 정치(1)'의 내용이 이 책에서는 12장 '하나님나라와 정치(2)'에 담겨있다. 결국 이 책에서는 하나님나라와 정치(1)와 하나님나라와 정치(2)가 선후 순서가 바뀐 셈이다. 11장은 대폭 개정된 대표적인 장이다. 적어도 다섯 단락(사회봉사와 사회활동, 30년 전쟁, 계몽주의 이성, 편을 드시는 하나님, 두 왕국론)이 거의 새롭게 추가되었다. 이 책에서는 좁은 의미의 정치와 넓은 의미의 정치를 구분하면서 좁은 의미의 정치를 현실권력 쟁취, 특정 정책집행 등의 활동으로 국한하고, 넓은 의미의 정치를 공동체의 삶에 대한 관심표명과 그것에 영향을 미치려는 행동이라고 본다. 저자는 이 장에서 넓은 의미의 정치, 즉 사회에서 함께 살아가는 기술이라고 정의한다. 이런 점에서 예수님과 사도들은 정치적이었다. 1974년 로잔언약을 인증하며 저자는 기독교인의 정치를 사회봉사와 사회활동으로 나눈다. 저자는 하나님나라는 하나님의 선물인 동시에 인간의 과업임을 강조함으로써 이런 의미의 정치참여를 촉구하고 있음을 강조한다. 성도들은 추상적인 의미의 중립을 유지하기보다는 구체적으로 의로운 가치를 표방하는 정책과 정치를 주창하여야 한다. 저자는 정치에 대한 한국교회의 무관심과 무지의 원인을 몇 가지로 정리한다. 첫째, 경건주의 이원론 때문이다. 영과 육, 하나님나라와 세상, 내세와 현세 등 경건주의적 이원론의 영향이다. 계몽주의 이성에 대한 맹신으로 세상이 세속화되었기 때문에 즉 성도들이 세상에 무관심한 사이에 유물론적, 인간중심적인 세계관이 어느새 이 세계를 장악해 버렸다. 30년 전쟁에 대한 논의는 경건주의적 이원론과 계몽주의가 득세하여 교회의 정치참여를 위축시키게 된 결정적인 계기를 설명하고 있다. 둘째, 근본주의 때문이다. 셋째, 세대주의 때문이다.

저자는 기독교영성과 현실정치를 격조높게 조화시킬 수 있는 가능성을 탐문하면서 관념적인 중립성을 표방하기보다는 편드시는 하나님을 믿어야 할 것을 강조한다. 가난한 자들에 대한 하나님의 특별한 편애와 돌봄은 기독교인의 정취 성향을 적어도 경제분야에서는 좌파적으로 보이게 한다. 모세오경이나 신약성경을 볼 때, 한 가지 분명한 것은 사유재산권 불가침이나 시장만능주의적 자본주의는 성경에서 말하는 영성과 삶의 체계와 상당히 어긋나는 것은 사실이다.

정교분리의 이름으로 정치에 대한 무관심을 조장하던 한국교회의 폐단을 극복하기 위해 저자는 대표적인 엄격한 정교분리론으로 간주되는 루터의 두 왕국론을 비판적으로 분석하며 개혁주의적 정치참여론을 내세운다. 불의한 정치와 경제체제 등을 묵인하는 것이 정교분리의 참 정신이 아니라는 것이다. 정교분리의 진정한 의미는 정치에 대한 무관심을 조장하는 말이 아니라 정치와 종교, 국가와 교회가 서로를 정복의 대상으로 삼아서는 안 된다는 말이라는 것이다. 저자는 하나님은 개인적이지만 사적이지 않다고 말함으로써, 역사적이며, 정치적이며, 공적인 사회문제 등에 대하여 기독교인들의 신앙적 관심제고를 촉구한다. 저자는 끝으로 '그리스도인의 투쟁'이라는 소제목에서 요아힘 크라우스를 인증하여 "하나님나라의 새로운 질서가 세상나라의 낡은 체제를 전복시키려면 하나님나라 백성인 우리는 이 땅의 모든 영역에서 이 시대의 지배적인 가치와 결탁하지 않아야 한다. 그리하여 하나님나라의 새 질서가 이 땅에 세워지도록 거룩하고 복된 명령을 수행하는 자가 되어야 할 것이다"라고 역설한다. 저자는 19세기 영국의 의회정치가 윌리엄 윌버포스의 노예제도 폐지투쟁을 그리스도인의 구체적이고 모범적인 정치투쟁 사례라고 말한다.

12장. 하나님나라와 정치(2)는 폴 레만Paul Rehmen의 기독교윤리 등에 따라 하나님나라는 인간 정치에 엄청난 함의를 갖는다는 점을 논증하고 있다. 다섯 구절의 성경구절을 통해, 정치야말로 하나님나라의 도래를 믿는 성도들이 관심을 두고 참여해야 할 영역임을 말한다.막12:15~17; 눅13:31~32; 막10:42~43; 롬13장; 엡6:12 이 성경 구절들은 네 가지 사실을 말해준다. 첫째, 지상의 인간 왕들이 행사하는 정치권력은 어디까지나 하나님 앞에서 제한된 권력이다. 둘째, 예수님은 현실정치권력에 대하여 무관심하거나 초연한 태도를 보이지 않으셨고 대신 정치적이고 권력 투쟁과 관련되어 있으셨다. 예수님께서 헤롯에 대하여 즉 세상의 왕권에 대해 결코 중립을 취하시지 않았다. 셋째, 예수님의 평화는 당시 세계를 지배하던 로마의 평화와 그 성격이 완전히 다르며, 예수님의 왕권과 임의적인 권력 남용과 권력 강제로 특징지어지는 로마제국의 통치권과는 정반대였다. 마지막으로, 로마서 13장을 포함해 어떤 성경구절도 왕권신수설을 옹호하지 않는다. 오히려 왕권의 제한을 말한다. 이런 이유로 성도들은 불의한 세상나라의 정치변혁과 갱신을 위해 복되고 거룩한 공격을 감행해야 한다. 마지막으로 저자는 9장 하나님나라와 권세의 논의를 다시금 상기시키며 정치참여나 정치투쟁이 단지 혈과 육에 대한 투쟁이 아니라 이 세상 신들과의 영적 공중전임을 강조한다.고후4:4; 엡6:12 이런 성도의 정치는 가난한 이들을 위한 정치요 하나님나라의 통치를 거부하는 사탄

의 통치에 맞서는 전투며, 잘못된 세상나라의 불의한 통치를 거부하는 실제적인 싸움이다.본회퍼의 반나치 저항

13장. 하나님나라와 생태계는 오늘날 초래된 생태위기의 기독교 책임론의 허실을 다룬다. 저자는 오늘날의 서구 중심의 환경생태파괴에 기독교신앙 혹은 성경이 어느 정도 책임을 져야 한다는 점을 인정한다. 하지만, 저자는 성경과 기독교신앙의 핵심은 어떤 자연파괴나 환경생태의 과도한 남용이나 파괴를 정당화하지 않는다고 주장한다. 여기서 저자는 성경의 자연관을 다섯 가지로 정리한다. 첫째, 자연은 하나님을 증거하는 매개물이다. 둘째, 자연은 모든 생명유지의 원천이다. 셋째, 자연은 하나님을 찬양하는 주체다. 넷째, 자연은 하나님이 즐기시는 대상이다. 다섯째, 자연도 인간과 함께 하나님의 구원대상이다. 이런 이유 때문에 생태환경에 대한 인간의 청지기적 사명이 강조된다. 이 청지기 사명이 잘 드러난 제도가 안식일, 안식년, 희년제도다. 저자는 땅과 동물가축의 휴식도 하나님께 중요했다는 점을 강조한다. 이어 저자는 동물권을 옹호하는 긴 논의를 덧붙인다. 동물에 대한 학대와 살해는 기독교신앙의 윤리와 철학의 근본문제라는 것이다. 심지어 식물도 창조주 하나님의 주권과 통치의 빛 아래서 귀하게 여겨야 한다고 본다.

결론적으로 저자는 산과 하늘과 땅들이 인간과 함께 찬양의 주체라고 설정함으로써 기독교적 생태학을 주창主唱한다. 저자는 세 가지를 주장한다. 첫째, 인간중심주의는 성경적인 생태학적 패러다임이될 수 없다. 둘째, 새로운 생태학적 대안으로 떠오르는 생태중심주의 가이아 이론도 비판한다. 지구가 한 생명체라고 볼 수는 없기 때문이다. 셋째, 하나님 중심주의만이 생태계의 위기를 극복하기 위한

생태학적 패러다임이다. 인간은 자연환경과 자원의 착취자, 약탈자가 아니라 관리자라는 것이다. 이런 청지기직에 대한 개안이 생태적 회개의 시작이다.

14장. 하나님나라와 안식일은 2009년 판본에 비하여 상대적으로 많이 개정된 장들 중 하나이다. 2009년판본의 관조적이고 사색적인 어조 대신에 다시 권계적이거나 선포적, 계도적, 논증적 문체가 두드러진다. 전체적으로 다른 장들과의 유기적 응집성과 일관성도 확보되고 있다. 안식, 혹은 안식일 문제가 어떤 점에서 예수님의 하나님나라 복음의 중심메시지였는가를 명료하게 밝힌다. 저자는 아브라함 요수아 헤셀Abraham Joshua Heschel의 견해를 빌어 공간점유적, 공간중심적 거룩 개념에 맞서는 시간 중심의 거룩성을 주창함으로써 안식일의 의미를 설명한다. 시간의 성전인 안식일이 훨씬 더 중요한 거룩성 보존 통로라는 것이다. 그는 더 나아가 하나님나라는 공간의 나라가 아니라 시간의 나라라고 말한다. 그는 안식일은 존재지향의 날이요, 거룩한 날이므로, 안식일을 축성하기 위해 평일을 살아야 한다고 말한다.

헤셀을 따라 저자도 하나님나라의 중심은 안식이라고 말하며 하나님나라는 끝없는 안식이라고 말한다. 일주일에 한 번씩 맛보는 안식일은 탐욕의 노예가 된 자아를 부인함으로써 영원한 하나님나라를 이 땅에 조금씩 앞당겨 살아가는 것이며 마침내 영원한 안식을 누리는 삶을 열망하게 하는 천국의 보증물인 셈이다. 예수님의 하나님나라 운동에는 이런 안식회복과 그것의 확장인 희년의 빚탕감운동이 있었다. 안식일이 안식년, 희년제도의 원칙임을 주장하는 저자는 예수님의 하나님나라 운동의 당대적 목표는 희년선포와 희년회복이었다고 말한다. 저자는 마태복음 18장 용서치 않는 종 비유, 누가복음 16장 불의한 청지기 비유, 마태복음 6:19-20, 20-35 염려 금지 계명 등 모두가 다 희년선포의 맥락에서 가장 잘 이해될 수 있다고 본다. 사도행전 2, 4장은 바로 초대교회의 희년실현 현장을 증언한다고 주장한다. 마지막으로 저자는 희년운동이 교회 안에서부터 실천가능하다고 본다.

15장. 하나님나라와 교회는 하나님나라와 교회의 상관관계를 논한다. 먼저 저자는 교회를 여러 가지로 정의한다. 첫째, 성령님이 충만한 공동체였다. 교회는 십자가에 달리신 분의 부활과 더불어 성령의 능력 안에 근거한 새로운 백성이다. 물질적 필요까지 함께 나눌 정도로 성령의 통치를 받는 공동체였다. 성령은 물질적인 빈부를 뛰어넘는 공동체를 창조하신다. 이런 교회는 미래적인 하나님나라를 선취하는 공동체이며 그 시작이다. 둘째, 총체적인 나눔코이노니아의 교통 공동체다.

셋째, 교회는 하나님나라의 새가족이다. 전통적인 가족관계를 창조적으로 해체하고 새롭게 결속된 가족공동체였다. 교회는 급진적인 예수 추종을 통해 낡은 가족과 창조적인 이별을 맛본 하나님의 새 가족이다.행2:43~47 인종적 보편성, 사회계층적 보편성, 성차별을 초월하는 보편성을 구현한 공동체였다. 넷째, 교회는 하나님나라의 전진기지였다. 성령의 피조물인 교회는 도래하는 하나님나라의 전위부대이다. 낡은 세계를 변혁하고 해방하는 하나님나라의 변혁 전위다. 다섯째, 교회는 세상을 위해 세상과 하나님의 계약관계를 존속시키는 소금공동체다. 세상 안에 있으나 세상과 구별되는 빛이며, 산 위에 있는 동네다. 교회가 아무리 이 세상과는 상관없다고 말해도 교회는 세상 안에 존재함으로써 사회적 윤리적 실천 부담을 떠맡은 기관이라는 말이다. 이런 특징을 가진 교회는 갱신하는 교회다. 저자는 이 장의 마지막 단락, "쿼바디스*Quo Va Dis* 한국교회여!"에서 영적 침륜에 빠져 허우적거리며 세상의 빛과 소금역할을 팽개친 한국교회의 암울한 현실을 애통해 한다.

16장. **하나님나라와 새 하늘과 새 땅**에서는 먼저 개인적 종말론과 중간상태를 논한 후에 우주적 종말론을 논한다. 저자는 개인적 종말론과 중간상태에서 영혼불멸설, 윤회설, 연옥설을 비판하며 수면설에 약간 기울어지는 입장을 보여준다. 그러나 성경증언은 이 부분에 대해 명료하게 말하지 않는다고 말함으로써 신중한 불가지론을 취한다. 미래에 완성될 하나님나라에 관해서는 지구소멸설이 아니라 지구갱신론을 취한다. 장차 하나님께서 만물을 새롭게 하실 때 주실 구원받은 하나님의 자녀들의 거주지가 될 새 하늘과 새 땅은 낡은 세계의 완전 소멸이 아니라 갱신을 통한 창조라고 말한다. 리차드 마우 등의 사상을 빌어 저자는 현재의 삶과 천국의 삶 사이에 있는 연속성과 불연속성을 동시에 강조한다. 새 하늘과 새 땅은 인간을 포함한 온 우주의 새 창조이시며 오직 하나님만이 이루실 것이다. 새 하늘과 새 땅은 태초에 있었던 동산으로 회복이 아니라 모든 것들의 새로운 변화이다. 새 예루살렘과 거기서 맛보게 될 안식일에 대한 아주 자세한 저자의 논의는 성도의 사후에 가게 될 천국에 대한 호기심이 유난히 많은 한국교회의 그리스도인들을 배려한 결과로 보인다. 저자는 하나님의 새 창조물인 신천신지의 중심인 새 예루살렘에는 모든 선하고 의로운 문화적 산물들이 모일 것이라는 종말의 희망과 비전을 믿고 지금부터 적극적으로 생명을 살고 문화변혁을 위해 노력하자고 초청

한다.

  에필로그는 제일 뒤에 배치되어 있지만 독자들이 가장 먼저 읽기를 기대하는 저자의 신학적, 신앙적 편력기다. 독자들은 어렵지 않게 기독교신앙의 중심인 하나님나라에 오기까지 거쳤던 우회로, 막다른 골목을 언급하며 하나님나라복음을 발견한 저자의 기쁨을 공감할 것이며 덩달아 기뻐할 것이다. 예수님의 얼굴복원 상상도에 대한 논의는 불을 던지러 오신 예수님 이미지를 받아들이기 쉽도록 독자들의 마음을 예열시키는 과정이리라. ✽

하나님나라를 위한 추천도서

필립 얀시, 『내가 알지 못했던 예수』, 김성녀 역, IVP, 386쪽

후안 카를로스 오르티즈, 『제자입니까』, 김성웅 역, 두란노, 182쪽

김세윤, 『구원이란 무엇인가』, 두란노, 173쪽

김세윤, 『복음이란 무엇인가』, 두란노, 213쪽

김세윤·김회권, 정현구, 『하나님나라 복음』, 새물결플러스, 330쪽

김세윤, 『신약을 어떻게 읽을 것인가』, 성서 유니온, 271쪽

김세윤, 『예수와 바울』, 두란노, 497쪽

김세윤, 『그리스도와 가이사』, 두란노아카데미, 358쪽

김세윤, 『그 사람의 아들-하나님의 아들』, 엠마오, 196쪽

김근주, 『구약의 숲』, 대장간, 382쪽

김근주, 『복음의 공공성』, 비아토르, 444쪽

김회권, 『청년설교 1,2,3』, 복있는사람, 238쪽

김회권, 『사도행전1, 2』, 복있는사람, 250쪽

김회권, 『다니엘서』, 복있는사람, 463쪽

김세윤, 『주기도문 강해』, 두란노, 212쪽

김세윤, 고든피 외, 『탐욕의 복음을 버려라』, 김형원 역, 새물결플러스, 252쪽

신현우, 『메시아 예수의 복음』, 킹덤북스, 455쪽

박철수, 『성경의제사』, 대장간, 367쪽

게할더스 보스, 『하나님의 나라』, 한국개혁주의 신행협회 편, 126쪽폴

마크 로크스, 『축구와 하나님 나라』, 김종호 역, IVP, 167쪽

양용의, 『하나님 나라 어떻게 이해할 것인가』, 성서유니온선교회, 383쪽

브라이언 맥클라렌, 『예수님의 숨겨진 메시지』, 조계광 역, 생명의말씀사, 343쪽

스캇 맥나이트, 『예수, 왕의 복음』, 박세혁 역, 새물결플러스, 297쪽

탐 사인, 『하나님나라의 모략』, 박세혁 역, IVP, 390쪽

탐 사인, 『하나님 나라를 이루는 제자도』, 주순희 역, 두란노, 100쪽

죠오지 래드, 『예수와 하나님의 나라』, 이태훈 역, 엠마오, 429쪽

헤드만 리델보스, 『하나님 나라』, 오광만 역, 솔로몬, 664쪽

앨버트 놀런, 『오늘의 예수』, 두란노아카데미, 유정원 역, 분도출판사, 248쪽

앨버트 놀런, 『그리스도교 이전의 예수』, 정한교 역, 분도출판사, 251쪽

자끄 엘륄, 『세상 속의 그리스도인』, 박동열 역, 대장간, 221쪽

자끄 엘륄, 『뒤틀려진 기독교』, 박동열·이상민 역, 대장간, 400쪽

제임스 던, 『예수와 기독교의 기원 상·하』, 차정식 역, 새물결플러스, 718쪽

유진 피터슨, 『현실, 하나님의 세계』, 이종태, 양혜원 역, 634쪽

유진 피터슨, 『부활』, 권연경 역, 청림출판, 199쪽

김근주 외, 『희년, 한국사회, 하나님 나라』, 홍성사, 312쪽

존 스토트, 『기독교의 기본진리』, 황을호 역, IVP, 214쪽

존 스토트, 『현대 사회 문제와 그리스도인의 책임』, 정옥배 역, IVP, 639쪽

존 스토트, 『복음전도와 사회적 책임』, 한화룡 역, 두란노서원, 77쪽

로날드 사이더, 르네 빠디야, 『복음전도, 구원, 사회정의』, 한화룡 역, IVP, 107쪽

톰 라이트, 『예수의 도전』, 홍병룡 역, 성서유니온, 303쪽

톰 라이트, 『마침내 드러난 하나님 나라』, 양혜원 역, IVP, 479쪽

톰 라이트, 『하나님의 아들의 부활』, 박문제 역, 크리스찬다이제스트, 1176쪽

톰 라이트, 『악의 문제와 하나님의 정의』, 노종문 역, IVP, 214쪽

톰 라이트, 『예수와 하나님의 승리』, 박문재 역, 크리스찬다이제스트, 1051쪽

김균진, 『역사의 예수와 하나님의 나라』, 연세대학교 출판부, 499쪽

김균진, 『기독교 조직신학5』, 연세대학교 출판부, 619쪽

김균진, 『생태학의 위기와 신학』, 대한기독서회, 253쪽

앤드류 린지, 『동물 신학의 탐구』, 장윤재 역, 대장간, 238쪽

한스 요하힘 크라우스, 『조직신학』, 박재순, 한국신학연구소, 512쪽

위르겐 몰트만, 『창조 안에 계신 하느님』, 김균진 역, 한국신학연구소, 374쪽

위르겐 몰트만, 『세계 속에 있는 하나님』, 곽미숙 역, 동연, 463쪽

위르겐 몰트만, 『오늘 우리에게 그리스도는 누구신가?』, 이신건 역, 대한기독교

　서회, 184쪽

위르겐 몰트만, 『오시는 하나님』, 김균진 역, 대한기독교서회, 576쪽

위르겐 몰트만, 『예수 그리스도의 길』, 김균진·김명용 역, 대한기독교서회, 474쪽

위르겐 몰트만, 『하나님의 이름은 정의다』, 곽혜원 역, 21세기교회와 신학포럼,
　371쪽

판넨베르크, 『신학과 하나님 나라』, 이병섭 역, 대한기독교출판사, 208쪽

레슬리 뉴비긴, 『헬라인에게는 미련한 것이요』, 홍병룡 역, IVP, 205쪽

레슬리 뉴비긴, 『다원주의 사회에서의 복음』, 홍병룡 역, IVP, 486쪽

레슬리 뉴비긴, 『변화하는 세상, 변함없는 복음』, 홍병룡 역, 아바서원, 280쪽

월터 브루그만, 『예언자적 상상력』, 김기철 역, 복있는사람, 242쪽

아브라함 헤셸, 『안식』, 김순현 역, 복있는 사람, 207쪽

아브라함 헤셸, 『예언자들』, 이현주 역, 삼인, 781쪽

리처드 마우, 『문화와 일반 은총』, 권혁민 역, 새물결플러스, 166쪽

마르바 던, 『세상권세와 하나님의 교회』, 노종문 역, 복있는사람, 254쪽

손규태, 『하나님 나라와 공공성』, 대한기독교서회, 208쪽

존 하워드 요더, 『예수의 정치학』, 신원하·권연경 역, IVP, 441쪽

존 하워드 요더, 『근원적 혁명』, 김기현·전남식 역, 대장간, 208쪽

존 하워드 요더, 『어린양의 전쟁』, 서일원 역, 대장간, 416쪽

스탠리 하우어워스, 『주기도와 하나님 나라』, 이종태 옮김, 복있는사람, 198쪽

헬무트 틸리케, 『주기도문』, 박규태 옮김, 홍성사, 294쪽

강영안, 『십계명 강의』, IVP, 406쪽

스탠리 하우어워스, 윌리엄 윌리몬, 『십계명』, 강봉재 역, 복있는사람, 218쪽

김용규, 『데칼로그』, 바다출판사, 450쪽

양낙흥, 『주일성수』, 생명의말씀사, 223쪽

양용의, 『예수님과 안식일 그리고 주일』, 이레서원, 456쪽

이승열, 『잊혀진 희년의 회복』, 예솔, 195쪽

로버트 안델슨외 『희년의 경제학』, 전강수 역, 대한기독교서회, 272쪽

요하힘 예레미아스, 『예수시대의 예루살렘』, 한국신학연구소 번역실, 473쪽

에드워드 로제, 『신약성서배경사』, 박창건 역, 대한기독교출판사, 265쪽

앙드레 비엘레, 『칼빈의 사회적 휴머니즘』, 박성원 역, 대한기독교서회, 123쪽

G. 로핑크, 『예수는 어떤 공동체를 원했나?』, 정한교 역, 분도출판사, 307쪽

G. 로핑크, 『산상 설교는 누구에게?』, 정한교 역, 분도출판사, 337쪽

브라이언 왈쉬, 『세상을 뒤집는 기독교』, 강봉재 역, 새물결플러스, 138쪽

브라이언 왈쉬·실비아 키즈마트, 『제국과천국』, 홍병룡 역, IVP, 462쪽

오스카 쿨만, 『그리스도와 시간』, 김근수 역, 솔로몬, 327쪽

오스카 쿨만, 『국가와 하나님의 나라』, 민종기 역, 여수룬, 180쪽

오스카 쿨만, 『예수와 혁명가들』, 고범서 역, 범화사, 89쪽·

마르틴 헹겔, 『예수는 혁명가였는가』, 고범서 역, 범화사, 114쪽

짐 월리스, 『회심』, 정모세 역, IVP, 286쪽

짐 월리스, 『하나님의 정치』, 정성묵 역, 청림출판, 494쪽

도널드 크레이빌, 『예수가 바라본 하나님 나라』, 김기철 역, 복있는사람, 471쪽

칼 바르트, 『복음주의 신학입문』, 이형기 역, 크리스챤 다이제스트, 302쪽

폴 틸리히, 『그리스도교 사상사』, 송기득 역, 한국신학연구소, 372쪽

폴 틸리히, 『19-20세기 프로테스탄트사상사』, 송기득 역, 한국신학연구소, 300쪽

폴 틸리히, 『조직신학 5, 하나님나라』, 유장환 역, 한들출판사, 192쪽폴

폴 마샬, 『천국만이 내 집은 아닙니다』, 김재영 역, IVP, 289쪽

토니 캠폴로, 『레드레터 크리스천』, 배덕만 역, 대장간, 270쪽

월터 윙크, 『사탄의 가면을 벗겨라』, 박 마 역, 한국기독교연구소, 363쪽

월터 윙크, 『사탄의 체제와 예수의 비폭력』, 한성수 역, 한국기독교연구소, 582쪽

한국교회사학 연구원 편, 『한국기독교사상』, 연세대학교 출판부, 377쪽

조경철, 『예수와 하나님 나라의 윤리』, 성서학연구소, 510쪽

알렌 크라이더, 『회심의 변질』, 박삼종·신광은·이성하·전남식, 대장간, 208쪽

아브라함 카이퍼, 『칼빈주의 강연』, 김기찬 역, 크리스챤다이제스트, 261쪽

르네 빠딜라, 『복음에 대한 새로운 이해』, 이문장 역, 대장간, 281쪽

루돌프 슈낙켄부르크, 『복음서의 예수 그리스도』김병학 역, 분도출판사, 532쪽

한스 큉, 『교회』, 정지련 역, 한들출판사, 532쪽

달라스 윌라드, 『하나님의 모략』, 윤종석 역, 복있는사람, 673쪽

글렌 스타센 & 데이비드 거쉬, 『하나님의 통치와 예수 따름의 윤리』, 신광은 ·박
　종금 역, 대장간, 688쪽

스티븐 모트, 『복음과 새로운 사회』, 이문장 역, 대장간, 348쪽

베리 칼렌, 『급진적기독교』, 배덕만 역, 대장간, 268쪽

존 위티 주니어, 『권리와 자유의 역사』, 정두메 역, IVP, 591쪽

안토니 후크마, 『개혁주의 종말론』, 유호준 역, 기독교문서선교회, 452쪽

코르넬리스 비네마, 『개혁주의종말론 탐구』, 박승민 역, 부흥과 개혁사, 623쪽

이필찬, 『요한계시록 어떻게 읽을 것인가』, 성서유니온선교회, 289쪽

리챠드 보쿰, 『요한 계시록 신학』, 이필찬 옮김, 한들출판사, 248쪽

디팩 초프라, 『죽음 이후의 삶』, 정경란 역, 행복우물, 335쪽

울리히 단네만, 『칼 바르트의 정치신학』, 이신건 역, 한국신학연구소, 283쪽

제임스 바, 『근본주의 신학』, 장일선 역, 대한기독교출판사, 348쪽

헬무트 골비처, 『자본주의 혁명』, 윤응진 역, 한국신학연구소, 138쪽

제임스 바, 『근본주의 신학』, 장일선 역, 대한기독교출판사, 348쪽

크리스티안 마라찌, 『금융자본주의의 폭력』, 심성보 역, 갈무리, 252쪽

토마 피케티, 『21세기 자본』, 장경덕 외 역, 굴항아리, 818쪽

양희송, 『가나안 성도, 교회 밖 신앙』, 포이에마, 197쪽

차정식, 『예수, 한국사회에 답하다』, 새물결플러스, 399쪽

이장식, 『기독교와 국가』, 대한기독교출판사, 336쪽

리영희, 『대화』, 한길사, 746쪽

박노자, 『비굴의 시대』, 한겨레출판, 378쪽

박노자, 『주식회사 대한민국』, 한겨레출판, 263쪽